ବସନ୍ତ ବର୍ଣ୍ଣମାଳା

ବସନ୍ତ ବର୍ଣ୍ଣମାଳା

କବିତା ସଂକଳନ
(ପରିବର୍ଦ୍ଧିତ ଓ ପରିମାର୍ଜିତ ସଂକଳନ)

କବି ବସନ୍ତ ମୁଦୁଲି

BLACK EAGLE BOOKS
2022

BLACK EAGLE BOOKS

USA address:
7464 Wisdom Lane
Dublin, OH 43016

India address:
E/312, Trident Galaxy, Kalinga Nagar,
Bhubaneswar-751003, Odisha, India

E-mail: info@blackeaglebooks.org
Website: www.blackeaglebooks.org

First Edition in 1990

First International Edition Published by
BLACK EAGLE BOOKS, 2022

BASANTA BARNAMALA
by **Kabi Basanta Muduli**

Compilation : Kabi Basanta Muduli Smruti Sansad, Bhadrak
Copyright © **Smt. Sunanda Khilar**

Correspondence: **Arun Khilar**
At-Adampur, P.O.-Nalanga, Dist-Bhadrak-756112
Mob: 9439057051

All rights reserved. No part of this publication may be reproduced, stored in a retrieval system, or transmitted, in any form or by any means, electronic, mechanical, photocopying, recording or otherwise without the prior permission of the publisher.

Cover Art: **Sanjay Roul**

Interior Design: Ezy's Publication

ISBN- 978-1-64560-241-5 (Paperback)

Printed in the United States of America

ଦର୍ଜା ଖୋଲା ରଖ ପ୍ରିୟଜନେ

ପଛକୁ ଅନାଇ କବି ବସନ୍ତ ମୁଦୁଲିଙ୍କୁ ଯେତିକି ଆବିଷ୍କାର କରିହେଉଛି, ସିଏ ସତେ ଅବା ଆମର ଆହୁରି ଆଗକୁ ହିଁ ସେତିକି ପ୍ରତିଭାତ ଏବଂ ପ୍ରକଟ ହୋଇ ଉଠୁଛନ୍ତି। ପଛକୁ ଅନାଇ ସ୍ମୃତିଚାରଣା କରାଯାଏ, ରମଣୀୟ କରି ସ୍ମରଣିକା ବାହାର ବି କରାଯାଏ; ମାତ୍ର ବସନ୍ତ ମୁଦୁଲିଙ୍କର ପ୍ରତିବେଦନଗୁଡ଼ିକ ସହିତ ତାଙ୍କୁ ଭେଟିବାକୁ ବାହାରିଲେ ସିଏ ସତେ ଅବା ଏକାବେଳକେ ଆମ ଆଗରେ ଆସି ଛିଡ଼ା ହୋଇଯାଆନ୍ତି; ଆମେ ଯୁଆଡ଼େ ଯିବୁ ବୋଲି ସଜ ହେଉଛୁ, ଅର୍ଥାତ ସ୍ୱପ୍ନ ମାନ ଦେଖୁଛୁ, ପରସ୍ପରଠାରୁ ବଳ ମାଗୁଛୁ, କବି ମୁଦୁଲି ସେଇଆଡ଼େ ଯାଇ ଆଗରୁ ଉଭା ହୋଇ ରହିଥାଆନ୍ତି। ବାଟ ଚାଲିବା ବେଳେ, ନୂଆ ବାଟଟିଏ ପକାଇବା ସମୟରେ ଯୋଉ କବି ସାଙ୍ଗରେ ଅଛି ବୋଲି ଆପେ ଆପେ ଧରାଦିଏ, ତା'ଠାରୁ ବଳି ଅଧିକ ନିଜର ଆଉ କିଏ ଅଛି ?

ଓଡ଼ିଆ କବିତାରେ ଯେଉଁମାନେ ନିଜକୁ ଆଧୁନିକ ପର୍ଯ୍ୟାୟର କର୍ତ୍ତାକୁଳ ବୋଲି ଦାବୀ କରୁଥିଲେ, ସେମାନେ କେଡ଼େ ଖୁସୀ ହୋଇ ନିଜକୁ ନିଃସଙ୍ଗ ବୋଲି କହୁଥିଲେ। ସେମାନଙ୍କର ପ୍ରେରଣାପିଣ୍ଡଟି ଯାବତୀୟ ଅର୍ଥରେ ଆଉ କୋଉଠି ଯାଇ ରହିଥିଲା। ସତେ ଅବା

ଆଉ କୋଉ ରାଜ୍ୟ ଗୁଡ଼ାକର କଥା କହିବା ପାଇଁ ସେମାନେ ଆମ ଭାଷାଟାକୁ ଯାହା ବ୍ୟବହାର କରୁଥିଲେ। ଖାଲି କବିତାକୁ ନୁହେଁ, ସମୁଦାୟ ସାହିତ୍ୟଟାକୁ ସେମାନେ ନାନା ଅର୍ଥରେ ସାହେବୀ କରି ରଖିଲେ। ପଚାଶ ବର୍ଷର ଏହି ସମୟଟାକୁ ଇଚ୍ଛା କଲେ ଆମେ ଏକ ଦେଶୀ ଔପନିବେଶିକତାର ଯୁଗ ବୋଲି ମଧ୍ୟ କହିପାରିବା। ସାଙ୍ଗ ହୋଇ ଆମପାଖକୁ ଆସିବା ପରିବର୍ତ୍ତେ ଆମ ଲେଖକମାନେ କ'ଣ ପାଇଁ ଖାଲି ନାକ ଟେକିଲେ, ଜୀବନ ଅପେକ୍ଷା ଶୈଳୀର କଥା ଅଧିକ କହିଲେ, "ସେମାନେ ସତେ ଯେପରି ଜୀବନଟାକୁହିଁ ଏକ ତୁଚ୍ଛ ଶୈଳୀରେ ପରିଣତ କରିଦେବା ନିମନ୍ତେ ଆମକୁ ଫୁସୁଲାଇବାରେ ଲାଗିଯାଇଥିଲେ।"

କବି ବସନ୍ତ ମୁଦୁଲି ଏମାନଙ୍କ ଭିତରେ ସେହି ମୂଳରୁ ହିଁ ବାରି ହୋଇ ପଡ଼ିଲେ। ତାଙ୍କୁ ପଢୁଥିବା ସମୟରେ ସତେ ଅବା କୋଉଠି ଏକ ନୂଆ ସିନ୍ଦୂରା ଫାଟିବାକୁ ଯାଉଛି ବୋଲି ପ୍ରତ୍ୟୟ ହେବାକୁ ଲାଗିଲା। ବସନ୍ତ ମୁଦୁଲି ଦୁଆରଗୁଡ଼ିକୁ, ଝରକାଗୁଡ଼ିକୁ ଖୋଲା ରଖିବାକୁ କହିଲେ। କୋଉଠୁ କ'ଣ ଦେଖିଆସିଥିବାପରି ଆମକୁ ନୂଆ ବାରତାମାନ ଆଣିଦେଲେ। ସମୟଟା କୋଉଠି ଅଟକି ଯାଉଛି ବୋଲି ସତର୍କ କରିଦେଲେ ଏବଂ କହିଲେ;

> କବିମାନେ ଏବେ ବି ବନ୍ଦୀ ଅଛନ୍ତି
> ଶସ୍ତା ପ୍ରେମ/ଶୃଙ୍ଗାର ରସ ଓ ମୃତ୍ୟୁଚେତନାରେ
> ଏବଂ ମାନପତ୍ର, ପ୍ରଶଂସାର ଲୋଭେ
> ନିଜପାଇଁ ଲବି କରିବାରେ ॥

(ଅପେକ୍ଷା କର, ସମୟ ଆସୁଛି, ୧୯୮୫)

ଏବଂ, ଏବେ ଦୃଷ୍ଟିର ପରିଧିକୁ ପ୍ରସାରିତ କରି ବାଟ ଚାଲିବାର ବେଳ (ସୃଜାମ୍ୟହଂ, ୧୯୮୫) ବୋଲି ଚେତାଇ ଦେଲେ। ଆଧୁନିକ କାଳରେ ସାହିତ୍ୟ ପ୍ରକୃତରେ ଆମକୁ ଭଳିଭଳି ପ୍ରସାରଣର ସାହସ ଆଣି ଦେଇଥା'ନ୍ତା। ସ୍ୱାଧୀନତା ପରେ ଭାରତବର୍ଷରେ ପରିଧିମାନେ ଭାରି ଜାକିଜୁକି ହୋଇ ଯାଇଥିଲେ। ଅଳପ ମଣିଷ ଏଠାରେ ଯଥାସମ୍ଭବ ସବୁକିଛିକୁ ଭୋଗ କରିବେ ବୋଲି ଏଭଳି ଷଡ଼ଯନ୍ତ୍ରଟିଏ କରିଥିଲେକି? ଏବଂ, ସାହିତ୍ୟ ମଧ୍ୟ ସେହି ଅଳପଙ୍କର କୋଳ ଭିତରକୁ ପଶିଯାଇ ଶଂଖୀ ବିଲେଇଟା ପରି ଉଷୁମ ଟାଣୁଥିଲା, ଭାରି ଧୋବ ଦେଖାଯାଉଥିଲା। ଆମ କାହାଣୀର ନେଉଳ ଭାଇ ପରି ଯେଉଁ ଅଳ୍ପ କେତେଜଣ ଖୁବ୍ ସଚେତନ ଭାବରେ ଆମକୁ ସେହି ବିଭ୍ରାନ୍ତି ଭିତରୁ ବାହାର କରି ଆଣିବେ ବୋଲି ଆମ ବିବେକ ଗୁଡ଼ିକୁ ଲୁଟ କରି କାମୁଡ଼ି ଦେବାକୁ ମନସ୍ଥ କଲେ, ଓଡ଼ିଶାରେ ସେମାନଙ୍କର ଧାଡ଼ିରେ ଆମେ

ବସନ୍ତ ମୁଦୁଲିଙ୍କୁ ଦେଖିବାକୁ ପାଇଲୁ। ସିଏ ଆମକୁ ପୁଣି ସ୍ୱପ୍ନ ମାନଙ୍କ ଭିତରକୁ ଟାଣି ଆଣିଲେ। ଭାନୁମତିର କବଳ ଭିତରୁ ଉଦ୍ଧାର କଲେ। ପ୍ରତିବାଦର ସ୍ୱରଟିଏ ସୋଜାଇ କରି ଆଣିଲେ। ଆମ ସାହିତ୍ୟ ଏକାଧିକ କାରଣରୁ ଏକ ଚକ୍‌ଚକ୍ ଉପେକ୍ଷା ମଧ୍ୟରେ ଭାରି ଅକର୍ତ୍ତବ୍ୟ ହୋଇ ରହିଥିଲା। ବହୁ କପଟତାକୁ ପ୍ରଶ୍ରୟ ଦେଉଥିଲା। ବହୁ ବିଟଙ୍କର ମୁଖାରୂପେ ବ୍ୟବହୃତ ହେଉଥିଲା। ମୁଦୁଲି ଓ ତାଙ୍କ ବାଟର ଆଉ ମାନେ ଆମକୁ ସେହି ଗୁଳାରୁ ବାହାରି ଆସିବାର ଉଦ୍‌ବୋଧନ ଦେଇଥିଲେ। ବହୁ କୁଣ୍ଠିତଙ୍କର କୁଣ୍ଠା ଦୂରକଲେ।

ଏକ ସକାରାତ୍ମକ ପ୍ରତିଶ୍ରୁତି ଦେଇ ପ୍ରସ୍ତୁତ ସଂଗ୍ରହଟିରେ ବସନ୍ତ ମୁଦୁଲି 'କାଳ ରାତି ପାହୁଛି ପାହୁଛି, ସିଂହଦ୍ୱାର ଭାଙ୍ଗୁଛି ଭାଙ୍ଗୁଛି, ବଳିଷ୍ଠ ଚେତନାର ସ୍ୱରଟିଏ ସ୍ଫୁରୁଛି ସ୍ଫୁରୁଛି' ବୋଲି କହିଛନ୍ତି। ଏ କଥାଟି ମୋଟେ ମାଳିକାର କଥା ନୁହେଁ, ତାହା ବିଶ୍ୱାସର କଥା। ନିଜର ଅଙ୍ଗୀକାରବଦ୍ଧତା ଅନୁସାରେ ହିଁ ନିଜର ବିଶ୍ୱାସ। ନିଜର ପ୍ରୀତିଗୁଡ଼ିକ ଅନୁସାରେ ହିଁ ନିଜର ପୃଥିବୀ। ଗୁମ୍ଫାରେ ପଶିଥିବା ଭାରି ମସ୍ତିଷ୍କିଆ କବିମାନେ ସେକଥା ବୁଝି ପାରିବେ ନାହିଁ। କେବଳ ଜଣେ ବସନ୍ତ ମୁଦୁଲି ହିଁ ହୃଦୟକୁ ଉଷ୍ମ ପ୍ରସ୍ରବଣ ବୋଲି କହିପାରିବେ। ଭାବପ୍ରବଣମାନଙ୍କର ଅକଲ୍ ଗୁଡୁମ କରିଦେବେ। ତଥାପି ଉପସ୍ଥିତ କାଳଟାରେ ଏକାଧିକ ଶକୁନ କହିଦେଉଛି ଯେ ପୁରୁଣା ଅକଲଗୁଡ଼ାକ ଯାଉଛି। ଏକ ନୂଆ ଅକଲ ଆସୁଛି। ସମଗ୍ର ପୃଥିବୀକୁ ଯେତେବେଳେ ଆସୁଛି, ଓଡ଼ିଶା ସେଥିରୁ କଦାପି ବାଦ୍ ଯିବନାହିଁ। ଓଡ଼ିଶାରେ କ୍ରମେ କବି ବସନ୍ତ ମୁଦୁଲିଙ୍କୁ ମଝିରେ ବସାଇ ଅଧିକ ଚର୍ଚ୍ଚା ହେବ। ବସନ୍ତ ମୁଦୁଲି ଶବ୍ଦକୁ କାହିଁକି ନିଆଁ ବୋଲି କହୁଥିଲେ, ଅତ୍ୟନ୍ତ ଅନ୍ତରଙ୍ଗ ଭାବରେ ସେହି କଥାଟିର ମର୍ମାନ୍ୱେଷଣ ହେବ।

ଓଡ଼ିଆ କବିତାରେ ଆହୁରି କତିପୟବି ଆଗରୁ ଦୃଷ୍ଟାନ୍ତ ଭଳି ରହିଛନ୍ତି, ଯେଉଁମାନଙ୍କୁ ଏକ ଉପର ଠାଉରିଆ ଉତ୍ସାହରେ କେହି କେହି ବସନ୍ତ ମୁଦୁଲିଙ୍କର ସମଗୋତ୍ରୀ ବୋଲି କହୁଛନ୍ତି। ସ୍ୱାଧୀନତା ଆସିବା ପୂର୍ବରୁ ମଧ୍ୟ ଆମ ଭାଷାରେ ବିପ୍ଳବକୁ ବାଉଁଶରାଣୀ କରି କବିତା ଲେଖାଯାଇଥିଲା। ଏବେ ସେ ସବୁର କିଞ୍ଚିତ୍ ବ୍ୟବଚ୍ଛେଦ କଲାବେଳକୁ ଲାଗୁଛି, ଏମାନେ ସତେ ଅବା ଖାଲି ସ୍ଲୋଗାନ୍‌ଟାଏ ହିଁ ଦେଉଥିଲେ। ତେଣୁ ଜୀବନରେ ଆଉ ଆଉ ଆଡ଼େ ଚାଲିଗଲେ ସିନା, ବିପ୍ଳବରେ ରହିପାରିଲେ ନାହିଁ। ବସନ୍ତ ମୁଦୁଲିଙ୍କର କବିତାରେ ସ୍ଲୋଗାନ୍ ନାହିଁ। ଭୀମ ଭୋଇଙ୍କର କବିତାରେ ଯେମିତି ସ୍ଲୋଗାନ୍ ନାହିଁ, ସେମିତି। ସିଏ ବ୍ୟବହାର କରିଥିବା କାବ୍ୟ ଶୈଳୀ ଏବଂ ଚିତ୍ରବ୍ୟଞ୍ଜନାଗୁଡ଼ିକରୁ ହିଁ ତାହାର ପ୍ରମାଣ ମିଳିଯାଇପାରୁଛି।

ଅଙ୍ଗେ ନିଭାଇ, ଜୀବନ ସହିତ ମିତ ବସି ଯେଉଁ ସାହିତ୍ୟ ଲେଖାଯାଏ, ତାହା ସର୍ବଥା ଏକ ଅନ୍ୟ ଆବେଦନର ଆହ୍ୱାନ ଦେଇ ଯାଉଥାଏ।

କବି ବସନ୍ତ ଏକ ଭିନ୍ନ ମାଟିରେ ଆପଣା ଦୃଷ୍ଟିର ଅଙ୍କୁରୋଦ୍‌ଗମ କରାଇଥିଲେ। ପୂର୍ଣ୍ଣ ଓ ପୋଖତ ଦ୍ରୁମଟିଏ ହୋଇ ତାହା ଆହୁରି କେଉଁ ସବୁ ବିସ୍ତାରର ବାର୍ତ୍ତା ଆଣିଦେଇଥା'ନ୍ତା କେଜାଣି ? ଅସଲ କବି ପାହାଚ ଉଠିଉଠି ଯାଉଥାଏ, ତଥାପି ନିଜ ମାଟିଟି ଉପରେ ଅଶେଷ ଅନ୍ତରଙ୍ଗତା ସହିତ ଛିଡ଼ା ହୋଇ ରହିଥାଏ। ସେହି ଅନ୍ତରଙ୍ଗତା ହିଁ ପାଖୁଡ଼ା ପାଖୁଡ଼ା ହୋଇ ଫୁଟିଉଠେ। ତେଣୁ ଆମେ ସବା ଆଗ ତାଙ୍କର ମାଟିଟିକୁହିଁ ସ୍ୱତନ୍ତ୍ର ଭାବରେ ଚିହ୍ନିବା। ତେବେ ହୁଏତ ପାଖୁଡ଼ା ଗୁଡ଼ିକର ବାସନା ପାଇ ପାରିବା। ନିଜ ଭିତରେ ମଧ୍ୟ ପାଇପାରିବା।

ବସନ୍ତ-କାବ୍ୟସର୍ଜନାର ଏହି ତୃତୀୟ ଗୁଚ୍ଛଟି କେବଳ କବିଙ୍କୁ ନୁହେଁ; ଆମର ଏହି କାଳଟି ସମତେ ଆମ ନିଜକୁ ମଧ୍ୟ ଅଧିକ ଅନ୍ତରଙ୍ଗ ଭାବରେ ଅନୁଭବ କରିବାଲାଗି ଆବଶ୍ୟକ ଶ୍ରଦ୍ଧା ଦେଇଯାଉ।

(ଚିତ୍ତରଞ୍ଜନ ଦାସ)

ଦୁଃଖର ଡଅଁର ଭିତରେ ଉତ୍ତରଣର ସ୍ୱପ୍ନ

"କବି ତ କବି, ତା'ର ଗୋଟେ ପରିଚୟ କ'ଣ!"

(ଅକବିର କବିତା: 'ବସନ୍ତ ବର୍ଣ୍ଣମାଳା')

ବିନା ପରିଚୟରେ କୌଣସି କବିଙ୍କୁ ଖୋଜିବା-ଲୋଡ଼ିବା ଯେମିତି ଗୋଟେ ପାଠକୀୟ ବିଶେଷତା, ପରିଚୟହୀନତାରେ ସେମିତି ଭଲ ପାଇବା କବିର କବିତା।

ବସନ୍ତ ବିନା ଋତୁମାନେ ଯେମିତି ଋତୁହୀନତାରେ ଶ୍ରୀହୀନ, 'ବସନ୍ତ ବର୍ଣ୍ଣମାଳା' ସେମିତି ବିନା ବସନ୍ତରେ ଆମ ସମୟର ଗୋଟେ ଅଚିହ୍ନା ରୋଗ-ଅନ୍ତରଙ୍ଗ କବିତା!

କୌଣସି ହାର୍‌ଜିତ୍‌କୁ ବେପରୁଆ, ବେଖାତିର ଢଙ୍ଗର ମଗଜରେ ଜୀଆଇ ରଖିବା କବିର ସର୍ତ୍ତ। କବି ବସନ୍ତ ମୁଦୁଲି ସେ ସର୍ତ୍ତ ପ୍ରତି ସତର୍କ ବୋଲି ପରିଚୟ ଦେଇଦେଲାରୁ ସାରା ଓଡ଼ିଶା ହୁଲ୍‌ସ୍ଥୁଲ - ସାରା କବିତାର ଆକାଶ ଦୁଃଖର ଧୂଆଁରେ ଛଟପଟ। କବି-କବି ଡାକରେ ଆମ ଭିତର-ବାହାର ଏକାବେଳେ ଉଚ୍ଛନ୍ନ।

ବସନ୍ତ ମୁଦୁଲି ଏବେ ଅନ୍ୟ ଏକ ସହରର ବାସିନ୍ଦା। ତାଙ୍କ ପାଇଁ ଦିନେ ରୀତିମତ ଗୋପନ ଷଡ଼ଯନ୍ତ୍ର ଓ ଚତୁର ଚକ୍ରାନ୍ତରେ ମସ୍ତ ଥିଲା ସମୟ। ବ୍ୟସ୍ତ ଥିଲେ କବିତାର ଷଡ଼ଯନ୍ତ୍ରରେ ବି କବି। ଏଣିକି ସବୁ ସବୁ ଖାଲି ନୁଖୁରା ଦୀର୍ଘଶ୍ୱାସ ! ତାଙ୍କ କବିତା ପଢ଼ିଲେ ଲାଗେ - କେଇ ଯେମିତି ଆମକୁ ଚିମୁଟି ଦଉଚି ବାରମ୍ବାର। ଆମେ ବଞ୍ଚିଚୁ !

ବସନ୍ତଙ୍କ କବିତା ମଣିଷପଣିଆକୁ ଉଖାରିବାରେ ସମର୍ଥ। ଆପଣାକୁ, ଆପଣାର ପରିବେଶ ଓ ଜୀବନକୁ- ଏପରିକି ଖାଇ ଗୋଡ଼ାଉଥିବା, ରକ୍ତ ଚାଉଳ ଚୋବା, ଧୋକାବାଜ୍, ମୂତ୍‌ଫର୍କା ସମୟକୁ ଚିତ୍‌ପଟାଙ୍ଗ କରିଦବାକୁ ତାଙ୍କ କବିତାର ଢେର ଢେର୍ ତାକତ୍ ଅଛି। କିନ୍ତୁ ନିତ୍ୟନୂତନ ବର୍ଣ୍ଣୋତ୍ସବରେ ବସନ୍ତ ସମେତ ତାଙ୍କ ସୃଜନଶୀଳତା ଆଜି ସମ୍ଭାବନା ପରି ଉଦାସ, ପ୍ରେମିକ ପରି ନୀରବତାରେ ଦୁର୍ବାର !

କବି ସବୁବେଳେ ପ୍ରେମମୟ। ଜ୍ୱାଳାମୟ। କାଳମୟ। କାଳାତୀତକୁ ଧସେଇ ପଶିଯିବାର କାବ୍ୟିକ ହୁଙ୍କାର। ଶବ୍ଦର ସାମ୍ରାଜ୍ୟରେ ସେ ଏକାଏକା ସୂର୍ଯ୍ୟୋଦୟ। ଏକାଏକା ସୂର୍ଯ୍ୟାସ୍ତ। ଗୋଟେ ଗୋଟେ ବିଷର୍ଣ୍ଣ, ବିମୁଖ ଶତାବ୍ଦୀର ପ୍ରଚ୍ଛଦପଟ୍ଟ। ସଭିଙ୍କ ଆଢୁଆଳରେ ଲୁଚିଲୁଚି ମଝିରେ ମଝିରେ ବିଗୁଲ ଫୁଙ୍କି ଦଉଥିବା ରକ୍ତର ବର୍ଣ୍ଣବୋଧ କବି ବସନ୍ତ ମୁଦୁଲି - ତା'ର ପରିଚୟ ପଚାରୁଚ ତ। ତେବେ ପଢ଼ି ନିଅ ତା'ର ଶେଷ ଇଚ୍ଛା, ଅନ୍ତିମ ସମ୍ବୋଧନ-

ପ୍ରତି ମୁହୂର୍ତ୍ତରେ ଜୀବନର ଚାରୁଆଳି ନାଚରୁ ନିବର୍ତ୍ତି
ତାକୁ ସାମ୍ନା କରିବାର ଅଦମ୍ୟ ସାହସ ଆମର ଲୋଡ଼ା।

କେଇ ସ୍ୱୀକାର କରୁ ବା ନ କରୁ- ମୁଁ କହିବି, ବସନ୍ତ ମୁଦୁଲି ଏକ ଉଦ୍ଧତ ସ୍ୱପ୍ନର ଡଅଁର ଭିତରେ ଗୋଟେ ସୀମାତିରିକ୍ତ ଦୁଃଖର ହୁଲିଡଙ୍ଗା। ସକାଳକୁ, ଦୂର ଦିଗ୍‌ବଳୟକୁ ଛୁଇଁବାର ସାହସରେ ଯେ କବିତାର ଢେଉଗୁଡ଼ାକୁ ଆଡ଼େଇ ଆଡ଼େଇ ଦିନେ ହୁରି ଛାଡ଼ିଥିଲା - ମୁଁ ବଞ୍ଚିବାକୁ ଚାହେଁ, ବଞ୍ଚିବାକୁ ଚାହେଁ।

ବେଳକାଳର ବିପରୀତତା ସାଥିରେ ସ୍ୱାଧୀନ ଇଚ୍ଛା ଓ ବୁଦ୍ଧିରେ ଖେଳିଛନ୍ତି ବସନ୍ତ ମୁଦୁଲି। ମଣିଷର ପ୍ରତିଟି ରକ୍ତକୋଷରେ ଭରି ଯାଇଥିବା ସମୟର ନୈରାଶ୍ୟକୁ ପ୍ରେମରେ ଭିଜାଇଛନ୍ତି, ବୁଡ଼ାଇଛନ୍ତି। ବୁଝାମଣା ଓ ପ୍ରତାରଣାର ମଧ୍ୟବିନ୍ଦୁରେ ଠିଆ ହୋଇ ଚନ୍ଦ୍ରବିନ୍ଦୁକୁ କଲମ ବଢ଼ାଉ ବଢ଼ାଉ ଲଟକି ଯାଇଛନ୍ତି ମଧ୍ୟ ସ୍ୱର୍ଗରେ। ରକ୍ତରେ ଝୋଟି ପକେଇ ତାରା ଫୁଲରେ / କବିତାର ଇନ୍ଦ୍ରଧନୁରେ ମଣ୍ଡେଇଛନ୍ତି ମନର ଅଗଣା / ହୃଦୟର ଆକାଶ। ଶତାବ୍ଦୀର ଦୁଃଖକୁ ଭୁଲେଇବା ପାଇଁ ନିଜକୁ, ବହଲେଇବା ପାଇଁ। କିନ୍ତୁ ଦେଖିଲାବେଳକୁ - ଏକବିଂଶ ଶତାବ୍ଦୀରେ ଶିଶୁଟି ପାଇଁ ସାଇତା ପାହାର ସବୁ ଆମ ବେକ ଶଣ୍ଢୋରୁ ଆଖି

ମିଟିକାରେ ଉଭାନ୍ ! କବିତା ସବୁ କାନ୍ଥ କଡ଼ରେ ଖୁଁ ଖୁଁ କାଶୁଥିବା ଆମ ଅସ୍ତିତ୍ୱ - ମୃତ୍ୟୁ ପାଇଁ ନୁହେଁ, ଜୀବନ ପାଇଁ କେବଳ ଦୁଇ ମିନିଟ୍ ପ୍ରାର୍ଥନା ।

ହକ୍ ଖୋଜୁଥିବା ମଣିଷ ବୋକା । ଆଉ ହକ୍ ପାଇଁ ପ୍ରାଣପାତ ଲଢୁଥିବା କବି ବୋକାଙ୍କ ବୋକଚାବୋହା ଚାକର । ନୁହେଁ ଆଉ କ'ଣ ? ସଂସାରଟା ପ୍ରତିନିୟତ ଧକଉଥିବା ନାନାବିଧ ଧିକ୍‌କାର ଭୋଗସଭା, ଭୋଗମଣ୍ଡପ ଭଳି କବିଙ୍କୁ ବୁଝା-ଯାଉଥିବା ବେଳେ ସବୁ ହାସ-ପରିହାସ, ଉନ୍ମାଦନା, ସ୍ପର୍ଶାତୁର ଶବ୍ଦ, ମୁଗ୍‌ଧ ଅନୁଭବର ଅର୍ଥହୀନତା ପେଟ-ପିଠିର ଯୁଦ୍ଧ ହବାକୁ କବିଙ୍କ ପାଇଁ ଯଥାର୍ଥ । ମୁହୂର୍ତ୍ତସ୍ୱର୍ବସ୍ୱ କରତାଳି ଓ ଫୁଲମାଳର କୋଳାହଳଇଁ କବିଙ୍କ ଆଖିକୁ ଗଞ୍ଜଣା, ବିଦ୍ରୂପ । ଏଠି କିଏ କାହାକୁ ଅପେକ୍ଷା କରୁଚି ଯେ 'ଅପେକ୍ଷାକର, ମୁଁ ଫେରୁଚି' କହୁଥିବା ଲୋକଟିର ପ୍ରତିଶ୍ରୁତିକୁ ପରଖିନବା ପାଇଁ ହକ୍ ଫକ୍ କରି ଡେଇଁ ପଡ଼ିବ କବି ବସନ୍ତ ମୁଦୁଲିଙ୍କ ଚଳଚଞ୍ଚଳ ସ୍ୱପ୍ନର ଆଞ୍ଜୁଳାକୁ । ତେଣୁ ସବୁ ଯୁଗରେ କବି ମାତ୍ରେଇ ଅଜ୍ଞାତବାସରେ, ଦ୍ୱୀପାନ୍ତର ଦଣ୍ଡରେ । କବି ମୁଦୁଲି ବାଦ୍ ପଡ଼ିବେ ବା କେମିତି ।

କାହାର ଫୈସଲାକୁ କବି ନ କାନେଇବା ଆମର ସୌଭାଗ୍ୟ । ଏଥିପାଇଁ ସେ ଦୁଃଖରେ ବିପନ୍ନ । ସୁଖରେ ମ୍ରିୟମାଣ । ତେଣୁ କୌଣସି ଦୁଃଖର ଔଜଲ୍ୟ ବା ସୁଖର ସମ୍ମୋହନ ପାଲରେ ନ ପଡ଼ି କବି ଛାତି ଫଟେଇ ଡାକନ୍ତି - ମଲ୍ଲୀ ଫୁଲର ଆୟୁଷ ନେଇ ମହକି ଯିବାକୁ ଯଦି ଚାହୁଁଚ, ତେବେ ଆସ । ହାତ ମିଳାଅ । ସାରା ଜୀବନ ଛାଗଲୀୟତା ବିରୁଦ୍ଧରେ ଶବ୍ଦର ବୋମା ତିଆରିରେ ଲାଗିଯାଅ । ସଅଁପି ଦିଅ । ଜାହିର୍ କର । କିମ୍ବା କ୍ଷତ-ବିକ୍ଷତ ଭବିଷ୍ୟତକୁ ଫାଶି ଖୁଣ୍ଟରୁ ଓହ୍ଲାଇ ଆଣି ସାଷ୍ଟମକର । ପାହାଡ଼ ତମାମ ନିଆଁ ଧରେଇ ଦେଇ କୁହ / ଚିତ୍କାର କର- ହୁସିଆର, ହୁସିଆର । ଗୋଟେ ଏକତିରିଶ ବର୍ଷିଆ ପୁଅ କବିତା ଲେଖୁଲେଖୁ ଅଧା ବୟସରେ ଚାଲିଗଲା । ଗୋଟେ ଜିଦ୍‌ଖୋର୍ ଖେଳୁଆଡର ଜିଦ୍ ପାଖରେ ପାପାଜି ସମୟ ମଥା ନୁଆଇଁ ଦେଲା । ବର୍ତ୍ତିଗଲେ ବସନ୍ତ ମୁଦୁଲି । ଅମର ହେଇଗଲା ତାଙ୍କ ଅସହାୟ ମୁହୂର୍ତ୍ତ ସବୁର ସାରସ୍ୱତ ତୃଷ୍ଣା-ଶୀତଳ ମୃତ୍ୟୁର କୋମଳଗାନ୍ଧାର ! ହାତରେ କଲମ ଧରିଥିବା ଲୋକଟି ପାଇଁ ପୃଥିବୀଟା ବିକଳାଙ୍ଗ ସ୍ୱପ୍ନମାନଙ୍କର ବଙ୍କା ତେଡ଼ା ରାସ୍ତା । ବାଟ ହୁଡ଼ିବା, ବାଟ ଖୋଜିବା, ବାଟ ପାଇବା, ବାଟ ବତାଇବା ଓ ବାଟ ମାରଣା ହେବା ସବୁସବୁ ନିଆରା କଥା ! କବି କିନ୍ତୁ ସବୁ ନିଆରା ଭିତରେ ନିଆଁ ପାଣିର ଖେଳ ଦେଖନ୍ତି ! ତୃଷିତ ବିଶ୍ୱର ଓଠରେ ଶତାବ୍ଦୀର ଅଦୃଶ୍ୟ ହସ୍ତାକ୍ଷରର ଫୁଲକୁ ଛୁଆଁଇ ଦେଇ କହନ୍ତି - ପଥର ତଳେ ଜକ୍‌ଜକ ସତ୍ୟ ରହିଚି । ଆସ ଉପାଡ଼ି ଦବା ପାତାଳଭେଦୀ ଅସତ୍ୟର ଚେର । କେଇ ଶୁଣନ୍ତିନାଇଁ ତା' କଥା । ଅସତ୍ୟ ସହରର ନିବାସୀ କହେ- ଆଦିମତାର ଘଞ୍ଚ ଜଙ୍ଗଲରେ ଥକା ମନ

ନେଇ ଆମେ ହର୍‌ଦମ ବ୍ୟସ୍ତ । ପ୍ରଚାର ନାଇଁ ସତାର ପରିଚୟ ଜୀବନର ସଂଜ୍ଞା । କବି ବସନ୍ତ ମୁଦୁଲିଙ୍କର ବଡ଼ ଭୁଲ ଯେ ହାଣ୍ଡିତଳ ନିଆଁର ହସକୁ ବେଳେବେଳେ ପଚାରି ଦିଅନ୍ତି - କ'ଣ ତମେ ହସୁଚ ? ହସୁଥିବା ଲୋକଙ୍କୁ ହସିବା କଥା ପଚାରିଲେ ସେ କ'ଣ କାନ୍ଦନ୍ତା । ହଁ, କାନ୍ଦିବାଠାରୁ ଆଉରି ବେଶି ଭୟଙ୍କର ତା'ର କାନ୍ଦକାନ୍ଦ ଭାବ - ମୁର୍ଦାର କଥା କହିଲେ ଶବ୍ଦର ଇଜ୍ଜତ ଯାହା ହୁଏ ।

ସେଥିପାଇଁ ଶବ୍ଦର ସମ୍ମାନ ଜଗୁଜଗୁ ବେଇଜ୍ଜତ ହେଇଯାଏ ମୃତ୍ୟୁ । ପ୍ରତିଟି କବିତାର ଚୋଟରେ ରଙ୍କଣା କବିର କୋଟି କୋଟି ଆଜ୍ଞା ସବୁ ହେଇଯାଏ ସ୍ମୃତି, ସ୍ୱପ୍ନ, ଆୟୁ, ପରମାୟୁ ଓ ଅଙ୍ଗେନିଭା ଜୀବନର ଉପାଖ୍ୟାନ । କୌଣସି ଅରଣା ଘୋଡ଼ା ବା ପ୍ରିୟ ଚଢ଼େଇ (ଝଡ଼ର ଇଗଲ୍ ବା ପ୍ରଜାପତିର ଡେଣା ହଉ) କେଇ ସେସବୁକୁ ପୋଷା ମନେଇ ପାରେନା । ପାରେନା ବୋଲି କହି ପକାଏ - ଛାତି ପାଖକୁ ଦୌଡ଼ି ଆସୁଥିବା ଆତ୍ମୀୟମାନଙ୍କୁ ପର ବୋଲି ! ଘୋର ଆତ୍ମୀୟତାରେ ଲଟେଇଯାଏ କବିତା । ସ୍ୱାର୍ଥମୁକ୍ତ ହେଇଯାଏ ହୃଦୟ । କବିତା ସବୁ ହେଇଯା'ନ୍ତି ବଞ୍ଚିବାର ମଧୁବୃଷ୍ଟି - ବିନିଦ୍ର ଇଚ୍ଛାର କ୍ରମଃଉତ୍ତରଣ !

କବି ହଉ କି କବିତା, ନିଜକୁ-କାଳକୁ ଡେଇଁଯିବା କଥା । ଉତ୍ତୀର୍ଣ୍ଣତା, କୌଣସି ଅପୂର୍ବ ଭାବାବେଶର ବଶ୍ୟତାକୁ ସ୍ୱୀକାରି ନବା ଧର୍ମ 'ମୁଁ ଲେଖୁଚି ମୋ ପାଇଁ କହି ଆତ୍ମଘାତୀ ଶବ୍ଦଙ୍କୁ ତଳକଣ୍ଟା ଉପରକଣ୍ଟା ଦବା ବିଚାରରୁ ମୁକ୍ତ କରି ଦବା । କବି ବସନ୍ତ ମୁଦୁଲି ଠିକ୍ ଉତୁରି ଆସୁଥିବାବେଳେ ଓଡ଼ିଆ କବିତାରେ, ଆରମ୍ଭ ହୋଇଗଲା ନର୍କରେ ଚହଲ ! ନର୍କରେ ଥିବା ଲୋକେ ନର୍କ କ'ଣ, ସ୍ୱର୍ଗ କ'ଣ, ଦୁଃଖ କ'ଣ, ସୁଖ କ'ଣ, ପାପ କ'ଣ, ପୁଣ୍ୟ କ'ଣ, ସବୁ ସବୁକୁ ଯଥେଷ୍ଟ ଜାଣିବା ଆଗରୁ ଯେମିତି ମୁଠାଏ ସ୍ୱପ୍ନ ଓ ଦି'ମୁଠା ଅଙ୍ଗାରରେ ପୂରି ଯାଇଥାଏ ଜୀବନ-ଥାଳ, ସେମିତି କୌଣସି ହୋ-ହଲ୍ଲା, ଶୁଣାଯିବା ଆଗରୁ ଚୁପ୍ ଚୁପ୍, ବଡ଼ ସନ୍ତର୍ପଣରେ ନିଜ ବାଟ ନିଜେ ଧରି ନବା ଠିକଣା କବିର ଏକଦମ୍ ଠିକ୍ ବିଚାର । କେଇ ତା' କ୍ରୋଧ ଘୃଣା, ପ୍ରେମ, ଦ୍ୱନ୍ଦ୍ୱ, ଅସହାୟତା ଓ ଭାବଜର୍ଜରିତ ହୃଦୟର ଦିଗବଳୟ ଆଡ଼େ ମାଡ଼ିଯାଉ ବା ନ ଯାଉ, ହାତ ଠାରି ଅନ୍ତତଃ କହି ଦେଇ ପାରିବ ତ - ଜୀବନକୁ ବାଜି ମାରି ଏକଦା ନିଷ୍ଠୁର ଭାଗ୍ୟର ସମାବର୍ତ୍ତନ ଉତ୍ସବରେ ଲାଇଟ୍ ମଶାଲ ଧରି ପାଞ୍ଚ ଫୁଟ ଚାରି ଇଞ୍ଚର କଞ୍ଚା ଚୋକାଟାଏ ସାହିତ୍ୟର ସଦର ଦୁଆରକୁ ଆସୁଆସୁ ଝୁଣ୍ଟି ପଡ଼ିଲା ଯେ ଚୌକାଠରେ ଝୁଲି ରହିଲା କେବଳ ତା' ସର୍ପିଳ ବିଶ୍ୱାସ-ଛପନ ପଉଟି ଭୋଗ ଆତ୍ମସାତ୍ କରୁଥିବା ମାଦଳ ଠାକୁର ।

ବୁଦ୍ଧ ପରି ହଜାରବାର ଧ୍ୟାନସ୍ଥ ହବାକୁ ଥିଲା ବସନ୍ତ କୁମାରଙ୍କ ଶପଥ ।

ହଜାଇବାର ଶତ୍ରୁର ବ୍ୟୁହରେ ଠିଆ ହବାକୁ ଥିଲା ଛାତିରେ ତାକତ୍, ମଥାରେ ମଗଜ। ଥିଲା ଶବ୍ଦରେ ଷାଣ, ମୂଲ୍ୟବୋଧରେ ସ୍ୱାଭିମାନ। କବିତାର ସାମଗ୍ରିକ ଆବେଦନରେ ପୃଥିବୀଟାକୁ ଚିରି ଦି'ଫାଳ କରି ଦେଖେଇ ଦବାକୁ, ଲୁହଲହୁର ପରିଚୟଥିଲା ଶାଗ ଭଜାରେ ଜନ୍ମକୁ ସନ୍ତୁଷ୍ଟ କରି ଖୁଦ ଭଜାରେ ମୃତ୍ୟୁକୁ ଅମୃତମୟ କରିବାର କାବ୍ୟିକ ଉଦ୍‌ବେଳନ। କେଇ ସହି ପାରିଲେନି କବିକୁ। କେଇ ଦେଖି ପାରିଲେନି, ବୁଝି ପାରିଲେନି ଅହଙ୍କାରର ସିଂହାସନରୁ ଓହ୍ଲେଇ ପଡ଼ିଥିବା ତା' ଅଦୃଶ୍ୟ କାବ୍ୟ-ସାଧନାର ସ୍ୱର ଓ ନିଭୃତ ସ୍ୱାକ୍ଷରକୁ !

"ବସନ୍ତ ବର୍ଣ୍ଣମାଳା"ର କବିତା ସବୁ ଏମିତି। ଦ୍ରୋହ, ବିଦ୍ରୋହ, ଅସନ୍ତୋଷ, ପ୍ରତିକ୍ରିୟା ଓ ସିଧାସଳଖ ମୁହାଁମୁହିଁ ଶବ୍ଦର ହତିଆର। କେଉଁଠି ବସନ୍ତ ଗୋଟିପଣେ କବିତାର ଏକ ନିର୍ଜନ, ନିଃସଙ୍ଗ ଋତୁ ତ, କେଉଁଠି ନାଇଁନାଇଁର ନିଷ୍ଠୁର ହାତରେ ବର୍ଣ୍ଣସବୁ ପତ୍ରପୁଷ୍ପ ପରି ଏଣେ ତେଣେ ଶୋଭାର ପସରା ଧରି ଅଦ୍ଭୁତ ଅଦ୍ଭୁତ ! ବସନ୍ତଙ୍କ କବିତା ମୁଠାଏ ଉଷ୍ମ ମାଟିର ମୋହରେ ସ୍ନେହଶୀଳା। ଅଫଳନ୍ତି ସ୍ୱପ୍ନର ଶରଶଯ୍ୟାରେ ଭୟଙ୍କର ଭାବେ ରକ୍ତାକ୍ତ ଓ ଉଦ୍ଧତ। ଅଥଚ ବଡ଼ ବିନୀତ ଓ ପ୍ରତ୍ୟୟଯୁକ୍ତ ତାଙ୍କ ପ୍ରତିଟି କବିତାରେ ଅନ୍ତରଙ୍ଗ ଉଚ୍ଚାରଣ। କ୍ଷୀଣାୟୁ କବିର ଏହାହିଁ ଆୟୁଷ୍ମାନ କାବ୍ୟସ୍ନାନ।

"ବସନ୍ତ ବର୍ଣ୍ଣମାଳା"ର ଶୁଭମୁକ୍ତି ଅବସରରେ କବିଙ୍କ ସୃଷ୍ଟି ପ୍ରତି ମୋର ଶ୍ରଦ୍ଧାସିକ୍ତ ବଚନବଦ୍ଧତା।

ସ୍ମୃତିର ଦୀପ ଶିଖାଟିଏ ଜଳେଇ ରଖିବାଠାରୁ
ଆଉ କୌଣସି ପବିତ୍ର ସକାଳକୁ, ଆମେ ଜାଣୁ-
ସ୍ୱର୍ଗତ କବି ବସନ୍ତ ମୁଦୁଲି
ଆଉ କେବେ କହିବେ ନାଇଁ-
"ଅପେକ୍ଷା କର, ମୁଁ ଫେରୁଚି।"

(କମଳାକାନ୍ତ ଲେଙ୍କା)

ଉପୋଦ୍‌ଘାତ

କବି ବସନ୍ତ କୁମାର ମୁଦୁଲିଙ୍କ 'ବସନ୍ତ ବର୍ଣ୍ଣମାଳା' କବିତା ସଂକଳନଟିଏ ମାତ୍ର ନୁହେଁ, ଆଧୁନିକ ଓଡ଼ିଆ କବିତାର ଏକ ଐତିହାସିକ କୀର୍ତ୍ତିସ୍ତମ୍ଭ ଏବଂ ଇତିହାସୋତ୍ତର କାବ୍ୟଚେତନା ଓ କଳାବୋଧର ଏକ ଉଜ୍ଜ୍ୱଳ ସ୍ମାରକୀ। ତାଙ୍କ ରଚିତ ଚାରିଶତରୁ ଊର୍ଦ୍ଧ୍ୱ କବିତା ମଧ୍ୟରୁ ୧୪୫ ଗୋଟି କବିତାକୁ ନେଇ ଏବର 'ବସନ୍ତ ବର୍ଣ୍ଣମାଳା'ର ପରିବର୍ଦ୍ଧିତ ଓ ପରିମାର୍ଜିତ ସଙ୍କଳନ ଆମ ସାମ୍ନାରେ, ସତେ ଅବା ସୂର୍ଯ୍ୟାସ୍ନାତ କବିତାର ମୁକ୍ତି ଉତ୍ସବକୁ ତୂର୍ଯ୍ୟନାଦ କରି ଆବାହନ କରୁଛି !

ସଙ୍କଳନରେ ସଂଯୋଜିତ କିବତାଗୁଡ଼ିକର ସୃଷ୍ଟିକାଳ ଅଷ୍ଟମ ଦଶକ। କବି ପ୍ରତିଭାର ଉନ୍ମେଷ କାଳର କବିତାଗୁଡ଼ିକୁ ନେଇ ୧୯୮୧ ମସିହାରେ କବି ବସନ୍ତ ପ୍ରକାଶ କରିଥିଲେ ତାଙ୍କର ପ୍ରଥମ କବିତା ସଙ୍କଳନ 'ଯିଏ ଯେଉଁଠି ଅଛ'। ସେ କବିତା ଗୁଡ଼ିକରେ ଉଦ୍ଦାମତା ଥିଲା, ଥିଲା ବି ବ୍ୟକ୍ତିବୋଧ ଓ ସମାଜ ସଚେତନା, ବାସ୍ତବତା ତଥା ଅନୁଶୀଳନର କଳାତ୍ମକ ପ୍ରକାଶ। କବିପଣ ଫୁଟି ଆସୁଥିବାର କଢ଼ ! ବିକ୍ଷିପ୍ତ, ବିନ୍ୟାସିତ ହେଇଯିବାର ଦୀପ୍ତ ମାନସିକତା। ନିରାନ୍ତରଣାରେ ସେ ହେଲେ କାବ୍ୟ-ତପସ୍ୱୀ। ଏକ ସ୍ୱତନ୍ତ୍ର କାବ୍ୟଶୈଳୀ ଓ ଧାରାର ପ୍ରବର୍ତ୍ତକ, ନିର୍ମାତା, ଯିଏ ପରବର୍ତ୍ତୀ ସମୟରେ ପ୍ରତିଷ୍ଠା କରି ପାରିଛନ୍ତି ନିଜସ୍ୱ ଏକ ଅନନ୍ୟ ପ୍ରକାଶନ ଭଙ୍ଗୀ। କବିତାର ମୌଳିକ କଳାବୋଧକୁ ରକ୍ଷାକରି ଶୈଳୀ ଓ ଚେତନାର ଏକ ବୈପ୍ଲବିକ ତଥା ସୁସଂହତ ପୃଷ୍ଠଭୂମି ସେ ସୃଷ୍ଟି

କରିଯାଇଛନ୍ତି। ବୈପ୍ଳବିକ ଅବବୋଧ ଓ ଜାଗ୍ରତ ଚେତନାର କବି ବସନ୍ତ ଶବ୍ଦ ଓ ଭାଷା ପ୍ରତି ରୁକ୍ଷ ବା ନିଷ୍ଠୁର ବ୍ୟବହାର କରିନାହାନ୍ତି କିମ୍ବା ଶବ୍ଦର ଗତାନୁଗତିକ ବିଭବକୁ ପ୍ରୟୋଗ କରିନାହାନ୍ତି, ବରଂ ଶବ୍ଦ ଓ ଭାଷା ତାଙ୍କ କବିତାରେ ଏକ ଜ୍ୟୋତିର୍ମୟ ଶକ୍ତି, ଯାହା ଆନ୍ତରିକତାରେ ନିବିଡ଼। ତେଣୁ କବିତାର ବିନ୍ୟାସ ଅଜଣାରେ ଛୁଇଁଯାଏ ପାଠକର ଆତ୍ମାକୁ, କେବେକେବେ ତା' ଛାତିରେ ପିନ୍‌କଣ୍ଟାଟିଏ ଫୋଡ଼ିଦିଏ ଯେମିତି ! ପ୍ରତୀକ ଓ ଚିତ୍ରକଳ୍ପ ଗୁଡ଼ିକର ସାଙ୍ଗୀତିକ ଭାବୋଚ୍ଛାସ, କେତେକ କବିତାରେ ଲୋକଗୀତି ଶୈଳୀ, ଠାଏଠାଏ ନାଟକୀୟ ସଂଳାପରେ ବ୍ୟବହାର ତାଙ୍କ କବିତାର କାବ୍ୟିକ ଅବବୋଧକୁ ବୈଶିଷ୍ଟ୍ୟ କରିବା ସଙ୍ଗେସଙ୍ଗେ କବିତାର ଧ୍ୱନିଗତ ସଂହତିକୁ ରକ୍ଷା କରିଛି।

ଗଭୀର ମାନବିକତା, ସମାଜ ଓ ମାନସ ବିପ୍ଳବର ଆଲୋକ ଏବଂ ଉତ୍ତାପରେ ନିରନ୍ତର ତେଜୋଦୀପ୍ତ ପ୍ରଦୀପଟିଏ – ବସନ୍ତ ମୁଦୁଲିଙ୍କ କବିତା। ସଙ୍କଳିତ ଯେକୌଣସି କବିତାରୁ ଏହାର ଉଦାହରଣ ନିଆଯାଇପାରେ। ସୃଜନ କ୍ଷେତ୍ରରେ ଏକ ନୂଆ ଶୈଳୀ ସୃଷ୍ଟି କରିବା ସଙ୍ଗେସଙ୍ଗେ କାବ୍ୟିକ ଦିଗନ୍ତଟିଏ ଉନ୍‌ମୋଚନ କରିଛନ୍ତି, ସେମିତି ଶୈଳୀ ଓ ଦିଗନ୍ତ ସହ କେବେ ବି ପରିଚୟ ନ ଥିବା ଓଡ଼ିଆ ପାଠକଟିଏ ଅନେକ ସମୟରେ ବିସ୍ମୟରେ ସେ କବିତା ସବୁକୁ ଅବଲୋକନ କରୁକରୁ ହିଁ ତା' ଭିତରେ ଆବିଷ୍କାର କରେ ନିଜକୁ, ନିଜ ପାଦତଳର ମାଟିକୁ। କବିତା ସହ ଏକାତ୍ମ ହୋଇଯିବା ପାଇଁ ପ୍ରୟୋଜନ ଏକ ଆବୃତ୍ତିଗତ କୌଶଳ ଯାହା ବସନ୍ତଙ୍କ କବିତାର ଏକ ଅନନ୍ୟ ବିଭବ।

ଦୁଇ:

ବସନ୍ତଙ୍କ କବିତା ଏବଂ ତାଙ୍କ ଜୀବନ ଏକ ଓ ଅଭିନ୍ନ। କେହି କାହାକୁ ଠକି ନାହାନ୍ତି। କବିତା ପାଇଁ ଜୀବନ ତାଙ୍କର ମୁହୂର୍ମୁହୁ ଉନ୍ମୁଖ ଓ ମୂଲ୍ୟବୋଧାଶ୍ରୟୀ ହୋଇଉଠିଛି। ଏଣୁ ତାଙ୍କ ଜୀବନ ସମ୍ପର୍କୀୟ କିଛିଟା ଆଭାସ ନିଶ୍ଚିତ ଭାବେ କବିତା ଓ କବି ବ୍ୟକ୍ତିତ୍ୱକୁ ଛୁଇଁବାରେ ସହାୟକ ହେବ।

ତା ୨/୧୧/୧୯୫୫ ମସିହାରେ ତତ୍‌କାଳୀନ ବାଲେଶ୍ୱର ଜିଲ୍ଲା (ବର୍ତ୍ତମାନ ଭଦ୍ରକ ଜିଲ୍ଲା)ର ବାସୁଦେବପୁର ଥାନା ଅନ୍ତର୍ଗତ ଅରଣ୍ଡୁଆ ଗାଁରେ, ଏକ କୃଷକ ପରିବାରରେ ଜନ୍ମ ଗ୍ରହଣ କରିଥିଲେ କବି ବସନ୍ତ। ପିତା ଶ୍ରୀ ବାଉରୀବନ୍ଧୁ ଏବଂ ମାତା ସତ୍ୟଭାମା ଦେବୀ। ଆର୍ଥିକ ଅସ୍ୱଚ୍ଛଳତା ସତ୍ତ୍ୱେ ନିଜର ନିଷ୍ଠାପର ପ୍ରଚେଷ୍ଟା ଓ ଅଧ୍ୟବସାୟ ବଳରେ ୧୯୮୦ ମସିହାରେ ଉତ୍କଳ ବିଶ୍ୱବିଦ୍ୟାଳୟରୁ ଓଡ଼ିଆ ଭାଷା ଓ ସାହିତ୍ୟରେ ସେ ସ୍ନାତକୋତ୍ତର ଉପାଧି ଲାଭ କରିଥିଲେ। ୧୯୮୨ ଜୁଲାଇ ମାସରେ

ଭଦ୍ରକ ନିକଟବର୍ତ୍ତୀ ଆଦମପୁର ଗ୍ରାମର ରାଜନୀତିକ ଓ ସାହିତ୍ୟପ୍ରାଣ ଅରୁଣ ଖିଲାରଙ୍କ ସୁପୁତ୍ରୀ ସୁନନ୍ଦାଙ୍କ ସହ ତାଙ୍କର ବିବାହ ହୋଇଥିଲା। ୧୯୮୫ ଜୁନ୍ ୨୪ରେ ତାଙ୍କର ପୁତ୍ର ପାର୍ଥସାରଥି (ପିଣ୍ଟୁ) ଜନ୍ମଲାଭ କରିଥିଲା।

ବିଂଶ ଶତାବ୍ଦୀର ସପ୍ତମ ଦଶକରୁ ହିଁ ସେ କବିତା ଲେଖି ଆସିଥିଲେ। ୧୯୮୦ ଅକ୍ଟୋବର ସଂଖ୍ୟା 'ଭୂର୍ଜପତ୍ର'(୧)ରେ ପ୍ରକାଶିତ 'ରାତ୍ରୀ' ତାଙ୍କର ପ୍ରଥମ ପ୍ରକାଶିତ କବିତା। ଏହାର ମାତ୍ର କେତୋଟି ମାସ ପରେ ୧୯୮୧ ମଇ ମାସ 'ଝଙ୍କାର'ରେ ପ୍ରକାଶ ପାଏ ତାଙ୍କର 'କୁମ୍ଭୀର ପିଠିରେ ଫୁଲ' ନାମକ କବିତା। ପରେ ପରେ ଅନ୍ୟାନ୍ୟ ପତ୍ର ପତ୍ରିକାରେ ସ୍ଥାନିତ ହୁଏ ତାଙ୍କର ବହୁ କବିତା।

ସୃଷ୍ଟି ଭିନ୍ନ କେତେକ ସାହିତ୍ୟ ସଙ୍ଗଠନ କାର୍ଯ୍ୟରେ ତାଙ୍କର ଥିଲା ଅସାଧାରଣ ଆନ୍ତରିକତା ଓ ଦକ୍ଷତା। ୧୯୮୧ରେ ତାଙ୍କର ସାହିତ୍ୟ ସାଧନା ପୀଠ ଯାଜପୁରରେ ଅନ୍ୟ ସାହିତ୍ୟିକମାନଙ୍କ ସହ ମିଶି ସେ ଗଢ଼ିଥିଲେ 'ଲିଟେରିଆ ଗ୍ଲୋବାଲା' ନାମକ ଅନୁଷ୍ଠାନ ଏବଂ ସେହି ଅନୁଷ୍ଠାନ ତରଫରୁ ପ୍ରକାଶିତ ହୋଇଥିଲା କବି କମଳାକାନ୍ତ ଲେଙ୍କାଙ୍କ ପ୍ରତିଷ୍ଠିତ ପତ୍ରିକା 'ଭର୍ଜ୍ଜପତ୍ର' ଏବଂ ଯାହାର ପରିଚାଳନା ସମ୍ପାଦକ ଥିଲେ କବି ବସନ୍ତ ମୁଦୁଲି। ୧୯୮୩ରେ ଅନ୍ୟମାନଙ୍କ ସହ ମିଶି ସେହି ଯାଜପୁରରେ ଗଢ଼ିଥିଲେ ଅନ୍ୟଏକ ସାହିତ୍ୟ ଅନୁଷ୍ଠାନ 'ସ୍ୱର ଓ ସ୍ୱାକ୍ଷର'।

ଆଜନ୍ମ ଆର୍ଥିକ ଦୁର୍ଦ୍ଦଶା ଓ ପୀଡ଼ନରେ ସେ ଓ ତାଙ୍କର ପରିବାର ସଢ଼ିଛନ୍ତି। ପିତାଙ୍କର ଜ୍ୟେଷ୍ଠ ସନ୍ତାନ ଭାବରେ ବସନ୍ତ ସବୁ ଦାୟିତ୍ୱ ନିଜ କାନ୍ଧକୁ ନେଇଛନ୍ତି। ତା'ସହିତ ନେଇଛନ୍ତି ବି ପୀଡ଼ିତ ମାନବର କାରୁଣ୍ୟ ଓ ଦୁର୍ଭାଗ୍ୟକୁ କାନ୍ଧେଇବାର କାବ୍ୟିକ ସଚେତନତା। ଏମିତି ବି ସମୟ ଆସିଛି, କବି ବସନ୍ତ ସାରାଦିନ ଗୋଟିଏ ପାଉଁରୁଟିରେ କ୍ଷୁଧା ମେଣ୍ଟାଇଛନ୍ତି ଅଥଚ ସାରାରାତି କବିତାରେ ବିନିଦ୍ର! ଦାରିଦ୍ର୍ୟବୋଧ ତାଙ୍କୁ କଦାପି ଛୁଇଁନାହିଁ। ଜୀବନ ସଂଗ୍ରାମ ଓ କଳାତ୍ମକ ଅଭିପ୍ସା, ଉଭୟକୁ ସଂଯୁକ୍ତ କରି ସେ ଅପେରା ପାର୍ଟିରେ ଡୁଏଟ୍ ଦେଇଛନ୍ତି, ଟିଉସନ କରିଛନ୍ତି ଏବଂ ଶିକ୍ଷକତା କରିଛନ୍ତି। ଛୁଟିଦିନମାନଙ୍କରେ ବାପାଙ୍କ ହାତରୁ ଗଇନ୍ତି ଉଠାଇନେଇ ମାଟି ହାଣିଛନ୍ତି, ଲଙ୍ଗଳ ଧରି ହଳ କରିଛନ୍ତି। ତାଙ୍କ ଜୀବନଇ ଏକ ସ୍ୱୟଂସମ୍ପୂର୍ଣ୍ଣ କବିତା। ତାଙ୍କର ଜୀବନ ଚର୍ଯ୍ୟା ଓ ଜୀବନାଦର୍ଶ ଏକ ମହାନ କବିତାର ଚିରନ୍ତନ ଶବ୍ଦ ଶୈର୍ଯ୍ୟ!

୧୯୮୬ ଜୁନ୍ ରଜସଙ୍କ୍ରାନ୍ତି ରାତିରେ ଏକ ରାସ୍ତା ଦୁର୍ଘଟଣାରେ ବସନ୍ତ ମାତ୍ର ୩୧ ବର୍ଷ ବୟସରେ ଇହଲୀଳା ସମ୍ବରଣ କଲେ। ଦେହାନ୍ତ ପରେ ତାଙ୍କ ଶ୍ୱଶୁର ସାହିତ୍ୟପ୍ରାଣ ଶ୍ରୀ ଅରୁଣ ଖିଲାରଙ୍କ ପ୍ରଗାଢ଼ ଉଦ୍ୟମ ଓ ସାହିତ୍ୟ ପତ୍ରିକା ସମ୍ପାଦକମାନଙ୍କର

ଆନ୍ତରିକ ସହାୟତାରେ କବିଙ୍କର ଶତାଧିକ କବିତା ବିଭିନ୍ନ ପତ୍ରପତ୍ରିକାରେ ପ୍ରକାଶିତ ହୋଇ ପାଠକ ଓ ସାହିତ୍ୟିକମାନଙ୍କ ହୃଦୟରେ ଚମକ ସୃଷ୍ଟି କରିପାରିଛି।

ତିନି:

ଏହି ପ୍ରତିଭାଧର୍ କବିଙ୍କ ସାହିତ୍ୟର ପ୍ରଚାର ଓ ପ୍ରସାର ପାଇଁ ଭଦ୍ରକରେ ୧୯୮୭ ମସିହାରେ ଗଠିତ ହୁଏ 'କବି ବସନ୍ତ ମୁଦୁଲି ସ୍ମୃତି ସଂସଦ'। ଏହି ସଂସଦ ସାହିତ୍ୟ-ଚର୍ଯ୍ୟା ସମେତ ପ୍ରତିବର୍ଷ କବିଙ୍କର ସ୍ମୃତିଚାରଣ କରିଆସୁଛି। ନିୟମିତ ପ୍ରକାଶ କରି ଆସୁଛି 'ବସନ୍ତ ମୁଦୁଲି ସ୍ମରଣିକା'। ଏତଦ୍‌ବ୍ୟତୀତ ପ୍ରତିବର୍ଷ ଜଣେ ଶକ୍ତିମାନ ତରୁଣ କବିଙ୍କୁ ସଂସଦର ବାର୍ଷିକ ଉତ୍ସବରେ 'ବସନ୍ତ ମୁଦୁଲି କବିତା' ପୁରସ୍କାର ପ୍ରଦାନ କରିଆସୁଛି ଏବଂ କବିପତ୍ନୀ ଶ୍ରୀମତୀ ସୁନନ୍ଦା ମୁଦୁଲି ପୁରସ୍କାର ବାବଦୀୟ ସମସ୍ତ ଖର୍ଚ୍ଚ ପ୍ରଦାନ କରିଆସୁଛନ୍ତି। ଏଥିଲାଗି ଏହି ସଂସଦ ଶ୍ରୀମତୀ ମୁଦୁଲିଙ୍କ ନିକଟରେ ଏକାନ୍ତ କୃତଜ୍ଞ।

ଚାରି:

୧୯୯୦ ମସିହାରେ ଭଦ୍ରକର ତତ୍‌କାଳୀନ ସରସ୍ୱତୀ ଅଫ୍‌ସେଟ୍ ପ୍ରେସ୍‌ର ସତ୍ତ୍ୱାଧିକାରୀ ଓ 'ବିଶେଷ ଖବର' ସାପ୍ତାହିକୀର ପ୍ରକାଶକ ଶ୍ରୀଯୁକ୍ତ ମହାମେଘବାହନ ଐର ଖାରବେଳ ସ୍ୱାଇଁ ସ୍ୱତଃପ୍ରବୃତ୍ତ ଭାବରେ କବିଙ୍କ କବିତା ସଙ୍କଳନ 'ବସନ୍ତ ବର୍ଣ୍ଣମାଳା'ର ପ୍ରଥମ ସଂସ୍କରଣର ପ୍ରକାଶନ ଦାୟିତ୍ୱ ଗ୍ରହଣ କରିଥିଲେ। ସେଥିପାଇଁ ଶ୍ରୀଯୁକ୍ତ ସ୍ୱାଇଁଙ୍କୁ ସାଧୁବାଦ ଜଣାଉଛୁ। ବସନ୍ତଙ୍କ କୃତି ସମୂହ ପୁସ୍ତକାକାରରେ ପାଠକଙ୍କ ସାମୀପ୍ୟ ହେଲା ଏବଂ ଆଦୃତ ହେଲା।

ପ୍ରାକ୍ତନ ରାଜ୍ୟସଭା ସାଂସଦ ତଥା ସୁ-ସାହିତ୍ୟିକ ସମ୍ମାନନୀୟ ଶ୍ରୀଯୁକ୍ତ ବୈଷ୍ଣବ ଚରଣ ପରିଡ଼ା ୨୦୧୭-୧୮ ମସିହାରେ 'ସାଂସଦଙ୍କ ଆଞ୍ଚଳିକ ଉନ୍ନୟନ ପାଣ୍ଠି'ରୁ କବି ବସନ୍ତ ମୁଦୁଲିଙ୍କ ସ୍ମୃତି-ସୁରକ୍ଷା ପାଇଁ ଯେଉଁ ଆର୍ଥିକ ଅନୁଦାନ ପ୍ରଦାନ କରିଥିଲେ, ସେଥିରେ ଭଦ୍ରକ ସନ୍ନିକଟ ଆଦମପୁରଠାରେ ନିର୍ମିତ ହୋଇଛି ଦି'ମହଲା ବିଶିଷ୍ଟ ଏକ ସ୍ମୃତି ସୌଧ। ଏଥିରେ ପାଠାଗାର, ସଭାକକ୍ଷ ଓ ବସନ୍ତ ସାହିତ୍ୟ ସଂଗ୍ରହାଳୟ ରହିଛି। ଶ୍ରୀଯୁକ୍ତ ପରିଡ଼ା ତଥା ସରକାରଙ୍କର ଏତାଦୃଶ ମହନୀୟ କାର୍ଯ୍ୟ ପାଇଁ ଆମେ ହାର୍ଦ୍ଦିକ କୃତଜ୍ଞତା ଜ୍ଞାପନ କରୁଛୁ। କିନ୍ତୁ ଦୁଃଖ ଓ ପରିତାପର ବିଷୟ, ଏହି ସୌଧ ନିର୍ମାଣ କାର୍ଯ୍ୟ ଆରମ୍ଭ ପରେପରେ ଶ୍ରୀଯୁକ୍ତ ପରିଡ଼ା ମହୋଦୟ ଏକ ଜଟିଳ ରୋଗରେ ଆକ୍ରାନ୍ତ ହୋଇ ଧରାପୃଷ୍ଠରୁ ସବୁଦିନ ପାଇଁ ବିଦାୟ ନେଇ ବାହୁଡ଼ିଯାଇଛନ୍ତି। ଏହି ଅବସରରେ ଆମେ ତାଙ୍କ ଆତ୍ମାର ସଦ୍‌ଗତି କାମନା କରୁଛୁ।

୨୦୦୦ ମସିହାରେ ପ୍ରକାଶିତ ହେଲା କବିଙ୍କର ଅନ୍ୟତମ କବିତା ଗ୍ରନ୍ଥ

'ବିଭୋର ବସନ୍ତ' ଏବଂ ୨୦୧୦ ମସିହାରେ ୫୭ଗୋଟି କବିତାକୁ ନେଇ 'ବସନ୍ତ ମୁଦୁଲିଙ୍କ ଶ୍ରେଷ୍ଠ କବିତା'। ସ୍ମୃତି ସଂସଦ ଓ କବି ସରୋଜ ବଳଙ୍କ ମିଳିତ ଉଦ୍ୟମରେ ଉଭୟ ପୁସ୍ତକର ପ୍ରକାଶନ ସମ୍ଭବ ହୋଇପାରିଥିଲା।

ସେହିପରି ୨୦୧୨ ମସିହାରେ ଓଡ଼ିଶା ସାହିତ୍ୟ ଏକାଡ଼େମୀ ପ୍ରକାଶ କରିଛନ୍ତି 'ବସନ୍ତ ବର୍ଣ୍ଣବିଭା'। ଏହି ସମସ୍ତ ପ୍ରକାଶନ ସହ ସଂପୃକ୍ତ ଅନୁଷ୍ଠାନ ଓ ସାହିତ୍ୟିକ ସମୂହ ଧନ୍ୟବାଦର ପାତ୍ର। ପୁସ୍ତକଗୁଡ଼ିକ ପ୍ରମାଣ କରିଛି କବି ବସନ୍ତଙ୍କ କାବ୍ୟ ସମ୍ପଦର ଶକ୍ତି !

ତାଙ୍କ କବିତାର ସାମର୍ଥ୍ୟ ଓ ଭାବବୋଧକୁ ନେଇ ଆଲୋଚନା ଲେଖିଥିବା ବିଶିଷ୍ଟ ଦାର୍ଶନିକ ଓ ସାହିତ୍ୟିକ ଚିତ୍ତରଞ୍ଜନ ଦାସ ଓ ସୁଖ୍ୟାତ କବି କମଳାକାନ୍ତ ଲେଙ୍କାଙ୍କ ଚର୍ଚ୍ଚା ଓ ଅନୁଶୀଳନ ଏଇ ପୁସ୍ତକରେ ସନ୍ନିବେଶିତ ହୋଇ ପୁସ୍ତକର ମର୍ଯ୍ୟାଦାକୁ ବହୁଗୁଣିତ କରିଛି। ଏଇ ଦୁଇ ସାରସ୍ୱତ ବ୍ୟକ୍ତିତ୍ୱଙ୍କୁ ଅଶେଷ ଧନ୍ୟବାଦ ଅର୍ପଣ କରୁଛୁ।

କବି ବସନ୍ତଙ୍କର ଅନ୍ୟ କବିତା ଗ୍ରନ୍ଥପରି ଏଇ ସଙ୍କଳନଟି ପାଠକୀୟ ଆଦୃତି ଲାଭ କରିବ ବୋଲି ଆମର ଆଶା ଓ ବିଶ୍ୱାସ।

(ରଜନୀକାନ୍ତ ମହାନ୍ତି) (ପବିତ୍ର ପାଣିଗ୍ରାହୀ)

କବି ବସନ୍ତ ମୁଦୁଲି ସ୍ମୃତି ସଂସଦ

କବି ବସନ୍ତଙ୍କ ସ୍ୱକୃତ ନାମାଙ୍କନ

ବସନ୍ତ ବର୍ଣ୍ଣମାଳା

ନାତେଯୁକ୍ତି ଏହି
କିଛ ବଳ ମୋ ସ୍ଥଳେ
ଏହେ ଗୀ ଏହି
ଏତକି ତମ ଓ ଜାଣିଲ।

କିନ୍ତୁ, ମୋର ଦେହଟା ଏବେ
ଏବେ ଭଲ ନାହିଁ ତୁ.
ଆସିଯାଅ ଶୀଘ୍ର ଦେହଟା
ଥଉଛି ମୋର ନାକୁ
ଏମ ଆଗୁରି ସବୁଦିନ ଭିତରେ
ତୋର ଅଦିନକୁ ଅପେକ୍ଷା।

ଶୁଭେଚ୍ଛା ସହ ଅପୂର୍ବ

ବସନ୍ତ ବର୍ଣ୍ଣମାଳା

"ମୁଁ ମରିବା ପୂର୍ବରୁ ମୋର ଚିତା ମୁଁ ନିଜେ ପ୍ରସ୍ତୁତ କରିସାରିଥିବି। ତେଣୁ ମୋ ପାଇଁ କେହି ବ୍ୟସ୍ତ ହେବାର ଦରକାର ନାହିଁ। ନିଃସଙ୍ଗରେ ଜନ୍ମ ହୋଇଥିବା ମଣିଷଟି ନିଃସଙ୍ଗରେ ଶେଷ ହୋଇଯିବା ଉଚିତ। ତା ପାଇଁ ସମବେଦନା ଜଣାଇବା ମୂର୍ଖାମି। ସେ କାହାରି ପାଖରେ ଆନୁଗତ୍ୟ ପ୍ରକାଶ କରିନାହିଁ କି କେବେ ବି କରିବ ନାହିଁ। ପୃଥ୍ବୀର ଆକାଶରେ ସେ ଏକ ଅବ୍ୟକ୍ତ ଉଲ୍କା ପରି ଜଳିଯିବ ନିଶ୍ଚୟ।

ବସନ୍ତ ବର୍ଣ୍ଣମାଳା

ବସନ୍ତ ବର୍ଣ୍ଣମାଳା

କବିତାକ୍ରମ

ଅପେକ୍ଷା କର, ମୁଁ ଫେରୁଛି	୩୧
ଅପେକ୍ଷା କର, ଦୁଇ ମିନିଟ୍	୩୫
ଅକବିର କବିତା: ନିଆଁ ସମ୍ପର୍କରେ	୩୭
ଅନ୍ଧ ଗଳିର ଲୋକମାନଙ୍କ ପାଇଁ କବିତାଟିଏ	୪୧
ଅନ୍ଧପୁଟୁଳି ଖୋଲିଦେବା ପରେ	୪୩
ଅନାମ-ବନାମ-ସର୍ବନାମ	୪୫
ଅଜ୍ଞାତବାସରେ ସକାଳ	୪୮
ଅସ୍ତାବଲର୍ ଘୋଡ଼ା	୫୧
ଅତୀତ ଓ ବର୍ତ୍ତମାନ	୫୪
ଅତୀତ, ସେ ଓ ମୁଁ	୫୮
ଅନେକ ସୂର୍ଯ୍ୟାସ୍ତ	୬୦
ଅରଣୀର ଶବ୍ଦ	୬୫
ଅହମ୍ ଉବାଚ	୬୭
ଅଗଷ୍ଟ ପନ୍ଦର	୬୯
ଅପଦେବତା	୭୧
ଅସୂର୍ଯ୍ୟଂପଶ୍ୟା	୭୩
ଅନ୍ୱେଷଣ	୭୫
ଅଭିଷେକ	୭୭
ଆତ୍ମରତି	୭୮
ଆତ୍ମନେପଦୀ	୭୯
ଆତ୍ମସମର୍ପଣ	୮୧
ଆଗେଇଯାଅ ଅବିନାଶ	୮୨
ଆମେ ଓ ଆମର କବିତା	୮୩

ଇଚ୍ଛାମତୀ	୮୬
ଉଦ୍‌ଘାଟନ	୮୭
ଉଠ ପୁତା ଉଠ	୯୧
ଉଠିବାର ବେଳ	୯୩
ଉପକୂଳର ସ୍ୱପ୍ନ	୯୭
ଉଡ଼ିଯିବାକୁ ଯିଏ ହେଲେ ଡେଣା ମାଗୁଛି	୯୮
ଏବଂ ତୁମେ	୧୦୦
ଏକଲା ଦ୍ୱୀପ	୧୦୧
ଏବେ ମୋର ପାଳି	୧୦୬
ଏକାନ୍ତ ବ୍ୟକ୍ତିଗତ	୧୧୩
ଓଡ଼ିଆ	୧୧୫
କବି	୧୧୭
କବିପ୍ରତି	୧୧୮
କାଳିଆ	୧୨୧
କକବାୟା	୧୨୩
କଙ୍କାଳ ସଙ୍ଗୀତ	୧୨୫
କୋଣାର୍କ ସୁନ୍ଦରୀ	୧୨୮
କୁମ୍ଭୀର ପିଠିରେ ଫୁଲ	୧୩୦
କାହିଁକି ଏମିତି ହେଲି	୧୩୨
କବିତା ପଢ଼ିବଟ ଆସ	୧୩୫
କବିତା ପାଇଁ କବିତାଟିଏ	୧୩୯
କିଛି ଶୋଷ, କିଛି ଉଚ୍ଚାରଣ	୧୪୦
କୋଇଲା ଖୁଣ୍ଟି ବସ୍ଥୁଥିବା ଝିଅଟି	୧୪୨
କୁବୁଜା ଓ ଅନ୍ୟାନ୍ୟ ପ୍ରେମ କବିତା	୧୪୪
କିଛି ସମୟ ପୂର୍ବରୁ ଆସିବାର ଥିଲା	୧୪୭
ଖେଳପଡ଼ିଆରେ ଜୀବନ	୧୪୯
ଗତ ରାତିର ଦୃଶ୍ୟ	୧୫୧
ଗୋପନୀୟତାକୁ ଆବିଷ୍କାର କରିବାଯାଏ	୧୫୩
ଘର	୧୫୫
ଚିହ୍ନାଲୋକ	୧୫୭

ବସନ୍ତ ବର୍ଣ୍ଣମାଳା

ଚାଲିଛି ଏକାଏକା	୧୫୮
ଜନ୍ମଦିନ	୧୬୦
ଜନ୍ମ ଦେ'	୧୬୨
ଜଣେ ରାଜା ଥିଲେ	୧୬୪
ଜାନୁଆରୀ ଏକ, ୧୯୮୪	୧୬୬
ଜେଲଖାନାରେ କଏଦୀ ସହ ଏକ ସାକ୍ଷାତକାର	୧୬୯
ଝଡ଼ିପୋକ	୧୭୧
ତୁ ଓ ମୁଁ	୧୭୩
ତୃତୀୟ ପ୍ରହର	୧୭୫
ତିନିଗୋଟି ପ୍ରେମ ଚିଠି	୧୭୭
ଦେବୀ	୧୮୦
ଦୁର୍ଘଟଣା	୧୮୨
ଦର୍ପଣର ମୁହଁ	୧୮୪
ଦୃଶ୍ୟାନ୍ତର	୧୮୬
ଦୀପ ତଳର ଛାଇ	୧୮୯
ଦର୍ପଣ ଓ ପ୍ରତିବିମ୍ବମାନେ	୧୯୨
ଦୁଆର ଖୋଲିଲେ ଯୁଦ୍ଧ	୧୯୪
ଦେବୀ ପାଇଁ କବିତାଟିଏ	୧୯୬
ଦୁଃଖ ଯଦି ସତ୍ୟ ହୋଇ ଝରଣାରେ ବହିଯାଏ	୧୯୭
ଧର୍ମପଦ	୧୯୯
ନଖଦର୍ପଣ	୨୦୦
ନବବର୍ଷର ଶୁଭେଚ୍ଛା	୨୦୧
ନବାଂତୁକର ସ୍ୱର	୨୦୨
ନିରବତାରୁ ସନ୍ୟାସ	୨୦୩
ନଇକୂଳରେ ବର୍ତ୍ତମାନ	୨୦୬
ନଗଁଦର୍ତ ପୁନରପି କୂପମ୍	୨୦୮
ନିପାରିଲା ଲୋକଟି କ'ଣ ଚାହେଁ	୨୧୦
ନିଦ୍ରାର ଅଚେତ ସହରରେ ପ୍ରଚାରପତ୍ର ବାଣ୍ଟୁଥିବା ଝିଅଟି	୨୧୨
ପ୍ରତିଧ୍ୱନି	୨୧୬
ପ୍ରିୟତମା	୨୧୯

ବସନ୍ତ ବର୍ଣ୍ଣମାଳା

ପରିବେଶ୍ଚା	୨୨୧
ପହରାଦାର	୨୨୬
ପ୍ରିୟ ସହୋଦର	୨୨୮
ପ୍ରତିଶ୍ରୁତ ସକାଳ	୨୩୦
ପାଞ୍ଚୋଟି ମିନି କବିତା	୨୩୨
ପ୍ରାଣର କପୋତୀ ମୋର	୨୩୬
ପ୍ରିୟତମା ଓ ପ୍ରିୟତମ ସହର	୨୪୦
ପୁନଶ୍ଚ ପ୍ରତ୍ୟାବର୍ତ୍ତନ ଓ ଅନ୍ୟାନ୍ୟ କବିତା	୨୪୪
ଫୁଲମୟ	୨୫୦
ଫୁଲ ଖସୁ କି ଖଡ୍ଗ ଖସୁ	୨୫୨
ବାପା	୨୫୪
ବିସ୍ଫୋରକ	୨୫୬
ବ୍ୟବଚ୍ଛେଦ	୨୫୮
ବିଶେଷ ଘୋଷଣା	୨୬୦
ବିଶ୍ୱାସ ରଖ, ହୃଷୀକେଶ	୨୬୨
ବ୍ୟବଧାନ- ମୋ ଗାଁ: ୧୯୧୪-୮୪	୨୬୪
ବଞ୍ଚିବାର ସ୍ଲୋଗାନ ଦେଉଥିବା ଜଣେ କବି ସମ୍ପର୍କରେ	୨୬୮
ଭାରତବର୍ଷ	୨୭୧
ଭିନ୍ନ ମଣିଷ	୨୭୨
ଭଗୀରଥ ଉବାଚ	୨୭୪
ମୁହଁ	୨୭୭
ମୋ କବିତା	୨୭୮
ମାହେନ୍ଦ୍ରବେଳା	୨୮୦
ମୁକୁଳା ଦୁଆର	୨୮୨
ମଧାହ୍ନର ସ୍ୱର	୨୮୪
ମୋର ପ୍ରତିବିମ୍ବ	୨୮୮
ମସ୍ତୀ ଆସିଥିଲେ	୨୯୧
ମୁଁ ଚାଲିଛି ଏକାଏକା	୨୯୩
ମୋର ଅନୁଜମାନଙ୍କୁ	୨୯୫
ମୋର ପ୍ରିୟ ଚଢ଼େଇକୁ	୨୯୭
ମୋର ସର୍ବଶେଷ ବୁଝୁତ୍	୨୯୯

ମୁଠାଏ ମାଟିର ମୋହ	୩୦୨
ମମିପାଇଁ ଗୋଟିଏ କବିତା	୩୦୪
ମୁଁ କଲମ ଧରିଛି, ତମେ ବଲମ ଧର	୩୦୫
ମୋର ପ୍ରିୟତମ ଶତ୍ରୁ କି ପ୍ରିୟତମ ପ୍ରେମିକା ପାଇଁ ଗୋଟିଏ କବିତା...	୩୦୭
ଯନ୍ତ୍ରଣାର ରଙ୍ଗ	୩୧୦
ଯୁଦ୍ଧକ୍ଷେତ୍ର ପାଇଁ ପ୍ରସ୍ତୁତ ସଦ୍ୟଜାତ ଶିଶୁଟି ଉଦ୍ଦେଶ୍ୟରେ...	୩୧୨
ରାଜଧାନୀ	୩୧୫
ରାଧାନାନୀ	୩୨୨
ରାମୁଲୁର ଚର୍ଯ୍ୟାଗୀତି	୩୨୪
ରକ୍ତରେ ବାଜୁଛି ଶଙ୍ଖ	୩୨୬
ରାଜଧାନୀରେ ଗୋଟିଏ ରାତି	୩୨୯
ଶେଷଇଚ୍ଛା	୩୩୧
ଶବ କହୁଛି	୩୩୩
ଶତାବ୍ଦୀର ସ୍ୱର	୩୩୭
ଶୁଣ ସଭାଜନେ	୩୩୯
ଶବ୍ଦରୁ ଅଶବ୍ଦ, ଅଶବ୍ଦରୁ ଶବ୍ଦ	୩୪୨
ଶୋଇପଡ଼ିଥିବା ଲୋକଟି ଏବେ ତମରି ସାମ୍ନାରେ	୩୪୫
ସର୍ଫ	୩୪୯
ସ୍ମୃତି	୩୫୧
ସ୍ୱର୍ଗଦ୍ୱାର	୩୫୩
ସୂର୍ଯ୍ୟରଙ୍କା	୩୫୪
ସୃଜାମ୍ୟହମ	୩୫୬
ସମୟର ସ୍ୱର	୩୫୯
ସାମାନ୍ୟ କଥନ	୩୬୧
ସାନଭାଇର ଦୁଃଖ	୩୬୪
ସେଇ ସ୍ତ୍ରୀ ଲୋକଟି	୩୬୭
ସ୍ୱପ୍ନରେ ପାହୁଛିରାତି	୩୬୯
ସୁଦର୍ଶନର ନବବର୍ଷ ଅଭିନନ୍ଦନ	୩୭୧
ସେଇ ସୁବର୍ଷ ମୁହୂର୍ତ୍ତଟି ଅପେକ୍ଷାରେ	୩୭୫
ହସପିଟାଲ	୩୭୯

ଅପେକ୍ଷା କର, ମୁଁ ଫେରୁଛି

କାହାର ନିର୍ବାସନ ଦଣ୍ଡରେ
ଦଣ୍ଡିତ ନୁହେଁ ମୁଁ
କାହାର ମୋହ ଫାଶରେ
ମୋହିତ ନୁହେଁ ମୁଁ।

ମୁଁ ଯେଉଁଠି ଥିଲି
ଠିକ୍ ସେଇଠି ଅଛି, ସେଇ ବିନ୍ଦୁରେ।
ଶିଶୁର କୁଆଁକୁଆଁରେ, ଶବର ଓଠରେ
ଭିକାରିର ଭିକ୍ଷାଥାଳରେ
କୃତଘ୍ନ ଛାଇର ସାମ୍ନାରେ, କବିର କବିତାରେ
ପ୍ରେମିକାର ଚିଠିରେ, ଏକ୍‌ଲା ପକ୍ଷୀର ଗୀତରେ
ମୁଁ ସବୁଠି ଅଛି, ଗୋପନରେ
ଖୁବ୍ ଗୋପନରେ।

ଏବେ କାଗଜର ବାଘମାନେ ମାତିଛନ୍ତି ଅନ୍ଧାରରେ
ଦୁଷ୍ଟ ଶାଗୁଣାମାନେ ତାଡ଼ି ନେଉଛନ୍ତି
ସ୍ୱପ୍ନ ବିଭୋର ମଣିଷର ଆଖି
ଇତିହାସର ଢାଙ୍କୁଣି ଖୋଲି ପୁଣି ମାଡ଼ି ଆସୁଛନ୍ତି
ରକ୍ତରଙ୍ଗା ସଇତାନ୍‌ମାନେ
ସଭ୍ୟ ବେଶ ପୋଷାକରେ
ଶୋଷି ଚାଲିଛନ୍ତି ନାଲାୟକ ମଣିଷର ସ୍ୱପ୍ନ।

ଅପେକ୍ଷା କର,
ସବୁ କାନ୍ଦକାନ୍ଦ ମୁହଁ, ଭୟର ଚିତ୍‌କାର
କୁଢ଼କୁଢ଼ ହାଡ଼ ଓ ନିସ୍ତେଜ କବିତା ଭିତରୁ
ମୁଁ ଦିନେ ବାହାରି ଆସିବି ଅଗ୍ନିକଣା ପରି

ଏବଂ ଅନ୍ଧାରରେ ହୋ-ହଲ୍ଲା କରୁଥିବା
ଦୁଷ୍ଟ ଛାଇମାନଙ୍କୁ ଚିହ୍ନେଇଦେବି ଗୋଟିଗୋଟି କରି।
ସେମାନଙ୍କ ବିଭତ୍ସ ଇଚ୍ଛାରେ
ନିଶାଗ୍ରସ୍ତ ହୋଇଯାଉଥିବା ସମୟ ଓ
ନର୍କର ଦ୍ୱାରକୁ ଠେଲି ହୋଇଯାଉଥିବା
ଅସହାୟ ପୃଥ୍ୱୀର କଥା ମୁଁ ଜାଣେ।
ଜାଣେ ବୋଲି ତ ମୁଁ ବ୍ୟସ୍ତ ଅଛି
ପ୍ରତିଟି ଦୁର୍ବଳ ସ୍ନାୟୁକୁ ଉଷ୍ମ କରିବାରେ
ପ୍ରତିଟି ରକ୍ତକୋଷରେ ସମୟ ଭରି ଦେଇଥିବା
ନୈରାଶ୍ୟକୁ ପ୍ରେମରେ ଭିଜେଇଦେବାରେ।

ପାଗଳ ଘୋଡ଼ାଇ କାନମୋଡ଼ି
ରାସ୍ତାକୁ ନେଇ ଆସିବା ପାଇଁ
ମୋ ହାତରେ ପ୍ରଚୁର ତାକତ ଅଛି,
ବନ୍ଧ୍ୟାମାଟିରେ ମଞ୍ଜିଟିଏ ପୋତି
ତାକୁ ବିସ୍ଫୋରିତ କରିବାକୁ
ମୋ ରକ୍ତରେ ପ୍ରଚୁର ଉଷ୍ମା ଅଛି
ଆଉ ଅନ୍ଧାରରେ ସମସ୍ତ ସ୍ୱପ୍ନଙ୍କୁ
ମେଣ୍ଟା ବନେଇ ଦେଉଥିବା ମାଲିଆଣୀର
ରତିତୃପ୍ତି ପାଇଁ ବି ମୋ ଭିତରେ
ପ୍ରଚଣ୍ଡ ପୌରୁଷ ଅଛି।

ମୁଁ ଜାଣେ,
ମୋ ପାଇଁ ଅପେକ୍ଷା କରିଛି
ଆଉରି ଅନେକ କ୍ରୁଶ, ଅନେକ ଫାଶୀଖୁଣ୍ଟ
ଆଉରି ଅନେକ ବିଶ୍ୱାସଘାତକଙ୍କ ବୁଲେଟ।
ଜାଣେ,
ତଥାପି ମୁଁ ଠିଆ ହୋଇଛି ତମରି ସାମ୍ନାରେ।

ଯେତେ ଗୁଳି ଅଛି କୁଢ଼େଇଦିଅ ମୋ ଛାତିରେ
ଯେତେ ମହମଘସା ଫାଶୀ ଦଉଡ଼ି ଅଛି
ସବୁ ଲମ୍ବେଇଦିଅ ମୋ ବେକରେ
ଯେତେ ନିଷ୍ଠୁରତା ଭରି ରହିଛି ତମ ଛାତିରେ
ସବୁ ଅଜାଡ଼ିଦିଅ ମୋ ମୁଣ୍ଡ ଉପରେ ।

ଏକବିଂଶ ଶତାବ୍ଦୀର ଶିଶୁଟି ପାଇଁ
ରାସ୍ତାଟିଏ ହୋଇଯିବାକୁ ମୁଁ ପ୍ରସ୍ତୁତ ଅଛି
ଗଙ୍ଗାଟିଏ ହୋଇ ବହିଯିବାକୁ
ମୁଁ ସବୁ ମୁହୂର୍ତ୍ତରେ ଭାବିଅଛି
ହଁ, ମୁଁ ଯେଉଁଠିଥିଲି, ଠିକ୍ ସେଇଠି ଅଛି ।

ଅପେକ୍ଷାକର,
ଦିନେ ହଠାତ ବିଗୁଲ୍ ବଜେଇ
ମୁଁ ବାହାରି ଆସିବି ପ୍ରଚ୍ଛଦପଟରୁ
ମୋ ପାଇଁ ପ୍ରସ୍ତୁତ ଫାଶୀଖୁଣ୍ଟରେ
ମୁଁ ଝୁଲେଇଦେବି ଅସତ୍ୟର ବେକ
ରକ୍ତର ନିଶାରେ ମସ୍‌ଗୁଲ୍ ମଣିଷମାନଙ୍କୁ
ତଳକଣ୍ଟା ଉପରକଣ୍ଟା ଦେଇ
ମୁଁ ପୋତି ପକେଇବି ଅନ୍ଧାରରେ ।

ଅପେକ୍ଷାକର ଭାଇମାନେ,
ହଠାତ ଦିନେ ତମମାନଙ୍କୁ ଚମକେଇ ଦେଇ
ମୁଁ ଭାସିଆସିବି କଳାରକ୍ତର ସ୍ରୋତରେ
ତମ ଆଖିର ଲୁହ, ଭୟ, ଭ୍ରାନ୍ତି ଓ
ଶତାବ୍ଦୀର ଦୁଃଖକୁ ଭୁଲେଇଦେବାକୁ
ମୁଁ ଯୋଡ଼ି ହୋଇଯିବି କବିତାରେ ।
ଠିକ୍ ସମୟରେ
ସବୁ ଦୁଆର ଓ ଝର୍କାମାନଙ୍କରେ

କରାଘାତ କରି ମୁଁ କହିବି:
ଭାଇମାନେ, ମୁଁ ଆସିଗଲି
ଭୟ ନାହିଁ, ଆସ
ମୁଁ ତମକୁ ଗୋଟିଗୋଟି
ପାରି କରିଦେବି ମୋ'ର ପିଠିରେ
ପହଞ୍ଚେଇଦେବି ଆରକୂଳରେ
ରକ୍ତନଦୀର ସ୍ରୋତ
ଯେତେ ପ୍ରବଳ ହେଉନା କାହିଁକି
ମୁଁ ତମକୁ ପହଞ୍ଚେଇଦେବି
ଠିକଣା ସ୍ଥାନରେ
ଏକ ସୁନ୍ଦର ପୃଥ୍ୱୀର ମରୁଦ୍ୟାନରେ ॥

■

ରଚନାକାଳ:୧୯୮୬

ଅପେକ୍ଷା କର, ଦୁଇମିନିଟ

ଅପେକ୍ଷା କର, ଦୁଇ ମିନିଟ
ଶତାଣ୍ଡି ପୁରୁଷ ଧରି
ଝଡ଼ ବର୍ଷା, ଶୀତ ଓ କାକର ସହି
ଲୋଳିତ ଚର୍ମ ଯୁକ୍ତ ମୋର କୁଡ଼ିଆରେ
ମୁଖାଗ୍ନି ଦେଇ ଫେରି ଆସିବା ପର୍ଯ୍ୟନ୍ତ ।

ଅପେକ୍ଷା କର, ଦୁଇ ମିନିଟ
କାନ୍ଥ କଡ଼ରେ ଖୁଁ ଖୁଁ କାଶୁଥିବା
ରୋଗାକ୍ରାନ୍ତ ଶତାବ୍ଦୀକୁ
ମୁଁ ଆଶ୍ୱାସନା ଦେଇଆସେ,
ଆକାଶର ପକ୍ଷୀମାନଙ୍କୁ
ମୁଁ ଶୁଣେଇ ଦେଇ ଆସେ
ଧୂଆଁ ଉଠୁଥିବା ସ୍ଥାନର ଠିକଣା;
କୁଆଁରଡ଼ି ଛାଡୁଥିବା
ଶିଶୁଙ୍କର କାନରେ ମୁଁ
ଫୁଙ୍କିଦେଇଆସେ
ବ୍ୟୂହ ମଧ୍ୟୁ ଫେରିବାର ମନ୍ତ୍ର
ଆଉ ମୁଖାପିନ୍ଧା ଅକୃତଜ୍ଞମାନଙ୍କୁ
ମୁଁ ଶୁଣେଇ ଦେଇଆସେ
ମୋର ଅସ୍ତିତ୍ୱ ବିଷୟରେ ।

ଅପେକ୍ଷା କର, ଦୁଇ ମିନିଟ
ଅନ୍ଧାରରେ ଦିକ୍‌ଦିକ୍ ମଶାଲଟି ପରି
ପ୍ରିଟୋରିଆ ଜେଲ୍‌ର ଅନ୍ଧାର ଭିତରେ
ବଞ୍ଚୁଥିବା ସହକବିଙ୍କ ପାଖକୁ
ପଠେଇ ଦିଏ ଶୁଭବାର୍ତ୍ତା,

ଶତାବ୍ଦୀର ଶାପମୁକ୍ତି ପାଇଁ
ଧ୍ୟାନସ୍ଥ ଦଧୀଚିଙ୍କୁ ସୂଚେଇ ଦିଏ
ତାଙ୍କର ତ୍ୟାଗ ବିଷୟରେ;
ଏବଂ ନଇଁ ଆସୁଥିବା ମୁଣ୍ଡକୁ କହିଦିଏ ଉନ୍ନତ ହେଉ
ନରମି ଆସୁଥିବା ଶବ୍ଦକୁ କହିଦିଏ ଶାଣିତ ହେଉ,
ଶୁଖି ଆସୁଥିବା ଓଠକୁ କହିଦିଏ
ଆହୁରି ଶୁଖିଲା ହେଉ;
ପେଟର ଭୋକକୁ ଉସ୍କେଇ ଦିଏ
ଆହୁରି କ୍ଷୁଧାର୍ତ୍ତ ହେଉ
ପ୍ରତିବାଦର ସ୍ୱର ଆହୁରି ପ୍ରବଳ ହେଉ ।

କାଳକାଳ ଧରି ମଣିଷ ମଣିଷ ଭିତରେ
ଠିଆ ହୋଇଥିବା ପ୍ରାଚୀରକୁ
ଭାଙ୍ଗି ସେ ଫେରେଇ ଆଣୁ
ତା'ର ବଞ୍ଚିବାର ହକ୍‌ଦାବି
ତା'ର ସ୍ୱପ୍ନର ଚଳଚଞ୍ଚଳତା ।

ଲୁହ ଭିଜା ଚିଠି ଲେଖିଥିବା
ମୋର ପ୍ରେମିକାକୁ ଲେଖିଦିଏ ଦି'ପଦ ସୁଖ ଦୁଃଖ,
ମୋର ଘାତକମାନଙ୍କୁ କହିଆସେ
ମୋର ପ୍ରତ୍ୟାବର୍ତ୍ତନ ସମ୍ପର୍କରେ ।

ଅପେକ୍ଷା କର, ଦୁଇ ମିନିଟ
ନିଜର ମୃତ୍ୟୁ ପାଇଁ ନୀରବ ପ୍ରାର୍ଥନା କରି
ମୁଁ ଫେରିଆସେ ସହଳ ସହଳ
ମୋର ପରବର୍ତ୍ତୀ କାର୍ଯ୍ୟକ୍ରମକୁ ॥

■

ରଚନାକାଳ : ୧୦.୨.୧୯୮୬

ଅକବିର କବିତା : ନିଆଁ ସମ୍ପର୍କରେ

ନା,
ବାରଣ କରନା ସେମାନଙ୍କୁ
ସେମିତି ଘସା ହେଉଥାଉ
ନଖରେ ନଖ, କାଠରେ କାଠ
ପଥରରେ ପଥର, ମାଂସରେ ମାଂସ
ବଜାହେଉଥାଉ ଦି'କାଠିଆ
ଜନ୍ମ ନେଉଥାଉ ନିଆଁର ଝଲକ।

ନିଆଁ ତ ନିଆଁ
କବି ତ କବି
ତା'ର ଗୋଟେ ପରିଚୟ କ'ଣ!
ନିଆଁ ତ ନିଆଁ
ଚିଆଁ ଦେଖେଇ ଏମିତି ଛଅଁସ୍ତା କରିଦିଏ ଯେ:
ଗଭୀର ଜଳରେ ଜିଭ ବୁଲଉଥାଏ ବାଡ଼ବାଗ୍ନି
ସୁଉଚ୍ଚ ଆକାଶରେ ଘୋଟି ଯାଉଥାଏ
ପରସ୍ତ ପରସ୍ତ ଧୂଆଁ।

କିଏ ଅନୁଭବେ କାହାକୁ?
ନିଆଁ ପତଙ୍ଗକୁ
ନା ପତଙ୍ଗ ନିଆଁକୁ?

ଉତ୍ତର ପାଇଁ ତର ନ'ଥାଏ।
ଠେଙ୍ଗା ଖୋଜୁଖୋଜୁ
ମଇଁଷି ପହଞ୍ଚି ସାରିଥା'ନ୍ତି ମଙ୍ଗଳପୁରରେ,
ପାଗ ଭିଡୁଭିଡୁ
ନିଲାମ ହୋଇଯାଏ ଆଙ୍କୁଡ଼ା କଚେରୀ,

ବେକଷଣ୍ଟାରେ ପାହାର ବାଜିଲେ
ସଲଖି ଆସେ ସତକଥା,
ସ୍ତନ-ଚୂଳରେ ଆଙ୍ଗୁଳି ବାଜିଲେ
ଶିରଶିରେଇ ଯାଏ ନାଭିମୂଳ।
ବାସ୍, ତା'ପରେ ତ ଦୃଶ୍ୟର ଫସଲ:
(ଅଜାଡ଼ି ପଡ଼େ ହାତମୁଠାରେ
ଅଛୁଆଁ ଅନୁଭବ ଯେତେସବୁ)
ଠପଠପ ନିଗିଡ଼ି ପଡ଼େ ବିନ୍ଦୁ
ବନ୍ଧ୍ୟା ହୁଏ ଗର୍ଭବତୀ
ନଦୀ ହୁଏ ବେଗମତୀ
କିଶୋରୀ ହୁଏ ରଜୋବତୀ
ପୃଥ୍ୱୀ ହୁଏ ପୁଷ୍ପବନ୍ତୀ
ରାଣୀ ହେଉ କି କାଣି ହେଉ
ଗୋରୀ ହେଉ କି କାଳି ହେଉ
ପ୍ରତ୍ୟେ ହୁଅନ୍ତି ରୂପବତୀ।

ଚହଟିଯାଏ ଦ୍ୟାବା ପୃଥ୍ୱୀର ଦଶଦିଶା
ରକ୍ତ ମାଂସ, ଗୋଡ଼ି ମାଟି।
ଏବେ କେତେ ନେବୁ, ନେ
କେତେ ଖୁଣ୍ଟିବୁ ଖୁଣ୍ଟ୍
କେତେ ବାଣ୍ଟିବୁ ବାଣ୍ଟ୍
ବାଣ୍ଟିବାକୁ କିଏ ବାସନ୍ଦକରେ କହିବ, କିଏ ?
ଏତେ ବହପ କାହାର ? ?

ଅରଣ୍ୟରେ ସୁଶୋଭିତ ହ୍ରଦ
ଚାରିପଟେ ଘନ ବୃକ୍ଷର ମେଖଳା
ରତିରଙ୍ଗେ ବ୍ୟସ୍ତ ଦୁଇ କ୍ରୌଞ୍ଚପକ୍ଷୀ
ପ୍ରେମରେ ଉତ୍ତଳା,

ଅସହିଷ୍ଣୁ ନିଷାଦର ତୀର
ଭଗ୍ନକରେ ନିରଙ୍କୁଶ ସମୟର ମେଳା
ସ୍ତବ୍ଧ ହୁଏ ଦୃଶ୍ୟପଟ୍ଟ।

ଏମିତି ଦୃଶ୍ୟଟିଏ
ଶୀଘ୍ର ଦେଖିହୁଏନି ବୋଲି ତ
ରତ୍ନାକର ନିପଟ ଓଲୁ
ଗାର ଟାଣେ ଅନ୍ଧାର ଛାତିରେ
ବିଲ୍‌ବିଲେଇ ହୁଏ ନିଦରେ
ଉଡ଼ିଉଡ଼େଇ ଯାଏ ନାରଦ ସାମ୍ନାରେ।

ଆଉ, ଥରୁଟିଏ ଦେଖି ହୋଇଗଲେ
ଜଖମ ହୋଇଗଲେ ଭିତରର ମଣିଷ
ଛାପି ହୋଇଗଲେ ରକ୍ତର ବର୍ଣ୍ଣବୋଧ
ଚାପି ହୋଇଗଲେ ତମାମ ବିଶ୍ୱ ଛାତିରେ ନା
କାହାକୁ ଖାତିର କରେନା ବାଲ୍ମିକୀ
ରକ୍ତରେ ବି ଝୋଟି ପକେଇଦିଏ କଲମଧାରୀ।

ମଲାଚୁଲିର ପାଉଁଶ ଗଦାରେ
ବେଶ ଆସର ଜମେଇଦିଏ ବକଟେ ନିଆଁ।
ତା'ପରେ ଖପ୍‌ଖାପ
ବିନ୍ଦୁରୁ ପରିଧି
ଜମ୍ବୁଦ୍ୱୀପରୁ ସମଗ୍ର ଭୂଭାଗ !

ଖାଲି, କବିତା-କବିତା-କବିତା
ନିଆଁ-ନିଆଁ-ନିଆଁ
ଜୀବନ-ଜୀବନ-ଜୀବନ।

କବିତା ଜାଣେ ନିଆଁ
ନିଆଁ ଜାଣେ ଜୀବନ।

କବିତା କ'ଣ ଜୀବନ ?
କେଜାଣି,
ମୁଁ ଛାର ଅକବିଟାଏ
କ'ଣ ଜାଣେ, କବିତା କ'ଣ, ଫବିତା କ'ଣ।

କେବଳ ଏତିକି ଜାଣେ ଯେ
ମୋ ଜୀବନ ମୋ ସାଥିରେ
ମୋ ନିଆଁ ସାରା ବିଶ୍ୱରେ ॥

■
ରଚନାକାଳ : ୧୯୮୪

ଅନ୍ଧ ଗଳିର ଲୋକମାନଙ୍କ ପାଇଁ କବିତାଟିଏ

ସବୁ ପାହାଡ଼ ପରାଜିତ
କ୍ଷୟଷ୍ଣୁ ମର୍ତ୍ତ୍ୟର ଘୋଷଣାନାମାରେ
ସବୁ ନଦୀ ବନ୍ଧ୍ୟା, କୃଶ
ଆଶାବନ୍ତ ବର୍ଷା ଅଭାବରେ।

ଯେଣେ ଚାହାଁ ତେଣେ
ନଦୀରେ ପଡୁଛି ବନ୍ଧ
ଯେଣେ ଚାହାଁ ତେଣେ
ପାହାଡ଼ରେ ଖଞ୍ଜାଯାଏ ବିସ୍ଫୋରକ ଦ୍ରବ୍ୟ।

କେତେ ମଣିଷର କଙ୍କାଳ
ଝୁଣ୍ଟିପଡ଼େ ଦେବଦୂତ
ଇତିହାସ ତା'ର ଗଣନା କରେନା,
ଇଟା ପରେ ଇଟା ଖଞ୍ଜି ନିଶୁଣି ତୋଳୁଛି କାରିଗର
ତଳେ ଅଣ୍ଟା ଦୃଢ଼ କରିଥିବା
ସର୍ବଂସହା ମାଟି ଟଳମଳ,
ପାଦ ଠିକ୍ କରହେ ସମ୍ରାଟ
ଖସିପଡ଼ିବାର ସମ୍ଭାବନା ବେଶି।

(କେଉଁ ଏକ କୋକୁଆ ଭୟରେ
ଲୋକଙ୍କ ଘରେ ପଡ଼ିଛି ତାଟି ଓ କବାଟ)
ସେମାନେ କି ତନ୍ଦ୍ରାଛନ୍ନ
ଶୁଭୁନାହିଁ ଶଙ୍ଖଧ୍ୱନି ସତ୍ୟର କୁହାଟ!

ଦୋହଲିଗଲେ ମାଟି, କମ୍ପିଉଠିଲେ ସ୍ୱର୍ଗ
ତମେ କେବେ ଶିହରିଯିବନି ଅନ୍ଧାରର ଲୋକ।
ଗୋପନ ସମ୍ବାଦ ବି ବେଳେବେଳେ
ଅପହୃତ ହୁଏ ଟେଲିଫୋନ୍‌ରୁ।

ଓଜନଦାର ଶବ୍ଦ ବି ବେଳେବେଳେ
ଗର୍ଭସାତ ହୁଏ ଛାପା ଯନ୍ତ୍ରରେ
ମୁଖ୍ୟ ସମ୍ବାଦ ବି ଅପହୃତ ହୋଇଯାଏ
ତେଲମଖା ସମ୍ପାଦକୀୟରେ।

କଳା ମେଘର ସିହାସନରୁ
ଓହ୍ଲେଇଆସୁଛି ନାରୀ ମୂର୍ତ୍ତିଟିଏ
ପାହାଡ଼ ତୀଖରେ ନିଆଁ ଜାଳି
ଚେତେଇ ଦେଉଛି ହୁସିଆର, ହୁସିଆର।

ଅନ୍ଧାର ବିମୁକ୍ତ ଛାତିରେ ଆତଯାତ
କେହି ଯଦି ଅଛ ସତ୍ୟ ଉଦ୍‌ଘୋଷକ
ଆସ, ଘୋଷଣା କର, ନିଜକୁ
ଶବ୍ଦର ଜାନୁରେ, ରକ୍ତରେ ପୁହେଇ ରାତି
ଖଞ୍ଜିଦିଅ ଜୀବନର ଛନ୍ଦ
ପ୍ରତିଟି ପଦପାତର ନାମ ଜାତକରେ।

■
ରଚନାକାଳ : ୧୯୮୨

ଅନ୍ଧପୁଟୁଳି ଖୋଲିଦେବାପରେ

ସୁବର୍ଣ୍ଣ ରଥରୁ ଭିଡ଼ି ଆଣି
ମୋତେ ଛାଡ଼ିଦେଲ ଏ କେଉଁ ନଗ୍ରରେ
ଯେଉଁଠି ଥାପିଲେ ପାଦ
ଚାଉଁଚାଉଁ ନିଆଁର ଚମକ
ଝଣଝଣ ଜଞ୍ଜିରର ଶବ୍ଦ।

ଯେଉଁଠି ଶବ୍ଦ ରୋପିଲେ
ପ୍ରତିଧ୍ୱନି ଫେରିଯାଏ ପାହାଡ଼ ଗୁମ୍ଫାକୁ
ଅନ୍ଧକାର ଭିଡ଼ିମୋଡ଼ି ହେଉଥାଏ
କାମକଳା କାମତୁଣୀର ଉଦ୍ଧତ ଯୌବନ ପରି।

ଦିନ ଏଠି ମୂର୍ଚ୍ଛାହତ
ରାତି ଭୁଲୁଣ୍ଠିତ
ଶବ୍ଦ ସବୁ ଶରାହତ
ସ୍ୱପ୍ନ ରକ୍ତସ୍ନାତ
ବାୟୁମଣ୍ଡଳରେ ଶୁଭେ
ଅହରହ ଦୁଃଖାନ୍ତ ସଙ୍ଗୀତ।

ସର୍ପ ମେଳାମେଳା ଏହି ସହରରେ
ସବୁବେଳେ ନାରକୀୟ ଖେଳ
ପ୍ରତିଯୋଗିତାରେ ଏଠି ବୁଡ଼ିଯାଏ ବେଳ।

ହାସ, ପରିହାସ, ପ୍ରେମ, ଉନ୍ମାଦନା
ସ୍ପର୍ଶାତୁର ଶବ୍ଦ, ମୁଗ୍ଧ ଅନୁଭବ
ସବୁ ଏଠି ଅର୍ଥହୀନ
ଅବିରତ ଚାଲିଅଛି ପେଟ-ପିଠି ଯୁଦ୍ଧ କୋଳାହଳ।

ଉଦ୍‌ବେଳିତ ହୁଏ ମନ
ପତନର ଦୁଃସ୍ଥ ବିପର୍ଯ୍ୟୟେ
ଆଲୋକର ଗତିପଥେ
ଧାବମାନ ଅମୃତ ସନ୍ତାନ
ବାଟବଣା ମାଲ୍ୟାଣୀ ସହରେ ।

ମୁଁ ଏଠାରେ ଡେଣାଭଙ୍ଗା କ୍ଲାନ୍ତ ପକ୍ଷୀ
ଶୋଇଅଛି ଶିଶୁତ୍ୱର ବିବସ୍ତ୍ର ଶେଯରେ
ଚାରିପଟେ ଚିହ୍ନା ଓ ଅଚିହ୍ନା ଯେତେ
ମଣିଷଙ୍କ ମୁହଁ
ସନ୍ତ୍ରସ୍ତ କେଉଁ ଏକ ରଗ୍‌ଣ ଆତଙ୍କରେ ।

ସମସ୍ତଙ୍କୁ ବାଣ୍ଟିବାଣ୍ଟି
ଶବ୍ଦପିଣ୍ଡ, ରକ୍ତର ଆଞ୍ଜୁଳା
ଯଦି କେବେ ମୋର ମୃତ୍ୟୁ ହୁଏ
ଜମା ବ୍ୟସ୍ତ ହେବ ନାହିଁ
ଅନୁରୋଧ ଶୋକାର୍ତ୍ତ ରାସ୍ତାରୁ ।

ଯଦି ମୋତେ ଭଲ ପାଉଥାଅ
ଦୁଇଧାଡ଼ି କବିତାରେ ତମ ଦୁଃଖ ଲେଖି
ଥୋଇଦେବ ମୋ ଭଙ୍ଗା ଡେଣାରେ
ମୁଠାଏ ଆଲୋକ ନେଇ
ମୁଁ ପୁଣି ଆସିବି ଫେରି
ସ୍ୱପ୍ନଭର୍ତ୍ତି ତମରି ଗର୍ଭରେ ॥
■
ରଚନାକାଳ : ୧୯୮୩

ଅନାମ-ବନାମ-ସର୍ବନାମ

ତମକୁ ଶାଣ ଦେବାପାଇଁ
ମୋର ଏ ପସରା
ତମକୁ ମଜେଇବା ପାଇଁ
ମୋର ଏ ଆଖଡ଼ା ।

ମୋ ହାତରେ ରଙ୍ଗକରା
ଚିକ୍‌ଚିକ୍ ଲୁହା ତରବାରୀ ଖଣ୍ଡକ
ହୋଇପାରେ ଅଭିନୟ ପାଇଁ
ତଥାପି ଶାଣ ଦେଇଦେଲେ
କାଟିପାରେ ଲକ୍ଷେ ଅକ୍ଷୌଣୀ
ଶତ୍ରୁଙ୍କର ମୁଣ୍ଡ ।

ଏ ଯେଉଁ ପୋଷାକ,
ସାଞ୍ଜୁ, ତରବାରୀ, ଶିରସ୍ତ୍ରାଣ
ଏସବୁ ମୋର ନୁହେଁ
ଭଡ଼ାସୂତ୍ରରେ ଆସିଛି ସହରର
କଳା ସଂସ୍ଥାମାନଙ୍କରୁ
ଏବଂ ମୁହଁରେ ରଙ୍ଗ ବୋଳି
ରାଜକୀୟ ଥାଟରେ ମୁଁ ଠିଆ ହୋଇଛି
ତମ ସାମ୍ନାରେ ଅଭିନୟ ପାଇଁ ।

ଯଦିଓ ରଙ୍ଗ ପୋଛିଦେଲେ
ମୁଁ ବସନ୍ତ ମୁଦୁଲି
ତଥାପି ବର୍ତ୍ତମାନ ମୁଁ ବିକ୍ରମାଦିତ୍ୟ ।

ଏ ଅଭିନୟ ମୋର ନୁହେଁ
ତମମମାନଙ୍କ ମୁହଁରେ ବାରମ୍ବାର
ବିଜ୍ଞପିତ ହେଉଥିବା ଦୃଶ୍ୟମାନଙ୍କର
ଏବଂ ମୋର ବାରମ୍ବାର ମଞ୍ଚକୁ ଆଗମନ
ନିଜକୁ ନିଜ ବିଷୟରେ ସଚେତନ କରେଇଦେଇ
ଆଉ କାଠ ହତିଆର୍ ହେଉପଛେ
ବଞ୍ଚିବାକୁ ପ୍ରତିବାଦର ସ୍ୱର
ଶିଖେଇଦେବାର କୌଶଳ ।

କ୍ଳାନ୍ତ, ଅବସାଦ, ଦୁଃଖରେ ଜଡ଼ସଡ଼
ସନ୍ତ୍ରସ୍ତ ଆତ୍ମାକୁ ମୋର ଅଭିନୟ
କେତେଦୂର ପ୍ରଭାବିତ କରିବ ମୁଁ ଜାଣେନା
ତଥାପି ଗୋଟିଏ ମୁହୂର୍ତ୍ତର ସକଳ ସତ୍ୟ ଓ
ଶବ୍ଦର ତୂର୍ଯ୍ୟନାଦ ଯଦି
ତମକୁ ବିମୋହିତ କରିପାରିଲା,
ପେଟ୍ରୋମାକ୍ସର ଧିମି ଆଲୁଅରେ
ମଞ୍ଚର ଚାରିକଡ଼େ ବସିଥିବା ମଣିଷମାନଙ୍କୁ
ଚିହ୍ନିବାରେ ସାହାଯ୍ୟ କରିପାରିଲା
ଆଉ ଆସନ୍ତାକାଲିର ବ୍ରାହ୍ମ ମୁହୂର୍ତ୍ତରେ
ନୂତନ ସୂର୍ଯ୍ୟକୁ ସାମ୍ନା କରି ଆଗେଇଯିବାର
ମନ୍ତ୍ର ଶିଖେଇଦେଇ ପାରିଲା,
ସେଇ ତ ମୋର ସାଫଲ୍ୟ, ଶବ୍ଦର ସାର୍ଥକତା ।
ଅନ୍ଧାରରେ ଆସି ସ୍ୱପ୍ନ ପରି
ଅନ୍ଧାରରେ ମିଳେଇଯିବା ଅଥଚ
ଚନ୍ଦନର ବାସ୍ନା ହୋଇ ମହକୁଥିବା
ଜୀବନକୁ ନୂଆ ସକାଳଟିଏ
ଭେଟି ଦେଇଯିବା ।

ଯେତେବେଳଯାଏ ହୁଇସିଲ୍ ବାଜୁଛି
ସେତେବେଳଯାଏ
ଲୁହରେ, ହସରେ, ପ୍ରେମରେ, ଘୃଣାରେ
ଭୟାନକ ସ୍ୱପ୍ନଙ୍କ ଆଗ୍ନେୟଗିରିରେ
ଅବା ରହସ୍ୟମୟ ଅନ୍ଧାରୁଆ ଇଲାକାରେ
ସବୁଠି, ଏ ବସନ୍ତ !
ଆଗ୍ରହରେ ଶୁଣିଯା', ଦେଖିଯା'
ଆଉ ଆସନ୍ତାକାଲିର ସକାଳରେ
ପବନର ବିଧିତ ସ୍ୱରକୁ ଦୋହରେଇ
ନିଆଁ-ପାଣିର ଦୁଃଖକୁ ଭୁଲିଯା'
ଶାନ୍ତିର ଅକ୍ଷତ ବୁଣି ଯା'
ଏଠି, ସେଠି, ସବୁଠି ।

ସବୁ ତ ତୋ'ର ।
ଯେମିତି ତୁ ନିଜେଇ ଏକ ବିଶ୍ୱ
ଅନ୍ତରଙ୍ଗ ମାଟିର ପ୍ରେମରେ
ନିଜେ ନାମହୀନ
ଅନାମ-ବନାମ-ସର୍ବନାମ ॥

■
ରଚନାକାଳ : ୧୯୮୪

ଅଜ୍ଞାତ ବାସରେ ସକାଳ

||୧||

ଶେଷହୀନ ଅନ୍ଧାରର ଡହରା ଆଖିରେ
ଶୋଷିଲା ଓଠରେ, ଉତପ୍ତ ରକ୍ତରେ
ଅବାକ ଦୃଶ୍ୟରେ, ଉଚ୍ଚାଟ ସଙ୍ଗୀତରେ
ପୁତନା ସ୍ତନରେ, ମୋହିନୀ ରୂପରେ
ମୁହଁ ମୋଡ଼ି ବାସ୍ଠୁରା ପିଲାଙ୍କ ପରି
ଆଉ କେତେକ୍ଷଣ କବି !

ଅଭିଶପ୍ତା ଅନସୂୟାର
ବ୍ୟକ୍ତିଗତ ସତ୍ୟର ମେଘରୁ
ବାଳ ସୂର୍ଯ୍ୟ ମୁକୁଳିବାକୁ
ଆଉ କେତେ ଦଣ୍ଡ ବାକି ?

ମୋହିନୀ କନ୍ୟାର ଚୋରା ଚାହାଣୀରେ
ବଶୀଭୂତ ସନ୍ୟାସୀ, ଦିଗମ୍ବର
ଉଦ୍ଦଣ୍ଡ କାମନାରେ
ମୁଠାମୁଠା ଦୁଃଖର ଜହର
ଜାଳିଦିଏ ଗ୍ରାମ ଓ ନଗର
ସର୍ବଗ୍ରାସୀ ପଙ୍ଗପାଳ ପରି
ଦୁରାଚାରୀ ରାକ୍ଷସଙ୍କ ଦଳ
ଦଳି ଯା'ନ୍ତି ଗୋଲାପି ସ୍ୱପ୍ନଙ୍କୁ
ଶ୍ୱାସରୁଦ୍ଧ ନିର୍ଜନ କୋଠିରେ
ବିଦ୍ଧକରି ଶବ୍ଦଙ୍କର କୋଳାହଳ
ଆଲୋକର ପ୍ରେମ କାରବାର ।

ଆକାଶ ଉଦ୍‌ଭ୍ରାନ୍ତ
ଆଲୋକ ପରାହତ ମାଟି ନିଶ୍ଚେଷ୍ଟ
ଈଶ୍ୱର ନିରୁଦ୍ଦିଷ୍ଟ ସମୟ ସ୍ଥିର ।
ଶୋକ ଏବଂ ଯନ୍ତ୍ରଣାର ରକ୍ତ ନଈ ଉପକୂଳେ
ଆଉ କେଉଁ ନାଟକର ଶେଷ ଦୃଶ୍ୟ ଦେଖୁଅଛ କବି ?
ନିରବତାରୁ ନିରବତାରେ ଗଡ଼ିଯାଉଛି ସମୟ
ଭୟଙ୍କର ଶବ୍ଦଙ୍କ ମେଳରେ ଥରିଯାଉଛି କଲମ
ଅଜ୍ଞାତବାସରେ ଝାଉଁଳି ଯାଉଛି ସକାଳ ।
॥୨॥
ଦୁର୍ବାସାର ରଙ୍ଗା ମୁହଁରେ
ପରିବର୍ତ୍ତନର ସ୍ପଷ୍ଟ ହସ୍ତାକ୍ଷର
ଛିନ୍ନଛତ୍ର ବସାଟିକୁ ତୋଳିବାକୁ
ଆଶ୍ରାହୀନ ଚଢ଼େଇ ପାଦରେ
ସ୍ୱପ୍ନର ଘୁଙ୍ଗୁର ।

ସମ୍ଭାବନାର ସ୍ୱରଟିଏ
ବୀଜରେ, ବେଦରେ, ଜାନୁରେ, ଯୋନିରେ
ନଦୀରେ, ନାଦରେ, ରତିରେ, ବିରତିରେ
ଚାରିଆଡ଼େ ପହଁରି ଯାଉଛି ବୋଲି
ପ୍ରତ୍ୟୟର କଅଁଳ ଦୁବଘାସ ହସୁଛି
ସ୍ୱପ୍ନର ତରଳ ପାରଦ ଜମୁଛି
ବଞ୍ଚିବାର ସୂକ୍ଷ୍ମ ତତ୍ତ୍ୱ ଖୋଲୁଛି
ଅନ୍ଧାରର ଦୀପଶିଖା ଝଲୁଛି ।

ଫର୍ଦଫର୍ଦ କାଗଜକୁ ଚକ୍ଷି
ଲାଭ ନାହିଁ କୁନ୍ଥା କଲମରେ,
ମୁଠାମୁଠା ଅନ୍ଧାରକୁ ଗର୍ଭସାତ କରି
ଲାଭ ନାହିଁ ଯୁଝିବାକୁ ଶବ୍ଦ କାଠିନ୍ୟରେ ।

ଅକ୍ଷି ତୃତୀୟାରେ
କେତେ ଆଶା ଭରସାର ଅକ୍ଷତ ବୀଜରେ,
ନୂତନ ବର୍ଷର ପ୍ରଥମ ଶବ୍ଦରେ
ପଠେଇ ଦେଇଛି ସନ୍ଦେଶ
ମୁହାଁମୁହିଁ ହେବାପାଇଁ
ଅଷ୍ଟାଦଶ ଦିବସର ରଣ ପ୍ରାଙ୍ଗଣରେ ।

ଅସଂଖ୍ୟ ଜୀବନ୍ମୃତ ମୁର୍ଦ୍ଦାରଙ୍କୁ
ହୁଇପ୍ ହୁଇପ୍ କହି
ଅଡ଼େଇ ନେଉଛି ଯୁଦ୍ଧକ୍ଷେତ୍ରକୁ
ଓଜନଦାର ଶବ୍ଦଙ୍କ ଖୁରାଧ୍ୱନିରେ
ଉପେକ୍ଷିତ ମୁହୂର୍ତ୍ତର ଗର୍ଭାଧାନରେ ।

ତମେ ଅନ୍ଧାରର ଜଳା କବାଟରୁ
ହାତ ବା ରୁମାଲ୍ ହଲଉଥାଅ
ବେଳେବେଳେ ଚିୟର୍ସ ବି କରୁଥାଅ
ରାତ୍ରିଟ୍ରେନ୍ ପରବର୍ତ୍ତୀ ଷ୍ଟେସନ୍‌ରେ
ପହଞ୍ଚିବା ଯାଏ ।

ଯାହାର ପ୍ରତିଧ୍ୱନିରେ କମ୍ପୁଥାଉ
ମାଟି ତଳ ଭ୍ରୂଣ, ଧୂମାଭ ଦିଗନ୍ତ
ଶବ୍ଦର ହୁଙ୍କାର, ସୈନିକର ଅସ୍ତ୍ର
ଶିହରିତ ହେଉଥାଉ
କୋଳାହଳେ ନିଦ୍ରାୟୀତ ପ୍ରାଚୀ ଦିଗବଳୟ ॥

■

ରଚନାକାଳ : ୧୯୮୩

ଅସ୍ତାବଲର ଘୋଡ଼ା

ଅସ୍ତାବଲର ଘୋଡ଼ା
ସଇସର ଚାବୁକ ଦେଖିଲେ
ପ୍ରତିସ୍ପର୍ଦ୍ଧାରେ ହିନ୍‌ହିନେଇଯାଏ...
ହିନ୍‌ହିନେଇଯାଏ...।

ମଇଦାନର ଘୋଡ଼ା
ଟ୍ରିଗାର ଟିପିବା ମାତ୍ରେ
ଗୋଟିଏ ବିଜୟୀ ସ୍ୱର ଗୁନ୍‌ଗୁନଉଥାଏ...
ଗୁନ୍‌ଗୁନଉଥାଏ...।

ଜୋକର ଆଖିରେ ଅନ୍ଧପୁଟୁଳି
ବାଟ କଢ଼େଇନିଏ ଜିନ୍‌ଦିଆ ଘୋଡ଼ା।
କରତାଳି, ଫୁଲମାଳ ଓ ଜଘନ୍ୟ ନାରୀର
ହାତରେ / ଛାତିରେ / ସ୍ତନରେ /
ଜଂଘରେ / ମୁଣ୍ଡରେ / ପାଦରେ
ଛକପକ ହେଉଥାଏ ବେଢ଼ଙ୍ଗିଆ ଭାଷା
ରାତି ଜାଗିବାର ନିଶା ।

ପକ୍ଷୀରାଜ ଉଡୁଥାଏ ବିଜୁଳି ବେଗରେ
ଭ୍ରମୁଥାଏ ନିରବତାରୁ ନିରବତାକୁ
ଅନ୍ଧାରରୁ ଅନ୍ଧାରକୁ
ନର୍କରୁ ନର୍କକୁ।

ଦମ୍‌ମାରି ଦେଖୁଥାଏ
ଅନ୍ଧାର ପକ୍ଷର ମହୁଫେଣାରେ
ଘୁଁ ଘୁଁ ହେଉଥିବା ମହୁମାଛିକୁ!

ସୁକୁମାରିଆ ହାତ ପୁଣି ଚଳେଇ ନେଉଥାଏ
ସା ରେ ଗା ମା ପା ଧା ନି ସା...
ଗାନି ଧାପା ମାଗା ରେସା... ରିଡ୍ ଉପରେ
ଧିରେ... ଧିରେ...
ଧିରେ... ଧିରେ..।

ଅସ୍ତାବଲର ଘୋଡ଼ା ନିଘା କରିଥାଏ ଜୋକର୍‌କୁ
ଜୋକର ନିଘା କରିଥାଏ ସଇସକୁ
ସଇସ ନିଘା କରିଥାଏ ମାଲିକକୁ
ମାଲିକ ନିଘା କରିଥାଏ ଜିଦ୍‌ଖୋର ଖେଳୁଆଡ଼କୁ;
ଖେଳ ଜମିଲେ କରତାଳି
ଜୋକର ହାତରେ ସୁନାଥାଳି
ପହ୍ନଉଥାଏ ସୁହାସୀ ନାରୀର ହସଥଳି
ହୋସ୍‌ରେ ବେହୋସ
ବେହୋସରେ ବି ମଞ୍ଜୁରା କରୁଥାଏ
ଜାମ୍ବବାଳୀ।

କେତେ ଫୁଲହାର ଲମ୍ବିଛି ବେକରେ
ଆହା କି ଗର୍ବ!
କେତେ ପାହାର ବସିଛି ପିଠିରେ
ଆହା କି କଷ୍ଟ!!

ସବୁ କରତାଳିକୁ ଧିକ
ସବୁ ଫୁଲମାଳକୁ ଧିକ
ସବୁ ବାହାବାକୁ ଧିକ
ସବୁ ବୀରପଣିଆକୁ ବି ଧିକ
ଧିକ ମୋର ଘୋଡ଼ାପଣିଆକୁ!
ସେଇ ସୁହାସୀ ନାରୀର ଓଠ ତଳେ
ବସାବନ୍ଧା ଶବ୍ଦଙ୍କ ଲାସ୍ୟରେ

କେତେ ମାଲିକାନା ବଦଳିଯାଏ
ରାଜ୍ୟ ବଦଳିଯାଏ
ଯୁଗ ବଦଳିଯାଏ
କଳ୍ପ ବଦଳିଯାଏ
ବଦଳିଯାଏ ସ୍ୱର୍ଗ ନର୍କର କଳ୍ପିତ ଆନ୍ଦାଜ !

ହାୟ, ମୁଁ ସେମିତି ଅନ୍ଧକାର ଘୋଡ଼ାଶାଳରୁ
ମାଲିକ ଓ ଘୋଡ଼ାମୁହିଁ ନାରୀର ପ୍ରେମାଳାପ ଭିତରୁ
ତକେଇଥାଏ ମୋର ବିଧ୍ୱସ୍ତ ସ୍ୱରକୁ ।

ଅସ୍ତାବଲ ସେମିତି ଫି'ସନ
ଛପର ହେଉଥାଏ
ଅସ୍ତାବଲର ଘୋଡ଼ା ସେମିତି
ପାଗ ଭିଡୁଥାଏ
ଉତ୍ତରାଧିକାରୀ ସୂତ୍ରରେ...
ଚିରକାଳ ॥

■
ରଚନାକାଳ : ୧୯୮୩

ଅତୀତ ଓ ବର୍ତ୍ତମାନ

ଅତୀତ:

ଅପନ୍ତରା ଗାଁ ମାଟିରେ
ବାଲିରେ ଗାରକାଟି
ରମାର ରବର, କଟକ ନଗର
ବୋଲୁଥିବା ପିଲାଟି,
ପେଟ ଓ ପିଠିର ଦାଉରେ
ବଣ ସାରୁ ସିଝା, ମଦରଙ୍ଗା ଶାଗରେ
ଭୋକ ମେଣ୍ଟଉଥିବା କିଶୋରଟି,
ହାତରେ ପାଞ୍ଚଣ ଧରି
ଅମଣ ବଳଦଙ୍କୁ ମଣ କରି
ମୁଣ୍ଡଫଟା ଖରାରେ ସୂର୍ଯ୍ୟଙ୍କୁ ବେଖାତିର କରି
ସ୍ୱପ୍ନର ବିହନ ମୁଠି ବୁଣୁଥିବା ତରୁଣଟି
ଆଉ ମୁହଁରେ ରଙ୍ଗ ବୋଳି
ନାଟକର ଖଳଚରିତ୍ରମାନଙ୍କୁ
ସମୟର ଚେତାବନୀ ଦେଇ
ନିୟତି ଭୂମିକାରେ ଅଭିନୟ କରୁଥିବା
ଯୁବକଟି ଯେ
ଦିନେ ଶବ୍ଦର ନିୟତି ହୋଇ
ବାହାରି ଆସିବ ରାଜରାସ୍ତାକୁ
ଅଗଣିତ ଅସହାୟ ମଣିଷଙ୍କ କଣ୍ଠରେ
ପହଞ୍ଚେଇଦେବ ସଙ୍ଗୀତ
ଏକଥା ଅଜଣା ଥିଲା ସମସ୍ତଙ୍କୁ
ଏପରିକି ଜଣା ନ ଥିଲା ବାପ ମାଆଙ୍କୁ
ଶିକ୍ଷକଙ୍କୁ, ଶ୍ମଶାନ କଡ଼ର ଚାଳ ଘରକୁ
ନାଟକର ନିର୍ଦ୍ଦେଶକଙ୍କୁ,
ଏପରିକି ମାଟିକୁ।

ଅଥଚ ସମସ୍ତଙ୍କ ଅଲକ୍ଷ୍ୟରେ
ତଣ୍ଟିଚିପି ଫିଙ୍ଗି ଦେଇଥିବା
ସମୟର ଭଉଁରୀ ଭିତରୁ ବଞ୍ଚିଗଲା ପିଲାଟି
ଘୋଷଣା କଲା ନିଜର ଅସ୍ତିତ୍ୱ
ବଣମଲ୍ଲୀର ବାସ୍ନାରେ ଚହଟିଗଲା
ସମଗ୍ର ବନ, ପ୍ରଦେଶ ଓ ଜନପଦ
ସାମାନ୍ୟ ବିଦ୍ୟୁତର ସ୍ଫୁରଣରେ
ଆଲୋକିତ ହେଲା ସୂଚିଭେଦ୍ୟ ଅନ୍ଧାର ॥

ବର୍ତ୍ତମାନ:
ଦୃଢ଼ ପାଦରେ ଠିଆ ହୋଇ ଶିଖିଛି ମୁଁ।
ସେଇଦିନଠୁଁ,
ଯେଉଁଦିନଠୁଁ ଗୋଟିଏ ହାତରେ
ଦାନାପାଣିର ନିଆଁପେଣ୍ଡୁଳା
ଓ ଅନ୍ୟ ହାତରେ
ପ୍ରତିବାଦର ଅସ୍ତ୍ରଟିକୁ ଧରି ଶିଖିଛି ମୁଁ।

ଯେଉଁଦିନଠୁଁ ଟାଙ୍ଗର ମାଟିର ଛାତି ଫଟେଇ
ଫସଲ ଫଳେଇବା ଜାଣିଛି
ଯେଉଁଦିନ ସେଇ ଫସଲକୁ ଆତ୍ମସାତ
କରୁଥିବା ସଇତାନ୍‌ର ନାଲିଆଖି ଧମକର
ସାମ୍‌ନା କରିଜାଣିଛି ଆଉ
ଯେଉଁଦିନ ସମୟର ହଳାହଳକୁ ପାନ କରି
ମୃତ୍ୟୁ ସାମ୍‌ନାରେ ବି ମୁଁ ହସିପାରିଛି ପ୍ରାଣଖୋଲା ହସ
ଏବଂ କଙ୍କାଳସାର ମଣିଷର କୋଟରଗତ ଚକ୍ଷୁରେ
ଭରିଦେଇପାରିଛି ପ୍ରତିବାଦର ଇଙ୍ଗିତ
ଓଠରେ ଯୋଡ଼ିଦେଇପାରିଛି ସ୍ୱପ୍ନର ସଙ୍ଗୀତ।

ପିଲାଦିନର ବନ୍ଧୁମାନେ ଏବେ
ପାଲଟିଯାଆନ୍ତି ଶତ୍ରୁ
ଏବେ ସେମାନେ ଆଗେଇଆସନ୍ତି
ଫୁଲମାଳ, ମାନପତ୍ର, ଧନ-ସମ୍ପଦ, କୋଠା-ବାଡ଼ି
ବ୍ୟାଙ୍କ ବାଲାନ୍‌ସ, ସୁନ୍ଦରୀ ତରୁଣୀମାନଙ୍କୁ ନେଇ
ମୋର କଲମଟିକୁ କିଣିନେବାକୁ।

ହେଲେ, ସେମାନେ କ'ଣ ଜାଣନ୍ତି
ଗୋଟିଏ ଶବ୍ଦର ଜୋର୍‌ରେ
ସମଗ୍ର ଭୟାନକତାକୁ ବେଖାତିର୍ କରୁଥିବା
କଲମଟିକୁ କିଣିନେବା ପାଇଁ ଧନୀଟିଏ
ଏବେ ବି ଜନ୍ମ ହୋଇନାହିଁ ପୃଥିବୀରେ।

ସେମାନେ କ'ଣ ଜାଣିନାହାନ୍ତି ଯେ
ରକ୍ତ ବିନ୍ଦୁଏ କି ଲୁହ ଟୋପାଏ ନିଗିଡ଼ିଯିବା ବେଳେ
ମଣିଷର ସମସ୍ତ ସ୍ନାୟୁଗ୍ରନ୍ଥିରେ
ସଞ୍ଚରି ଯାଇଥାଏ ଅରଣୀର ଶବ୍ଦ
ଆଉ ସମୟ ଆସିଲେ
ତାହା ବୁଣି ହୋଇଯାଏ ଆପେଆପେ।

ଏବେ ମୁହଁକୁ ମୁହଁ ଦିଶୁ ନ ଥିବା ଅନ୍ଧାରରେ
ମୁଁ ଜାଣେ କେମିତି ସଜେଇବାକୁ ହେବ ମୋର ଶବ୍ଦଙ୍କୁ
କେମିତି ସାମ୍ନା କରିବାକୁ ହେବ ସମୟକୁ
କୁଷ୍ଠ ରୋଗୀର ପଳିତ ଅଙ୍ଗରୁ
ଖସି ପଡୁଥିବା ଗଳିତ ମାଂସ ପରି
ମାନଚିତ୍ରରୁ ଖଣ୍ଡଖଣ୍ଡ ହୋଇଯାଉଥିବା
ଛୋଟ ଛୋଟ କୋମଳ ହୃତପିଣ୍ଡକୁ
କେମିତି ମଲମ ମାରି ଖେଳେଇବାକୁ ହେବ
ଆସନ୍ତକାଲିର ସକାଳକୁ।

ସବୁ ଆସନ୍ତାକାଲିର ସୂର୍ଯ୍ୟୋଦୟ
ଆଜିର ସ୍ୱପ୍ନରେ ରଙ୍ଗାୟିତ ହେଉ
କିଏ ନ ଚାହେଁ
ନା' ମୁଁ, ନା' ତମେ !!

∎

ରଚନାକାଳ : ୧୯୮୫

ଅତୀତ, ସେ ଓ ମୁଁ

ରେ ସଖୀ !
କଇଁ ପୋଖରୀକୁ ଟିକେ ଚାହାଁ
ଲମ୍ପଟ ପବନର ହାତ କାଉଁରୀରେ
କେମିତି ଦୋଳୁଛି ପାଣି ଜହ୍ନ ହସୁଛି ହସ
ଢାଳିଦେଇ ଆତ୍ମୀୟ ପିୟୁଷ ।

ତୋ ନରମ ଆଙ୍ଗୁଳିରେ
କାଚଧାର ପାଣିକୁ ହଲାନା
ସମ୍ପର୍କର ସୂକ୍ଷ୍ମତାର କାଳେ ଅବା କଟିଯିବ
ତୋ ମୋ ଭିତରେ
ଫର୍ଚ୍ଚାହୋଇ ଯାଉଥିବା ଦିନଗୁଡ଼ାକ ପରି ।

ରେ ସଖୀ !
ଏ ଧରଣୀକୁ ଦେଖ,
କେମିତି ଖୋଲି ଦେଇଛି
ତା' ଘନ କୃଷ୍ଣ କବରୀ
ରଜସ୍ୱଳା ହେବାର ପଞ୍ଚମ ଦିବସେ ।

ତା' ମୁହଁରୁ ଝରିପଡ଼େ ଉବୁକା ଉବୁକା ହସ
ଉନ୍ନତ ସ୍ତନରେ କାହାର ପରଶ ବାଜି
ସ୍ନେହ ସବୁ ଖସିପଡ଼ନ୍ତି ଆକାଶର ବିରାଟ ଲନ୍‌ରୁ
ହଠାତ ପୂର୍ଣ୍ଣ ହୋଇଯାଏ ତୃଷାର୍ତ୍ତ କ୍ଷେତର ପେଟ
ଜାଗ୍ରତ କରାଏ ସ୍ଖଳିତ ଇଚ୍ଛାକୁ ।

ରେ ସଖୀ !
ଏ ଅନ୍ଧାରକୁ ଦେଖ,
କେମିତି ସଞ୍ଜ ଓ ସକାଳକୁ
ଯୋଡ଼ିଦେଇ ଗର୍ଭବତୀ କରିଛି ।

ଶବ୍ଦହୀନ ଆକାଶରେ ଫିଙ୍ଗିଦେଉଛି
ଅର୍ବୁଦ ଅର୍ବୁଦ
ଜାରଜ ସ୍ୱପ୍ନଙ୍କୁ କେମିତି
ସୁଖର ମେହେଫିଲ୍‌କୁ ପଠେଇଦେଉଛି ।
ଦୀପ ତଳର ଅନ୍ଧାର ପରି ଦୁଃଖର ଉତ୍ତାପକୁ
ଚାଟିନେଉଛି ଅତି ସନ୍ତର୍ପଣରେ
ଉପଶମ ହୋଇଯାଉଛି
ଯନ୍ତ୍ରଣାର ବ୍ୟାଧି ।

ତୁ ଏବେ କହିଦେଉନୁ,
କେମିତି କହିବି ଏ ଆକାଶକୁ
ଅଚିହ୍ନା ବୋଲି ।
ଯନ୍ତ୍ରଣାର ଶ୍ଳଥପାଦ
ନାଲି ରକ୍ତର ଅକ୍ଷର ଉପରେ ଥାପି
ଫାଶୀ କଣ ଦିଆଯାଇପାରେ
ଅତୀତର ସ୍ନେହ ବନ୍ଧନକୁ,
ପ୍ରକମ୍ପିତ ଓଠର ଶବ୍ଦଙ୍କୁ
ଗତିବାନ ମୁହୂର୍ତ୍ତ ଗୁଡ଼ାଙ୍କୁ
ଅମାନିଆ ଆକାଶକୁ
ବିବସ୍ତ୍ର କୋଳକୁ ! !

■
ରଚନାକାଳ : ୧୯୮୨

ଅନେକ ସୂର୍ଯ୍ୟାସ୍ତ

ଇତିହାସର ମୋଡ଼ ବଦଳୁଛି ସୁଧୀଜନେ,
ଦୃଶ୍ୟାନ୍ତରର ଦୃଶ୍ୟ ବଦଳୁଛି
ପୁନଃପୌନିକ ଘଟଣା ପ୍ରବାହରେ।

ରକ୍ତାକ୍ତ ପୃଷ୍ଠାର କରଣୀ ଅକ୍ଷରରୁ
ତାମ୍ରପତ୍ରର ଜଙ୍କଲଗା ଆତ୍ମବଢ଼ିମାରୁ
ଶିଳାନ୍ୟାସର ଛଦ୍ମ ଖୋଳପାରୁ
ଉତୁରି ଆସୁଛି ତଣ୍ଟିଚିପା ଶବଦର କାରୁଣ୍ୟ।

ଏବେ ମୋର ଶବ୍ଦ ଭର୍ତ୍ତି କୋଠରିରେ
ଚଳଚଞ୍ଚଳ ଦୃଶ୍ୟମାନେ ନିରବ ନିଶ୍ଚଳ
ଭାଙ୍ଗିପଡ଼େ ସଭ୍ୟତାର ଡାଳ
ଚାରିଆଡ଼େ ବ୍ୟର୍ଥ କୋଳାହଳ
ଏବେ କିଛି କରିବାର ବେଳ।

ପ୍ରଥମ ଦୃଶ୍ୟରେ ଦେଖ:

ଫାଶୀଖୁଣ୍ଟରେ ଝୁଲୁଛି ସତ୍ୟାଗ୍ରହୀଟି
ବୋଲେ ହୁଁ ଟି
ଖଞ୍ଜଣୀ ମାଡ଼ରେ ଭଜନ ବୋଲୁଛି ତା'ର ପୁଅଟି
ବୋଲେ ହୁଁ ଟି
ଭୋକ ଓ ଶୋଷରେ ମୂର୍ଚ୍ଛା ଯାଉଛି ତା'ର ମାଆଟି
ବୋଲେ ହୁଁ ଟି
ବୁଲା କୁକୁର ଝୁଣି ପକାଉଛି ତା'ର ଦେହଟି
ବୋଲେ ହୁଁଟି।

ଦ୍ୱିତୀୟ ଦୃଶ୍ୟରେ ଦେଖା:

ସ୍ୱପ୍ନରେ ଲାଗିଛି ନିଆଁ, ଭଜ ରାମ ହେ
ଆକାଶେ ଉଡୁଛି ଧୂଆଁ, ଭଜ ରାମ ହେ
କୋଠାପରେ କୋଠା ଧାଡ଼ି, ଭଜ ରାମ ହେ
ଗାଁରେ ପଡ଼େ ମରୁଡ଼ି, ଭଜ ରାମ ହେ
ବେକାର ଯୁବକ ଦଳ, ଭଜ ରାମ ହେ
ବୁଲୁଛନ୍ତି ମାଳମାଳ, ଭଜ ରାମ ହେ
ବଢୁଛି ଚୋରା ବେପାରୀ, ଭଜ ରାମ ହେ
ବଢ଼ିଛି ଚୋରି ଓ ନାରୀ, ଭଜ ରାମ ହେ
ଗାନ୍ଧିବୁଢ଼ା ଆଡ଼େ ଚାହାଁ, ଭଜ ରାମ ହେ
ରାମରାଜ୍ୟେ ଲାଗେ ନିଆଁ, ଭଜ ରାମ ହେ

ତୃତୀୟ ଦୃଶ୍ୟରେ ଦେଖ:

ରାଜାଙ୍କ ମଣୋହି ବେଳ, ହରିବୋଲ
ଭାସିଲା ପଥର ବୁଡ଼ିଲା ଶୋଲ, ହରିବୋଲ
ଉଡୁଛି ତ୍ରିରଙ୍ଗ ବାନା, ହରିବୋଲ
ପିନ୍ଧିବାକୁ ନାହିଁ କନା, ହରିବୋଲ
ଖାଇବାକୁ ନାହିଁ ଦାନା, ହରିବୋଲ
ପାଦ ରଖିବାକୁ ଯାଗା ଟିକେ ନାହିଁ
ବଡ଼ ଦେଉଳକୁ ଅନା, ହରିବୋଲ
ଉଲୁକ ବସିଛି ସିଂହାସନରେ
ମର୍କଟ ଧରିଛି ଥାଟ
କୋକିଶିଆଳ ଓ ଗଧିଆ, ବିଲୁଆ
ପାରିଷଦ ପଣେ ନୀଡ଼ରେ ବୁଲନ୍ତି
ବେଳକାଳ ବିପରିତ, ହରିବୋଲ।

ଚତୁର୍ଥ ଦୃଶ୍ୟରେ ଦେଖା:

କେଉଁ ଚଳନ୍ତି ଈଶ୍ୱର ମୁଷ୍ଟିମେୟ ଲୋକଙ୍କ ଛତ୍ରଛାୟା ତଳେ
ମନ୍ତ୍ରଣା କରୁଛି ଆଗାମୀ ଯୋଜନା ପାଇଁ
ଏବଂ ତଳେ ପ୍ରତି ସେକେଣ୍ଡରେ ତିରିଶଟି କ୍ଷୁଧାର୍ତ୍ତ ଶିଶୁ
ବୁହାହେଉଛନ୍ତି ମଶାଣୀକୁ
        ମାଆମାନଙ୍କ ଅସହାୟ କୋଡକେଇରେ।

ମୋର କପାଳରେ ଶର୍ମ ଝାଳ
ଆଖିରେ ରକ୍ତ ଚାଉଳ
ମୁଁ ଦେଖିପାରୁଛି
ସେଇ ଚଳନ୍ତି ଈଶ୍ୱରଙ୍କୁ
କଲମ ମୂନରେ।

ଆଦେଶିଲେ ମୁଁ ତାଣ୍ଡବ
ନିଷେଧିଲେ
ମୁଁ ବେଲାଳସେନର କଟାମୁଣ୍ଡ ॥

ଭିନ୍ନ ଦୃଶ୍ୟ:

ଚାରିଆଡ଼େ ହୁରି ପଡ଼ିଛି
ନନ୍ଦ ଗଉଡ଼ର ପୁଅ ମଥୁରା ଆସିଛି।

ମୋର ଆଗମନ ସମ୍ବାଦରେ:
        ଯନ୍ତ୍ରସ୍ଥ ହୋଇଯାଉଛି ଶବ୍ଦ
        ଗର୍ଭସ୍ଥ ହୋଇଯାଉଛି ଭୃଣ
        ଯୁକ୍ତ ହୋଇଯାଉଛି ବର୍ଣ୍ଣ
        ମୁକ୍ତ ହୋଇଯାଉଛି ସ୍ୱପ୍ନ
        ଘର୍ମାକ୍ତ ହୋଇଯାଉଛି ଶତ୍ରୁ
        ପ୍ରେମାର୍ତ୍ତ ହୋଇଯାଉଛି ନାରୀ।

ଦେଖ, ଦେଖ, କି ଆଶ୍ଚର୍ଯ୍ୟ
ରାସ୍ତାରେ ସ୍ଲୋଗାନ ଦେଉଥିବା ପଟୁଆର ଉପରେ
ତାଥେଇ ତାଥେଇ ନାଚୁଛି ବର୍ଷା
ଟାଙ୍ଗର ମାଟିର ହାଡୁଆ ଦେହରେ
କଅଁଳି ଉଠୁଛି ନବ ଦୁର୍ବାଦଳ

ସତ କହୁଛି
ମୁଁ ଯାଦୁକର ନୁହେଁ,
ଶବ୍ଦର ସାମ୍ରାଜ୍ୟରେ
ମୁଁ ଝଲକାଏ ଅଗ୍ନି
ପ୍ରତିଟି ଈଶ୍ୱରଙ୍କ ଛାତି ଉପରେ
ମୁଁ ପ୍ରେମାସ୍ପଦ ଶ୍ରୀବତ୍ସ ଦାସ
ପ୍ରେମର ସମ୍ରାଟ।

ପଛଧାଡ଼ିର ମଣିଷ:

ସାମ୍‌ନାରେ ନାଟକ ଚାଲିଛି
ସିଂହାସନରେ ବସିଥିବା
ଉଦ୍ଧତ ଚରିତ୍ର ଓ ଅନୁଚର ବର୍ଗ
ପ୍ରଚଣ୍ଡ ଅଟ୍ଟହାସ୍ୟରେ କଣ୍ଠସ୍ଥ କରୁଛନ୍ତି ରକ୍ତ
ସାମ୍‌ନାରେ କ୍ଷୀଣକଟିର ଲାସ୍ୟ
ଉନ୍ମତ୍ତ ସମୟର ମଦନ ବଜାର।

ଦୁଆର ସାମ୍‌ନାରେ ଦାନ୍ତରେ ତିରଣ ଦେଇ
ଶୂନ୍ୟଥାଳ ଧରି ଧାଡ଼ିବାନ୍ଧି ବସିଛନ୍ତି
ମୋ ଦେଶର ଅର୍ଦ୍ଧାଧିକ ବୃଦ୍ଧ, ଶିଶୁ
ବେକାର ଯୁବକ ଓ ନିରନ୍ନ କାଙ୍ଗାଳ।

ଆକାଶଚୁମ୍ବୀ ପ୍ରାସାଦ ଉପରେ
ଫରଫର ଉଡୁଥିବା
ତ୍ରିରଙ୍ଗ ପତାକା ତଳେ ଠିଆହୋଇ
ସମବେତ ସତୁରୀ କୋଟି ବାହୁଙ୍କୁ
ଚିମୁଟିଦେଇ ଧାଡ଼ି ପଛର ମଣିଷଟି
ଯେମିତି କହୁଛି:
ତମ ଦେହରେ ରକ୍ତ ଅଛି ତ ?

■

ରଚନାକାଳ : ୧୯୮୪

ଅରଣୀର ଶବ୍ଦ

'ବାଇଶି ବର୍ଷିୟା ପୁଅ
କବିତା ଲେଖିବା ଯାହା
ଅଧା ବୟସରେ ମରିଯିବା ତାହା'।

ଥରେ ପ୍ରଚଣ୍ଡ କ୍ରୋଧରେ ବାପା କହୁଥିଲେ
ମାଆର ଛଳଛଳ ଆଖି, ଭୋକିଲା ପେଟର
ଦୁଖ ଓ ସାତସିଆଁ ଚିରାଲୁଗା ଗଅଁଠେଇ
ପିନ୍ଧିବାର ଦୁଃଖ ଦେଖି।

ପୁଣି ଥରେ କହୁଥିଲେ
ଭୋଟ୍ କିଣି ଆସିଥିବା ଜଣେ
ନେତାଙ୍କ ସାମ୍‌ନାରେ
ଦେଶର ସ୍ୱରାଜ୍ୟ ପାଇଁ
କେତେ ବିନ୍ଦୁ ରକ୍ତ ତାଙ୍କ ଦେହରୁ ଝରିଛି।

ବାପା,
ତମ ସ୍ୱାଧୀନତାର ମହାକାଳ ଫଳ
ମୋତେ ବଞ୍ଚିବାର ସର୍ବନିମ୍ନ ଅଧିକାର
ଦେଇ ପାରିନି ବୋଲି ତ ମୁଁ କବିତା ଲେଖୁଛି,
ତମ ମୃତ ସ୍ୱପ୍ନମାନଙ୍କ ମୁହଁରେ ମୁଖାଗ୍ନି ଦେଇ
ମୁଁ ଫେରୁଛି ମଶାଣୀରୁ ଚୁପ୍‌ଚାପ୍
ତୃତୀୟ ବିଶ୍ୱର ବାରୁଦ ଆକାଶକୁ
ସୁରଧ୍ୱନି ଗଙ୍ଗାରେ
ତମ ଅସ୍ଥି ବିସର୍ଜନ ପାଇଁ।

କବିତା,
ବଞ୍ଚିବାର
ସ୍ୱପ୍ନ ଯୋଗାଏ
ପେଟକୁ ଗଣ୍ଡେ ଭାତ କି
ଦେହକୁ ଖଣ୍ଡେ କନା ଯୋଗାଇ ପାରେନା;
ପେଟରେ ଓଦା କନା ଦେଇ
କେହି ପ୍ରେମର ଗଜଲ୍ ବୋଲି ପାରେନା।

ବ୍ୟାଘ୍ରଠାରୁ ହିଂସ୍ର ହୁଅ
ଛୁରୀଧାର ପରି ତୀକ୍ଷ୍ଣ ହୁଅ
ସୂର୍ଯ୍ୟପରି ତେଜିୟାନ୍ ହୁଅ।

ଶବ୍‌ଦକୁ ଶାଣିତ କର:
ଗଣ୍ଡା ଗଣ୍ଡା ସମ୍ରାଟଙ୍କ ମୁଣ୍ଡ
ନଇଁଯିବ ପାଦତଳେ
କବିତା ବହିଯିବ ନିଜ ରାସ୍ତାରେ।

■
ରଚନାକାଳ : ୧୯୮୫

ଅହମ ଉବାଚ

ପ୍ରତି ମୁହୂର୍ତ୍ତରେ ତୋ'ର ଫୈସଲାକୁ
କାନେଇ ରହିବାର ଦୁଃଖରେ ମୁଁ ବିପନ୍ନ।
(ମୃତ୍ୟୁ ଅବା ବିଜୟ, ଯେ କୌଣସି ଗୋଟିକୁ
ଆପଣେଇନେବାକୁ ତିଆର ଅଛି ମୁଁ ଜୀବନ)

ସବୁଦିନ ମୁହଁ ପୋତି
ମଞ୍ଚ ଉପରୁ ଓହ୍ଲେଇବାର ଲଜ୍ଜା
ଛୁରୀ ଚଳେଇଦିଏ ଛାତିରେ,
ଶୀର୍ଷାସନର ମୋହ ଖତେଇ ହୁଏ
ଚଉକାଠର ନିର୍ମୋକ ଛାଇକୁ,
ଏରୁଣ୍ଡିବନ୍ଧର ସ୍ୱର ପହରା ଦେଉଥାଏ
ଚିରକାଳ ମୋର ନିରସ୍ତ୍ର ଆତ୍ମାକୁ।

ପ୍ରଥମ ବୀଜର ଧ୍ୱନିରେ
ପ୍ରତିଧ୍ୱନିତ ହୋଇ ଆସିଲି ମୁଁ ଏତେକାଳ
ଖୋଜି ଆସିଲି ସମସ୍ତ ଭାବର ବର୍ଣ୍ଣମାଳା
କାହିଁ, କେଉଁଠି ତୋ'ର ସଠିକ୍ ରୂପାୟନ ?
ସବୁଠି ତ ବିବର୍ଣ୍ଣ ଦୁଃଖର ଛଇ
ଦୁଃଖପ୍ଲୁତ ଆଷାଢ଼ ଶ୍ରାବଣ।

କିଏ ଅପେକ୍ଷା କରେ କାହାକୁ ?
ଆଲୁଅ ଅନ୍ଧାରକୁ ନା ତା'ର ଗଲଗଲିଆ ସ୍ୱପ୍ନକୁ
ତଳ ପାହାଚରେ ମୁଣ୍ଡ କୋଡୁଥିବା କୋଢ଼ିଆ
ବାଇଶି ପାହାଚର ଦୁର୍ଲଭ ମୋହକୁ ନା'
ଘାସଫୁଲର ଆତ୍ମୀୟ ବୋକକୁ ?

ଯାହାର ଇଚ୍ଛାରେ, ଇଙ୍ଗିତରେ, ଆଶିଷରେ, ଅନୁଭବରେ
ପ୍ରେମରେ, ଘୃଣାରେ ମୁଁ ଏକ ସମର୍ଥ ଖେଳୁଆଡ଼:
ତା'ସହ ନର୍ତ୍ତନ, ମୈଥୁନ, ଯଜନ, ଯାଜନ
କେବେ ପାପ ନୁହେଁ
ବିହ୍ୱଳ ସତ୍ୟର ନିଜ ଅଗଣାରେ।

କାଠଗଡ଼ାରେ ଠିଆ ହୋଇ
ନିଜକୁ ପରଖିବା ମୋର କାମ ନୁହେଁ
ମଲ୍ଲୀଫୁଲର ଆୟୁଷ ନେଇ
ଫୁଟିବା, ମହକିବା ତ ମୋର ଜୀବନ;
ଦୋସ୍ତ, ବିକଳ୍ପର ପ୍ରୟୋଜନ କ'ଣ ?

■
ରଚନାକାଳ : ୧୯୮୪

ଅଗଷ୍ଟ ପନ୍ଦର

କାଲି ରାତିରେ ମା'ଙ୍କ ଆଖିରେ
ଲହଡ଼ି ଭାଙ୍ଗୁଥିଲା ଲୁହର ଜହ୍ନରାତି
ବାପାଙ୍କ ଉଦାସ ମୁହଁରେ ଘାରିରହିଥିଲା
ଦୂର ଆକାଶର ଗଭୀରତା।

ଭୋକିଲା ଶେଯରେ ଶୋଇ ବଞ୍ଚିବାର ରାହା ଖୋଜିବାକୁ
ମୁଁ ପ୍ରସ୍ତୁତ ହେଉଥିଲି ଆଗାମୀ ପରୀକ୍ଷା ପାଇଁ
କାନ୍ଥକଡ଼ରେ ଭୋକର ନିଆଁବଢ଼ ଧରି
ଫୁଙ୍କୁଥିଲେ ମୋର ଉପବାସୀ ଭାଇ ଓ ଭଉଣୀ।

ପଡ଼ୋଶୀଙ୍କ ଦ୍ୱିତଳ ପ୍ରାସାଦର ଦୃଶ୍ୟ
ମୋତେ ଦୃଶ୍ୟମାନ ହେଉଥିଲା
ସେମାନଙ୍କ ଲମ୍ବା ଆଣ୍ଠିନାରୁ
ନାକରେ ବାଜୁଥିଲା କଟଲେଟ୍, ଚିକେନ୍ ରୋଷ୍ଟ୍
ବିଦେଶୀ ପାନୀୟର ଗନ୍ଧ ସହ ଉଚ୍ଚାଙ୍ଗ ସଙ୍ଗୀତ
ଏବଂ ଈର୍ଷାପରାୟଣ ପଡ଼ୋଶୀନିଙ୍କ ହସ
ବାରମ୍ବାର ବିପର୍ଯ୍ୟସ୍ତ କରୁଥିଲା ମୋର ପ୍ରସ୍ତୁତି ପର୍ବକୁ।

ଭୋକରେ ଅଝଟ କରୁଥିବା
ମୋର ସବା ସାନ ଭାଇକୁ କୋଳରେ ଧରି
ବାପା ଦୋହରାଉଥିଲେ ଜାତୀୟ ସଙ୍ଗୀତ
ଏବଂ ମା' କହୁଥିଲେ ବାପା, ଶୋଇପଡ଼
କାଲିପରା ଅଗଷ୍ଟ ପନ୍ଦର
ସ୍କୁଲରେ ବଣ୍ଟାହେବ କ୍ଷୀର ଓ ନବାତ।

ମୋର ସ୍ୱପ୍ନମାନଙ୍କ ଛାତି ଉପରେ
ଖଞ୍ଜାଚାଲିଛି ଇଟା ପରେ ଇଟା
ଗଡ଼ାହେଉଛି କବର ପରେ କବର
ହାୟ, କାଲିପରା ଅଗଷ୍ଟ ପନ୍ଦର ॥

■

ରଚନାକାଳ : ୧୯୮୪

ଅପଦେବତା

ମଣିଷ ପିଠିରେ ସବାର
ମଣିଷଟିଏ
ଶବ୍ଦ ପିଠିରେ ସବାର
ଶବ୍ଦର ବାଘଟିଏ ।

ହୁଇପ୍... ହୁଇପ୍... ହୁଇପ୍...
ଆଃ...ଆଃ...ଆଃ...
ଶତାବ୍ଦୀରୁ ଶତାବ୍ଦୀ ।

ପେଟରୁ କାଟ
ପିଠିରୁ କାଟ
ଜିଭ କାଟ
ଲିଙ୍ଗ କାଟ
ଘୋଡ଼ା ବନିଛି ମାନବ ଦାସ
ସବାର୍ ହୋଇଛି ଆକ୍ଟୋପାସ ।

ଆଖି ଥାଇ, ଅନ୍ଧ
କାନ ଥାଇ, ବଧିର
ପାଟି ଥାଇ, ମୂକ
ପାଦ ଥାଇ, ମାଦଳ
ସାରା ଜୀବନ ଛାଗଳ ।

ଲୁହ ଶୁଖିଯାଏ ଓଠରେ
ଭୋକ ମରିଯାଏ ନିଦରେ
ରକ୍ତ ଶୋଷିଯାଏ ମାଟିରେ
ଶବ୍ଦ ହଜିଯାଏ ଅଶବ୍ଦରେ
କବି ସବୁଠି ବଳିବେଦୀରେ ।

ଓଠ ଖୋଲେ
କଙ୍କାଳ ଦୋହଲେ
ମୁଠା ଟାଣ ହୁଏ
ଛାତି ଫଟେଇ ବାହାରି ଆସେ
ଝଲକାଏ ରକ୍ତ / ଫୁଲାଏ ନିଆଁ
ମୁଠାଏ ଅକ୍ଷତ ।
ବିପ୍ଳବ କର ମୋଡ଼େ
ଛାଗଳ ରୂପୀ ମଣିଷର ରକ୍ତକୋଷରେ ।

ମୁଣ୍ଡ ନଇଁଯାଏ ଯେତିକିବେଳେ
ବଞ୍ଚିବାର ସ୍ୱର ଶୁଭେ ସେତିକିବେଳେ ।

କବି,
ଶେଷ ଶବ୍ଦ ଫୁଟିବା ପୂର୍ବରୁ
ଜାହିର୍ କର
ନଚେତ ମର ॥

■
ରଚନାକାଳ : ୧୯୮୫

ଅସୂର୍ଯ୍ୟଂପଶ୍ୟା

ଖରା ହେଉ କି ତରା ହେଉ:
କୁମ୍ଭକର୍ଣ୍ଣ ନିଦରେ ଶୋଇଥିବା
ମଣିଷର ଚିନ୍ତା କ'ଣ ଅନ୍ୟପାଇଁ!

ଭଲ ହେଉ କି ମନ୍ଦ ହେଉ:
ଆଖିବୁଜି ଦୁଧ ପିଉଥିବା ବୟସର
ଦକ କ'ଣ ଆଗାମୀ ସକାଳ ପାଇଁ!!

ଅନାସ୍ଥା ପୃଥିବୀର ହଟଚମଟରେ
କିଏ ସ୍ୱର୍ଗକୁ ସିଡି ବାନ୍ଧିଛି ଯେ,
ଅହଙ୍କାରୀ ସତ୍ତାଟି ପଛରେ ଗୋଡ଼େଇ
ତମେ ଦୁଃଖ ଦେଉଛ ଉନ୍ନିଦ୍ର ଦି'ପ୍ରହରକୁ।

ସାପପାଟିରେ ବସାବାନ୍ଧି
ସମୁଦ୍ରର ଘୋ'ଘୋ ଗର୍ଜନକୁ ଡ଼ରିଗଲେ
ଭୁଲିଗଲେ ଇନ୍ଦ୍ରଧନୁ, ଜହ୍ନରାତି, ଦିଗ୍‌ବଳୟ,
ଫୁଲଫୁଟା ଚୋରାବାଲି, ପୂର୍ଣ୍ଣତାର ବ୍ରହ୍ମନାଦ,
ତୁହାତୁହା ଶଙ୍ଖଙ୍କ କାକଳି,
ଜଙ୍ଗଲର ନିର୍ଜନ ପ୍ରାନ୍ତରେ ଅବା
ଅବରୁଦ୍ଧ କୋଠରୀର ସିନ୍ଦୁକ ଭିତରେ
ବିସ୍ଫୋରଣ ଅବଶ୍ୟମ୍ଭାବୀ।

ତେଣୁ,
ହଂସ ପେଟରେ ନୀଳମୋତି
ଅନ୍ଧକାରରେ ହଜିବା ପୂର୍ବରୁ
ନିର୍ଦ୍ଦିଷ୍ଟ ସତ୍ୟର ଏରୁଣ୍ଡି ବନ୍ଧରେ ପାଦ ଥୋଇ

ଯଦି ପାରୁଛ,
ଉଧାର ନିଅ ମୋ ଭଙ୍ଗାରୁଜା ସ୍ୱପ୍ନଙ୍କୁ ।

ଶାଗୁଣାର ଲମ୍ୱା ଛାଇ
ଏ ପ୍ରସ୍ଥକୁ ପଶିବା ପୂର୍ବରୁ
ମଲ୍ଲୀଫୁଟା ବିଛଣାରେ
ଲୋଟେଇ ଦିଅ
ତମ କମ୍ପିତ ଓଠର ଶେଷ ଶବ୍ଦ ।

■

ରଚନାକାଳ : ୧୯୮୨

ଅନ୍ୱେଷଣ

ତମେ ଯେଉଁଠି ଥାଅନା କାହିଁକି,
ପର୍ବତର ଉତ୍ତୁଙ୍ଗ ଶିଖରେ
ଅବା ପାଦତଳ ଟାଙ୍ଗର ଭୂଇଁରେ
ଅନ୍ଧାରର ଛାତିଚିରି
ମୋ ଆରୋହଣର ଦୃଶ୍ୟପଟ୍ଟରେ;
ତମେ କେବେ ଇର୍ଷାନ୍ୱିତ ହେବନି।

ଏକ ହସ୍ତେ ଚନ୍ଦ୍ର ସୂର୍ଯ୍ୟ ଟେକିଧରି
ଅନ୍ୟ ହସ୍ତେ ରକ୍ତାକ୍ତ ଲେଖନୀରେ
ମୁଁ କୋରିବି ଶୁଷ୍କ ମାଟିକୁ
ଟିକିନିଖି ପରୀକ୍ଷା କରିବି ମୋ
ନିଜସ୍ୱ ପ୍ରୟୋଗଶାଳାରେ।

ଅନ୍ୱେଷଣର ସାଂଘାତିକ ବ୍ୟାଧିରେ
ପଳପଳ ଦଗ୍ଧକରି ମେଦକୁ, ମେଦିନୀକୁ
ଉର୍ଦ୍ଧ୍ୱକୁ ପାହାଡ଼ ଚଢ଼ିବା ବେଳେ
ତମେ ମୋତେ ଦୃଶ୍ୟହେବ ସୁରଧ୍ୱନି ପରି
ନିମ୍ନକୁ ଖସିବା ବେଳେ ବ୍ୟର୍ଥତାରେ
ତମ ରୂପ ବଦଳିବ ପାତାଳ ଗଙ୍ଗାରେ।

ଆରୋହଣ ଓ ଅବରୋହଣର ଭଙ୍ଗା ଫଳିରେ
ଡାଳୁଁଡ଼ାଳ କୁଦା ମାରୁଥିବା ଶବ୍ଦଙ୍କ ଧ୍ୱନିମୟତାରେ
ଆଙ୍କିହେବ ସ୍ତବ୍ଧ ଛବି ଶୂନ୍ୟ ପାହାଚରେ।

ଉତ୍ତରଣର ଅଦୃଶ୍ୟ ଡାଳରେ
ଦନ୍ଦୁଡ଼ା ଶବ୍ଦଙ୍କ ସ୍ୱର ଶୁଣାଯିବ

ପଥରର ହାତୁଡ଼ି ପ୍ରହାର ପରି
ଟକମକ ରକ୍ତର ହେଣ୍ଟାଳ ଭାଙ୍ଗୁଥିବ
ତମ ସ୍ଥିର ନିସ୍ତବ୍ଧତାର କୋଠରି ।

କେଉଁ ସଙ୍ଗୋପିତ କୋଠରି କୋଣରେ
ତମେ ଶୁଣିପାରିବ ମୁଗ୍ଧ ମୌନତାରେ
ସମୁଦ୍ରର ଘୋ ଘୋ ଗର୍ଜନ ।
ଯାହାର ଉଦାତ୍ତ ସ୍ରୋତରେ ଭାସି ଚାଲିଥିବ
ସମୟର ନୌକା

କ୍ଷତବିକ୍ଷ ମ୍ଳେଚ୍ଛ ଦିନରାତି ।
ବାସ୍, ତା'ପରେ ମୁଁ ଯିବି ଖୋଜି ଖୋଜି
ପାହାଡ଼ରୁ ପାହାଡ଼ ତୀଖକୁ ବିଦ୍ୟାପତି ସାଜି
ଭୁଲି ଘର, ବାପ ମାଆ, ସ୍ତ୍ରୀ-ପୁତ୍ର
ଆତ୍ମୀୟ ସୋଦର ।
ଶବରଙ୍କ ବ୍ୟୁହ ଭେଦି ବିଶ୍ୱାସର ଜଳକା ବାଣରେ
ମୁଁ ଆଣିବି କାନ୍ଧରେ ବସାଇ
ଲକ୍ଷେ ଚମ୍ପାଫୁଲ ଭେଟିଦେଇ,
ଅନ୍ଧାରର ନଥନଥ୍ ମାୟା ହରି
ତମେ ହସୁଥିବ ଅଣାକାର ସାମ୍ରାଜ୍ୟରେ
ଆଲୋକର ବର୍ଷା ଛୁଟୁଥିବ
କାଳରୁ କାଳକୁ ॥

■

ରଚନାକାଳ : ୧୯୮୧

ଅଭିଷେକ

ପରିତ୍ୟକ୍ତ ଜନପଦରେ ଗୀତ ବୋଲେ ଯିଏ
ସେ କ'ଣ ବଂଶୀ ବାଦକ ?
ପୋଡ଼ାଜଳାର ମହା ଶ୍ମଶାନରେ ରାଜପଣ ଦାବିକରେ ଯିଏ
ସେ କ'ଣ ସମ୍ରାଟ ? ?

କେଜାଣି, ନଦୀ ସ୍ରୋତରେ ଭାସିଭାସି
କେଉଁ ଅଜଣା ଦ୍ୱୀପରେ ଲାଗିଯାଇଥିବା,
ଚେରେଇ ଯାଇଥିବା ମହା ମହିମ୍ନଙ୍କ
ବଂଶାବଳୀ ତା'ର ସାକ୍ଷୀ ଦେଇପାରେ ।

ଗର୍ବରେ ଅଜ୍ଞ ସମ୍ରାଟ କ'ଣ ଜାଣେ ସେ ଦ୍ୱୀପର ଇତିହାସ
କେବଳ ଏତିକି ଜାଣେ ଯେ
ଅନ୍ତଃପୁରର ସେଇ ଅଯୌବନା ନାରୀର
ପଣତ ତଳେ ସହବାସ କିଛିକାଳ
ପୁନଶ୍ଚ ଅଜ୍ଞାତ ବାସ, ଦ୍ୱୀପାନ୍ତର ଦଣ୍ଡ ।

କାହାର ଅଭିଷେକ କରିବ କବି,
ସମ୍ରାଟର ଅଭିଷେକ ନା ପ୍ରେମିକର ରାସ ?
କବିତାର ପୁଷ୍ପମାସ ନା' ସମ୍ପର୍କର ସର୍ବନାଶ ! !
କିଛି କରୁ ନ ଥାଏ କବି
କରିହୋଇଯାଉଥାଏ ଆପେ ଆପେ ॥

■
ରଚନାକାଳ : ୧୯୮୪

ଆତ୍ମରତି

ରତିରେ ସଂଲଗ୍ନ
ତୁମ ବିରତି
ବିରତିରେ ଅସଂଲଗ୍ନ
ତୁମ ସଂସ୍ଥିତି ।

ଦୁଇଟି ମୁହୂର୍ତ୍ତର କାମାନ୍ଧ ଇଚ୍ଛାକୁ
ଦଗାଦିଏ ଯେଉଁ ଅସହିଷ୍ଣୁତା
ତାହା ଦୁର୍ବାର, ଅପରାଜେୟ ।

ଆକସ୍ମିକ ଘଟଣାଙ୍କ
ଶୃଙ୍ଗାରୀ ଇଚ୍ଛାରେ ବଞ୍ଚେ କବିତା,
କବିତାର କାଳଶିରେ ନାଚେ
ଭିକାରିର ସାମ୍ରାଜ୍ୟ,
ଡହରା ସକାଳ, କୁହୁକିଆ ଦି' ପ୍ରହର
ଓ ହତାଶିଆ ସଞ୍ଜକୁ ଫେଣ୍ଟିଫାଣ୍ଟି
ସର୍ବତ କରି ପିଇଦେଲେ
ମଗଜକୁ ଝୁଙ୍କଦିଏ ଶୋକର ଗାମ୍ଭୀର୍ଯ୍ୟ ।

ଗାମ୍ଭୀର୍ଯ୍ୟର ମନ୍ତ୍ରମୁଗ୍ଧ ଆକାଶରେ
ବର୍ତ୍ତମାନ ଜଳଜଳ କେନ୍ଦ୍ରସ୍ଥ ଆତ୍ମାର
ସମୁଜ୍ଜ୍ୱଳ ଦଶଦିଗ
ଚିରାୟିତ ଷୋଣିତ ଅକ୍ଷର ।

■
ରଚନାକାଳ : ୧୯୮୨

ଆତ୍ମନେପଦୀ

ଅନ୍ଧାର ଘୋଟିଆସେ ଦିଗନ୍ତରୁ
ଝଡ଼ର ଇଗଲ ପରି ଆମ ମୁଣ୍ଡ ଉପରକୁ।
କ୍ରମଶଃ ଅନ୍ଧାର ହୁଏ ଦିଗବଳୟ
ସହର ଓ ଜନପଦ ପୃଥିବୀର ଆତ୍ମା।

ସୂର୍ଯ୍ୟାସ୍ତ ସମୟରେ ଆମେ ପ୍ରାର୍ଥନା କଲୁଁ
ମଶାଲଟିଏ ପାଇଁ
ଚିତ୍କାର କଲୁଁ ବାଟବଣା ହୋଇ
ଭୋକ, ଶୋଷ, ବେକାରୀ ଓ ଶୋଷଣ ଭିତରେ
ଆମେ ଭେଟିଲୁ କେତୋଟି ଦଶନ୍ଧିର ଲାସ୍।

କ୍ରୁଶବିଦ୍ଧ ସୂର୍ଯ୍ୟକୁ ଆମେ ଦେଖିଥିଲୁ
ସହର ତଳିର ବସ୍ତି ଅଞ୍ଚଳରେ ରାତିସାରା ଘୁରିବୁଲିବାର,
ତା'ପରେ ନିରୁଦ୍ଦିଷ୍ଟ ହେବାର ଖବର
ସମ୍ବାଦପତ୍ରର ସମ୍ପାଦକୀୟରେ।

ତା'ପରେ କେତେବର୍ଷ, କେତେ ସ୍ୱପ୍ନର ଖର୍ଚ୍ଚାନ୍ତ
ଦେବାଳିଆ ପୌରୁଷତ୍ୱ, କେତେ କୁରୁକ୍ଷେତ୍ର
ପ୍ରତିବାଦର ସ୍ୱର ତୋଳିତୋଳି
ଗଡ଼ିଚାଲେ ଜୀବନର ନନ୍ଦିଘୋଷ ରଥ।

ଆମେ ସେମିତି ବନ୍ଦୀ, ଅନ୍ଧାରରେ କୈଦୀ ପରି।
ଫାଶୀ ପାଇବାର ଦିନ ବାର ଆମକୁ
ଶୁଣେଇ ଦିଆଯାଏ ପ୍ରତି ମୁହୂର୍ତ୍ତରେ।
ଦର୍ପଣରେ, ଦଧିନଉତିରେ, ଆକାଶରେ, ଆଲଙ୍ଗନରେ
ଝଡ଼ରେ, ଝଣତ୍କାରରେ, ସମୁଦ୍ରରେ, ଶରଶଯ୍ୟାରେ

ପ୍ରାର୍ଥନାରେ, ପ୍ରତିବାଦରେ, ପ୍ରେମରେ, ପରାଗ ସଙ୍ଗମରେ,
କ୍ଷେତରେ, କ୍ଷାତ ଧର୍ମରେ, ରୀତିରେ ରାଜନୀତିରେ
ସବୁଠି ସେଇ ଛଦ୍ମବେଶୀମାନଙ୍କର ମୁହଁ
ଶୋଷଣ ଓ କୋଳାହଳ ଅଟ୍ଟହାସ୍ୟର
ବୁଡ଼ିଯାଏ ଚେତା ଶତାବ୍ଦୀର ।

ଏମିତି ଆଉ କେତେଦିନ
ଅଖଞ୍ଜା ସ୍ୱପ୍ନଙ୍କୁ ନେଇ ପ୍ରଜାପତିର ଅପେକ୍ଷାମାଣ;
ଏବେ ମୋର ଉଡ଼ିବାକୁ ମନ
କାନ୍ଧରେ ବୋହି ମୋର ମାଟିର ଆତ୍ମାକୁ
ଅନ୍ଧାରରୁ କେଉଁ ଏକ ଶୁଭ ସକାଳକୁ ।

ଚନ୍ଦନ କାଠ ପରି ଧବଳ ହାଡ଼ରେ
ତିଆରି କରିଦିଅ ମୋର କଲମ,
ରକ୍ତର ନିର୍ଭେଜାଲ କାଳିରେ
ରଙ୍ଗେଇଦିଅ ମୋର ଶବ୍ଦମାନଙ୍କୁ
ଆଉ ପ୍ରତିନିୟତ ପ୍ରତିଧ୍ୱନିତ ହେଉଥାଉ
ଅସହାୟ ଆତ୍ମାର ଝଙ୍କାର
ମୋର କବିତାରେ, ପ୍ରାର୍ଥନାରେ ।

ଆଉ, ଯଦି ଦର୍କାର ହୁଏ
ମୋ ପାଇଁ ସଜାଡ଼ିଦିଅ ଯୁପକାଷ୍ଠ
ଉଠାଅ ତମର ଶାଣିତ ଖଡ୍ଗ ମୋର ସ୍ପର୍ଦ୍ଧିତ ସ୍କନ୍ଧକୁ,
ଶବ୍ଦ ନିରବିଯିବା ମୁହୂର୍ତ୍ତରେ ହିଁ
ମୋର ମୃତ୍ୟୁ ହେଉ
ଶତାବ୍ଦୀ ଜୀବନ୍ୟାସ ପାଉ ॥

■

ରଚନାକାଳ : ୧୯୮୩

ଆତ୍ମ ସମର୍ପଣ

ହଁ, ପାଖେଇ ଆସ,
ହଁ ହଁ, ଆହୁରି ପାଖେଇ ଆସ !

ସମ୍ମିଳିତ ସ୍ୱରର ସୁନ୍ଦର ବୁଝାମଣାକୁ
ଆମେ ଖର୍କି ଆଣିବା ନୀରବ ଯୁଦ୍ଧକ୍ଷେତ୍ରରୁ
ଧୂଆଁଳିଆ ଭରସାର ଶୂନ୍ୟ ଗର୍ଭରେ
ଆମେ ପହଞ୍ଚେଇଦେବା
ଆଶା ଓ ସ୍ୱପ୍ନର ଗହଗହ ଗନ୍ଧ
ଭୟଙ୍କର ଶବ୍ଦଙ୍କ ମେଳରେ
ଆମେ ଟେକି ଧରିବା ଅମୃତର ଭାଣ୍ଡ ।

ଦୁଃଖହୀନ, କ୍ଳାନ୍ତିହୀନ ନିଃସଙ୍ଗତାହୀନ ସମୟକୁ ଚଳୁକରି
ଅବଶିଷ୍ଟ ରାସ୍ତାର ଅସ୍ପଷ୍ଟ ପାଦଚିହ୍ନକୁ
ପଢ଼ିପଢ଼ି ଆମେ ପାରି ହୋଇଯିବା ନିର୍ଦ୍ଧାରିତ ସୀମା ।

ଯେମିତି ଜନ୍ମ ଓ ମୃତ୍ୟୁ ଅତୁଟ ବନ୍ଧନ ପରି
ଆମେ ଦୁଇଟି ଜାଆଁଳା ଭାଇ
ଯେମିତି କେବେ ବି ମିଥ୍ୟା ବିଜୟର ଘୋଷଣାନାମାରେ
ଯୁଦ୍ଧ କି ସନ୍ଧିର ପ୍ରଶ୍ନ ନ ଥିଲା ଅହଂ କି ଶୂନ୍ୟତା ନ ଥିଲା
କେବେବି ଫାଟ କି ଛିଦ୍ରଟିଏ ନ ଥିଲା
ନିରୁତା ସମ୍ପର୍କ ଭିତରେ ।।

■
ରଚନାକାଳ : ୧୯୮୩

ଆଗେଇଯାଅ ଅବିନାଶ

ଖେଳପଡ଼ିଆରେ ଝାଳନାଳ ଆତ୍ମୀୟତା
ଗୋଲ୍‌ପୋଷ୍ଟକୁ ବାଟ ଖୋଜୁଛି।

ଚାରିଆଡ଼େ ଭଙ୍ଗା ଆର୍ଶିର ଟୁକୁରା ଭିତରେ
ଚମକି ଉଠୁଛି ମୁଣ୍ଡ ମାଳମାଳ
ନିଃଶବ୍ଦ ଅନ୍ଧାରର ବିବସ୍ତ୍ର କୋଳରେ
ଦାଉଦାଉ ଜଳୁଛି ଶୂନ୍ୟତାର ଉଦ୍ବେଗ।

ଆଗେଇଯାଅ ଅବିନାଶ, ଆଗେଇଯାଅ
ଭୋକ ଓପାସରେ ଛଟପଟ ବାପ ମାଆ
ଯୌତୁକର ଫାଶୀ ଦଉଡ଼ିରେ ଦୋଳି ଖେଳୁଥିବା
ଅଲିଅଳ ଭଉଣୀ, ଦୁଃଶା ରକ୍ତରେ
ବେଣୀ ବାନ୍ଧିବାକୁ ପଣ କରିଥିବା ଅଭିମାନୀ
'ପତ୍ନୀର ରକ୍ଷାଂଦେହୀ' ସ୍ୱର ଥରେ ଶୁଣିନିଅ
ଶତାବ୍ଦୀର କାନ୍ଥକଣରୁ।

ଏବେ ଯାଅ, ସାମିଲ ହୋଇଯାଅ
ଅଗଣିତ ଲୋକଙ୍କ ପଟୁଆରରେ,
ଅମୃତ ପାଇବୁ ତ ଭଲ
ଜହର ପାଇଲେ ବି କଣ୍ଠସ୍ଥ କରିନେବୁ
ନିର୍ବିକାର ଈଶ୍ୱରଙ୍କ ପରି
ତାଣ୍ଡବ ନୃତ୍ୟରେ ହୁଏତ ଫେରିଆସିବ
ହଳଦୀଗଣ୍ଠି ପରି ସୁବର୍ଣ୍ଣ ସକାଳଟିଏ
ସାତତାଳ ପଙ୍କର ଅନ୍ଧାର ଭିତରୁ।

■
ରଚନାକାଳ : ୧୯୮୩

ଆମେ ଓ ଆମର କବିତା

କବିତା ପଢ଼ିଲେ
ଯେମିତି କେହି ଚିମୁଟି ଦିଏ,
ଲାଗେ, ଆମ ବଞ୍ଚୁଛୁ,
ମାଟିକୁ ଛୁଇଁଲେ
ଯେମିତି କେହି ରଙ୍ଗେଇ ଦିଏ
ଲାଗେ, ଆମେ ନାଚୁଛୁ।
କୁଆଟିଏ ଉଡ଼ିଗଲେ
ଛୁଆଟିଏ ଉଡ଼ି ଯିବାର
ଅପପ୍ରଚାର ଭିତରେ ଆମେ ହସୁଛୁ,
ପତ୍ରଟିଏ ଖସି ପଡ଼ିଲେ
ବୋମାଟିଏ ଖସି ପଡ଼ିବାର
ଭୟରେ ଆମେ କାନ୍ଦୁଛୁ।
ଏମିତି ରାତି ଦିନ, ପ୍ରତି ମୁହୂର୍ତ୍ତକୁ
ଆମେ ଆପଣେଇ ନେଇଛୁ ଛାତି ଭିତରେ
ଭିକାରୀ ଥାଳର ଖୁଚୁରା ପଇସା ପରି।

ଆମେ ଜାଣୁ,
ଆମ ଦୁଃଖରେ ଅଟକି ଯିବନି'
ସମ୍ମୋହିତ ପୃଥିବୀର ସ୍ପନ୍ଦନ
ଅଟକି ଯବିନି' ସ୍ୱପ୍ନ ଓ ସ୍ୱପ୍ନାତୁର ଜୀବନ
ଲାଞ୍ଜଖୋର୍ ସମୟର ଘୋଡ଼ା ସବାର,
ଆମ ପାଇଁ ଅଟକି ଯିବନି'
ତୃତୀୟ ପୃଥିବୀର ଶୀତଳ ଯୁଦ୍ଧ ପ୍ରସ୍ତୁତି
ଅମାନବିକତାର ଜୟ ଜୟକାରରେ।

ଆମେ ଜାଣୁ,
ଆମେ ହଜେଇ ଦେଇଛୁ
ଆମ ଠିକଣା, ଆମ ପରିଚୟ
ଆମ ରାସ୍ତା, ଆମ ହୃଦୟ
ଇତିହାସର ବଡ଼ଦାଣ୍ଡରେ
କୃତ୍ରିମ ରାଜନୀତିର ବାରୁଆଲୀ ନାଚରେ
ଅପ-ସଂସ୍କୃତିର ପ୍ରବଳ ଢେଉରେ
ଦେଶୀ ବିଦେଶୀ ବହୁ
ଲୁଣ୍ଠନକାରୀଙ୍କ ଲୁଣ୍ଠନରେ
ତଳିତଳାନ୍ତ ସମୟର ଦୁରବସ୍ଥା ଭିତରେ।

ଆମେ ଜାଣୁ,
ଆମେ ହଜେଇ ଦେଇଛୁ,
ଆମର ସ୍ନେହ, ପ୍ରେମ, ଦୟା, କ୍ଷମା,
ପ୍ରଣୟ, ପ୍ରତ୍ୟୟ ସବୁକିଛି
ଘୁଣଖିଆ ପରମ୍ପରାର ଅନ୍ଧାର ଭିତରେ
ଯେଉଁଠି ଶୋଷଣ, ଅତ୍ୟାଚାର ଓ ଯୌନବ୍ୟାଧି
ପୀଡ଼ିତ ଏକ ମାତାଲ୍ ସଭ୍ୟତା
ନିଲାମ କରୁଥାଏ ପ୍ରତି ମୁହୂର୍ତ୍ତରେ
ଆମର ମାନବିକତାକୁ।

ପୁଣି ବି ଆମେ ଜାଣୁ,
ଏମିତି ଶ୍ମଶାନୀତ ଦୃଶ୍ୟ ଉପରେ ଠିଆହୋଇ
ଆମକୁ ବୀଜ ବିକ୍ଷେପ କରିବାକୁ ହେବ,
ଦିଅଁହୀନ ମନ୍ଦିର ଚୂଡ଼ାରେ ନାଲି ନେତ ବାନ୍ଧି
ଅଦୃଶ୍ୟରେ ସ୍ତୁତି କରିବାକୁ ହେବ;
ପ୍ରେମ କରିବାକୁ ହେବ, ବଞ୍ଚିବାକୁ ହେବ
ଘୁଂଘୁରହୀନ ପାଦରେ ନାଚି ନାଚି।

ମଇଦାନ କମ୍ପେଇ ଦେବାକୁ ହେବ
ଦୁଃଖ ଜର୍ଜରିତ ଆମର ସୁନ୍ଦର ପୃଥ୍ୱୀକୁ
ପୋଡ଼ା ଜଳାର ଆବର୍ତ୍ତକୁ ଫିଙ୍ଗି ଦେଇ
ତାଳି ମାରି ନାଚୁଥିବା ଉନ୍ମାଦଙ୍କ ସାମ୍‌ନାରେ ବି
ଆମେ କେତେଜଣ ନିଆଁ ଲିଭାଳୀଙ୍କୁ
ନିଆଁ ଲିଭେଇବାକୁ ହେବ ଏବଂ
ପୋଡ଼ା ପିଣ୍ଡକୁ
ପୁଣି ଫେରେଇ ନେବାକୁ ହେବ
ବଡ଼ ଦେଉଳକୁ,
ଏହା କ'ଣ ଯଥେଷ୍ଟ ନୁହେଁ ଆମ ପାଇଁ!!

ସେଇଥି ପାଇଁ ତ
ଯଜ୍ଞକୁଣ୍ଡରେ ଆହୂତି ପରି
ଆମେ ପରମ ବେଦୀରେ ବି ତେଜିୟାନ୍
ହସରେ, କାନ୍ଦରେ, ସୁଖରେ, ଦୁଃଖରେ
ଜନ୍ମରେ, ମୃତ୍ୟୁରେ ସବୁଠି ବେପରୁଆ
ସବୁଠି ଆମର ନହୁ ନୁହାଣ ପାଦଚିହ୍ନ
ଅପୂର୍ବ ଭାବାବେଶରେ ପ୍ରତିଶ୍ରୁତି ବନ୍ଧ
ଏବଂ ଆମର କବିତା
ଆମର କ୍ଷତ ବିକ୍ଷତ ଭବିଷ୍ୟତକୁ
ଫାଶିଖୁଣ୍ଟରୁ ଓହ୍ଲେଇ ଆଣି
ସାଷ୍ଟାମ କରିବାର ପ୍ରଚେଷ୍ଟା ମାତ୍ର ॥

■
ରଚନାକାଳ: ୧୯୮୪

ଇଚ୍ଛାମତୀ

ଯେତେବେଳେ
ତମେ ମୁକ୍ତ
ମୁଁ ଯୁକ୍ତ ହୁଏ
ବଳିବେଦୀରେ ।

ଯେତେବେଳେ
ତମେ ଯୁକ୍ତ
ମୁଁ ମୁକ୍ତ ହୁଏ
ନିବିଡ଼ ଆଲିଙ୍ଗନରେ ।

ଯେତେବେଳେ
ତମେ ପୂର୍ଣ୍ଣ
ମୁଁ ତୃଷିତ ହୁଏ
ଗଭୀର ଗଣ୍ଡରେ ।

ଯେତେବେଳେ
ତମେ ନିମଗ୍ନ
ମୁଁ ନିର୍ବାସିତ ହୁଏ
ଦୂର ଚକ୍ରବାଳରେ ।

ଆଃ,
ଆଉ ଅଧିକ
ଛଳ ନା ଗୋ ପ୍ରିୟତମା;
ଦେଖୁଛ ତ
କେମିତି ମୋ'ରି ପରି
ତୃଷିତ ମୋର ବିଶ୍ୱ
ମୋର ଏ ଶତାବ୍ଦୀ ॥

∎

ରଚନାକାଳ : ୧୯୮୪

ଉଦ୍‌ଘାଟନ

॥୧॥

ବିଦୀର୍ଣ୍ଣ ଆକାଶକୁ ହାତ ଯୋଡ଼ି
ସମ୍ମିଳିତ ପ୍ରାର୍ଥନାର ବିଶ୍ୱସ୍ତ ନିରୀହତାରୁ
ସାନୁନୟ ଭୋଜ୍ୟଦାନର ବିଶ୍ୱସ୍ତତାରୁ
ନିରାଶ୍ରୟ ଅସ୍ତିତ୍ୱର କରୁଣତାରୁ ଜାଣିଛି:
କେବେ ବି ଆକାଶ ଶାନ୍ତ ନୁହେଁ,
ସମୁଦ୍ର ସ୍ଥିର ନୁହେଁ,
ମାଟିର ଉଷ୍ମତା ତୃପ୍ତ ନୁହେଁ।

ତ୍ରିଶଙ୍କୁ ଅବସ୍ଥାର ନହକା ଦୋଳିରେ
ସମୟକୁ ଧୋ ଧୋ କହି
ମଣିଷର ଦମ୍ଭପଣ କ୍ଷାନ୍ତ ନୁହେଁ।

ପେଟପିଠିର ବାଡ଼ବାଗ୍ନିରେ
ସ୍ୱାହାକରି ଚଇତି ଫୁଲର ବାସ୍ନା
ସଞ୍ଜ ଓ ସକାଳର ସ୍ପନ୍ଦିତ ଇଚ୍ଛାକୁ
ଟେକିଦେଇ ଜହ୍ନିଫୁଲର ଆୟୁଷକୁ,
ଢୋକେ ପିଇ ଦଣ୍ଡେ ଜିଇବାର ମୁମୂର୍ଷୁ ସତ୍ୟକୁ
ମଉଳା ମୁହୂର୍ତ୍ତର ଶରଶଯ୍ୟାରୁ ଜାଣିଛି:
ଫୁଟିବାର ଓ ଝଡ଼ିବାର ସୂକ୍ଷ୍ମତତ୍ତ୍ୱ
ତନ୍ମଧ୍ୟରେ ହସିବାର ଅଦମ୍ୟ ସାହସ।

ଉଦାସୀ ମାଆର ଗର୍ଭ ଚିରି
ମୁକ୍ତି ପାଇଁ ହାତ ବଢ଼ାଉଥିବା ଶିଶୁର
ଅସ୍ପଷ୍ଟ ପାପୁଲି ରେଖାରୁ ପଢ଼ିଛି:

ବ୍ୟୂହ ମଧ୍ୟେ ପଶିବାର ପଥ
ଏବଂ ଘଡ଼ିସନ୍ଧି ମୁହୂର୍ତ୍ତରେ
ନିଆଁକୁ ଉସ୍କେଇ ଦେବାର
ସଫଳ ନିୟୋଗ।

।।୨।।
ନିଘୋଡ଼ ନିଦରେ ଶୋଇଥିବା
କୁମ୍ଭକର୍ଣ୍ଣ ବିଶ୍ୱାସଙ୍କ କଥାଛାଡ଼
ଯେଉଁମାନେ ପୂରାପୂରି ଆବର୍ତ୍ତକୁ ଲମ୍ଫ ଦେଇ
ମୁକ୍ତା ଖୋଜିବାକୁ ପ୍ରସ୍ତୁତ।

ସାବଧାନ,
କସରା ଆଖିରେ ଖୁନ୍ଦି ଆସିବ ସ୍ୱପ୍ନ
ତନ୍ଦ୍ରାଚ୍ଛନ୍ନ ଆବେଗ ଖର୍କିନେବ ପାରିଲାପଣର ସାମର୍ଥ୍ୟ।

ଲୁହରେ ଜରଜର ବୀଜଟି
ହାତରେ ଥରଥର ଅସ୍ତ୍ରଟି
ଓଠରେ ଢଳଢଳ ଶବ୍ଦଟି
ମଗଜରେ ଖଳଖଳ ଚିନ୍ତାଟି
ହୁଏତ ଛନ୍ଦି ଯାଇପାରେ:
ସଞ୍ଜ ପହରର କାନିରେ
ଦେଶୀ ବୋତଲର ପାଣିରେ
ନରମ ଇଚ୍ଛାର ଠାଣିରେ
ସବାଖାଇର ମାନୀରେ
ଉଦ୍ଦଣ୍ଡ ବୟସର ଯାମିନୀରେ
ନାଟୋଇ ଝିଅର ଗୁଣିରେ
କି ଓଜନଦାର ମୁଣିରେ।

||୩||

ଆଉ ଏବେ ବେଶୀ ଡେରି ନାହିଁ
ତୋପ ଫୁଟିବାକୁ, ଶିଙ୍ଗା ବାଜିବାକୁ।
ରାତ୍ରିର ବୟସକୁ ଖିନଭିନ କରି
ବୋଝେଇ କରିଦିଅ ଶବ୍ଦର ଜାହାଜ,
ଜାହାଜରେ ଦୁଃଖ, ସୁଖ, ହସ କାନ୍ଦ
ଅନିଶ୍ଚିତ ଫେରିବା ମିଆଦ।
ଅନ୍ଧାରରେ ହାତଠାରି ଡାକୁଥିବା
ଆପଣାର ସମ୍ପର୍କ ପାଇଁ
ଥୋଇଦିଅ ଜୀବନର ଶେଷ ଚିଠି
ଯାହା କେବେ ଲେଖିଥିଲ କୋଟିକମ କରି
ସ୍ୱପ୍ନକୁ ଚିପୁଡ଼ି, ରକ୍ତକୁ ନିଗାଡ଼ି
ତୃଷିତ ଅନ୍ଧାରର କୋମଳ ଛାତିରେ
ଯାହା କେବେ ଆଙ୍କିଥିଲ କୋଣାର୍କ ଗାତ୍ରରେ
ଦର୍ଶକର ଫେରନ୍ତି ମନରେ
ସ୍ୱପ୍ନଭର୍ତ୍ତି ପ୍ରେମ କବିତାରେ।

||୪||

ଭୟଭୀତ ଆକାଶର ଅଗଣାରେ
ସଞ୍ଜବତୀ ଥୋଇ ଶୁଭ ମନାସୁଥିବା ବୋହୂଟି
ନିର୍ଜନ ରାସ୍ତାରେ ହଜିଯିବା ପରେ,
ଅନ୍ଧାରରେ ଆପଣାର ପରିଚୟ ପତ୍ର
ଭୁଲିଯାଇ ଯାଦବଙ୍କ କାଉଁରି ମନ୍ତ୍ରରେ
ବିନା ମେଘେ ବଜ୍ରପାତ ସୃଷ୍ଟିକରି
ଶୂନ୍ୟ କୋଠରିରେ
ଦଣ୍ଡାଦେଶ ଦେଇଥିବା ପିତୃବ୍ୟଙ୍କ ଶାପମୁକ୍ତି ପାଇଁ
ମୁଁ ଭାସିଆସିଛି ଝଡ଼ପରି ସମୁଦ୍ରରୁ
ସମୟର ଖେଳପଡ଼ିଆକୁ।

ଆଜୀବନ ପୂର୍ଣ୍ଣତାର ସୋହାଗକୁ
ଚାହିଁ ଚାହିଁ ଚାତକ ଦୃଷ୍ଟିରେ
ଅସମାପ୍ତ ମନ୍ଦିରର ଶେଷ ସ୍ପର୍ଶପାଇଁ
ମୁଁ ଆଶ୍ରା କରୁନି ସୁତାଖିଏ କି ନିଅାଁ ରୁଏ
ପାଣି ଟିକେ କି ରଙ୍ଗ ବକଟେ ।

ଅସହାୟ କଙ୍କାଳର ନିସ୍ପନ୍ଦ ଓଠରେ
କେରାଏ ହସର ବୀଜ ବୁଣିବାକୁ
ଅପେକ୍ଷା କରିଛି ମୋର ପରିଚିତ
ନିହାଣ ଓ ମୁଗୁରର ଶାଣିତ ଇଚ୍ଛାଙ୍କୁ
ଯାହା ହସ୍ତିନୀ ଅନ୍ଧାର ମେରୁଦଣ୍ଡ ଭାଙ୍ଗିବାକୁ
ସଫଳ ବ୍ରହ୍ମାସ୍ତ୍ର ଏବଂ
ନିଦଭାଙ୍ଗି ସକାଳକୁ ଚାହିଁଥିବା
ଦୁଗ୍ଧପୋଷ୍ୟ, ସ୍ୱପ୍ନ ପୋଷ୍ୟ ଶିଶୁଙ୍କ ମୁହଁରେ
ହସ ଚେନେ ଯୋଖିବାକୁ
ଏକୋଇ ସମର୍ଥ ॥

■

ରଚନାକାଳ : ୧୯୮୩

ଉଠ୍ ପୁତା ଉଠ୍

॥୧॥

ସକାଳେ ସକାଳେ ନିଦ ଭାଙ୍ଗିଗଲେ
ଚମକି ଯାଏ ପବନ
ଝମକି ଯାଏ ସପନ, ଥମକି ଯାଏ ଜୀବନ।

ପୁତ୍ରହରା ମା'ର ଉଦାସୀ ଆଖିରେ
ପତିହରା ପତ୍ନୀର ପାଣିକାଚ ଦାଗରେ
ପିତୃହରା ସନ୍ତାନର କ୍ଷୁଧାର୍ତ୍ତ ଦରୋଟିରେ।
ଅମାନିଆ ହାତ ଅଣ୍ଡାଳି ଯାଏ ମାଟି, ଗୋଡ଼ି, ପାଣି ଓ ପବନ
ଦଗାଦିଆ ଆଖି ତଲାସି ଯାଏ ଆପଣାର ପରାସ୍ତ ଶିଶୁକୁ
ଶିତୁଆ ସକାଳର ଉଷୁମ ଶେଯରେ କି
ସୋରିଷ କ୍ଷେତର ସୁନାରୀ ଫୁଲ ସନ୍ଧିରେ,
କଲେଜ ଫେରନ୍ତି ଝିଅର ଛାତିଜକା ବହିରେ କି
ରାନ୍ଧୁଣି ଗାଧୁଆବେଳ ପୋଖରୀ ତୁଠରେ
ଯାତ୍ରାପାର୍ଟିର ଅଗଣିତ ଦର୍ଶକ ଭିଡ଼ରେ କି
ଯୁଦ୍ଧକ୍ଷେତ୍ରେ ବାଜିମାରି ଶୋଇଥିବା ମୁର୍ଦ୍ଧାରଙ୍କ ଶୀତଳ ଆଖିରେ।

॥୨॥

ନାହିଁନାହିଁ ସନ୍ତ୍ରସ୍ତ ବର୍ତ୍ତମାନର
ଶୂନ୍ୟ ହାତ ପାପୁଲିରେ କାହାର ଉଷ୍ଣ ଲହୁ ଟୋପେ
ଲାଲ ଗଙ୍ଗା ପାଲଟି ଯାଏ ଓ ଖସିପଡ଼େ ତଳକୁ ତଳକୁ
ଭୋକିଲା ମାଟିର ଗର୍ଭାଧାନ ପାଇଁ।

ସବୁ ମାଆ ମାନଙ୍କ ଆଖିରେ
ନିଦ୍ରାଦେବୀଙ୍କ ଶୃଙ୍ଗାରୀ ଇଚ୍ଛା ଖୁନ୍ଦିଦିଏ ବୋଲି
ଅଧାଶୁଣା ରହିଯାଏ ଜୀବନର ଯୁଦ୍ଧତତ୍ତ୍ୱ

ଏବଂ ଗର୍ଭସ୍ଥ ଶିଶୁଟି ଅଭିଶପ୍ତ ଅଭିମନ୍ୟୁ ପରି
ଆପଣାର ପଣ ରଖି ପଶିଯାଏ ସପ୍ତରଥୀ ମଧ୍ୟେ
ବର୍ତ୍ତିପାରେନା କେବେ ଅଧର୍ମ ଯୁଦ୍ଧରୁ।

||୩||

ଏବେ ରାକ୍ଷସଙ୍କ ଖେଳ କୌତୁକରେ
କିଳିକିଳା ରାବ ଓ ବିଧ୍ୱଂସି ଇଚ୍ଛାରେ ଭାଙ୍ଗିଯାଏ ମାଟିର ପଞ୍ଜର
ଚଣ୍ଡୀ ଚାମୁଣ୍ଡାଙ୍କ କ୍ଷୁଧିତ ଦୃଷ୍ଟିରେ ମୁଦି ହୋଇଯାଏ ସତ୍ୟର ଦୁଆର
ବେଳୁଁବେଳ ଘୋଟିଆସେ କିମିଆ ଅନ୍ଧାର
ବେଳୁଁବେଳ ଚରିଯାଏ ନିସ୍ତବ୍‌ଧ ପ୍ରହର।

ଆଉ କେଉଁ ସୁଦର୍ଶନ ଉଦ୍ଧାର୍‌ କରିବ
ନିରିମାଖି ଉତ୍ତରା ଗର୍ଭ ଯେ
ଗୋଟିକରୁ କୋଟିକ ହେବାର ଇଚ୍ଛା
ଲମ୍ଫିଯିବ ଫୁଲରୁ ଫଳକୁ ଏବଂ ଶୋକାର୍ତ୍ତ ମୁହୂର୍ତ୍ତଟିଏ
ପାଲଟି ଯିବ ରଙ୍ଗମଖା ଫଗୁଣ ସକାଳ।

||୪||

ଆଜିକାଲି ସଞ୍ଜହେଲେ ମୁଠାଏ ମାଟିକୁ ମନ୍ତୁରାଇ,
ଜୀବନ୍ମୃତ ଶବ୍ଦଙ୍କୁ ଶବ୍ଦେଇ
ବଞ୍ଚିବାର ବିକଳ୍ପ ସୂତ୍ରକୁ ଜଣେଇ
ବୁଝିବାର ଇଚ୍ଛାକୁ ରଙ୍ଗେଇ
ମା' ଡାକେ:
ଆଉଦିନେ ଯୁଦ୍ଧ ବାକି
ଉଠ୍ ପୁତା ଉଠ୍ !
ସେରକ ନ ପୂରୁ,
ମାଣକ ନ ପୂରୁ
ଉଠ୍ ପୁତା ଉଠ୍ !
■
ରଚନାକାଳ : ୧୯୮୨

ଉଠିବାର ବେଳ

ବନ୍ଧୁଗଣ,
ଇତିହାସ ବଦଳେଇ ଦିଆଯାଇପାରେ
ଉପାଡ଼ି ଦିଆଯାଇପାରେ
ପାତାଳଭେଦୀ ଅସତ୍ୟର ଚେର
ଆକାଶରୁ ହଟେଇ ଦିଆଯାଇପାରେ ଝଡ଼ର ଇଗଲ୍
ପାଗଳ ସମୟର ହ୍ରେସାରବ ଭିତରେ ବି
ଖୁସିର ସଙ୍ଗୀତଟିଏ ବୋଲାଯାଇପାରେ
ତମର ଯେକୌଣସି ଅସହାୟ ମୁହୂର୍ତ୍ତକୁ ନେଇ ବି
ସୁନ୍ଦର କବିତାଟିଏ ଲେଖାଯାଇପାରେ।

ନାନାବାୟା ଗୀତ ବୋଲି
ତମକୁ ଶୁଆଇ ଦିଆଯାଇପାରେ
ପୁଣି ସାମାନ୍ୟ ଗୋଟିଏ ଶବ୍ଦରେ
ତମକୁ ନିଆଁପରି ତତେଇ ଦିଆଯାଇପାରେ।
ଯେମିତି ଗୋଟିଏ ବୋମାର ବିସ୍ଫୋରଣରେ
ଧ୍ୱଂସ କରିଦିଆଯାଇପାରେ ସମଗ୍ର ସଭ୍ୟତା
ପୁଣି ଯେମିତି ଗୋଟିଏ ଶବ୍ଦାୟିତ ମନ୍ତ୍ରରେ
ଚୁପ୍ କରିଦିଆଯାଇପାରେ ସମଗ୍ର ଅସ୍ଥିରତା
ପୃଥିବୀର ଛାତତଳେ ଘନିଭୂତ ନିଷ୍ଠୁରତା।

ମାଟି ସହ ମଣିଷର ଆତ୍ମୀୟତା ଏତେ ନିବିଡ଼ ଯେ
ଲାଗି ରହିଥା'ନ୍ତି ଚୁମ୍ବକ ପରି
ଗାଢ଼ ଆଲିଙ୍ଗନରେ, ଶେଷ ପର୍ଯ୍ୟନ୍ତ।
ଶହଶହ ବର୍ଷର ଅନ୍ଧାର, ଝଡ଼ ଓ ତୋଫାନ ସହି
କ୍ରୁର ଶାସକର ପଶାପାଲିରେ
ଅସହାୟ ଦାନା ପରି।

ସିଂହାସନର ମଣିଷ ସବୁବେଳେ ରକ୍ତରଙ୍ଗା
ଶୋଷଣ ଓ ରଙ୍ଗୀନ୍ ନିଶାରେ ମସଗୁଲ୍
ସମସ୍ତ ପ୍ରତିବାଦର ସଙ୍କଳ୍ପ ଭିତରେ
ଅରଣ୍ୟର ନିଆଁ ସବୁବେଳେ ଖୁଜୁବୁଜୁ
କ୍ରୋଧି ଶାସକର ଯୁପକାଷ୍ଠ ତଳେ।

ଭାବିଛି,
କାଲି ପ୍ରତ୍ୟୁଷର
ସର୍ପମାରଣ ଯଜ୍ଞରେ ପୁରୋଧା ହେବି ମୁଁ
କୌଣସି ଆସ୍ତିକର ଅନୁପ୍ରବେଶ ପୂର୍ବରୁ
ମୁଁ ସମାପ୍ତ କରିବି ମୋର ଶେଷ ଉଚ୍ଚାରଣ।

ଭାବିଛି,
କାଲି ପ୍ରତ୍ୟୁଷର
ସମସ୍ତ ଉପେକ୍ଷିତ ମାଟିରେ
ମୁଁ ବୁଣିଦେବି ବିପ୍ଳବର ମଞ୍ଜି
ସମସ୍ତ ଗର୍ଭଯୋଗ୍ୟା ନାରୀଙ୍କୁ
ମୁଁ କରିବି ବିନ୍ଦୁଦାନ
ସମସ୍ତ ସଦ୍ୟଜାତ ଶିଶୁଙ୍କ ହାତରେ
ମୁଁ ଧରେଇଦେବି
ଶବ୍ଦର ପରମାଣୁ ବୋମା
ଯେ ପର୍ଯ୍ୟନ୍ତ ଆତ୍ମ ସମର୍ପଣ ନ କରିଛି
ଆତ୍ମଘାତୀ ଶବ୍ଦର ରେରେକାର
ଯେ ପର୍ଯ୍ୟନ୍ତ ତାରକାଯୁଦ୍ଧର ପରିକଳ୍ପନାରେ
ବ୍ୟସ୍ତ ମଣିଷ ଫେରି ନ ଆସିଛି ମାଟିକୁ
ଏବଂ ନ କହିଛି:
ଆସ,
ଆମେ ମିଳିମିଶି ଗାଇବା
ମାଟିର ସଙ୍ଗୀତ।

ସାବଧାନ,
ଭଣ୍ଡେଇ ଦିଆଯାଇପାରେ
ଭଡ଼ାଟିଆ ଶବ୍ଦର ବାଗବାନ୍ଧିଣୀରେ
ବନ୍ଦ୍ କରିଦିଆଯାଇପାରେ ମାଟିର ସ୍ୱରକୁ
ଧମକ, ଚମକ, ଅତ୍ୟାଚାର ଓ ହତ୍ୟା ଉଦ୍ୟମରେ ।

ଅନ୍ଧାରରେ ଦିଗନ୍ତକୁ ଚାହିଁ ରହିଥିବା
ଅସହାୟ ମଣିଷର ପ୍ରତିନିଧିକୁ
ବାନ୍ଧି ନିଆଯାଇପାରେ କ୍ରୁଶକାଠକୁ ।
ହେଲେ କବିତା କେବେ ମରିପାରେନା
ଅଗ୍ନି ସମ୍ଭୁତ ପ୍ରତିଧ୍ୱନି କେବେ ନିଷ୍ଫଳା ହୁଏନା
ସମସ୍ତ ଦୁଃଖ ଓ ଯନ୍ତ୍ରଣାର ଶରଶଯ୍ୟାରେ
କବିଟିଏ ଜନ୍ମୁଥାଏ ପ୍ରତି ମୁହୂର୍ତ୍ତରେ ।

ଆକାଶରେ ଝଡ଼ ଉଠିଛି, ଉଠୁ
ସ୍ୱପ୍ନର ସହରରେ ନିଆଁ ଜଳୁଛି, ଜଳୁ
ନବ ଦିଗନ୍ତକୁ ଚାହିଁ ନିରନ୍ନ ମଣିଷଟିଏ
ବଞ୍ଚିବାର ସ୍ୱପ୍ନ ଦେଖୁଛି, ଦେଖୁ ।

ଏବେ ଅଗ୍ନିଦାହର ମଧ୍ୟ ବିନ୍ଦୁରେ
ନିଆଁ-ପାଣିର ଖେଳକୁ ନିରୀକ୍ଷଣ କରୁଥିବା
କବିକୁ ପଚାର:
କବି, ସୂର୍ଯ୍ୟ ଉଇଁବ କେତେବେଳେ ?

ହେଇ ତ,
ଶାନ୍ତ ଆକାଶ ପରି ଗାମ୍ଭୀର୍ଯ୍ୟ କବିର
ଛାତି ଚିରି ବାହାରି ଆସୁଛି ସୂର୍ଯ୍ୟ
ନିସ୍ତେଜ ଜୀବନର ପ୍ରାଣପ୍ରବାହକୁ ।

ବନ୍ଧୁଗଣ, ଉଠ
ଅନ୍ଧରରେ ବାଘ ମାତିଛି, ଉଠ
ପେଡ଼ି ଭିତରର ନିଆଁ ରାସ୍ତା ମାଗୁଛି, ଉଠ
ଅମଣ୍ଡା ରାସ୍ତାରେ ଧସେଇ ପଶୁଥିବା
ଦୁର୍ଦ୍ଧାନ୍ତ ପ୍ରେମିକଟିଏ
ଦୁଆରରେ ଶବ୍ଦ କରୁଛି, ଉଠ
ଉଠ, ଏବେ ପରା ଉଠିବାର ବେଳ ॥

■

ରଚନାକାଳ : ୧୯୮୫

ଉପକୂଳର ସ୍ୱପ୍ନ

କୂଳ ଛାଡ଼ିଦେଲେ ନାଆ
କମ୍ପି ଉଠେ ନାଉରୀର କାତ
ଦିଗ୍‌ବିଜୟ ଶୋଣିତ ଇଚ୍ଛାରେ
ଅବା ପରାଜୟର ବିଷର୍ଣ୍ଣତାରେ ।

ନଈ ଭିତରେ ପାଦ ଦେଲେ
କୁମ୍ଭୀର ସହ ଭେଟ ହେବ ହିଁ ହେବ
ମିତବସି ଲାଞ୍ଚ ଦେବାକୁ ହେବ କି
ଅଦୃଶ୍ୟରେ ସ୍ତୁତି କରି ନକ୍ର ନାଶିବାକୁ ପଡ଼ିବ ।

ନାଆ ଭାସି ଯାଉଛି ତ ଯାଉ
ଯେଉଁଠି ଲାଗିବ
ତାକୁ ଆପଣାର କରିନିଅ ।

ସେଇ ଅଜଣା ଦ୍ୱୀପର
ପତ୍ରତଳେ/ ପଥର ତଳେ ଜକଜକ
ସକଳ ସତ୍ୟକୁ ଅନିଷା କର ।

ମୁକ୍ତା ଲୋଭରେ ଅଟକିଯାଅନି
ସମୁଦ୍ର ତଳର ଶାମୁକା ଗର୍ଭରେ ।
ପ୍ରାପ୍ତାନ୍ତେ ଫେରିଆସ
ଆପଣାର ପରିଚିତ ମାଟିକୁ ଓ
ଔଜଲ୍ୟ ମାନସିକତାରେ
ଅଲୋକିତ କରିଦିଅ ଉପକୂଳ ॥

■
ରଚନାକାଳ : ୧୯୮୪

ଉଡ଼ିଯିବାକୁ ଯିଏ ହଳେ ଡେଣା ମାଗୁଛି

ଆ' କହିଲେ
ଯଦି ପାଖେଇ ଆସନ୍ତା ଆକାଶ
ଆଉ ଯା' କହିଲେ
ଯଦି ଦୂରେଇ ଯା'ନ୍ତା ଦୁଃସ୍ୱପ୍ନ
ତେବେ ଡେଣା ହଳେ ମାଗିବାର
ଆବଶ୍ୟକତା ନ ଥା'ନ୍ତା କି
ଗରଜ ନ ଥା'ନ୍ତା ଏତେ ଶବ୍ଦ ଗଢ଼ିବାରେ ।

ଶବ୍ଦ ଗଢ଼ିଗଢ଼ି କବି ମାଦଳ
ଆକାଶ ବି ଅନ୍ଧାର
ତା'ରି ଭିତରେ ଶୁଣାଯାଏ
ବଞ୍ଚିବାର ଅସ୍ପଷ୍ଟ ଚିତ୍କାର ।

ମେଣ୍ଢା ଛୁଆମାନଙ୍କୁ ଗୋଠକୁ ଅଡ଼େଇ ଆଣୁଆଣୁ
ଯଦି ଢୁଳେଇ ପଡ଼େ ଜଗୁଆଳ
ପ୍ରାର୍ଥନାର ଶେଷ ଶବ୍ଦରେ ପ୍ରକଟି ଆସୁଥିବା ଛାୟାମୂର୍ତ୍ତି
ଯଦି ଅଟକିଯାଏ ପଶାଖେଳରେ
ଅଣ୍ଟରେ ଆଧାର ଦେଉଥିବା ମାଲିକ
ଯଦି ଚିପୁଡ଼ି ନିଏ ଜାହାଜ ଭର୍ତ୍ତି ସ୍ୱପ୍ନ
ଆଉ ଆଗକୁ ଉଠିଥିବା ପାଦ
ଯଦି ପଛକୁ ଫେରିଆସେ ପରାସ୍ତ ସୈନିକ ପରି
ତେବେ ପାହାଡ଼ ଶିଖରରେ ଠିଆହୋଇ
କିଏ କହିବ: ସବୁର୍ କର, ସବୁର୍ କର
ରାତି ପାହୁଛି, ରାତି ପାହୁଛି,
ଅନ୍ଧାରରେ ଦିକ୍‌ଦିକ୍ ମଶାଲଟି ଜାଳି
କିଏ କହିବ : ଅନ୍ଧାରକୁ ଗର୍ଭସ୍ଥ କର
ରାସ୍ତା ମିଳିବ, ସ୍ୱପ୍ନ ମିଳିବ ।

ଭୋକିଲା ଅଜଗରର ମୁଣ୍ଡ ଉପରେ
ନିଃଶକ୍ତ ଡାଳରେ ଝୁଲି ରହି
ଭୟଙ୍କର ଦୃଶ୍ୟଙ୍କ ମେଳରେ ଯିଏ
ଦିଗନ୍ତକୁ ଉଡ଼ିଯିବା ପାଇଁ ହଳେ ଡେଣା ମାଗୁଛି
ଧୂଆଁ ଭର୍ତ୍ତି ଆକାଶର ଅଗଣାରେ
ବୀଜ ବିକ୍ଷେପିବାକୁ ଯିଏ ଆଶା ପୋଷିଛି
ନିଆଁର କୋଠରିରେ ଜଳି ପୋଡ଼ି
ମାଟିର ସଙ୍ଗୀତ ଗାଇବାକୁ ଯିଏ ମନ ବଳେଇଛି
ସେମାନଙ୍କୁ ବାଟ ଛାଡ଼ିଦିଅ
ସେମାନଙ୍କ ସ୍ୱପ୍ନକୁ, ଭାଗ୍ୟକୁ ।

ହୁଏତ ସେମାନଙ୍କ ଶେଷ ସ୍ୱପ୍ନମାନଙ୍କ ଭିତରେ
ସଞ୍ଚରି ଯାଇପାରେ ଦିବ୍ୟ ଆଶାଟିଏ
ହୁଏତ ଅନ୍ଧାରରେ ବାଟ ଚାଲୁଚାଲୁ
ସେମାନେ ଝୁଣ୍ଟିପଡ଼ିବେ ସେମାନଙ୍କ ଭାଗ୍ୟକୁ
ହୁଏତ ରାତିସାରା ନିଜର ଶବବାହକ ହୋଇ
ସିନ୍ଦୂର ଫାଟିବା ବେଳକୁ ସେମାନେ ପହଞ୍ଚିଯିବେ
ନିର୍ମମ ସତ୍ୟର ନାଭିକେନ୍ଦ୍ରରେ ଏବଂ
ଆଖିରେ ଆଖିଏ ଇନ୍ଦ୍ରଧନୁର ରଙ୍ଗ ନେଇ
ସେମାନେ ଫେରିଆସିବେ
ଜୀବନର ପ୍ରାତ୍ୟହିକ କର୍ମକର୍ମାଣିକୁ
ଆସନ୍ତାକାଲିର ଅଗ୍ନ୍ୟୁତ୍ସୋବକୁ ।।

■
ରଚନାକାଳ : ୧୯୮୫

ଏବଂ ତୁମେ

ବର୍ଷାହେଲେ ମନେପଡ଼େ
ପିଲାଦିନ
ଚୂନାଖିଆ କଥା
ଦୁଃଖ ହେଲେ ଗୁଣିହୁଏ
ବହୁଦିନୁ ଭୁଲିଥିବା
ଗାଁର ମମତା ।

ସବୁ କଥାରେ
ନଥାଟିଏ ଥାଏ ବୋଲି
ଆକସ୍ମିକ ମନେହୁଏ ଅପାରଗତା
ଦାସତ୍ୱର ଚକବନ୍ଦୀ
ଜମିଜମା
ନିଥର କ୍ଲୀବତା ।

ସାରୁପତ୍ରେ ଢଳଢଳ ଜୀବନକୁ
ବିକିଭାଙ୍ଗି ଫେରିବା ବାଟରେ
ଶବ୍ଦସବୁ ଅଣାୟତ୍ତ, ଅଣାକାର
ହଜାଇବା ପାଇବାର
ହିସାବ ଖାତାରେ
ରୂପ ସବୁ ରୂପୋତ୍ତର
ପୁଣି ଦୃଶ୍ୟ ସବୁ ଦୃଶ୍ୟାନ୍ତର ।

ଏବଂ ତୁମେ
କେଉଁ ଏକ କାଳଜୟୀ
ସଭ୍ୟତାର ତାମ୍ରପତ୍ର
ମୁଁ ତା'ର ଖୋଦିତ ଅକ୍ଷର ।

■

ରଚନାକାଳ : ୧୯୮୨

ଏକ୍‌ଲା ଦ୍ୱୀପ

।।୧।।

ଦୁଧ ଛାଡ଼ିବା ଦିନ ଠାରୁ
ନଈକୁ ଆଦରି ନେଇଛି ଆପେଆପେ
କୂଳ ଛାଡ଼ିବା ଦିନଠାରୁ
ପହଁରା ଶିଖି ନେଇଛି ଆପେଆପେ।

ମଝିନଈରେ କୁମ୍ଭୀର ଖଗ ଟେକିଛି ତ
ମହାପ୍ରସାଦ ଦେଇ ମିତ ବସିଛି
ମତ୍ସ୍ୟକନ୍ୟା ଭାଷା ଲେଖିଛି ତ
ବୁଝେଇ ଦେଇଛି ରାସ ପଞ୍ଚାଧ୍ୟାୟର ଗୁହ୍ୟ ଅର୍ଥ
ସାତସିଆଁ ଚିରାଲୁଗା ଖଣ୍ଡକରେ ଯୌବନଙ୍କୁ ଢାଙ୍କି
କୋଳରେ ପୂରେଇ ଭୋକିଲା ବାଲୁତ ଈଶ୍ୱର ସାମ୍ନାରେ
ମୋ ପତ୍ନୀର ଆଖିକୁ ଅନେଇ ଯାଇଛି ତ
ଉଖାରି ଦେଇଛି ଦି'ପଦ ବିଦେହୀ ଉଦ୍ଦେଶ୍ୟରେ।

ଦୁଧ ଛାଡ଼ିବା ଦିନଠାରୁ
ସିଲଟ ପଟାର ମୁଣ୍ଡଳା ଭିତରେ
ଦାଉଦାଉ ଜଳିଛି କାଳିଆର ଆଖି
ଆଖି ଭିତରେ ପରିଚିତ ସବୁଜ ପୃଥିବୀ
ପୃଥିବୀର ଅଣୁ-ପରମାଣୁରେ
ସେଇ ଅବୁଝା ନଈର ଗୀତ
କିଛି ମିଠା, କିଛି ଉଦାସ ।।

।।୨।।

ବେଳେବେଳେ ହାତଗୋଡ଼ କୋହ୍ଲା ମାରିଯାଏ।
ଆତଙ୍କରେ ଜୁଡୁବୁଡୁ ସୁନ୍ଦର ବର୍ତ୍ତମାନ

ଚାରିକାତ ମେଲେଇ ସୂର୍ଯ୍ୟ ଶୋଇପଡ଼େ
ସମୁଦ୍ର ତଳର ଶାମୁକା ପାଟିରେ,
ଆକାଶରେ ଘୋଟିଯାଏ ଡାହାଣୀ ଅନ୍ଧାର
ରାତ୍ରିଚର ପକ୍ଷୀଙ୍କର ଫଡ଼ଫାଡ ଶବ୍ଦରେ
ଭଙ୍ଗା ପଡ଼ିଯାଏ ଜୁଆରୀ ନଈ
ନାଆ ଅଟକିଯାଏ ବାଲିଚଡ଼ାରେ ପିଟିହୋଇ।

ଦଦରା ନାବରୁ ଖପ୍‌ଖାପ ଓହ୍ଲେଇପଡ଼ନ୍ତି
ରକ୍ତ ଓ ଲୁହର ପୋଷା ଛୁଆମାନେ
ବୁଭୁକ୍ଷାର ବନ୍ଦିଶାଳରୁ ଡିଆଁମାରି
ଖେଳି ବୁଲନ୍ତି ନଈକୂଳ ରାସ୍ତାରେ
କେତେ ହଜିଯା'ନ୍ତି ଗାଡ଼ିଚକ ତଳେ
ଏବଂ ଫେରିଆସନ୍ତି ମନମାରି, ଚୁପ୍‌ଚାପ
ସୁଧାର ବାଛୁରୀ ପରି ହମ୍ବାରଡ଼ି ଦେଇ
ରେକେଟେଇ ଝୁଣି ପକାନ୍ତି
ମୋର ଶୂନ୍ୟ ଭାଣ୍ଡ, ଦୁର୍ବଳ ଶରୀର ॥
॥୩॥
ସତରେ କି ଅଜବ ହୋଇଯାଉଛି ଦିନଗୁଡ଼ା
ମହଙ୍ଗା ହୋଇଆସୁଛି ଖୁସିର ମୁହୂର୍ତ୍ତ ସବୁ!

ଦରିଦ୍ର କବିଟି ପାଖରେ
କେବଳ କେଇ ଆଞ୍ଜୁଳା ଶବ୍ଦ ଛଡ଼ା
ଆଉ କିଛି ମିଳିବନି ବୋଲି
କମି ଆସୁଛି ଆତ୍ମୀୟ ସ୍ୱଜନଙ୍କ ସଂଖ୍ୟା
ବଢ଼ି ଚାଲିଛି କବିତା ପାଠୋତ୍ସବର ଶୂନ୍ୟସ୍ଥାନ।

ଏଇ ଯେମିତି ସାନଭାଇର
ଅଧାଚିରା ଭୂଗୋଳ ବହି ଭିତରେ
ଗୋଟିଏ ବାତାପି ଫଳପରି ପୃଥିବୀ,

ତା'ଭିତରେ କୋଟିକୋଟି ଲୋକଙ୍କର ଭିଡ଼
ବାଡ଼ି ଅଗର ଗୋଟେ ଭୂଇଁରେ
ମୋର ନିଃସ୍ୱ ଦୁଇପାଦ
କେତେବେଳେ ମାଟିରେ ତ କେତେବେଳେ ଆକାଶରେ
ସଦା ଦୋଦୁଲ୍ୟମାନ ଶତ୍ରୁଙ୍କର ରଣ ହୁଙ୍କାରରେ ॥

।।୪।।
ସେଇ ଅଦୃଶ୍ୟ ଯାଦୁକରର
ପେଟରା ବାହାରେ ତୁ
ପେଟରା ଭିତରେ ମୁଁ
କେତେବେଳେ ଫଣା ଟୋଳୁଛି
ନାଚୁଛି ନାଗିନୀ ସ୍ୱରରେ
ପୁଣି କେତେବେଳେ କର୍ମକୁ ଆଦରି
ଶୋଇ ପଡୁଛି ଗଦ ଶୁଂଘି କ୍ଲାନ୍ତ ମୁହୂର୍ତ୍ତରେ ।

ବର୍ଷବର୍ଷର ନିର୍ମାୟା ସ୍ୱପ୍ନଟି ପାଇଁ
ଖଇଫୁଟା ଖରାର ପୋଷାକ ପିନ୍ଧି
ତୋତେ ଖୋଜି ଖୋଜି ମୁଁ ବେଦମ୍
ଶୁଖିଲା ଓଠରେ ଜିଭ ବୁଲେଇ
ଜୀବନକୁ ହାକୁଟି ମାରିମାରି ମୁଁ ନାକେଦମ୍ ॥

।।୫।।
ଭଙ୍ଗାନୀଡ଼ର ପକ୍ଷୀ ଜାଣିଥାଏ
କେତେବେଳେ ଭୋର୍ ହେବ
ନାଲି ଟହଟହ ଅଗ୍ନି ପିଣ୍ଡୁଳାଟି
ଜନ୍ମନେଇ, ଝୁଲିଝୁଲି, ସମ୍ପର୍କକୁ ଯୋଡ଼ିଯାଡ଼ି
ମାଡ଼ିଚାଲିବ ଆଗକୁ ଆଗକୁ ।
ସକାଳର ପକ୍ଷୀମାନେ
ଆଲୋକର ବିଗୁଲ୍ ବଜେଇ

ବାହାରିଯିବେ ଯେଝା କାମରେ
ଘାସର ସବୁଜ ଗାଲିଚା ଉପରେ
ଢଳଢଳ ଶିଶିର ବିନ୍ଦୁଟି
ଫୁଲଟିଏ ଭେଟି ଦେଇଯିବ
ଆକାଶରୁ ଝରୁଥିବା ମଧୁ ବର୍ଷାରେ
ରାହାଛାଡ଼ି କାନ୍ଦୁଥିବା ଶିଶୁଟି ବି
ତୁନି ହୋଇଯିବ।

ଭୋର୍ ବେଳା ପକ୍ଷୀ ଜାଣିଥାଏ
କେଉଁପାଣି କେଉଁଆଡ଼େ ଯାଏ।
କେଉଁ ନିଃସୀମ ସ୍ୱପ୍ନର ଜରାୟୁରେ
କବିଟିଏ ନିତି ମରୁଥାଏ
ପୁଣି ଜିଉଥାଏ।

ଗବଗବ ଦୁଃଖର ପାଣିହାଣ୍ଡିରେ
ମାଛ ଖେଳୁଛି ଦେଖ
ଟପ୍‌ଟପ୍ କଣ୍ଟାର ସିଝୁଗଛରେ
ପ୍ରଜାପତି ବସିଛି ଦେଖ
ପଶାପାଲିର ଛାତି ଉପରେ ଚେକାମାଡ଼ି
ଏକ୍‌ଲା ଦ୍ୱୀପର ନିର୍ବାସିତ କବିଟିଏ
କେମିତି ତାତୁଛି, ତତଉଛି ଦେଖ।

ସଞ୍ଜହେବା ଠାରୁ ଜାଣିଛି
ଦିନେ ନା' ଦିନେ ଶୋଷିଲା ଚଞ୍ଚୁ
ପୁଣି ଲେଉଟି ଆସିବ ଛାତି ପାଖକୁ
ଛାତିରୁ ମାଟିକୁ।
ତ୍ରିବେଣୀ ଘାଟରୁ ବହି ଆସିବ
ତ୍ରିଧାର, ଫୁଲଫଳ ଭର୍ତ୍ତି ଜଳସ୍ରୋତ
ଶୁଖିଲା ହାଡ଼ରେ କଅଁଳି ଉଠିବ ମାଂସ

ଦଦରା ନାବର କାଠ ବି ନିଦେଇଯିବ
ଅସୁମାରି ଢେଉଙ୍କ ଧକ୍କାରେ
ଏବଂ ପ୍ରବଳ ଉଚ୍ଛ୍ୱାସରେ ନାଆ ମୋର
ଭାସିଯିବ ଦିଗ୍‌ବଳୟ ଅତିକ୍ରମି
ସମୁଦ୍ରର ପ୍ରଶାନ୍ତ ଗର୍ଭରେ ॥

■

ରଚନାକାଳ : ୧୯୮୩

ଏବେ ମୋର ପାଳି

।।୧।।

ଯେଉଁ ସହରରେ ନିଆଁ ଜଳୁଛି
ସେଇ ମାଟିର କଥା ମୁଁ କହୁଛି
ଦିନ ଆଲୁଅରେ ମହମବତୀଟିଏ ଧରି
ମୁଁ ମଣିଷଟିଏ ଖୋଜୁଛି।

ବହୁ ଦିନ ଧରି ବନ୍ଦ କରିଦିଆଯାଇଛି
ନିଆଁ-ପାଣିର ଖେଳ,
କାଗଜବାଘର ଭୟରେ ଚୁପ୍ କରିଦିଆଯାଇଛି
ଯୋଦ୍ଧା ଶିଶୁକୁ
ଫମ୍ପା ପ୍ରତିଶ୍ରୁତିର ମୁଚାଲିକା
ବାଣ୍ଟି ଦିଆଯାଇଛି ଚାରିଆଡ଼େ
ଆନେସ୍‌ଥେସିଆର ପ୍ରଭାବରେ
ଜଡ଼ କରିଦିଆଯାଇଛି ସ୍ନାୟୁକେନ୍ଦ୍ର
ମାନବିକ ଅଧିକାରର ସ୍ୱର ଓ ସ୍ୱାକ୍ଷରକୁ
ବାରମ୍ବାର ଦୋହରାଉଥିବା କବିଟିକୁ
ଝୁଲେଇଦିଆଯାଇଛି ଫାଶୀଖୁଣ୍ଟରେ।

ଏବେ ନିଦ୍ରାର ବେହୋସ ସହରର ମୁକ୍ତ ପ୍ରାଙ୍ଗଣରେ
ପାଳିତ ହେଉଛି ରକ୍ତ-ପାରଣା ଉତ୍ସବ
କୈଫିୟତ ମାଗୁଥିବା କେତେଜଣ ଈଶ୍ୱରଙ୍କୁ
ନିମନ୍ତ୍ରଣ କରାଯାଇଛି ମଞ୍ଚକୁ
କିଛି ପ୍ରଶଂସା ଓ କରତାଳି ମାଡ଼ରେ
ପୋତିହୋଇପଡୁଛି ଈଶ୍ୱରଙ୍କ ବେକ
ତଣ୍ଟି ଚିପିଦିଆଯାଉଛି କୋମଳ ସତ୍ୟର
ଯାହା ଓଠରେ ରହିଛି ନିଆଁ ଲଗେଇବାର କୌଶଳ।

ଏ ଖେଳର ପରିସମାପ୍ତି ଘୋଷଣା କରିବ କିଏ ?
ଆଞ୍ଜୁଳାଏ ଜୀବନ ରଙ୍କା ଭିକାରି ଦଳ
ନା' ସତ୍ୟର ଏରୁଣ୍ଡିବନ୍ଧରେ ଦଣ୍ଡାୟମାନ କବି,
ସିଂହାସନର ସର୍ବଶ୍ରେଷ୍ଠ ଉନ୍ମାଦ
ନା ଏକବିଂଶ ଶତାବ୍ଦୀର ଶୀତଳ ମୃତ୍ୟୁ ଗହ୍ୱରକୁ
ଧାବମାନ ଅଗଣିତ କଙ୍କାଳ ? ?

କିଛି ଗୋଟେ ଘଟିଯିବାର ଆକସ୍ମିକତାରେ
ଆକାଶରେ ଓହ୍ଲେଇ ଆସେ ଇଦ୍‌ର ଜହ୍ନ
ପଥର ସନ୍ଧିରେ ପଡ୍ରେଇ ଯିବାର ସ୍ୱପ୍ନରେ ବି
ଚାହିଁ ରହିଥାଏ ଅକ୍ଷିତୃତୀୟାର ବିହନ ମୁଠି
ଅନ୍ଧାର ଭିତରେ ବାରମ୍ବାର ଚକ୍‌ମକ କରୁଥାଏ ଝକ୍‌ମକି

ନିଃଶବ୍ଦ ଶବ୍ଦର ଆଖଡ଼ାଶାଳରେ
ହାତଠାରି ଡାକୁଥାଏ ବିଦ୍ରୋହୀ ପ୍ରେମିକଟିଏ
ଭିନ୍ନ ଏକ ଅବତାର ପରି ।।

।।୨।।
ଅନ୍ଧାରରେ ସଢୁଛି ଏ କାହାର ଶବ ?
ନିରୁଦ୍ଦିଷ୍ଟ ଈଶ୍ୱରର ନା' ମୋର
ନା ମୋର ପ୍ରିୟତମ ଭୂଖଣ୍ଡର ?

ଡାହାଣୀ ଆଲୁଅର ସ୍ୱଚ୍ଛାଲୋକରେ
ବିବସ୍ତ୍ର ହୋଇପଡ଼ିଛି ଯେଉଁ ଗର୍ଭୀତ ତାରାର ସ୍ୱପ୍ନ
ହୁଗୁଳା ହୋଇଯାଇଛି ଯେଉଁ ସମ୍ପର୍କର ଗଣ୍ଠି
ଆଖିରୁ ଝରିଯାଉଛି ଯେଉଁ ଲୁହ,
ଜାଣିଛ ସେ ଲୁହର ପରିଚୟ ?

ସେ ଲୁହ ନୁହେଁ, ରକ୍ତ ମୋ'ରି ଛାତିର
ଗଙ୍ଗା ଠାରୁ ଭଲ୍‌ଗାଯାଏ ପବିତ୍ର ମାଟିର
ଏଠି, ସେଠି, ସବୁଠି ଗୁମୁରି ଉଠୁଥିବା
ପ୍ରତିଟି କବିତାର ଆନ୍ତରିକ ସ୍ୱର
କୁହୁଳି ଉଠୁଥିବା ପ୍ରତିବାଦର ଧୂଆଁ।

ମାନୁଛି, ଧୂର୍ତ୍ତ ଅନ୍ଧାରର ଜାଲିଆତି ଭିତରେ
ଧ୍ୱଂସର ଅଦୃଶ୍ୟ ଚକ୍ରଟିଏ ଘୂରୁଛି
ଶତାବ୍ଦୀର ରଡ଼ନିଆଁରେ ପୋଡ଼ିଯାଉଛି
ଆକାଶରେ ଧାବମାନ ମୁକ୍ତ ପକ୍ଷୀର ଡେଣା
ମଣିଷର ପରିଚୟ ହଜିଯାଉଛି
ଅସତ୍ୟର ଭାଷାକୋଷରେ ଏବଂ
ପ୍ରତିବାଦର ଆଦ୍ୟ ଉଚ୍ଚାରଣ ହଜିଯାଉଛି
ଅସଙ୍ଗତିପୂର୍ଣ୍ଣ ବିଯୋଡ଼ ଶବ୍ଦରେ,
ବଦଳି ଯାଉଛି ମାନଚିତ୍ର କୁଷ୍ଠରୋଗୀର ଚେହେରା ପରି
ଜଗନ୍ନାଥର ଅସହାୟ ହାତର ରଙ୍ଗତୂଳିରେ।

ତଥାପି କେବେ କ'ଣ ମଣିଷ ଭୁଲିପାରିଛି
ତା'ର ଉଦ୍‌ଗମନର ସ୍ୱରକୁ!
କେବେ କ'ଣ ତା'ର ହାଡ଼, ମାଂସ, ଶବ୍ଦ
ମାଟିର ବାସ୍ନାରେ ବାସ୍ନାୟିତ ହୋଇ
ଫେରି ନ ଆସିଛି ମାଟିକୁ, କବିତାର ପରିଧିକୁ
କେବେ କ'ଣ ଫାଶୀଖୁଣ୍ଟରେ ଚଢ଼ିଯାଇଥିବା
ଉଦ୍ଦାମ କବିର ସ୍ୱର ନିଷ୍ଫଳା ହୋଇଛି
ତା'ର କରୁଣ ମୃତ୍ୟୁରେ!!
ନା,

ସବୁଥର ପରି
ମାଟିର ଯନ୍ତ୍ରଣାରେ ଯନ୍ତିହୋଇଛି କବି,

ମନ୍ତ୍ରଣା କରିଛି ଶବ୍ଦ ସହ
ସନ୍ତର୍ପଣରେ ଭେଟି ଦେଇଛି
ରକ୍ତ ସୁବର୍ଣ୍ଣ ସକାଳଟିଏ ଛାତି ଭିତରୁ ।

ଆଉ ପବନରେ ସଞ୍ଚରି ଯାଉଥିବା
ତା'ର ଶବ୍ଦମାନଙ୍କ ପ୍ରତିଧ୍ୱନିକୁ ଶୁଣ,
କେମିତି ଝଙ୍କୃତ ହେଉଛନ୍ତି
ପ୍ରତିଟି ଅସହାୟ ଆତ୍ମାର କର୍ଣ୍ଣରେ ।
ଜାଣେ, ସେଇ ଶବ୍ଦ ହିଁ ଦିନେ କଥା କହିବ
ତା'ର ସମର୍ଥ ଢଙ୍ଗରେ, ଏଇ ପାଣି-ପବନରେ
କୁଆଁ ମେଲୁଥିବା ଘଟଣାମାନଙ୍କ ଅଦୃଶ୍ୟ ହସ୍ତାକ୍ଷରରେ ॥

॥୩॥
ଏତେଦିନ ଧରି ଅନ୍ଧକାର ସୁଡ଼ଙ୍ଗରେ ପ୍ରଭାତୀ ତାରାଟିଏ ହୋଇ
ଧର୍ଷିତା ମାଟିର ଚାରାଟିଏ ହୋଇ
ମୁଁ ଚାହିଁ ରହିଥିଲି ଏଇ ଶୁଭଲଗ୍ନକୁ
ବୁଣିହୋଇଯିବାକୁ ବର୍ଣ୍ୟବିହନ ମୁଠି ପରି
ଅପନ୍ତରା ଭୂଇଁର ଗର୍ଭକୋଷରେ
ଫୁଟିଯିବାକୁ ସବୁ ଫୁଟନ୍ତା ମୁହୂର୍ତ୍ତର ସ୍ୱପ୍ନପରି
ଦୃଶ୍ୟ-ଦୃଶ୍ୟାନ୍ତରର ଭିତର ବାହାରର ଅଗଣାରେ ।

କିଛିଟା ଉଷ୍ମା ସଞ୍ଚୟ ପାଇଁ
ନିରବତାରେ ମଜ୍ଜିଯିବାକୁ ହୁଏ ବେଳେବେଳେ
କିଛିଟା ଶବ୍ଦ ଗଢ଼ିବା ପୂର୍ବରୁ
ଚଳପ୍ରଚଳ ଚରିତ୍ରମାନଙ୍କୁ ପଢ଼ିନେବାକୁ ହୁଏ
ଏବଂ ବିସ୍ଫୋରିତ ହେବା ପୂର୍ବରୁ
ସମସ୍ତଙ୍କୁ ଚେତେଇ ଦିଆଯାଏ ବେଳେବଳେ
ଦାଣ୍ଡ ଅଗଣାରେ ଠିଆହୋଇ
ବିଧ୍ୱତ ସ୍ୱରକୁ ସଂଖୋଳି ନେବାକୁ ହୁଏ ।

ଏବେ ଦଶଦିଗରେ ମୋ'ରି ହାତମୁଠାକୁ
ଚାହିଁ ରହିଥିବା ଅଗଣିତ କଙ୍କାଳଙ୍କ ମେଳରେ
ସତ୍ୟପାଠବେଳେ ମୁଁ କହିରଖୁଛି ଯେ
ସମଗ୍ର ଜୀବନକାଳ ମୋର ଉତ୍ସର୍ଗୀକୃତ ହେଉ
ତମମାନଙ୍କ ଭାଗ୍ୟର ଢାଲସୁପାରି ଖେଳରେ।
ପାଇବାର ଯଦି କିଛି ଥାଏ ତେବେ ପ୍ରାପ୍ତି ହେଉ
ମୋ'ରି ହାଡ଼ରେ, ମାଂସରେ, ଶବ୍ଦରେ
ମୋ'ରି କବିତାର ପ୍ରତିଟି ପୃଷ୍ଠାରେ ଅଙ୍କିତ ହେଉ
ତମମାନଙ୍କ ଜୀବନର ପୂର୍ଣ୍ଣ ପ୍ରତିଛବି।
ଅଜ୍ଞାତ ରାସ୍ତାର ପଥପ୍ରଦର୍ଶକ ହୋଇ
ସାରା ଜୀବନ ମୋର କଟିଯାଉ ଅନ୍ୱେଷଣରେ
ଆଉ ମୋ'ର ଶବ୍ଦର ପ୍ରତିଧ୍ୱନିରେ
କମ୍ପିତ ହେଉ ମନୁର ମେଦିନୀ
ନୂଆ ଉଲ୍ଲାସରେ।

ଏବେ ସତ୍ୟପାଠ ବେଳେ
ହାତରେ କଲମ ଆଉ ପୃଥିବୀର ବିକଳାଙ୍ଗ
ସ୍ୱପ୍ନକୁ ନେଇ ମୁଁ ପ୍ରତିଜ୍ଞା କରେ
ଲେଲିହାନ ଅଗ୍ନିକୁଣ୍ଡରେ
ଉଦ୍‌ଭାସିତ ହୁଏ ପ୍ରତିଟି ମଣିଷର ଛାତିରେ
ଆତ୍ମାର ଚଉହଦୀରେ।

କେଉଁ ଦୂର ବନାନୀର ଶୁଷ୍କ ଡାଳରେ
କ୍ରନ୍ଦନରତା ଏକ୍‌ଲା କପୋତୀର ଦୁଃଖରେ
ନିର୍ଭୟରେ କହିରଖୁଛି ସମସ୍ତଙ୍କୁ
ମୁଁ ବସନ୍ତ ମୁଦୁଲି ଓଡ଼ିଶାର କବି
ମୁଁ ଚରିଯିବି ସମଗ୍ର ପୃଥିବୀକୁ ମୋ'ର କଲମରେ
ହଜାରବାର ଧ୍ୟାନସ୍ଥ ହେବି ବୁଦ୍ଧ ପରି
ହଜାରବାର ଠିଆ ହେବି ଶତ୍ରୁର ବ୍ୟୁହରେ।

ଏବେ ଅନ୍ଧାରରେ ସଢୁଥିବା ମୋ'ର ପ୍ରିୟଜନଙ୍କ ପାଇଁ
ମୋ'ର ଶବ୍ଦର ଅଭିସାର
କେହି ଯଦି ପ୍ରତିଦ୍ୱନ୍ଦ୍ୱୀ ଅଛ
ଉଠାଅ ତମର ପୁରୁଷାକାର
ଏବେ ମୋ'ର ପାଳି
ଏବେ ମୋ'ର ପାଳି।

ସାରା ଆକାଶରେ ଏବେ ମୋ'ରି କାୟା
ସାରା ପୃଥିବୀରେ ଏବେ ମୋ'ରି ଛାୟା
ଧୂଆଁଭର୍ତ୍ତି ସହରର ପ୍ରତିଟି ଇଲାକାରେ ମୁଁ
ପ୍ରତିଟି ଦୁର୍ଘଟଣାରେ ମୁଁ
ପ୍ରତିଟି ଧର୍ମଘଟରେ ମୁଁ
ପ୍ରତିଟି ସ୍ଲୋଗାନରେ ମୁଁ
ପ୍ରତିଟି ସନ୍ତ୍ରାସବାଦରେ ମୁଁ
ପ୍ରତିଟି ଶବ୍ଦର ଅନିଭା ସ୍ୱପ୍ନରେ ମୁଁ
ପ୍ରତିଟି ଶିଶୁର ଦରୋଟିରେ ମୁଁ
ପ୍ରତିଟି ନାରୀର ନାରୀତ୍ୱରେ ମୁଁ
ପ୍ରତିଟି ଲୁହରେ, ହସରେ, ରକ୍ତରେ, କାନ୍ଦରେ ମୁଁ।

ମୁଁ ହିଁ ଉତ୍ତେଜନାର ମାଦକ ଦ୍ରବ୍ୟ
ବୁଣି ହୋଇଯାଇଛି ଚାରିଆଡ଼େ
ଯୁଦ୍ଧର ଘନଘଟା ଠାରୁ ପରମାଣୁ ଅସ୍ତ୍ର ବିରତିର
ଘୋଷଣାନାମା ପର୍ଯ୍ୟନ୍ତ।

ଶବ୍ଦ ଏଣିକି ଆଉ କୃପଣ ନୁହେଁ
ତା'ର ସମ୍ଭାବ୍ୟ ପରିଣତି ପାଇଁ;
ଶବ୍ଦ ଏବେ କାଙ୍ଗାଳ ନୁହେଁ
ସତ୍ୟର ପରିପ୍ରକାଶ ପାଇଁ;
କବି ଏବେ ଦୁର୍ବଳ ନୁହେଁ

ନିସ୍ତେଜ ସ୍ନାୟୁମାନଙ୍କୁ
ଚିହ୍ନିବା ପାଇଁ, ଚିମୁଟିବା ପାଇଁ।

ତେଣୁ ତ ଆଜି ଅନ୍ଧାରରେ
ମୋର ଅଦ୍‌ଭୁତ ଅନୁଭୂତିର ରୂପାନ୍ତର
ଟାଣି ନେଇଯାଏ ଜୀବନର ଅଭ୍ୟନ୍ତରକୁ
ଚିହ୍ନେଇଦିଏ ଛଦ୍ମବେଶୀ ସିଲହଟମାନଙ୍କୁ
ଏବଂ ମିଥ୍ୟା ପ୍ରବଞ୍ଚନାର ମୁହୂର୍ତ୍ତମାନଙ୍କୁ;
ଯାହାକୁ ମୁଁ ବ୍ୟବଚ୍ଛେଦ କରିପାରେ
ଯେକୌଣସି ମୁହୂର୍ତ୍ତରେ, ତମରି ସାମ୍ନାରେ
ଉପସ୍ଥାପନ କରିପାରେ ଯେକୌଣସି କବିତାରେ
ଯେକୌଣସି ଆତ୍ମାର ହୃଦୟ ଭିତରେ
ପ୍ରତିଧ୍ୱନିତ କରିପାରେ ମୋର ଶବ୍ଦକୁ
ମୋର ଆତ୍ମ ସମର୍ପଣର ଭାବକୁ।

ଯେମିତି ପଥର ଦେହରେ ଖୋଦିତ ଅକ୍ଷର
ବର୍ଷବର୍ଷର ଝଡ଼ ତୋଫାନ ଓ ଦୁର୍ଘଟଣାମାନଙ୍କ
ଦାଉରେ ବି ଅମ୍ଳାନ ॥

■

ରଚନାକାଳ : ୧୯୮୬

ଏକାନ୍ତ ବ୍ୟକ୍ତିଗତ

ଦୁଆର ଏପାଖେ ଇର୍ଷାତୁର ଶବ୍ଦଙ୍କ କୋଳାହଳ
ସେପାଖେ କରୁଣତାର ମୂର୍ଚ୍ଛିତ ଅନ୍ଧାର
ଏରୁଣ୍ଡିବନ୍ଧରେ ନିରଙ୍କୁଶ ସମୟର ଭୋଜବାଜି
ହାଲକା ଇଚ୍ଛାଙ୍କର ଉନ୍ମୁଖ ଶୃଙ୍ଗାର।

ଭିଜା ମାଟିର ବାଙ୍ଗରେ ଦାରିଦ୍ର୍ୟର ବେଡ଼ି ଓ କୋରଡ଼ା
ରଗ୍‌ଣ ଅସହାୟତାରେ ଅବିଶ୍ରାନ୍ତ ଝଡ଼
ଊର୍ଦ୍ଧ୍ୱମୁଖୀ ଚେତନାରେ ଧୂଷର ଆକାଶର ରଙ୍ଗ
ବହୁଧା ବିଦୀର୍ଣ୍ଣ ଏକ ନଷ୍ଟ ଈଶ୍ୱରର।

ଚାରି କାନ୍ଥେ ସଂକ୍ରାମକ ବୟସର ଦଂଶନ
ମାଟିତଳ ବିଛଣାରେ ଜୀବନର ଆତୁର କ୍ରନ୍ଦନ
ଅଧାଜଳା ସଭ୍ୟତାର ପାଳଗଦାରେ
ରୁଧିରାକ୍ତ କ୍ଷତାକ୍ତ ଜୀବନ;
କ୍ଷୁଧାତୁର, ତୃଷାତୁର ମୁହୂର୍ତ୍ତଙ୍କ ଅଶ୍ରୁପାତ
ନିଶାଗ୍ରସ୍ତ ଦୁଃଖର ଦୁର୍ଦ୍ଦିନ।

ଦୁବନୀତ କାମନାର ମୁହାଣରେ
ତମେ ଏକ ସ୍ୱର୍ଣ୍ଣଗର୍ଭା ନଦୀ
ବୟସୀ ଇଚ୍ଛାଙ୍କର ଅଶାନ୍ତ ଆବର୍ତ୍ତ
ଶୂନ୍‌ଶାନ କୋଠରିରେ ତମେ ମୋର ଦୀପଶିଖା
ମୁଁ ତମ ସୀମନ୍ତର ସଞ୍ଚିତ ଆୟୁଷ।

ଠିଆହୋଇ ଭଙ୍ଗାରୁଜା
ପ୍ରାକ୍ତନ ମାସ୍ତୁଲ୍ ଉପରେ
ସ୍ଥିର ଆତ୍ମସମର୍ପଣ ମୋର ସମୟକୁ,

ଉତ୍ଫୁଲ୍ଲିତ ସମୁଦ୍ରକୁ
ଏବଂ ତା'ର କିମିଆ ପଣକୁ;
ସ୍ଥିର ନିମନ୍ତ୍ରଣ ମୋର
ଅସମାପ୍ତ ଦିନଙ୍କର ଅପ ଶକୁନକୁ
ଅନଭିଜ୍ଞ ମୁହୂର୍ତ୍ତଙ୍କ ଦୁଃସ୍ଥ ଚୁମ୍ବନକୁ।

∎

ରଚନାକାଳ : ୧୯୮୨

ଓଡ଼ିଆ

ଧର୍ମର ଭୟ
କ୍ଷମତାର ଭୟ
ଜୀବନର ଭୟ
ପ୍ରତିବାଦର ଭୟ !

ଭୟ ! ଭୟ !
ସମଗ୍ର ଜାତିର ରକ୍ତକଣିକା
ଖାଲି ଭୟର ବୀଜାଣୁରେ ଭରପୂର ।

ଆଃ,
କେଡ଼େ ବ୍ୟାଧିଗ୍ରସ୍ତ ଏ ଜାତିଟା
ତା'ର ମାଦଳ ଠାକୁର ପରି ।
କେଡ଼େ ନିର୍ବୋଧ ଏ ଲୋକମାନେ
ଭୋକରେ ବି ନିଦ୍ରା ଯାଇପାରନ୍ତି
କର୍ମକୁ ଆଦରି;
ମୁହଁରୁ ଦାନା ଛଡ଼େଇ ନେଇଯାଉଥିବା
ନିର୍ଦ୍ଦୟ ବ୍ୟକ୍ତିଟି ସାମ୍ନାରେ ବି
ପ୍ରତିବାଦହୀନ ଗୁଡ଼ାଏ ପଥର ମୂର୍ତ୍ତି ।

ଉଡ୍ଡୀୟାନର ଆତ୍ମା
ଏବେ ବି ଶୋଇ ରହିଛି ଅନ୍ଧାରରେ
ଯେମିତି ଏ ଜାତିର ବୀରତ୍ୱକୁ
ପୋତି ଦିଆଯାଇଛି ନଈବାଲିରେ
କେଉଁ ଜୀବନଲୋଭୀ କବିର
କଲମ ଚାତୁରୀରେ ଏବଂ

ଏ ଜାତିର ଇତିହାସକୁ ବିକଳାଙ୍ଗ କରି
ଉପସ୍ଥାପନ କରାଯାଇଛି ତା'ର ସିଂହ ଶାବକକୁ।

ଯେଉଁଦିନ ଭୟର ଭୂତ
ହଟିଯିବ ଆକାଶରୁ
ଆଉ ନଈବାଲିରୁ ପାଇକମାନେ
ଫେରିଆସିବେ ଆପଣାର ଭୁଲ୍ ବୁଝି
ସେଇଦିନ,
ମାଦଳ ଠାକୁରର ହାତ-ଗୋଡ଼ରେ
କଅଁଳି ଉଠିବ ମାଂସ
ନଇଁ ଯାଇଥିବା ମେରୁଦଣ୍ଡକୁ
ସିଧାକରି ଠିଆହେବ ଏ ଜାତି
ସାମ୍ନା କରିବ ସୂର୍ଯ୍ୟକୁ
ବିଶ୍ୱ ଦରବାରରେ
ସଦର୍ପେ ଘୋଷଣା କରି କହିବ:
ମୁଁ ଓଡ଼ିଆ, ମୁଁ ଓଡ଼ିଆ ॥

■
ରଚନାକାଳ : ୧୯୮୬

କବି

କବି,
କ'ଣ ବୋଲି ସମ୍ବୋଧନ
କରିବି ତମକୁ ଜାଣେନି
କାରଣ, ତମେ ସକାଳ ପରି ପବିତ୍ର, ତେଜିଆନ।
ଜଳି ଯାଅ, ଜାଳିଦେଇ ଯାଅ
ଜ୍ୱଳନର ଅସଂଖ୍ୟ ଦୀପାଳି
ଅମାବାସ୍ୟାର ଛାତିର ସ୍ମୃତିରେ।

ପ୍ରତି ରକ୍ତରେ, କୋଷରେ କୋଷେଇଯାଅ
ଅସରନ୍ତି ପ୍ରେମର ବୀଜ ପରି
ଯାହା ମରେନା, ମରିପାରେନା।

କବି, ଯଦି ପାରୁଛ
ତମର ସମସ୍ତ ଶକ୍ତି ପ୍ରୟୋଗ କରି
ଆଘାତ କର ମୋର ଦେହ ଉପରେ
ନିଗିଡ଼ିଯାଉଥିବା ପ୍ରତିଟି ରକ୍ତ ବିନ୍ଦୁରେ
ରଙ୍ଗେଇଦେଇ ଯାଅ ମୋର ପରିଚିତ ଭୂଖଣ୍ଡକୁ
ଟେକିନେଇଯାଅ କଲମ ମୁନରେ
ମାନଚିତ୍ରକୁ ମୋର କଳ୍ପିତ ସିଂହାସନକୁ।

ବାସ୍, ତା'ପରେ ତମର ଛୁଟି
ସେଇ ତ ତମର ପୂର୍ଣ୍ଣତା।

■
ରଚନାକାଳ : ୧୯୮୨

କବି ପ୍ରତି

(ମୋ ସମୟର କବିମାନଙ୍କୁ)

(୧)

ସମୟ ଏବେ ବି
ଅପେକ୍ଷାରତ ତମ ପାଇଁ
କାରଣ, ସୂର୍ଯ୍ୟ ଭୁଲିଯାଇଛି
ତା'ର ସକାଳର ପ୍ରତିଜ୍ଞା
ଏବଂ ଈଶ୍ୱର ନାମକ ଅଦୃଶ୍ୟ ବ୍ୟକ୍ତିଟି
ଆଉ ଶୁଣିପାରୁନି
ଅସହାୟ ମଣିଷର ଅଭିଯୋଗ ।

ହାତମୁଠା ଯେତେ ଶକ୍ତ କଲେ ବି
ଥରିଯାଉଛି କେଉଁ ଆତତାୟୀର ଧମକରେ
କଲମର କାଳି ମଣିଷର ତାଜା ରକ୍ତ ପରି
ଝରିଯାଉଛି ଶୋଷିଲା ମାଟିରେ
ଅନ୍ଧକାର ମାଡ଼ି ଆସୁଛି ପ୍ରତି ମୁହୂର୍ତ୍ତରେ
ଦିଗନ୍ତର ହାଡ଼ର ରେଲିଂ ଭାଙ୍ଗି
ମୋର ସିନ୍ଦୁକ ପାଖକୁ, ଯେମିତି
ଦୁର୍ଦ୍ଦାନ୍ତ ଅନୁପ୍ରବେଶକାରୀ !

ମୁଁ ଠିଆ ହୋଇଛି ସତ୍ୟର ଏରୁଣ୍ଡିବନ୍ଧରେ
ଯେମିତି ତମର ପ୍ରିୟତମ ମାନଚିତ୍ର
ଚାଲିଚାଲି କ୍ଳାନ୍ତ ଓ ଅବଶ ।
ସାହିତ୍ୟରେ, ରାଜନୀତିରେ, ଧର୍ମରେ, ସଂସ୍କୃତିରେ
ସବୁଠି ଅନୁପ୍ରବେଶକାରୀମାନଙ୍କ
ଭୀଷଣ ଷଡ଼ଯନ୍ତ୍ରରେ କ୍ଷତାକ୍ତ
ସବୁଠି ରକ୍ତର ଛିଟା
ଝର୍କାରେ, କବାଟରେ, କାନ୍ଥରେ, ବିଛଣାରେ, କବିତାରେ

ସବୁଠି ମୋର ବିଦାରିତ ଦୃଶ୍ୟପଟ୍ଟ
ଅପେକ୍ଷାରତ ତମେ କିମ୍ବା ତମମାନଙ୍କ
ଶବ୍ଦର ଜୀବନ୍ୟାସ ପାଇଁ।

(୨)
କବି ! ଝର୍କାକଡ଼ର ଗୋଲାପ
ଦେଖିବାର ବେଳ ଏ ନୁହେଁ
ଏ ନୁହେଁ ଚେଇଁ ଶୋଇବାର ବେଳ।
ଯେତେବେଳେ ସାଲିସ୍ କରିପାରୁନି
ଯେତେବେଳେ ଜନଗହଳି ଭିତରେ
ଯୁବତୀଟିଏ ଧର୍ଷଣ ହେବାର ଦୃଶ୍ୟ ଦେଖି ବି
ଚୁପ୍ ରହିଯାଉଛି ମଣିଷ,
ଯେତେବେଳେ ଦେଶର ବେତାରକେନ୍ଦ୍ରରୁ
ଦୁର୍ନୀତି ଏକ ଅନନ୍ୟ ସାଧାରଣ କଳା ବୋଲି
ପ୍ରଚାର ହେଉଛି ବାରମ୍ବାର
ଯେତେବେଳେ ବିଦେଶକୁ ରପ୍ତାନୀ ହେଉଛି
ଉତ୍ତର ଦାୟାଦଙ୍କ କଙ୍କାଳ
ଏବଂ ପ୍ରଗତି ନାମରେ ସ୍ୱାଧୀନ ଭାରତବର୍ଷର
ସ୍ୱପ୍ନକୁ ଚାପି ଦିଆଯାଉଛି
ନାଲିଫିତା ବନ୍ଧା ଫାଇଲ୍ ଭିତରେ
ଆଉ ନିଜର ଜୀବନ ସୁରକ୍ଷିତ ନୁହେଁ ବୋଲି
ଅନୁଭବ କରିପାରୁଥିବା ବେଳେ
ତମେ କେମିତି ଶୋଇପାରୁଛ ନିଘୋଡ଼ ନିଦରେ
ସ୍ୱପ୍ନ ଦେଖିପାରୁଛ ଭାବି ସକାଳର
କେମିତି ସାମିଲ୍ ହୋଇପାରୁଛ
ସେଇ ଗତାନୁଗତିକ ଶବ୍ଦର ପାରାୟଣରେ
ହାଁ' ଜୀ, ହାଁ' ଜୀ କରିପାରୁଛ
ସିଂହାସନ ତଳେ ଭାଟ କବି ପରି !

କୁଆଁକୁଆଁ ଶବ୍ଦର କୁହାନାଳଠାରୁ
କଇଁକଇଁ କାନ୍ଦର କାରୁଣ୍ୟ ପର୍ଯ୍ୟନ୍ତ
ଆମେ କ'ଣ ସବୁଠି ସାମ୍ନାକରୁଥିବା
ସେଇ ସଇତାନ୍‌ମାନଙ୍କ ବିକଳାଙ୍ଗ ଖିଆଲକୁ
ଏବଂ ଚାଳଘରର ଗମ୍ଭିରୀ ଭିତରେ ବସି
ବୁଢ଼ୀ ମା'ଠାରୁ ଶୁଣୁଥିବା
ସେଇ ପ୍ରାଗ୍ ଐତିହାସିକ ଅସୁର ଓ ଦାନବଙ୍କ
ଗଳ୍ପ ସମ୍ପର୍କରେ !
ସବୁଠି ଆମେ କ'ଣ ଭେଟୁଥିବା
ଆମର ପେଟ-ପିଠିର ନିଅଣ୍ଟିଆ ଜୀବନକୁ
ସେମାନଙ୍କ ଉଶୃଙ୍ଖଳ ଚିନ୍ତା ଓ ସ୍ୱାର୍ଥର ଖଡ୍‌ଗରେ !!

କବି ! ଚାରିକାନ୍ଥର ବେଷ୍ଟନୀ ମଧ୍ୟରେ
ଚଷମାଦିଆ ଆଖିରେ
ଜ୍ୱଳନ୍ତ ପୃଥ୍ୱୀକୁ ଦେଖିବାର ବେଳ ଏ ନୁହେଁ।

ଆ, ମୁକୁଳି ଆ, ଅହଂକାରର ସିଂହାସନରୁ
ଆ, ମୁକୁଳି ଆ, ଦୁର୍ବଳ ସ୍ୱପ୍ନର ଚୌହଦୀରୁ
ଆ, ମୁକୁଳି ଆ, ସାଁବାଳୁଆର ଖୋଳରୁ
ଆ, ମୁକୁଳି ଆ, ଶବ୍ଦର ଚୌର୍ଯ୍ୟ ନଗରରୁ
ଆ, ମୁକୁଳି ଆ, ଅଇଁଠାପତ୍ରର ଅବଶିଷ୍ଟାଂଶରୁ
ଆ, ମୁକୁଳି ଆ, ଦିଗନ୍ତର ଅନ୍ଧାରରୁ
ଆ, ଆଗେଇ ଆ, ରାସ୍ତାକୁ ଶବ୍ଦର ବୋମା ଧରି
ତୋ'ର ହକ୍ ଦାବି ମାଗିବାକୁ
ମାଗିବାକୁ କୋଟିକୋଟି ମଣିଷର ସ୍ୱପ୍ନ।

କବି ! ଝର୍କାକଡ଼ର ଗୋଲାପ ଦେଖିବାର
ବେଳ ଏ ନୁହେଁରେ,
ଗୋଲାପ ଦେଖିବାର ବେଳ ଏ ନୁହେଁ ॥

■

ରଚନାକାଳ : ୧୯୮୪

କାଳିଆ

କହିଦେଉନୁ:
ଖାତକ ଭର୍ତ୍ତି ମୋ
ବଡ଼ଦାଣ୍ଡରେ ପାଦ ରଖିବୁନି !

କହି ଦେଉନୁ:
ଫୁଲଫଳ ଭର୍ତ୍ତି ମୋ
ବଗିଚାରେ ହାତ ଦେବୁନି !

କହିଦେଉନୁ:
ରକ୍ତମଖା ମୋ ଅର୍ଜିତ ସମ୍ପତ୍ତି
ମାଟି, ଗୋଡ଼ି, ପାଣି ଓ ପବନକୁ
ଆଡ଼ ଆଖିରେ ଚାହିଁବୁନି ! !

ସତକଥାକୁ ଦକ କିଆଁ ?
ହକ୍‌କଥାକୁ ଡର କିଆଁ ? ?

ତୋ'ର କଉଁ ମୁହଁ ଅଛି ଯେ
କଥା କହିବୁ ହାଟରେ ।
ତୋ'ର କଉଁ ଭେକ ଅଛି ଯେ
ନାଟ ଦେଖେଇବୁ ବାଟରେ ! !

ସଞ୍ଚିଛୁ ତ ସଞ୍ଚୁଥା'
ଦିନ ନାହିଁ ରାତି ନାହିଁ
ଖାଲି ଥେଣ୍ଟ ପୋଷୁ ଥା' ॥

ତୋ କରମକୁ ଅନ୍ତ ନାହିଁ
ତୋ ଇଲତକୁ ସରମ ନାହିଁ ॥

ସମସ୍ତେ କହନ୍ତି:
ତୁ ପରା ମୋ ମାଆର ଭାଇ
ଯୁଗଯୁଗକୁ ସାହା
ତୁ ପରା ମୋ ବାପର ଶଳା
ଦୁଃଖିଙ୍କୁ ଚଉବାହା ॥

ମୋ ପଣି ମୋତେ ଦେଇଦେ:
ତୋ ଦୁଆରର ମହାପ୍ରସାଦକୁ
ଛି କରିଦେଲି
ମୋ ନଳାପେଜ ଥୋଇ ଦେ ॥

ନଚେତ୍ କହୁଛି:
ଦାଣ୍ଡରେ ଫିଟେଇ
ହାଟରେ ଗଡ଼େଇ
ତୁ ମାରିଥିଲୁ ତୋ ମାମୁକୁ
ମୁଁ ମାରିବି ତୋତେ
କାଳକାଳ ପାଇଁ କଥା ରହିଯିବ
ଦେଖିବୁ ପୁଅ ମୋତେ ॥

■
ରଚନାକାଳ : ୧୯୮୨

କକବାୟା

ମାଆ, ମୋତେ ଆଉ ଧମକାନା
କକବାୟା ଆସିଗଲା କହି ମୋତେ ଆଉ ଭୁଲାନା
ହାତୀ ଦେବି, ଘୋଡ଼ା ଦେବି,
ଡିଙ୍କି ଦେବି, ବଗ ଦେବି କହି
ଯେତେବେଳେ ନାହିଁନାହିଁର ନିଷ୍ଠୁର ହାତ
ଜାବି ଧରିଛି ମୋର ବେକକୁ।

କକବାୟା ଏକ ଧମକ : ରାମ ସାଉକାର ପରି
କକବାୟା ଏକ ମିଛ ଆଶ୍ୱାସନା : ନେତାଙ୍କ ଭାଷଣ ପରି
କକବାୟା ଏକ ଛଳନା : ବାପାଙ୍କ ମିଛକଥା ପରି
କକବାୟା ଏକ ପ୍ରତିଦ୍ୱନ୍ଦ୍ୱୀ : ଖଣ୍ଡିଏ ରୁଟିପରି।

କକବାୟା ମୋର ଶତ୍ରୁ
ମୋର ରକ୍ତରେ ଜମାଟ ବନ୍ଧା
ଜଡ଼ତାର ଶତ୍ରୁ।

ତୋ'ର ଦୁଃଖ:
ମୋ ବେକରୁ ହଜିଯାଇଥିବା
ଡେଉଁରିଆ ପାଇଁ,
ମୋର ଦୁଃଖ:
କକବାୟା ଭାଙ୍ଗି ଦେଇଥିବା
ମୋର ପ୍ରିୟ ଖେଳନା ପାଇଁ।

ମୋ ଆଖିରେ ଆଖିଏ ସ୍ୱପ୍ନ
ଓଠରେ ଓଠେ ଶବ୍ଦ ଓ
ହାତ ପାଦରେ ଖୁଜ୍‌ବୁଜ ହେଉଥିବା
ମୋର ହକ୍ ଦାବି ପାଇଁ।

ଅନ୍ଧାରରେ ମୋତେ
ଛାଇ କରିଦେ ନା ମା'
ସକାଳର ସୂର୍ଯ୍ୟଟିଏ କରିଦେ'
ଅନ୍ଧାରରେ ଛପିଛପି ଆସୁଥିବା
ମୁଖୋସ୍‌ଧାରୀ ସଇତାନଙ୍କ ପାଇଁ
ମୋତେ ମଶାଲଟିଏ କରିଦେ'
ବୀର ବେଶରେ ସଜେଇ ଦେ'
ମୋର ବର୍ତ୍ତମାନକୁ।

କକବାୟା ଆସିବ ତ ଆସୁ
ପରବାୟ ନାହିଁ
ହାତରୁ ଖେଳନା ଛଡ଼େଇନେଇ
ବନ୍ଧୁକ ଧରେଇ ଦେ'।

ମା' ମୁଁ ତାକୁ ସାମ୍ନା କରିବି
ମୋର ନିଶକ୍ତ ପାଦରେ ମୁଁ ଲଢ଼ିବି
ଅସତ୍ୟ ଓ ଅନ୍ଧାର ବିରୁଦ୍ଧରେ ॥

■
ରଚନାକାଳ : ୧୯୮୬

କଙ୍କାଳ ସଙ୍ଗୀତ

ବହୁଦିନ କଟିଗଲା ନିରବରେ
ଚୁପଚାପ୍ ଧାର୍ମିକଙ୍କ ଉପଦେଶ
କି ନେତାଙ୍କ ଭାଷଣ ଶୁଣିଶୁଣି
ତଥାପି ଖସିପଡ଼େ ଅଣ୍ଟାର ଖୋସଣି
ହଜିଯାଏ ଖୁସିର ଦୋ'ଅଣି ।

ଅଡ଼ତିରିଶ ତମ
ସ୍ୱାଧୀନତା ଦିବସ ସ୍ପନ୍ଦନ ହୀନ
ମୋତେ ରୋମାଞ୍ଚିତ କରେନା
କାରଣ ଅନେକ ସ୍ୱପ୍ନର କଟାମୁଣ୍ଡରୁ
ନପୁଂସକର ହସ ଏବେ ବି ଆଘାତ କରେ
ମୋର ଅନ୍ତରଙ୍ଗ ପ୍ରଶ୍ନମାନଙ୍କୁ ।

ସ୍ୱପ୍ନରେ ସୁଦ୍ଧା ଭାବି ନ ଥିଲି
ମୋର ପିତୃବ୍ୟଙ୍କ ରକ୍ତ ରଞ୍ଜିତ
ତ୍ରିରଙ୍ଗୀ ପତାକା ତଳେ ଠିଆହୋଇ
ମୋତେ ପୁଣି ଫେରି ଆସିବାକୁ ହେବ
ଦାସତ୍ୱର ନିପୀଡ଼ନକୁ,
ପେଟରେ ଓଦାକନା ଓ ଦାନ୍ତରେ ତିରଣ ଦେଇ
ପୁଣି ଶୋଇବାକୁ ହେବ ତୃଷିତ ମାଟିରେ ॥

ଯେଉଁ ଦେଶର ସ୍ୱାଧୀନତା
ତା'ର ପ୍ରତିଟି ସନ୍ତାନକୁ
ବଞ୍ଚିବାର ନିର୍ଭର ପ୍ରତିଶ୍ରୁତି ଦେଇପାରେନା

ସେପରି ଫମ୍ପା ସ୍ୱାଧୀନତାକୁ
ମୁଠାଏ ଭାତ ବିନିମୟରେ
ମୁଁ ବିକ୍ରି କରି ଦେଇପାରିବି
ଅସଂଖ୍ୟ ନିରନ୍ନ କଣ୍ଠର ହାହାକାରପାଇଁ।

ବଞ୍ଚିବାକୁ ମୁଠାଏ ଭାତଦିଅ
ନିଅ ମୋର ସ୍ୱାଧୀନତା,
ପିନ୍ଧିବାକୁ ଖଣ୍ଡେ ଲୁଗାଦିଅ
ନିଅ ମୋର ସାମ୍ରାଜ୍ୟ,
ମୁଣ୍ଡ ଗୁଞ୍ଜିବାକୁ ଟିକେ ଜାଗା ଦିଅ
ନିଅ ମୋର ସ୍ନେହ,
କ୍ରୋଧୀ ସମୟରେ ପହରା ଭିତରେ
ଟିକେ ହସପାଇଁ ଚୁମାଟିଏ ଦିଅ,
ଆଲିଙ୍ଗନ କର,
ନିଅ ମୋର ସମଗ୍ର କବିତା।

ବହୁଦିନ ଢୁଳଉଥିବା ଆଖିମାନେ
ଏବେ ସଚେତନ
ଜୀବନ୍ମୃତ କଙ୍କାଳମାନେ ଏବେ ତେଜୀୟାନ
ପାଚିଲା ଲୁହାପରି ଲାଲ୍ ଆମର ରକ୍ତ
ଆମର ଘଟଣାଭର୍ତ୍ତି ଦିନ।

ଏଇ ଗୀତଟି ମୁଁ ସେ ପର୍ଯ୍ୟନ୍ତ ବୋଲି ଚାଲିଥିବି
ଯେପର୍ଯ୍ୟନ୍ତ ଏ ମାଟି ମୋର ନ ହୋଇଛି
ମୋର ପ୍ରିୟତମ ମାଟିର କୃଷ୍ଣକାୟ ଆତ୍ମାକୁ
ମୁଁ ଗର୍ଭସ୍ଥ ନ କରିଛି ଛାତି ଭିତରେ
ଆଉ ମୋର ସହଯାତ୍ରୀମାନଙ୍କୁ
ମୁଁ କୋଳେଇ ନ ନେଇଛି ଉଷ୍ମ ଆହ୍ଲାଦରେ !

ସେଇ ସମୟ ନ ଆସିବା ପର୍ଯ୍ୟନ୍ତ
ମୁଁ କେମିତି କହିବି ଏ ମାଟିକୁ ମୋ'ର ବୋଲି
ଯିଏ ଅସ୍ୱୀକାର କରେ ମୋ'ର ଦୀର୍ଘ ଦିନର
ସ୍ୱପ୍ନିଳ ଜୀବନକୁ ଛଳନାର ରଙ୍ଗୀନ ଛଟାରେ
ଏବଂ ମୋ'ର ଚଳମାନ ସ୍ଥିତିର ଦୂରନ୍ତ ମୋହକୁ
ହତ୍ୟା କରୁଥାଏ ଏଠି, ସେଠି, ସବୁଠି
ସବୁ ମୁହୂର୍ତ୍ତରେ ॥

∎

ରଚନାକାଳ : ୧୯୮୫

କୋଣାର୍କ ସୁନ୍ଦରୀ

ତୁମେ ଆସିଲେ
ସୁବାସିତ ହୋଇଯାଏ ଆକାଶ
ଗୋଡ଼ି, ମାଟି, ପାଣି ଓ ପବନ ଗହଗହ ବାସେ,
ଫୁଲିଉଠେ ନିଥର ମୁହୂର୍ତ୍ତ।
ଠିକ୍‌ଠାକ ହୋଇଯାଏ କଳକବ୍‌ଜା
ଭଙ୍ଗାଇଟା ଯୋଡ଼ିହୋଇ ଗଢ଼ିଉଠେ ପୂର୍ଣ୍ଣାଙ୍ଗ ଦେଉଳ
ଯା' ଭିତରେ ରହିଯାନ୍ତି କୋଟିକୋଟି ଚନ୍ଦ୍ର, ସୂର୍ଯ୍ୟ, ଚଉଦ ବ୍ରହ୍ମାଣ୍ଡ।

ଗବାକ୍ଷ ଫାଙ୍କରେ ଅନେଇଲେ
ଦେଖାଯାଏ ଶୋକାର୍ତ୍ତ ରାସ୍ତାଟି
ଯେଉଁଠି ହଜିଯାଇଛି ମୋର ଦୁଇପାଦ:
ଆଗକୁ ଚାହିଁଲେ ଦିଶେ ବିକଳାଙ୍ଗ ଇତିହାସ, ଶୀର୍ଣ୍ଣ ସରହଦ
ଯେଉଁଠି ଗଢ଼ିଛି କେତେ ବାଲିଘର
ଲେଖିଛି ଆପଣା ନାମ, ହୃଦର ଅତର
କିନ୍ତୁ ହାୟ; ସମୁଦ୍ର ନେଇଛି ପୋଛି କାମୁକ ପଣରେ
ଗଢ଼ିଦେଇ ଅସହାୟ ଶବ୍ଦଙ୍କ କବର।

କିଛିଦିନ ଶାନ୍ତହେଲି
ଉତ୍କଣ୍ଠାରେ ଝରିଗଲା ବିନ୍ଦୁବିନ୍ଦୁ ଝାଳ
ଝାଳରୁ ସମୁଦ୍ର ହେଲା ଯାହା ମୋର ସୃଷ୍ଟ ଏବଂ ମୋର କାଳ,
ଶ୍ରାବଣର ଯନ୍ତ୍ରଣାରୁ ମୁକ୍ତିଲଭି ଖୋଜିଲି ମୁଁ ବସନ୍ତର କୋଳ
ଚୋଫା ଜହ୍ନ, ପରିତ୍ୟକ୍ତ ସଙ୍ଗୀତର ସୁର
ସେ ଲହର ସର୍ପ ହେଲା ଚାହୁଁ ଚାହୁଁ ଛୁଇଁଗଲା କୂଳ
ସୂର୍ଯ୍ୟୋଦୟେ ମୁଁ ହସିଲି ଦେଖିତୁମ ଅବିନ୍ୟସ୍ତ ପାଦଚିହ୍ନ
ବିନ୍ଧାଣିର କମ୍ର ଭାସ୍କର୍ଯ୍ୟରେ;
ସଞ୍ଜହେଲେ ମୁଁ କାନ୍ଦିଲି ପବନର ତୀକ୍ଷ୍ଣ ଗଞ୍ଜଣାରେ।

ଆଲୋକ ଲିଭେଇଦେଲା ତୁମ ଛବି, ପଳାୟନ ଚିତ୍ର
ଅବକ୍ଷୟ ସ୍ମୃତି ଓ ରୂପର ବୈଚିତ୍ର୍ୟ ଯାହାର ପୁନରାବୃତ୍ତି ଘଟେ ନିତି
ପରାଶବ୍ଦେ, ମୋ ହୃଦ କନ୍ଦରେ
ଇତିହାସ ଜୀର୍ଣ୍ଣପୃଷ୍ଠା, ସଂସ୍କୃତି ଗର୍ଭରେ
ବିଜଡ଼ିତ ଘଟଣାର ଅସହାୟତାରେ।

ତୋହରି ବିମୂର୍ତ୍ତ ସତ୍ତା
ମୁଗ୍‌ଧକରେ ଚେତନାର ସ୍ତରେସ୍ତରେ
ସ୍ନିଗ୍‌ଧକରେ ତରୁ ବୀଥିକାରେ
ଅଜସ୍ର ଚୁମାରେ ଆଙ୍କିଦିଏ ବିକଳାଙ୍ଗ ଧରିତ୍ରୀର ଦେହ
ପ୍ରତିଦିନ ପ୍ରତିନିୟତରେ
ତୋ ଛାୟାରେ ଭରିଯାଏ ମୋ ରକ୍ତ ହୃଦୟ।

କଲମରେ କାଳି ଭରି ଉଠେ
ଅବସନ୍ନ ଅବୟବୁଁ ତନ୍ଦ୍ରାଳସ ତୁଟେ
ପଦ୍ମପତ୍ରେ ଢଳଢଳ ତୋ ପ୍ରଶାନ୍ତ ମୂର୍ତ୍ତି
ଦେଇଯାଏ ଶକ୍ତି ଓ ସାମର୍ଥ୍ୟ
ଭାଷା କୋଟିକମ ଏବଂ ଉଜ୍ଜ୍ୱଳତା
ନିରବଧି ଶାନ୍ତିର ବାର୍ତ୍ତା ଶୁଣେଇ
ଦେଇଯାଉ ବଞ୍ଚିବାର ଇଚ୍ଛା, ଜାଗିବାର ଅଦ୍ୟମ ପିପାଶା।

ତେଣୁ ତୋତେ ଭଲପାଏ ମଶାଣିରେ ହଜିବା ପର୍ଯ୍ୟନ୍ତ
ଯନ୍ତ୍ରଣାରେ ଜନ୍ତି ହୋଇ
ତୋ କୋଳରେ ଶୋଇବା ପର୍ଯ୍ୟନ୍ତ ॥

■
ରଚନାକାଳ : ୧୯୮୨

କୁମ୍ଭୀର ପିଠିରେ ଫୁଲ

ଶୂନ୍‌ଶାନ ରାତିବେଳା
ଅଶ୍ଳୀଳ ଶବ୍ଦର ହସରେ
ଫାଟିପଡୁଛି ସାମ୍‌ନା ପୃଥିବୀ,
ମତୁଆଲା ପବନର ହାତ ଆଉଁସାରେ
ଶୋଇପଡ଼ିଛି ମାଟିର ଉଷ୍ଣତା।

ଯିଏ ମୋତେ ଛାଡ଼ିଯାଇଛି
କୁମ୍ଭୀର ପିଠିରୁ ଫୁଲ ତୋଳିବାକୁ
ତାକୁ ସୁମରଣା କରିବାର ବେଳ ଏ ନୁହେଁ,
ଇଚ୍ଛାରେ, ଅନିଚ୍ଛାରେ, ସ୍ପର୍ଶରେ, ଅସ୍ପର୍ଶରେ,
ରୂପରେ, ଅରୂପରେ ଯିଏ ମିଳେଇ ଯାଇଛି
ଅକାତକାତ ବଢ଼ିପାଣିରେ
ଇର୍ଷା, ଘୃଣା, ଅହଙ୍କାର
ଛଳନା ଓ ଭୟଙ୍କର ବିରକ୍ତିରେ
ପରୀକ୍ଷା କରୁଛି ଖଣ୍ଡାଧାରରେ
ଯନ୍ତ୍ରଣାର ଗଇଁ ବାହାରି କାବୁହେଉଛି ନିଃସ୍ୱ ମଣିଷ
ବ୍ୟକ୍ତିଗତ ଦୁଃଖର ଲଙ୍କା ଧୂଆଁରେ।

ଅବିକା ଛାଏଁଛାଏଁ ହାତ ଯୋଡ଼ିଯାଏ
ଦୁର୍ବଳ ଭାବନାର ଅସ୍ଥିରତାରେ
ଛାଟିପିଟି ହୁଏ ଏକ୍‌ଲା ମୁହୂର୍ତ୍ତ
ନାକ କାନରେ ପାଣି ପଶିଲେ ବି
ଅଣନିଃଶ୍ୱାସୀ ତିନିଗାର ମଧ୍ୟେ
ମୁଁ ବି ଖଞ୍ଜା ସ୍ୱପ୍ନ ଦେଖେ।

ଅପରିଚ୍ଛନ୍ନ ଜଙ୍ଗଲି ରାସ୍ତାରେ
ମାୟାବତୀ ଇଚ୍ଛାଙ୍କ ରାଣଖାଇ
ଆକସ୍ମିକ ଘଟଣାଙ୍କ ଚିହ୍ନା ମୁହଁ ସବୁ
ସଖା ସହୋଦର ପରି
ଝାମ୍ପି ନିଅନ୍ତି ସୁଖର ସଉଦା,
ଭୋକିଲା ଶିଶୁଙ୍କ ଛଳଛଳ ମୁହଁ
ଲୋଟିଯାଏ ପାଦତଳେ ମୋର।

ସମୁଦ୍ରରେ ନିଆଁ ଲାଗିଯିବା ପରେ
ଏବେ ନଈରେ ପାଣି ପଡ଼ିଛି।
ଛାଡ଼ିଆସିଥିବା ମୁହୂର୍ତ୍ତଙ୍କୁ ନେଇ
ସୁହାଗ କରୁଛି ରାତିଦିନ,
ସୁଖର ସଳିତା ଚେଇଁ, ଦୁଃଖର ଆଖିରେ ଅଞ୍ଜନ ନେସୁଛି
କଳା କିଟିକିଟି ଅନ୍ଧାର ରାତିରେ
ଥରଥର କମ୍ପିତ ଶବ୍ଦରେ ଡାକେ
ଥରେ ମାତ୍ର ଦେଖାଦିଅ !
ଏଠି ଆଉ କିଏ ଅଛି ଯେ
ଆତ୍ମୀୟତାର ସରମରେ ଝାଉଁଳିଯିବି
ଲାଜୁକଳି ଲତା ପରି, ଗାର କାଟିବି ଓଦା ମାଟିରେ
ନୀରବିତ ସ୍ମିତହାସ୍ୟରେ ଭସେଇଦେବି ଇଚ୍ଛାର ପୃଥିବୀ
ଅଭିମାନର କୁହୁଡ଼ି ଧୂଆଁରେ
ଉଝେଇଦେବି ଦୁଃଖର ଆୟୁଷ ॥

■

ରଚନାକାଳ : ୧୯୮୧

କାହିଁକି ଏମିତି ହେଲି

କାଲି ପ୍ରଭାତରେ ସୂର୍ଯ୍ୟ ଯେତେବେଳେ
ଉଇଁଆସିବ ମୋର ଛିଣ୍ଡା କୁର୍ତ୍ତାର ପକେଟରୁ
ସେତେବେଳେ ମୋ ମୁଣ୍ଡ ଉପରେ
ଅଜାଡ଼ି ହୋଇପଡ଼ିବ ଦୁଃଖର ଆକାଶ
ବଜ୍ରପାତ ହେବ ମୋର ଆତ୍ମାର ଚୌହଦୀରେ
ଏବଂ ଏକ ନୂତନ ସତ୍ୟକୁ ସାମ୍ନାସାମ୍ନି କରିବି ମୁଁ।

କାଲି ପ୍ରତ୍ୟୁଷରେ ଛଅ ମାସର ଘରଭଡ଼ା ବାକି
ବାବଦରେ ମୋତେ ଘରମାଲିକ
ବାହାର କରିଦେବ ବସାଘରୁ।
ଜଳଖିଆ ଦୋକାନୀ ଠୁଁ ଜଳଖିଆ
ପାନ ଦୋକାନୀଠୁଁ ପାନ, ସିଗାରେଟ୍, ହୋଟେଲ୍ ବାଲାଠୁଁ ମିଲ୍
ଲୁଗା ଦୋକାନୀଠୁଁ ପ୍ୟାଣ୍ଟ ସାର୍ଟ, ଔଷଧ ଦୋକାନୀଠୁଁ ଔଷଧ
ଆଉ ବହି ଦୋକାନୀଠୁଁ ବହି ଓ ପତ୍ରପତ୍ରିକା
ଧାର ବାକି କରି ଆଣିଥିବା ଅଭିଯୋଗରେ
କାଲି ସକାଳେ ସେମାନେ ବାଣ୍ଟିନେବେ ମୋର ରକ୍ତ ମାଂସ
ସେମାନଙ୍କ ନ୍ୟାଯ୍ୟ ଅଧିକାର
ହାୟ, ଧାର୍ ବାକିରେ ଗଢ଼ା ହୋଇଯାଇଛି ମୋର ଜୀବନ
ମୋ ଦେଶର ମାଗିଅଣା ସ୍ୱାଧୀନତା ପରି।

ପଚାରୁଛ, କାହିଁକି ଏମିତି ହେଲି!
କାହିଁକି ହଜେଇଦେଲି ସବୁ ସ୍ୱପ୍ନ
କାହିଁକି ଶୋଷିନେଲି ଜୀବନର ସବୁତକ ଦୁଃଖ
ବାଛିନେଲି ଜ୍ୱଳନର ମାର୍ଗ!!

ମୁଁ ବି ହୋଇପାରିଥା'ନ୍ତି
ତମ କୁହା ସଫଳ ମଣିଷଟିଏ
ଯଦି କେବେ ପରଖି ନ ଥା'ନ୍ତି ମଣିଷକୁ ତା'ର ମଣିଷ ପଣିଆ ସହିତ
ମୁଁ ବି ହୋଇ ପାରିଥା'ନ୍ତି ପିତା ମାତାଙ୍କର ଅବାଧ୍ୟ ସନ୍ତାନ
ଅନ୍ୟୁନ ଦଶ ହଜାର ଟଙ୍କା ଅନୁଦାନ ଦେଇ
କେଉଁ ବେସରକାରୀ କଲେଜର ଅଧ୍ୟାପକ
ଦାଦାଗିରି କରିପାରିଥା'ନ୍ତି ନିଜ ଅଞ୍ଚଳରେ
ରାଜନୀତି କରି ଶୋଷି ପାରିଥା'ନ୍ତି ଆତ୍ମୀୟମାନଙ୍କୁ।
ମୁଁ ବି ଖୁନ୍ କରିପାରିଥା'ନ୍ତି
ମୋର ଦାରିଦ୍ର୍ୟକୁ ଉପହାସ କରି ମନ୍ତବ୍ୟ ଦେଇଥିବା
ଗର୍ବୀ, ଅହଙ୍କାରୀ ସହପାଠିନୀକୁ।
ମୁଁ ବି ସନ୍ତ୍ରାସବାଦୀ ହୋଇପାରିଥା'ନ୍ତି
ଅରାଜକତା ସୃଷ୍ଟିକରି ପାରିଥା'ନ୍ତି ରାଜ୍ୟ ସାରା
ହତ୍ୟା, ଲୁଣ୍ଠନ ଓ ଧର୍ଷଣରେ ଭୟଭୀତ କରି ରଖିପାରିଥା'ନ୍ତି
ମୋର ପ୍ରିୟତମ ଦେଶର ମାନଚିତ୍ରକୁ, ମୋର ହାତ ମୁଠାରେ।
ମୁଁ ବି ନିୟନ୍ତ୍ରଣ କରିପାରିଥା'ନ୍ତି
ମୋ ଦେଶର କଳୁଷିତ ଶାସନକୁ
ଜନସେବା ନାମରେ ଲୁଟିପାରିଥା'ନ୍ତି ରାଜକୋଷ
କରିପାରିଥା'ନ୍ତି କୋଠା ବାଡ଼ି ଇମାରତ
ଗାଡ଼ି, ଘୋଡ଼ା, ସୁନ୍ଦର ବଙ୍ଗଳା।
ମୁଁ ବି ଖରିଦ କରି ପାରିଥା'ନ୍ତି
ରାଜ୍ୟର ସର୍ବଶ୍ରେଷ୍ଠ ସୁନ୍ଦରୀକୁ ମୋର ଅଙ୍କଶାୟିନୀ ରୂପେ
ମୁଁ ବି ସୁନା ରୂପାର କୋଠଘର ଉପରେ
ଚକାମାଡ଼ି ବସିପାରିଥା'ନ୍ତି ଈଶ୍ୱରଙ୍କ ପରି
କହି ପାରିଥା'ନ୍ତି - 'ସବ୍ ବାୟଁ ହାତ୍ କା ଖେଲ୍।'

ଏମିତି କିଛି ହୋଇ ପାରିଲିନି।
କାରଣ ପ୍ରତି ମୁହୂର୍ତ୍ତରେ ମୋର ଭିତରର ମଣିଷଟି
ମୋତେ କଣ୍ଟାଛାଟ ପିଟିଲା ବୋଲି

ଏବଂ ଅନ୍ୟକୁ ଭଲପାଇ ନିଃସ୍ୱ ହେବାର କଳାଟି
ମୁଁ ଆପେଆପେ ଶିଖିନେଇଥିଲି ବୋଲି।

କାଲି ସକାଳେ ଗୁଡ଼ାଏ ଅମଣିଷଙ୍କ
ଘୃଣା ଓ ତିରସ୍କାର ଭିତରେ
ମୁଁ ମଣିଷଟିଏ ପରି ଚାଲିଯିବି ଏ ସହରରୁ
ରିକ୍ତ ହସ୍ତରେ, କାଗଜ କଲମ ଓ
କେତେକ ଶବ୍ଦର ପୁଞ୍ଜି ନେଇ
ଯାହା ଅନାବଶ୍ୟକ ସେମାନଙ୍କ ପାଇଁ
ଯାହା ସେମାନେ ଛଡ଼େଇନେଇ ପାରିବେନି
ମୋର ଭିତରର ମଣିଷ ପାଖରୁ।

ଆଜି ହାତରେ ମୋର କିଛିନାହିଁ
ମଣିଷର ହୃଦୟଟିଏ ଓ କିଛି ଶବ୍ଦ ବ୍ୟତୀତ।
କାଲି ସକାଳେ ଆରମ୍ଭ ହେବ
ମୋର ପ୍ରକୃତ ଜୀବନ ଯାତ୍ରା, ବଞ୍ଚିବାର ଅଗ୍ନି ପରୀକ୍ଷା
ଏତିକି ପୁଞ୍ଜି, ଏତିକି ସମ୍ବଳରେ।

ସେଇ ଜୀବନ ଇ ମୋର କାମ୍ୟ।
ଦହକା ନିଆଁରେ ଜଳିଜଳି ସାର ହୋଇଯିବା
ଏବଂ ଅନ୍ୟମାନଙ୍କ ପାଇଁ ବଞ୍ଚିବାର ଚାରାଟିଏ ପୋତିଦେଇଯିବା।

ପଚାରନି, କାହିଁକି ଏମିତି ହେଲି
ପଚାର, ଏହାପରେ ଆଉ କ'ଣ?
ଉତ୍ତର ଦେବ ମୋର ଶବ୍ଦ
ମୋର କବିତା, କାଲି ସକାଳର ॥

∎

ରଚନାକାଳ : ୧୯୮୫

କବିତା ପଢ଼ିବତ ଆସ

ସମସ୍ତଙ୍କୁ ନିମନ୍ତ୍ରଣ କରାଯାଇଛି,
ସମସ୍ତେ ଆସିବେ ହାତରେ
ଶ୍ରେଷ୍ଠ କବିତା ଧରି ।

ମଲ୍ଲୀଫୁଲର ହାର ଗୁନ୍ଥାହୋଇ ରହିଛି
ବାସଚନ୍ଦନ ବଟା ହୋଇ ରହିଛି
ଆଉ ଦୁର୍ନୀତିଗ୍ରସ୍ତ କର୍ମଚାରୀଙ୍କ ଠାରୁ
ପ୍ରାପ୍ତ ମୋଟା ଅଙ୍କର ଚାନ୍ଦାରେ
ମାଂସ, ପଲଉ ଓ ବିଦେଶୀ ପାନୀୟର ବି
ଆୟୋଜନ ହୋଇଛି ।

କବିତା ଆସର ଏଥର ବେଶ୍ ଜମିବ
ଦୁଇ ଚାରିଜଣ ପାଠିକା ବି
ସଂଗୃହିତ ହୋଇଛନ୍ତି ପାଖ ଲଜିଂରୁ ।

ତମେ ପଢ଼ିବ, ମୁଁ ଶୁଣିବି
ତାଳି ମାରିବି, ବାହାବା କରିବି
ତା'ପରେ ମୁଁ ତମରି ସ୍ଥାନରେ
ଏବଂ ତମେ ମୋ ସ୍ଥାନରେ
ଆମେ ପରସ୍ପରକୁ ଶୁଣେଇ ଚାଲିଥିବା
ନିଜର କୃତିତ୍ୱ, ସେଇ ରୁଦ୍ଧ କୋଠରୀରେ ।

ବାହାରେ ତା'ର ପ୍ରତିଧ୍ୱନି ସବୁ
ମିଳେଇ ଯାଉଥିବ କର୍ମକ୍ଳାନ୍ତ ମଣିଷର ପାଦ ଶବ୍ଦରେ
ସାମାନ୍ୟ ଟିକିଏ ପ୍ରଭାବ ବି ପଡୁ ନ ଥିବ
ହାତରେ କଟୁରୀ ଧରି

ନିଦାଘ ଖରାରେ ପଇଡ଼ କାଟୁଥିବା
ଲୋକଟି ଉପରେ କିମ୍ବା
ଭିକମାଗି ବୁଲୁଥିବା ଭିକ୍ଷାଥାଳରେ।

ରାଜେନ୍ଦ୍ର ଆସିବେ, ଫନୀ ଆସିବେ,
ପ୍ରସନ୍ନ ଆସିବେ, ସୁରେଶ, ହୃଷିକେଶ,
ଶତ୍ରୁଘ୍ନ, ଗୌତମ, ଅମରେନ୍ଦ୍ର,
ସୌଭାଗ୍ୟବନ୍ତ, ସୁନୀଲ, ବିଜୟ, ଗୋକୁଳ,
ବିକ୍ରମ, ଦେବେନ୍ଦ୍ର ସମସ୍ତେ ଆସିବେ
ଯେଝାର ଥାଟରେ, ଭିନ୍ନ ଢଙ୍ଗରେ।

ତା'ପରେ ଗୋଲ ଗୋଲ ଅକ୍ଷରରେ
ଲେଖା ହୋଇଥିବା କବିତାର ପୃଷ୍ଠାସବୁ
ଅଭାବୀ ଝାଡ଼ୁଦାରର ଅଭ୍ୟସ୍ତ ହାତରେ
ଠୁଙ୍ଗା ହୋଇ ବିକ୍ରିହେବେ ବଜାରରେ
ଏବଂ ଶବ୍ଦ ସବୁ ବାଦାମ ଚୋପାପରି
ଖୁଣ୍ଟାହୋଇ ଫିଙ୍ଗାହେବେ ନର୍ଦ୍ଦମାକୁ।

ତମେ କ'ଣ କବିତାରେ
ସନ୍ତୁଷ୍ଟ କରିପାରିଛ ନିଜକୁ
ଖଞ୍ଜିଦେଇ ପାରିଛ ଫେରିବାଲାର ଭାଷା !
ବୁଝେଇ ପାରିଛ
ସିଂହଦ୍ୱାରରେ ବସିଥିବା ଭିକାରିଟିକୁ
ରୁଦ୍ରାକ୍ଷମାଳାଟିଏ ପରି ଲମ୍ବିଯାଇ ପାରିଛ
ବିପନ୍ନ ମଣିଷର ବେକରେ
ଆଘାତ କରି ପାରିଛ ଅପସଂସ୍କୃତିର ମେରୁଦଣ୍ଡକୁ !

ନା,
ଅହଙ୍କାରର ଛତ୍ରଛାୟା ତଳେ
ଭଦ୍ର ପୋଷାକର ଆବରଣ ଭିତରେ
ତମେ ସେମିତି ନିର୍ଦ୍ଦିଷ୍ଟ ଦୂରତା ମାପି ବସିଛ
ଯେମିତି ଧୂଳି ଟିକିଏ ଲାଗି ନ ଯାଏ
ତମ କୁଞ୍ଚକାନିରେ
ମାଟିର ଗନ୍ଧ ଟିକିଏ ବାଜି ନ ଯାଏ
ତମ ନାକରେ
ରଙ୍ଗ ଟିକିଏ ପୋଛି ନ ଯାଏ ଝାଳରେ
ତମେ ଯେଉଁ ଦୂରତାରେ ଥିଲ
ଠିକ୍ ସେଇ ଦୂରତାରେ ବର୍ତ୍ତମାନ।

କବିତା ପଢ଼ିବତ ଆସ,
ଧୂ ଧୂ ଖରାରେ ଜଳିପୋଡ଼ି
ପାଉଁସ ହୋଇଯାଉଥିବା ମାଟିରେ ବସି
କବିତା ପଢ଼ିବା,
ତାଟି କବାଟ ପଡ଼ିଯାଉଥିବା ଦୁଆର ଖୋଲି
ସେମାନେ ନିଶ୍ଚୟ ଆସିବେ
ସତ୍ୟର କୋଳାହଳକୁ
ନିଶ୍ଚୟ ଫେରିବେ
ଶବ୍ଦର ବଡ଼ଦାଣ୍ଡକୁ
ସ୍ୱାଗତ କରିବେ ତମକୁ, ତମର କବିତାକୁ।

କବିତା ପଢ଼ିବତ ଆସ,
ମୁଁ ବାଟ କଢ଼େଇ ନେଉଛି ମଝି ରାସ୍ତାକୁ।

ଯେତେ ଗୁଳି ଅଛି
କୁଢ଼େଇ ଦିଅ ମୋ ଛାତିରେ
ଯେତେ ପ୍ରେମ ଅଛି

ଅଜାଡ଼ି ଦିଅ ମାଟିରେ
ବାସ୍, ମୋର କହିବାର କଥା ଏତିକି
ଏତିକି କହିବା ପାଇଁ
ମୁଁ ଆସିଥିଲି ମଞ୍ଚକୁ ତରବରରେ
ସମସ୍ତଙ୍କୁ ସମ୍ଭାଷଣ ଜଣେଇ
ପୁଣି ଫେରିଯାଉଛି ପ୍ରଚ୍ଛଦପଟକୁ ॥

∎

ରଚନାକାଳ : ୧୯୮୫

କବିତା ପାଇଁ କବିତାଟିଏ

କବିତାର କିଛି ଭୂମିକା ନ ଥାଏ ସୁଧୀଜନେ !
କଞ୍ଚନ ଫୁଲର ହସରେ ହସରେ
ଝଙ୍କୃତ ହେଉଥାଏ ଏକ ଦୁଃଖଦ ଇତିବୃତ୍ତ ।

ଫୁଲଟିର କିଛି ଅଭିଯୋଗ ନ ଥାଏ ସୁଧୀଜନେ !
କୋଳାକୋଳିର ନିରବ ସାମ୍ରାଜ୍ୟରେ
ସ୍ରବୁଥାଏ ମକରନ୍ଦ ।

ଆପଣେଇ ନେଲେ ସାକ୍ଷାତ ଈଶ୍ୱରୀ
ଦୂରେଇ ଦେଲେ କୁତ୍ସିତ ଅସୁରୀ !

କ୍ଷୀରାବ୍ଧି କୋଳରେ ଫୁଟନ୍ତା ଫୁଲର
ଦୁଃଖ ନ ଥାଏ ସୁଧୀଜନେ !
ଫୁଲ ଜନ୍ମେ ଆପଣା ଇଚ୍ଛାରେ ମରେ ପୁଣି ଆପଣା ଇଚ୍ଛାରେ
ସ୍ପର୍ଦ୍ଧିତ ଗୁହ୍ମାଳୀ ଗୁନ୍ଥି ପାରେନି ପ୍ରେମର ଗଜରା ହାର
ସକାଳ ପାଲଟିଯାଏ ଛୁଞ୍ଚିଫୁଟା
କ୍ଲିଷ୍ଟ ଖରାବେଳେ ।

ଫୁଲ କେବେ ବାସ୍ନାହୀନ ନ ଥାଏ ସୁଧୀଜନେ !
ଦି' ଆଞ୍ଜୁଳା ସୁଖ ଦୁଃଖ
କୁଢ଼େଇ ଦିଅ ତା' ମୂଳରେ
ଅନ୍ଧାରର ବୁକୁଚିରି
ଫୁଟନ୍ତା କଢ଼ିର ଲାଲ ରଙ୍ଗରେ
ହୁଏତ ରଙ୍ଗେଇଯିବ ପୂର୍ବାକାଶ
ଧୂଷର ଦିଗନ୍ତର ନାଲିଓଠରେ ହୁଏତ
ପ୍ରତିଫଳିତ ହେବ ସ୍ୱପ୍ନିଳ ସୂର୍ଯ୍ୟୋଦୟ ॥

■
ରଚନାକାଳ : ୧୯୮୫

କିଛି ଶୋଷ, କିଛି ଉଚ୍ଚାରଣ

ହାତ ବଢ଼େଇଦେଲେ
ଯଦି ମିଳିଯା'ନ୍ତା ଇନ୍ଦ୍ରପଦ
ପାଦ ଥୋଇଦେଲେ
ଯଦି ମିଳିଯାନ୍ତା ନିରଙ୍କୁଶ ସାମ୍ରାଜ୍ୟ
ଛାତି ପାତିଦେଲେ
ଯଦି ମିଳିଯାନ୍ତା ଆକାଂକ୍ଷିତ ପ୍ରେମର ଅଳିନ୍ଦ
ଆଉ କଲମ ଛୁଇଁଦେଲେ
ଯଦି ମିଳିଯାନ୍ତା କବିତାର ଶ୍ରେଷ୍ଠ କେଇପଦ
ତେବେ ରାତାରାତି ଲମ୍ବା ଦାଢ଼ି
ବସନ୍ତ ଦାସ ବି ପାଲଟି ଯାଆନ୍ତା ସାକ୍ଷାତ ଈଶ୍ୱର
ଆଉ ଈଶ୍ୱର ତା'ର ବୋକଚାବୋହା ଚାକର ।

ଗୋଟିଏ ଡାକରେ ଉତ୍ତର ଦିଅନ୍ତେ
ପୃଥିବୀର ଚାରିଶହ କୋଟି ଲୋକ
ରଗ୍‌ଣ ଆତଙ୍କରେ ସନ୍ତ୍ରସ୍ତ ବିଶ୍ୱର ରକ୍ଷା ପାଇଁ
ମୁଁ ଟେକିଧରନ୍ତି ଗିରି ଗୋବର୍ଦ୍ଧନ,
ପିଲାଦିନର ପେଣ୍ଡୁଖେଳ ପରି
ସମସ୍ତ ସଞ୍ଚିତ ବୋମାକୁ ଫିଙ୍ଗିଦିଅନ୍ତି
ଜନପଦର ଦୂରକୁ, ଦୂରକୁ
ସଜେଇଦିଅନ୍ତି ପ୍ରତିଟି ପଦପାତରେ ପୁଷ୍ପର ସମ୍ଭାର ।

ଅଥଚ୍ ସବୁକିଛି ହୋଇପାରେନା ଆକସ୍ମିକ ।
ଏକସମୟରେ ମୁକୁଳିତ ହୁଏନା ଉଦ୍ୟାନର ସମସ୍ତ ମୁକୁଳ
ଫୁଲିଉଠେନା ଜୁଆରୀ ନଈର ଛାତି
ଗର୍ଭସ୍ଥ ହୁଏନା ସମସ୍ତ ସଞ୍ଚିତ ରେତ କି
ପ୍ରସବୀ ହୁଏନା ଜୀବନର ପ୍ରାଣଖୋଲା ଡାକ ।

ଅଶୋକ ଅଟକିଯାଏ ଧଉଳିଗିରିରେ
ମୁଣ୍ଡ ଉପରେ ମାଡ଼ିଆସୁଥାଏ ବ୍ୟର୍ଥତାର ହାହାକାର
ସଯତ୍ନ ବର୍ଦ୍ଧିତ ଶ୍ୟାମଳ କ୍ଷେତରେ ଚରିଯାଉଥାଏ ଉନ୍ମତ୍ତ ବୃଷଭ
ଉଲ୍‌କାଖଣ୍ଡ ପରି ମାଟି ଛୁଉଁ ନ ଛୁଉଁଣୁ
ମିଳେଇଯାଉଥାଏ ସମ୍ବର୍ତ୍ତକ ମେଘ।

ପାହାଡ଼ ଚଢ଼ାରୁ କେବେ ବିରତ ହୁଏନା ନରକର କୀଟ
ସର୍ବଶେଷ ପ୍ରଚେଷ୍ଟାରେ ମଣିଷ ଚିରଦିନ
ଦିଗହଜା ପକ୍ଷୀ ପରି ଏ ଡାଳ ସେଡାଳ।
କଲମ ଛୁଟୁଥାଏ, ଲଙ୍ଗଳ ଚଷୁଥାଏ
ପଥର ଭାଙ୍ଗୁଥାଏ, ସୌଧ ଗଢୁଥାଏ
ଚଢ଼ା ଉତ୍ତାରାରେ ଆଗେଇଚାଲିଥାଏ
ବସନ୍ତ ଦାସ।

ଏମିତି ଚିରକାଳ
ଶେଷ ରକ୍ତବିନ୍ଦୁର ମିଳନ ପର୍ଯ୍ୟନ୍ତ,
ଯେ ପର୍ଯ୍ୟନ୍ତ ନ ମିଳିଛି ଅନନ୍ତ ସ୍ୱାକ୍ଷର
ଗୋଟାଏ ନିର୍ଭୁଲ ପ୍ରତିଶ୍ରୁତି ଛାଡ଼ି ନ ଯାଇଛି
ଶବ୍ଦହୀନତାର ସମୁଦ୍ର ମଝିରେ
ଯେପର୍ଯ୍ୟନ୍ତ ସ୍ୱର୍ଣ୍ଣାଭ ନ ଦିଶିଛି
ଆଲୋକିତ ରଙ୍ଗମଞ୍ଚ ପରି
ଏବଂ ଚନ୍ଦନର ବାସ୍ନା ଖେଳି ନ ଯାଇଛି
ତା'ର ତ୍ରିକାଳର ସୃଜନ ନିଶାରେ ॥

■
ରଚନାକାଳ : ୧୯୮୪

କୋଇଲା ଖୁଣ୍ଟି ବଞ୍ଚୁଥିବା ଝିଅଟି

ଟ୍ରେନ୍‌ର ଗତି ମନ୍ଥର ହୋଇଯାଏ
ସେଇ ନର୍ଥ କେବିନ୍ ପୂର୍ବରୁ ଆପେଆପେ
କୋଇଲା ଖଣ୍ଡ ସବୁ ଖସିପଡ଼ନ୍ତି
ଚାଉଳ ଦାନା ପରି ଆକାଶରୁ
ଏବଂ ଟ୍ରେନ୍ ଚାଲିଯିବାପରେ ଦୁର୍ଲଭ ବସ୍ତୁ ଗୁଡ଼ିକୁ
ଝିଅଟି ଗୋଟେଇନିଏ ନିଜ ଟୋକେଇରେ
ଆଉ ଟ୍ରେନ୍‌କୁ ଧନ୍ୟବାଦ ଜଣେଇ
ବାହାରି ପଡ଼େ ସହରକୁ।

ଏମିତି ନିତିଦିନ ଝିଅଟି ଠିଆ ହୋଇଥାଏ
ପାଛିଆଟି କାଖରେ ଥୋଇ
ଓ ମୁହଁରେ ମେଞ୍ଚାଏ ହସର ଫୁଲ ଫୁଟେଇ
ସେଇ ଅପନ୍ତରା ଭୂଇଁରେ।

କିଏଜାଣେ, କାହିଁକି ସେଠି ନିତି
ଟ୍ରେନ୍ ଅଟକି ଯାଏ
କେଉଁ ବୃଦ୍ଧ ଡ୍ରାଇଭରର ଦୟାରେ
ଅବା ସେଇ ପନ୍ଦର କି ଷୋହଳ ବର୍ଷର
ଝିଅଟିର ଚିରାଲୁଗା ଡେଇଁ
ଫୁଟି ଉଠୁଥିବା ଉଦ୍ଧର ଯୌବନ ଲୋଭରେ
କିଏଜାଣେ ?

ଟ୍ରେନ୍‌କୁ ହୁଏତ ପଚାରିଲେ କହିବ ସେ ତା'ର ଇତିକଥା।
ତା'ର ଛାତିରେ ଟ୍ରେନ୍ ଇଞ୍ଜିନ୍‌ର ଗର୍ଜନ
ଦେହରେ ବସନ୍ତର ହୁଇସିଲ୍
ଆଖିରେ ଆଗକୁଆଗକୁ ମାଡ଼ି ଯିବାର ସ୍ୱପ୍ନ
କୋଇଲା ତା'ର ଭାତଗୁଣ୍ଡା, ଫୁଟିବା ତା'ର ଜୀବନ।

ଝିଅଟିର ନଜର ନାହିଁ ବାହାରର ପୃଥିବୀ ସମ୍ପର୍କରେ
ଟ୍ରେନ୍ ଦୁର୍ଘଟଣା, ପ୍ଲେନ୍ ହାଇଜାକିଂ, ହତ୍ୟା, ଲୁଣ୍ଠନ
ଅତ୍ୟାଚାର, ବୋମା ବିସ୍ଫୋରଣ, ନିର୍ବାଚନ, ବେକାରୀ ବୃଦ୍ଧି ବିଷୟରେ
ସେ ମଧ୍ୟ ଖବର ରଖେନି କେଉଁ କବିର କବିତାକୁ
କି ଦୁଃଖ ପ୍ରକାଶ କରେନି ତା'ର କରୁଣ ମୃତ୍ୟୁରେ
ଏପରିକି ନିରୋଳା ରାସ୍ତାରେ
ଧର୍ଷିତା ହେବାର ଭୟ ବି ତା'ର ନ ଥାଏ
କୌଣସି ମୁହୂର୍ତ୍ତରେ ।

ସବୁ ସୁଖ ଦୁଃଖକୁ ଟୋକେଇରେ ପୂରେଇ
ସେ ଯେମିତି ଆଗେଇ ଚାଲିଛି
ରେଳ ଧାରଣା କଡ଼େକଡ଼େ ବ୍ୟସ୍ତ ପୃଥିବୀ ପରି ।

ଭଙ୍ଗା ଚାଳଘରେ ଖୁଁ ଖୁଁ କାଶୁଥିବା ବୃଦ୍ଧ ବାପ ପାଇଁ ପଥ୍ୟ ଦରକାର,
ପାଠପଢ଼ା କରି ନ ଥିବା ଅଭିଯୋଗରେ
ସ୍କୁଲରୁ ମାଡ଼ଖାଇ ଫେରିଆସିଥିବା ସାନଭାଇ ପାଇଁ
କିଛି ସାନ୍ତ୍ୱନା ଦରକାର,
ସଇତାନ୍ ପରି ଧସେଇ ଆସୁଥିବା ସମୟ ପାଇଁ
କିଛି ନିଆଁ ଦରକାର ।

ତେଣୁ ତା'ର ବଞ୍ଚିବା ପାଇଁ
ଜୀବନର ଯେ କୌଣସି ମୂଲ୍ୟ ଦେବାକୁ ବି ସେ ତୟାର ।

ଏମିତି କୋଇଲା ଖୁଣ୍ଟୁଖୁଣ୍ଟୁ ହୀରା ଖଣ୍ଡେ ଯେ ମିଳି ନ ଯିବ
ସେ କଥା କିଏ କହିବ !!

■
ରଚନାକାଳ : ୧୯୮୪

କୁବୁଜା ଓ ଅନ୍ୟାନ୍ୟ ପ୍ରେମ କବିତା

॥୧॥

ମଝି ରାସ୍ତାରେ ବାଟ ଆଗଲୁଛି କିଏ ?
କୁବୁଜାର ସ୍ତନ ନା ତା'ର କୁବ୍‌ଜ ? ?

ଚନ୍ଦନ ଲେପିଲେ ଚନ୍ଦ୍ରାଲୋକ
କର୍ପୂର ଛିଞ୍ଚିଲେ କଳ୍ପଲୋକ
ପୁଷ୍ପ ଖସିଲେ ମର୍ତ୍ତ୍ୟଲୋକ
କୁବୁଜାର ସ୍ତନରେ ପଲଟୁଥାଏ
ସପ୍ତଲୋକର ଆଦି ଅନ୍ତ ।

କୁବୁଜାକୁ ସ୍ତନ ମାଗିଲେ
କୁବ୍‌ଜ ବଢ଼େଇଦିଏ ଯେ
କୁବ୍‌ଜରୁ ଝରିଆସେ ଅମୃତ
ଶ୍ୱେତାମ୍ବରୀର ଶ୍ୱେତାମ୍ବରକୁ
ଚିତ୍ରିତ କରୁଥାଏ ଭାବର ଭିକ୍ଷୁକ ।

କୁବ୍‌ଜା ମୋତେ ଅପେକ୍ଷା କରେନି ଯେ
ମୁଁ ଅପେକ୍ଷା କରିଥାଏ ତ୍ରିଛକି ରାସ୍ତାରେ
ଚିରକାଳ
କୁବ୍‌ଜାର ସ୍ତନକୁ
ଏବଂ ମୋ'ର
ଆକାଂକ୍ଷିତ ଦୁର୍ଲଭ କ୍ଷଣକୁ ।

॥୨॥

ଥରୁଟିଏ ଯଦି
'ଆ' ବୋଲି କହିଦିଅନ୍ତୁରେ
ଅଯୌବନା ନାରୀ
ଡେଇଁପଡ଼ନ୍ତି ମୁଁ ନିଆଁକୁ

ଘାଣ୍ଟିପକାନ୍ତି ନର୍କକୁ
ନର୍କରୁ ସ୍ୱର୍ଗକୁ ।

ଥରୁଟିଏ ଯଦି
'ଆହା' ବୋଲି କହିଦିଅନ୍ତୁରେ
ମମତାମୟୀ ନାରୀ
ଅକୁଣ୍ଠ ଚିତ୍ତରେ ମୁଁ ଚଳୁ କରିଦିଅନ୍ତି
ପୃଥିବୀର ସମସ୍ତ ଦୁଃଖ ଓ ଯନ୍ତ୍ରଣା ।

ସେଇ 'ଆ' କିମ୍ବା 'ଆହା' ପରି
ଆତ୍ମୀୟ ଶବ୍ଦର ବଶୀକରଣକୁ ମୁଁ ଚାତକରେ ପ୍ରିୟତମା !

ଅନୁଭବୀର ଇଚ୍ଛାରେ ତୁ ସୁଷମା ତ
କେତେବେଳେ ଅଳଙ୍କାରୀ ଉପମା
ମୋ'ର ତ୍ରିକାଳର ।

।।୩।।
ହଜାରବାର ଶବ୍ଦ ଭେଦିଲେ ବି
ତୁ ପ୍ରତିଶବ୍ଦ
ହଜାରବାର ଶବ୍ଦ ତେଜିଲେ ବି
ତୁ ଅଶବ୍ଦର ଶବ୍ଦ
ତେଣୁ ତୋତେ ହଜାରବାର
ରମଣ କଲେ ବି ମୁଁ ଅତୃପ୍ତ
କୁଆଁକୁଆଁ ଶବ୍ଦର ଝଙ୍କାର ଠାରୁ
କଇଁକଇଁ କାନ୍ଦର କାରୁଣ୍ୟ ପର୍ଯ୍ୟନ୍ତ ।

।।୪।।
ଯେତେଥର ମୁଁ ମୋର ସଞ୍ଚିତ ଶକ୍ତି ରୋପିଛି
ତୋ'ର ଭବଦ୍ୱାରରେ

ସେତେଥର ତୁ ଉଦ୍‌ଗାରି ଦେଇଛୁ ଅକ୍ଷତ ।
କହ, କହ ଆଉ କେଉଁ ମନସାଦ
ହାଡ଼ ମାଂସ, ରକ୍ତର ସମ୍ଭୋଗ ?
ମୋତେ ପ୍ରାପ୍ତ ତୋତେ ବା ଅପ୍ରାପ୍ତ !
ତୋତେ ଜ୍ଞାତ ମୋତେ ବା ଅଜ୍ଞାତ !!

॥୫॥
ତୋର ଅଜବ ଅସ୍ତିତ୍ୱ ଯେଉଁଠି
ମୋ'ର କଲମ ଅଟକିଯାଏ ସେଇଠି ।
ଫୁଲର ସୁପାତି ପାତି
ତୋତେ ଆବାହନ କରୁଥିବା ଓଠରେ
ଥରେ ଚୁମିଦେ'ରେ ବାୟାଣୀ,
ମୋ'ର ରକ୍ତାକ୍ତ ହାତ ପାପୁଲିରେ
ଥରେ ଲେଖିଦେଇ ଯା' ତୋ ନାଁ, ଗାଁ, ଠିକଣା
କେବଳ ଥରୁଟିଏ ଆସିନ ହୋଇ ଯା'
ମୋ'ର କାନ୍ଧ ଉପରେ ବୃନ୍ଦାବତୀ ପରି ଯେ
ଜୀବନସାରା ଏକ ଲମ୍ବା ପ୍ରେମପତ୍ର ଲେଖିଲେଖି
ମୁଁ ଉଡ଼େଇଦେବି ଆକାଶକୁ
ପ୍ରେମର ପଣତକାନିରେ ମୁଁ ଘୋଡ଼େଇଦେବି
ମୋ'ର ଯାବତୀୟ ଅପବାଦର ଚିହ୍ନ ।

ମୋ'ର ଅଜ୍ଞାତ ଜନ୍ମଦିନ ପରି ବି
ମୋର ମୃତ୍ୟୁ ଗୋପ୍ୟ ରହିଯିବ
ତୋ'ରି ଛାତିରେ
ବହୁରଙ୍ଗୀ ଅଭୟାରଣ୍ୟରେ ॥

■
ରଚନାକାଳ : ୧୯୮୪

କିଛି ସମୟ ପୂର୍ବରୁ ଆସିବାର ଥିଲା

କିଛି ସମୟ ପୂର୍ବରୁ ମୋର ଆସିବାର ଥିଲା
ଯେତେବେଳେ ଭାଗ ବଣ୍ଟୁରା ହେଉଥିଲା
ଦେଶର ସ୍ୱାଧୀନତା
ଖଦଡ଼ ପଞ୍ଜାବୀର ପକେଟରୁ ପକେଟକୁ,
ଯେତେବେଳେ ଅସହାୟ ମଣିଷର ସ୍ୱପ୍ନସବୁ
ଚୋରାଚାଲାଣ ହେଉଥିଲେ
ଛଦ୍ମବେଶୀଙ୍କ କୋଠ ଖମାରକୁ।

କିଛି ସମୟ ପୂର୍ବରୁ ମୋର ଆସିବାର ଥିଲା ଏବଂ
ମୁହଁରେ ଚୁଙ୍ଗାଦେଇ
ସମସ୍ତଙ୍କୁ ଶୁଣେଇବାର ଥିଲା
ପରବର୍ତ୍ତୀ ପରିଣାମ ସମ୍ପର୍କରେ
ବାରହାତ ଖଣ୍ଡା ଧରି ମୋର ମ୍ଳେଚ୍ଛ ନିଧନ କରିବାର ଥିଲା
ଅନ୍ଧାରରୁ ମୋତେ ବହୁ ପୂର୍ବରୁ ଆସିବାର ଥିଲା।

ମୁଁ କବି ବସନ୍ତ ମୁଦୁଲି
ଗୋଟାପଣି ଓଡ଼ିଶା ଦେଶର
ମୋର କବିତାରେ ସାରା ଭୂଗୋଳକୁ
ଚରିଯିବାକୁ ମୁଁ ପ୍ରସ୍ତୁତ,
ମୋତେ ବାଧା ଦେବ, ଏତେ ବହପ କାହାର!
ଯଦି କେହି ପ୍ରତିଦ୍ୱନ୍ଦ୍ୱୀ ଅଛି
ଆସୁ, ମୁଁ ସାମନା କରିବାକୁ ତିଆର୍।

ମୋର ପ୍ରତିଦ୍ୱନ୍ଦ୍ୱୀ ହୋଇ ଯିଏ ଜନ୍ମ ନେବ
ସିଏ ହୋଇଥିବ ଠିକ୍ ମୋ'ରି ପରି
ପ୍ରେମିକ ପୁରୁଷ, ମାଟିର ପ୍ରେମିକ

ପ୍ରତିଟି ରକ୍ତବିନ୍ଦୁରେ ସୃଷ୍ଟି କରିବ କବିତା
ଯାହା ପ୍ରତିଧ୍ୱନିତ ହେଉଥିବ
ପ୍ରତିଟି ମଣିଷର କଣ୍ଠରେ
ଲେଖିହୋଇଯାଉଥିବ ପ୍ରତିଟି ଧଳା କାଗଜରେ ।

ମୋର ପ୍ରତିଦ୍ୱନ୍ଦ୍ୱୀ ଜନ୍ମ ନେବ ମୋର ଶବ୍ଦ ଚୁପ୍ ହୋଇଯିବା
ପରେ ।
ଯେଉଁ ସ୍ଥାନରେ ମୁଁ ବର୍ତ୍ତମାନ ତାହାର ଶୂନ୍ୟ କବର ଉପରେ
ଅସଂଖ୍ୟ ରକ୍ତ ଜମାଟ ବାନ୍ଧିବା ପରେ ।

ଏବେ ଯେତିକି ସମୟ ଅଛି ମୋର ହାତ ମୁଠାରେ
ସେତିକି ସମୟ ଭିତରେ
ମୁଁ ତମକୁ ହସେଇ ପାରିବି, ତତେଇ ପାରିବି
କନ୍ଦେଇପାରିବି, ରଗେଇପାରିବି ଆଉ
ଏତକ ଶକ୍ତି ଅଛି ବୋଲି ତ ମୁଁ ତମ ସାମ୍ନାରେ ଠିଆଠିଆ
ସବୁଠି, ସବୁ ମୁହୂର୍ତ୍ତରେ ।

ପୃଥିବୀ ଓ ଆକାଶ ମଝିରେ ଠିଆହୋଇ
ନିଜକୁ ଜାହିର କରୁଥିବା କବିଟି ବିରୁଦ୍ଧରେ
ଯଦି କିଛି ପ୍ରତିବାଦ ଅଛି ତେବେ ଆସ,
ମୋତେ ଚଢ଼େଇଦିଅ ଫାଶିଖୁଣ୍ଟକୁ
ଅସ୍ତ୍ରର ଦାଢ଼ରେ ପରଖିନିଅ ମୋର କବିତାକୁ
ହେଲେ ମୋ'ରି ସ୍ଥାନରେ ଠିଆ ହୋଇ
ଫେରେଇଆଣ ମୋ'ର ପ୍ରିୟତମ ଭୂଖଣ୍ଡକୁ
ନର୍କର ଦ୍ୱାରଦେଶରୁ ଫେରେଇଆଣ
ଆମର ଅପହୃତ ସ୍ୱପ୍ନଙ୍କୁ
ଢିଲା ସମ୍ପର୍କକୁ ॥

■

ରଚନାକାଳ : ୧୯୮୪

ଖେଳପଡ଼ିଆରେ ଜୀବନ

କାହିଁ କେଉଁ ନିସ୍ତବ୍ଧ ସୂର୍ଯ୍ୟାସ୍ତ ବେଳରୁ
ନଗ୍ନ ବିଶ୍ୱାସର ଦିକ୍‌ଦିକ୍ ମଶାଲଟି ଜାଳି
ସେମାନେ ଉଭାନ ହୋଇଗଲେ
ନିର୍ମମ ସତ୍ୟର ନାଭିକେନ୍ଦ୍ରକୁ ।

ଏପର୍ଯ୍ୟନ୍ତ ସେମାନଙ୍କ
ଯିବା ଘାସମାନେ ବି ସଳଖି ନାହାନ୍ତି
ବିସରପି ଯାଇଥିବା ଘା’ ସବୁ ବି
ବକଡ଼ା ଛାଡ଼ି ନାହାନ୍ତି ନଈ ତୁଠରେ ।

ଏବେ ଆକାଶରୁ ରଙ୍ଗ ଝରୁନି ଯେ
ରକ୍ତ ଝରୁଛି ମାଆର ସ୍ତନରୁ
ଗବ୍‌ଗବ ଦୁଃଖର ଭାତ ହାଣ୍ଡିରୁ,
ମାଟିରୁ ଶବ୍ଦ ଶୁଭୁନି ଯେ
କାନ୍ଦଣା ଶୁଭୁଛି,
ଅସହାୟତାର ଚୁଲିକନ୍ଧାରୁ
ଉଷୁମ ନିଦର ଶୁଷ୍କ ଅଗଣାରୁ ଉଠି
ହାଇ ମାରୁଥିବା ବୀଜର ଗର୍ଭରୁ ।

ଖରାକୁ ଡରିଲେ ଖାଡ଼ାଖାଡ଼ା ଉପାସ
ତରାକୁ ଡରିଲେ ଘରେ ସର୍ବନାଶ ।
ଝୁଣ୍ଟି ପଡ଼ିଲେ ନଖ ସନ୍ଧିରୁ
ଜକେଇ ଆସୁଥିବା ରକ୍ତବିନ୍ଦୁ
ଯେଉଁଠି ପଡ଼ିଲେ ବି ରକ୍ତବୀର୍ଯ୍ୟ

ଧର୍ମକ୍ଷେତ୍ର ହିଁ ଯୁଦ୍ଧକ୍ଷେତ୍ର
ଯୁଦ୍ଧକ୍ଷେତ୍ର ହିଁ
ଧର୍ମକ୍ଷେତ୍ରର ଚିରା ପୋଷାକ।

କେବେ ମାଟିରେ ବହିଥିଲା
ଲାଲ୍ ଗଙ୍ଗାର ଉଦାତ୍ତ ସ୍ରୋତ
ମୋକ୍ଷ ପାଇଥିଲେ ଶତଶତ ରାଜପୁତ୍ର
କେଉଁ ଶୁଭଯୋଗର
ପ୍ରଶାନ୍ତ ମଧ୍ୟାହ୍ନରେ।

ତା'ପରେ କେତେ ଅଭିଶାପର ବର୍ଷା
ତୁହାକୁ ତୁହା ବର୍ଷି ଯାଇଛି ମାଟିରେ
ନିରୀହ ମେଣ୍ଢାଛୁଆ ପରି
ବେକ ଥୋଇଛି ମଣିଷ
ବଞ୍ଚିବାର କୁଚ୍ଛ ସାଧନାରେ
ହାତ ପାହାନ୍ତାରେ ଝୁଲୁଥିବା ସତ୍ୟଟିକୁ
ହାତେଇବାକୁ ଡିଆଁ ମାରି ନାକେଦମ୍
ସଭ୍ୟତାର ମଝି ଖୁଣ୍ଟକୁ ଶବ୍ଦ ଫୋପାଡ଼ି ଫୋପାଡ଼ି
ସହସ୍ର ବର୍ଷର ଖରାକୁ ଆତ୍ମସ୍ଥ କରି
ଚନ୍ଦ୍ରଠାରୁ ଆହୁରି ସଫେଦ ହେବାକୁ
ଚେଷ୍ଟା କରିଛି ॥

■

ରଚନାକାଳ : ୧୯୮୩

ଗତ ରାତିର ଦୃଶ୍ୟ

କାଲି ରାତିରେ
ଝର୍କା କଡ଼ରେ ଆକାଶ ଦିଶୁଥିଲା
ଅସଂଖ୍ୟ କୌରବଙ୍କୁ ଜନ୍ମ ଦେଇଥିବା
ବାପାଙ୍କ ଚିନ୍ତାଗ୍ରସ୍ତ ମୁହଁ ପରି
ଉଦାସୀନ ।

କାଲି ରାତିରେ
ଜ୍ୟୋସ୍ନାସ୍ନାତା ମାଟି ଦିଶୁଥିଲା
ଅନେକ ଶୋଷଣ ଓ ଅତ୍ୟାଚାରରେ
ରୋଗଗ୍ରସ୍ତା ମା'ର ଶିଠୁଆ ଦେହ ପରି
ଜରାଜୀର୍ଣ୍ଣ ।

କାଲି ରାତିରେ
ନିର୍ଭୟରେ ମୋ ପାଖରେ ଶୋଇଥିବା
ପତ୍ନୀର ମୁହଁ ଦିଶୁଥିଲା
କୁରୁସଭା ତଳେ
ପାଞ୍ଚାଳୀର ବିବସ୍ତ୍ର ମୁହଁ ପରି
ଶ୍ରୀ ହୀନ ।

କାଲି ରାତିରେ
ମେରିଙ୍କ କୋଳରେ
ଯୀଶୁ ଦିଶୁଥିଲେ
ଅସହାୟ ଶିଶୁଟି ପରି ।

ଯଶୋଦା କୋଳରେ
କୃଷ୍ଣ ଦିଶୁଥିଲେ
ବେକାର ଯୁବକଟି ପରି ।

ଭାରତ ମାତା କୋଳରେ
ବାପୁ ଦିଶୁଥିଲେ
ଅନ୍ନକ୍ଳିଷ୍ଟ ଭିକାରୀଟି ପରି ।

କାଲି ରାତିରେ
ବାରୁଦ ଭର୍ତ୍ତି ମୋର କୋଠରି ଭିତରେ
ମୁଁ ଶତାବ୍ଦୀର ଯନ୍ତ୍ରଣାରେ
ଛଟପଟ ହେଉଥିଲି,
ଶୁଣି ପାରୁଥିଲି
ମୋର ପ୍ରିୟତମ ଗ୍ରହର କାନ୍ଦଣା
ଓ କୋଟିକୋଟି ମୃଗୁଣୀର
ତ୍ରାହିତ୍ରାହି ସ୍ୱର ॥

■

ରଚନାକାଳ : ୧୯୮୪

ଗୋପନୀୟତାକୁ ଆବିଷ୍କାର କରିବାଯାଏ

କେବେ ବି କହିନି
ମାଟିକୁ ଫାଟିଯା' ବୋଲି
କେବେ ବି କହିନି
ଆକାଶକୁ ଭାଙ୍ଗି ଯା' ବୋଲି ।

ମାଟିର ମୋହ କି
ଆକାଶର ଶୂନ୍ୟତାକୁ
ପକେଟସ୍ଥ କରି ଯିଏ
ବାଟ ଚାଲି ଶିଖିଛି
କେଉଁ ଦୁର୍ଘଟଣା
ତାକୁ ପ୍ରତିରୋଧ କରିବ, ପ୍ରତିହତ କରିବ ତା'ର
ଉଦ୍ଧତ ପକ୍ଷ ଦ୍ୱୟକୁ ଯେ !

କ୍ଷୁଧିତ ବ୍ୟାଘ୍ରର ହେଣ୍ଟାଳ ଠାରୁ
ମୃତ୍ୟୁର ନିରବ ସଙ୍ଗୀତ ପର୍ଯ୍ୟନ୍ତ
ସିଏ କେବଳ ପ୍ରସ୍ଫୁଟିତ ପୁଷ୍ପପରି
ସୁବାସିତ ହେଇଯିବାକୁ ପ୍ରସ୍ତୁତ
ଏନ୍ତୁଡ଼ିରେ, ମଶାଣିରେ ।

ବେଳେବେଳେ
ପୃଥିବୀର ସମସ୍ତ ବୋଝ ବୋହି
ଦି' ପାହୁଣ୍ଡ ଆଗେଇ ଯିବାକୁ
ଭାରି ଇଚ୍ଛା ହୁଏ ।

ବହୁବର୍ଷର ପ୍ରାଚୀନ ଅନ୍ଧାର ଭିତରେ
ସଢୁଥିବା ମଣିଷମାନଙ୍କ ଦୁଃଖରେ
ହୃଦୟ ତରଳି ଯାଏ !
ମନେହୁଏ ମୋର ପ୍ରତିଟି ଶବ୍ଦ
ସେମାନଙ୍କର ଶବ୍ଦ,
ମୋର ଛବି ହିଁ ସେମାନଙ୍କର ପ୍ରତିଛବି
ଏବଂ ମୋର ଭୂତ, ଭବିଷ୍ୟତ ଓ ବର୍ତ୍ତମାନ
ସେମାନଙ୍କ ଉପାସୀ ଓଠର
ଢଳଢଳ ମୁକ୍ତାବିନ୍ଦୁ ପରି ।

ଅଣ୍ଟିତଳେ
ଜାକି ଧରିଛି ଯେତିକି ନିଆଁ
ଏବଂ ଛାତି ଭିତରେ ସାଇତି ରଖିଛି
ଯେତିକି ପ୍ରେମ
ସେତକ ସାଇତା ରହିଲା ତମପାଇଁ
ପ୍ରତିଶୋଧରେ ନୁହେଁ,
ପ୍ରେମରେ ।

ଜତୁଗୃହରୁ ମୁକୁଳି ଆସିବା ବେଳେ
ଯେତିକି ଆଲୁଅ ମୋର
ହାତମୁଠାରେ,
ସେତିକି ଇ ଯଥେଷ୍ଟ
ମୋର ଅବଶିଷ୍ଟ ଦିନମାନଙ୍କ ପାଇଁ
ଏକାନ୍ତ ଆପଣାର ଜୀବନର
ସମସ୍ତ ଗୋପନୀୟତାକୁ
ଅବିଷ୍କାର କରିବାଯାଏ ॥

■
ରଚନାକାଳ : ୧୯୮୫

ଘର

ଆକାଶ ତଳେ ଦି' ପାଦ ଭୂଇଁ
ଉପରେ ନୁଆଣିଆଁ ଚାଳଘର
ଯାହା ଶୀତରେ ଥରିଯାଏ
ଖରାରେ ପୋଡ଼ିଯାଏ, ବର୍ଷାରେ ଭାଙ୍ଗିଯାଏ
ମୁଁ ପୁଣି ଭୁଞ୍ଜାଏ ଲୁହ, ରକ୍ତ
ଚକଟେ ମୋର ମାଂସ
ଏବଂ ମାର୍ବଲ ପରି ମୋର ଅସ୍ଥି ପଞ୍ଜରାକୁ
ରୁଅ, ବତା କରି ଘୋଡ଼େଇଦିଏ ମୋର
ବର୍ଷବର୍ଷର କଷ୍ଟ ସହିଷ୍ଣୁ ଚମଡ଼ାର ଖୋଳ।

ତା'ରି ଭିତରେ ଉଡ଼ି ବୁଲୁଥା'ନ୍ତି
ମୋର ସ୍ୱପ୍ନ ସବୁ ପ୍ରଜାପତି ପରି
ସ୍ମୃତି ସବୁ ଟାଣ ହୋଇଯା'ନ୍ତି
ମୋର ମୁଣ୍ଡତଳ ମୁଚୁଳାରେ
ଏବଂ ମୋର ଭବିଷ୍ୟତ ଶୋଇଥାଏ
ନିରବତାର ସମସ୍ତ ଭାଷାରେ।

ଦୀର୍ଘଶ୍ୱାସ
ବାରୁଦର ଗନ୍ଧ
ମୃତ ନଈ ଧାର ଓ
ଶୀତଳ ଚୁଲି ଚାରିପାଖ
କବିତାର ବଳୟ ହିଁ
ମୋର ପରିଚୟ।

କେହି ଜାଣୁ ବା ନ ଜାଣୁ
ଦିନର ଖରା, ରାତିର ତାରା
ହୃଦୟର ଭୋକ ଆଉ ସାମୁଦ୍ରିକ ସଙ୍ଗୀତ
ମୋତେ ଜାଣିଛି, ମୋତେ ଆଦରି ନେଇଛି ।

ଏଇ ଭୂଗୋଳ
ଦିନେ ଧୂଆଁ ହୋଇଯିବ, ମୁଁ ଜାଣେ
ଏଇ ଜୀବନ
ଦିନେ ବିହଙ୍ଗ ହୋଇଯିବ, ମୁଁ ଜାଣେ ।

ସବୁ ଜାଣେ ବୋଲି ତ
ତମମାନଙ୍କୁ ଚିହ୍ନେ, ବୁଝେଁ, ପ୍ରେମେ
ଆଉ ତମ ଟାଙ୍ଗର ଭୂଇଁକୁ
ହାଣି, ତାଡ଼ି ପ୍ରେମର ବୀଜ ବୁଣେ
ଫସଲ ଫଳାଏ ॥

■
ରଚନାକାଳ : ୧୯୮୪

ଚିହ୍ନାଲୋକ

ସେଇ ନିର୍ଦ୍ଦିଷ୍ଟ ସମୟରେ ଦୁଆରରେ ଖଟଖଟ
କିଏ ସେଇ ଲୋକ
ଯାହାର ପ୍ରେମରେ ମୁଁ ପଡ଼ିଯାଉଛି ବାରମ୍ବାର !

ଦେଖାନାହିଁ, ଜଣାନାହିଁ, ଚିହ୍ନା ନାହିଁ
ବେଳ ଅବେଳରେ ଏମିତି ଖଟ୍‌ଖଟ, ଖଟ୍‌ଖଟ
ତା'ର ଆଗମନ ଅପ୍ରତ୍ୟାଶିତ ।

କିଏ ସେଇ ଲୋକ ?
ବୁଦ୍ଧ, ଯୀଶୁ, ଗାନ୍ଧିବୁଢ଼ା,
ମାର୍କସ, ଲେନିନ୍, ବିବେକାନନ୍ଦ ରାବଣ, କଂସ, ରୋବର୍ଟ
ବାଲ୍ମିକୀ, ଚସର୍, ସାରଳା ନା ଭୀମଭୋଇ
ସୁଭଦ୍ରା, ସାବିତ୍ରୀ, ଅଳକା ନା ଚନ୍ଦ୍ରା ନା ସୁନନ୍ଦା
କାହାର ଏ ଆମନ୍ତ୍ରଣ ମୁକ୍ତିର ନା' ମୃତ୍ୟୁର !!

କ୍ରମାଗତ ଦୁଆରରେ କରାଘାତ
ଯେମିତି ଅଚିହ୍ନା ଲୋକର ଅସ୍ତିତ୍ୱ
କିଏ, କିଏ ତମେ ?
ସଇତାନ ! ମଣିଷ ! ଭଗବାନ !
ନା' ସମୟର ଟୁକୁରା ଭଗ୍ନାଂଶ ?

ଭଗବାନ !
ଧେତ୍, ଭଗବାନ ତ ମୋ'ରି ପରି ଜଣେ ଜଞ୍ଜାଳି ମଣିଷ ॥

■
ରଚନାକାଳ : ୧୯୮୫

ଚାଲିଛି ଏକାଏକା

ଅନ୍ଧାର ଭିତରେ ମୁଁ ଏକୁଟିଆ
ଖୁବ୍ ଏକୁଟିଆ, ବିଦ୍ୟୁତ୍ ସ୍ଫୁରଣ ପରି
ତମ ସ୍ମୃତିମାନଙ୍କ ବଡ଼ଦାଣ୍ଡରେ
ଏବଂ ତମେ ସମସ୍ତେ ପ୍ରତିଫଳିତ
ମୋର ନଖ ଦର୍ପଣରେ
ଅସହାୟ ପ୍ରତିବିମ୍ବ ପରି।

ତମମାନଙ୍କ ପାଦଶବ୍ଦ ଶୁଭେ
ସାକ୍ଷୀଗୋପାଳର ପାଦଶବ୍ଦ ପରି
ଆଉ ଯଦି ବି ପ୍ରତିଧ୍ୱନି ଅଟକିଯାଏ
ତୃଷାର୍ତ୍ତ ଶାମୁକା ପାଟିରେ
ତଥାପି ମୁଁ ଫେରି ଚାହିଁବିନି
ଅତୀତର ମାଦଳ ଦେହକୁ
ଲକ୍ଷ୍ୟଚ୍ୟୁତ ହେବିନାହିଁ ଲାଖ ବିନ୍ଧିବାରେ।

ଅନ୍ଧାର ମୋତେ ଭୟଭୀତ କରେନା
ଅରଣ୍ୟ ମୋର ପଥରୁଦ୍ଧ କରେନା କି
ବୃଦ୍ଧବ୍ୟାଘ୍ରର ସୁବର୍ଣ୍ଣ କଙ୍କଣ
ମୋତେ ପ୍ରଲୁବ୍ଧ କରେନା।
ସବୁଠି ମୋର ବହୁରଙ୍ଗୀ କାୟା
ଟାକି ରହିଥାଏ ଛଦ୍ମବେଶୀ ସିଲହଟମାନଙ୍କୁ
ଠିକଣା ଜବାବ ଦେବାକୁ, ଖୋଲିଦେବାକୁ
ବହୁବର୍ଷର ସାଇତା କଥାର ଗୁମର।

ରାସ୍ତା ଚାଲୁଚାଲୁ ଝୁଣ୍ଟିପଡ଼ିଲେ
ତମ କଥା ମନେପଡ଼େ, ଖୁବ୍ ମନେପଡ଼େ
ଯେଉଁମାନେ ଶଙ୍ଖ ଫୁଙ୍କିଥିଲ ଶୁଭଲଗ୍ନରେ
ହୁଳହୁଳି ଦେଇଥିଲ ବାଟବରଣିରେ
ଏବଂ ରାସ୍ତା ସାରା ସାଥିହୋଇ ଚାଲିବାର
ନିର୍ଭର ପ୍ରତିଶ୍ରୁତି ଦେଇଥିଲ
କେଉଁ ଦୂର ଅତୀତରେ।

ଅଥଚ ମିଳେଇଗଲ ବର୍ଷାବିନ୍ଦୁ ପରି
କେଉଁ ଋତୁମତୀ ବେଙ୍ଗର ପିଠିରେ
ଘୋଷିଘୋଷି ଅମାନବିକତାର ଜୟଜୟକାର।

ବେଳେବେଳେ ଦୁଃଖ ଲାଗେ ତମ ପାଇଁ।
ପାଦ ଥମିଯାଏ, ମୋହଗ୍ରସ୍ତ ହୁଏ ଶବ୍ଦ
ପୁଣି ସଳଖିଯାଏ ଧନୁର୍ବାଣ।
ଦିଗନ୍ତରେ ହାତଠାରି ଡାକୁଥିବା
ନିଷ୍ଠୁର ଭାଗ୍ୟର ଆମନ୍ତ୍ରଣରେ
ମନେହୁଏ ଦିଗନ୍ତ ଯେମିତି ହାତ ପାହାନ୍ତାରେ।
ଘରଛଡ଼ା ଚଢ଼େଇଟି ପରି
ଏକମୁହାଁ ଚାଲିବାର କେତେବର୍ଷ ହେଲା
ମୋର ମନେନାହିଁ,
ଏତିକି କେବଳ ମୋର ମନେଅଛି
ପ୍ରଳୟ ଆସୁଛି, ମାଟି ଦୁଲୁକୁଛି
ମୁଁ ତମପାଇଁ ପହଁରା ଶିଖୁଛି ॥

■
ରଚନାକାଳ : ୧୯୮୫

ଜନ୍ମଦିନ

ଜନ୍ମଦିନ
ମୋ ପାଇଁ ଉତ୍ତେଜନାହୀନ ।

ସମ୍ଭ୍ରାନ୍ତ ପୋଷାକ ଆଚ୍ଛାଦିତ
ମୋର ବନ୍ଧୁ ବାନ୍ଧବୀ
ପରିବେଶିତ ଲଘୁ ସଙ୍ଗୀତ
ପ୍ରୀତି ସମ୍ଭାଷଣ ବି
ମୋତେ ବାନ୍ଧି ରଖିପାରେନା
ତା'ର ଆଲ୍‌ଖାଲା ତଳେ ।

ସାମ୍ନାର ସହର, ଧାଡ଼ିଧାଡ଼ି କୋଠାବାଡ଼ି
ଉଦ୍ୟାନର ଫୁଲ, ସମୁଦ୍ର ଓ ଆକାଶ
ଜ୍ୟୋତ୍ସ୍ନାୟିତ ରାତି, ପ୍ରେମିକାର କଣ୍ଠସ୍ୱର
ସବୁ ଯେମିତି ଲାଗେ ଘସରା ଓ ଦେହସୁହା / ଭାରି ବିରକ୍ତିକର
ରାସ୍ତାରୁ ଦୃଷ୍ଟି ଫେରେଇବା
ସାମୟିକ ଆନନ୍ଦରେ ମାତି
ଭୟଙ୍କର ସ୍ୱପ୍ନକୁ ଦେଖିବା ।

ରାସ୍ତାକଡ଼ରେ ଶୀତରେ ଥୁରୁଥୁରୁ ହେଉଥିବା
ସେଇ ଭିକାରି ପିଲାଟି ଯଦି
ଗୀତଟିଏ ବୋଲି ପାରନ୍ତା,
ବସ୍ତିଗଳିର ଦୁଆର ବନ୍ଧରେ ବସି
ଯୌବନକୁ ବିକିଭାଙ୍ଗି ବଞ୍ଚୁଥିବା
ସେଇ ଷୋଡ଼ଶୀ କିଶୋରୀଟି ଯଦି
ଫୁଲଟିଏ ଦେଇପାରନ୍ତା
ଆଉ ଝାଟିମାଟିର କୁଡ଼ିଆ ତଳୁ

ଖାଦାନରେ କାମ କରୁଥିବା ପୁଅକୁ
ଚାତକ ପରି ଚାହିଁରହିଥିବା ମାଆ
ଯଦି କୋଳପାତିଦିଅନ୍ତା !

ଆଃ,
କେଡ଼େ ସୁନ୍ଦର
ହୋଇଥା'ନ୍ତା ଏ ସନ୍ଧ୍ୟା
ମୋର ତ୍ରିଂଶତିତମ ଜନ୍ମଦିନ ॥

■
ରଚନାକାଳ : ୧୯୮୪

ଜହ୍ନ ଦେ'

ଜହ୍ନ ଦେ', ଜହ୍ନ ଦେ'
ପିଲାଟି ରାହା ଛାଡ଼ି
କାନ୍ଦିଉଠିଲା ମାଆ କୋଳରୁ।
ଜହ୍ନକୁ ଢାଙ୍କି ରଖିଥିଲା
କଳା ବାଦଲ ତା'ର ହିଂସ୍ର ଲୋଲୁପରେ
ସେତେବେଳେ।

ଅବୁଝା ପିଲାଟିକୁ ଛାତିରେ ଜାକିଧରି
ମାଆ କହିଲା: ବାବୁରେ, କାନ୍ଦନା!
ସମଗ୍ର ପୃଥିବୀକୁ ଭୟଙ୍କର ଅନ୍ଧାର
ଗ୍ରାସ କରିଯାଉଥିବା ବେଳେ
ଭୋକିଲା ମାଟି ଉପରେ
ନାହିଁନାହିଁର ଶୂନ୍ୟ ଅଗଣାରେ
ମୋର ଏଇ ଚୁମାଟିଏ ନେଇ ତୁନି ହୋଇ ଯା'।

ଥମି ଯା' ଦଣ୍ଡେ।
ଆଖିରେ ମାଡ଼ି ଯାଇଥିବା ପରଳ ପରି
ଜହ୍ନ ବି ବାହାରି ଆସିବ ମେଘ ଉହାଡ଼ରୁ
ସୂର୍ଯ୍ୟ ବି ମୁକ୍ତ ହେବ ଦୁଷ୍ଟ ପରାଗର ବନ୍ଧନୀରୁ
ବର୍ବର ଶାସକର ଶୋଷଣ ଓ ଅତ୍ୟାଚାରର
ସର୍ପବନ୍ଧନୀରୁ।

କେହି ବନ୍ଦ କରିପାରିନି
ସମୟର ପ୍ରାଣ ପ୍ରବାହକୁ,
ଯେମିତି ସ୍ୱପ୍ନରଙ୍କା ମଣିଷର ସ୍ୱପ୍ନକୁ
ମାଟିତଳେ କର ମୋଡୁଥିବା ବୀଜର

ଜାଗ୍ରତ ଇଚ୍ଛାକୁ;
କେହି ଚଣ୍ଟିଚିପି ହତ୍ୟା କରିପାରିନି
ଅନ୍ଧାରରେ ଘୂରି ବୁଲୁଥିବା
ବିପ୍ଳବର ସ୍ୱରକୁ।

ମେଘ କ'ଣ ସବୁଦିନ
ଲୁଚାଇ ରଖିପାରିବ ଜହ୍ନକୁ!
ଯେମିତି ମୁଁ କ'ଣ ତୋତେ
ସବୁଦିନ ବାନ୍ଧି ରଖିପାରିବି ମୋର ପଣତକାନିରେ
ତୋତେ କ'ଣ ମୁଁ ଶୁଆଇଦେଇ ପାରିବି ଗହମ ନିଦରେ
ଯେତେବେଳେ ଦୁର୍ଦ୍ଦାନ୍ତ ସମୟ
ତୋ'ର ନାଁ ଧରି ଡାକୁଥିବ ଆମ ଦାଣ୍ଡ ଅଗଣାରେ!

ଜହ୍ନ ବାହାରି ଆସିଥିଲା ମେଘ ଉହାଡ଼ରୁ
ପିଲାଟି ଏଥର ହସିଲା ଓ
ମୁଠାଏ ଜ୍ୟୋତ୍ସ୍ନା ବିଞ୍ଚି ହୋଇପଡ଼ିଲା
ମାଟିସାରା ॥

■
ରଚନାକାଳ : ୧୯୮୬

ଜଣେ ରାଜା ଥିଲେ

ଦେ' ଦେ ବୋଲି ଚିତ୍‌କାର ଶୁଭିଲା
ଏନ୍ତୁଡ଼ିଶାଳରୁ, ତୃଷାର୍ତ୍ତ ଶାମୁକା ଓଠରୁ
ଲାଲ୍ ସରସର ଶିଶୁଟି ମାଗିଲା
ତା'ର ବଞ୍ଚିବାର ହକ୍ ଦାବି
ଅଥଚ ନେ' ନେ ବୋଲି ଶବ୍ଦଟିଏ
ଫୁଟିଲାନି କାହାରି ଓଠରେ
ତଥାପି ବଞ୍ଚିଲା ସେଇ ଛେଉଣ୍ଡ ପିଲାଟା
ସମୟର ଅନ୍ଧ ରାଜତ୍ୱରେ ।

ଉତ୍କଳ ଦେଶରେ
ଜଣେ ରାଜାଥିଲେ, ପ୍ରବଳ ପ୍ରତାପୀ
ଦରିଦ୍ରଙ୍କୁ ଦାନୀ, କାମିନୀଙ୍କୁ କାମଦେବ
ଧାର୍ମିକଙ୍କୁ ଅସୁର, ଦୁଷ୍ଟଙ୍କୁ କଂସାସୁର
ପ୍ରଜାଙ୍କୁ କଣ୍ଟକ ।

ରାଜାଙ୍କ ହାତରେ ଥିଲେ ଗଣ୍ଡାଗଣ୍ଡା ଗୁଣ୍ଡା ଓ ମଦ୍ୟପ
ଚୋରି, ଲୁଣ୍ଠନ ଓ ଧର୍ଷଣରେ କମ୍ପୁଥିଲା ରାଜାଙ୍କ ରାଜତ୍ୱ
ପାଟହାତୀ ଢାଳିଥିଲା ତାଙ୍କ ମସ୍ତକରେ
ସୁବର୍ଣ୍ଣ କଳସୀରୁ ଜଳ
ଅଭୟ ଆଶିଷ ବାରି ସିଞ୍ଚୁଥିଲେ ସଦା ଜଗନ୍ନାଥ ।

ରାଜା ନିତି ବୁଲୁଥିଲେ ରାଜ୍ୟସାରା ପ୍ରତିଶ୍ରୁତି ଦେଇ
ଶିଳାନ୍ୟାସ କରିକରି
ହୋଟେଲ, ମୋଟେଲମାନଙ୍କରେ ଫିତା କାଟିକାଟି
କ୍ଳାନ୍ତ ହୋଇ ଫେରୁଥିଲେ ରାଜ ପ୍ରାସାଦକୁ ।

ଅନେକ ଅବୈଧ ସନ୍ତାନ ଜାତ ହେଲେ
ସବୁ ରାଜାଙ୍କର
ଅନେକ ତରୁଣୀ ବିକ୍ରିହେଲେ ବିଦେଶକୁ
ସବୁ ତାଙ୍କରି ରାଜ୍ୟରେ
ଅନେକ ଅଭିମନ୍ୟୁ ହତହେଲେ
ତାଙ୍କରି ବ୍ୟୁହରେ
ଅନେକ ଈଶ୍ୱର ପ୍ରାଣପାତ କଲେ
ରାଜାଙ୍କର ସିଂହାସନ ତଳେ
ନରମେଧ ଯଜ୍ଞରେ ।

ଘାତକର ଦୟାରୁ, ବଞ୍ଚି ଯାଇଥିବା
ଶିଶୁଟି ଦିନେ ପହଞ୍ଚିଲା ରାଜଧାନୀରେ
ପଛରେ ତା'ର ଅନେକ କଙ୍କାଳ, ଅବୈଧ ସନ୍ତାନ
ଏ ଦେଶର ଉତ୍ତର ଦାୟାଦ
ମାଗୁଛନ୍ତି ବଞ୍ଚିବାର ହକ୍ ଦାବି
ସବୁରି ମୁହଁରେ ବିପ୍ଳବର ସ୍ୱର ।

ରାଜାଙ୍କ ସିଂହାସନ ଥରିଲା ବରଡ଼ାପତ୍ର ପରି
ରାଜାଙ୍କ ପୋଷା କୁକୁରମାନେ
ଶୋଇଥିଲେ ନିଘୋଡ଼ ନିଦରେ ।
ସହର ତଳିର ବସ୍ତି ଅଞ୍ଚଳରେ
ଚାରିଆଡ଼େ ଚାଲିଥିଲା ଭଙ୍ଗାରୁଜା, ପୋଡ଼ାଜଳା
ନୂତନର ଶୁଭ ଉଦ୍‌ଘାଟନ ।

ଶୁଣାଯାଏ, ଅଜ୍ଞାତବାସରେ ବଢ଼ିଥିବା
ଈଶ୍ୱର ନାମଧାରୀ ସେଇ ଯୁବକଟି ହାତରେ
ରାଜା ବନ୍ଦିହେଲେ ଏବଂ
ରାଜଧାନୀର ହୃତ୍‌ପିଣ୍ଡ ଉପରେ
ରାଜା ଚାଲିଥିଲେ ବଧ୍ୟଭୂମିକୁ ।

ରାଜାଙ୍କ ନାଁ ପଡ଼ିଲେ
ଲୋକମାନେ ଏବେ ନାକ ଟେକନ୍ତି
ନଣ୍ଡାଏ ଛେପ ଫିଙ୍ଗି
ସମ୍ବର୍ଦ୍ଧନା ଜଣାନ୍ତି ତାଙ୍କ ପ୍ରତିମୂର୍ତ୍ତି ଉପରେ।

ଏତେ କଥା ମୁଁ କହି ନ ଥା'ନ୍ତି
ଯଦି କବିଟିଏ ହୋଇ ନ ଥା'ନ୍ତି
ଯଦି ରକ୍ତ ଉପରେ ରକ୍ତର ନୃତ୍ୟ
ଆଉ ମୁର୍ଦ୍ଦାର ଉପରେ ସୌଧ ଗଢ଼ିବାର ଦୃଶ୍ୟ
ମୁଁ ଦେଖି ନ ଥା'ନ୍ତି ସେଦିନ।

ଯଦି ମୁଁ ଭେଟୁ ନ ଥା'ନ୍ତି
ସେଇ ଈଶ୍ୱରଙ୍କୁ ମୋ'ରି ଭିତରେ, ପ୍ରତି ମୁହୂର୍ତ୍ତରେ
ନିର୍ଭୟରେ ମୁଁ ଏତେକଥା
ଲେଖିପାରି ନ ଥା'ନ୍ତି
ଯଦି ମୋର ମୃତ୍ୟୁକୁ ଭୟ ଥା'ନ୍ତା
ସେଇ କୃତଘ୍ନ ଶାସକର ରାଜତ୍ୱ କାଳରେ।

ଆଜି ପୁଣି ସେଇ ଘଟଣାର ପୁନରାବୃତ୍ତି
ତେଣୁ ତମକୁ କହିବାର ସମୟ ଆସିଛି ବୋଲି ମୁଁ କହୁଛି
ଦଣ୍ଡ ମିଳିବ ମୁଁ ଜାଣେ
କିଏ ଖାତିର୍ କରେ ମୃତ୍ୟୁକୁ !!

■
ରଚନାକାଳ : ୧୯୮୫

ଜାନୁଆରୀ ଏକ, ୧୯୮୪

ଗୋଟିଏ ବର୍ଷ କମିଗଲା
ମୋର ମୃତ୍ୟୁର ହିସାବ ଖାତାରୁ
ଯେତେବେଳେ ଆନନ୍ଦରେ
ମୋର ବନ୍ଧୁମାନଙ୍କ ମେଳରେ
ବ୍ୟସ୍ତଥିଲି କବିତା ପାଠୋତ୍ସବରେ
ସେଇ ନିର୍ଜନ ଡାକ ବଙ୍ଗଳାରେ ।

ଜାନୁଆରୀ ଏକ,
ଦୁଆର ଖଡ଼ଖଡ଼ କରି ମୋତେ
ଡାକୁଥିଲା ବୁଧବାର ସକାଳ ଆଠରେ
ଯେତେବେଳେ ଦୁଃଖର ଶୋଭାଯାତ୍ରାରୁ
ମୁକୁଳି ଯାଇ ମୋର ପ୍ରିୟତମ ସହର
ଅଭିନନ୍ଦନ ଜଣଉଥିଲା
ପରସ୍ପର ଫମ୍ପା ପ୍ରତିଶ୍ରୁତିକୁ;
ଯେମିତି କାଲି ଜଗନ୍ନାଥ ମନ୍ଦିର ସାମ୍ନାରେ
ମୋତେ ଆଖିରେ ଡାକୁଥିବା ଝିଅଟିର
ଖଇଚା ସ୍ମୃତିକୁ ଛାଡ଼ି
ମୁଁ ଉତ୍‌ଫୁଲ୍ଲିତ ହୋଇ ଉଠୁଥିଲି
ମୋର ପଡ଼ୋଶିନୀଙ୍କ
ସଦ୍ୟସ୍ନାତ ଅଙ୍ଗ ସମ୍ଭାରରେ ।

ଆଜି ଚାରିଆଡ଼େ କୋଳାହଳ
ଅତୀତର ବିସ୍ମୃତ ହେବାର ।

ତେଣୁ, ସହରର ପ୍ରତିଟି ଛକରେ
ଗଡୁଛି ଅଗଣିତ ଛେଳି ଓ ମେଣ୍ଢାଙ୍କର ମୁଣ୍ଡ
ଦେଶୀ ଓ ବିଦେଶୀ କୁକୁଡ଼ା ଫାର୍ମରୁ
କମିଛି ସେମାନଙ୍କ ସଂଖ୍ୟା

ସକାଳ ଆଠଟା ବେଳୁ ବି ସିନେମା ହଲ୍‌ର
ସମସ୍ତ ଟିକେଟ ବୁକିଂ ହୋଇ ସାରିଛି
କଳାବଜାରୀଙ୍କ ଦ୍ୱାରା
ଦାଢ଼ିବାଲା ନନା ଆଜି ସଜେଇ ରଖିଛି
ତା'ର ଦେଶୀ ମଦର ଗୁପ୍ତ ଖାଦାନ
ସହରର ବସ୍ତି ଅଞ୍ଚଳର ଦେହଭୋଗୀମାନେ
ଆଜି ଖୁବ୍ ଚଞ୍ଚଳ ଅଛନ୍ତି
ସନ୍ଧ୍ୟା ଅପେକ୍ଷାରେ ।

କୋଡ଼ିଏ ଟଙ୍କାର ଚାନ୍ଦା ଦେଇ
ମୋର ପଡ଼ୋଶୀମାନେ
ଆୟୋଜନ କରୁଥିବା ବଣଭୋଜିରେ
ଯୋଗ ଦେଇ ନ ପାରିବାର ଦୁଃଖରେ
ମୁଁ ତରଳିଯାଏ ବରଫପରି ମୋର
ଶୂନ୍ୟ କୋଠରିରେ
ଅଭିଶାପ ବର୍ଷଣ କରେ
ଏହି ଅବାଞ୍ଛିତ ଶିଶୁ ବର୍ଷଟିକୁ
ତା'ର ଅକସ୍ମାତ ଆଗମନ ପାଇଁ ॥

■
ରଚନାକାଳ : ୧୯୮୪

ଜେଲଖାନାରେ କଏଦୀ ସହ ଏକ ସାକ୍ଷାତକାର

ଘଣ୍ଟା ବାଜିଲେ
ନିଦ ଭାଙ୍ଗେ,
ବିଗୁଲ୍ ବାଜିଲେ
ଫାଟକ ଖୋଲେ ।

ସେଇ ନମ୍ବରକରା ପୋଷାକ
ବର୍ଦ୍ଧିଷ୍ଣୁ ଦାଢ଼ୀ ଓ ହାତ ଗୋଡ଼ରେ
ଛନ୍ଦା ହୋଇଥିବା ଜଞ୍ଜିରକୁ ବଜେଇ ବଜେଇ
ଆରମ୍ଭ ହୋଇଯାଏ ପ୍ରାତ୍ୟହିକ କର୍ମ କର୍ମାଣୀ ।

ଜଣା ପଡ଼େନା,
ବାହାରକୁ ପୃଥିବୀ କେମିତି ବଞ୍ଚିଛି ।

ଦେଶ ବିଦେଶର ଖବର
ଆମକୁ ଶୁଣେଇ ଦିଆଯାଏ
ଶ୍ରେଣୀ ଗୃହରେ ଛାତ୍ରମାନଙ୍କୁ ପଢ଼େଇବା ପରି ।
କେଉଁଠି ମାରପିଟ୍, ଲୁଣ୍ଠନ, ହତ୍ୟା, ଅତ୍ୟାଚାର
ସନ୍ତ୍ରାସବାଦୀ ଆକ୍ରମଣ, ଶାସନ ଅଦଳ ବଦଳ
କି ଦେଶର ପ୍ରିୟତମ ନେତ୍ରୀଙ୍କ ହତ୍ୟା ସମ୍ପର୍କରେ
ଯେତେବେଳେ ଆମେ ସବୁ କ୍ଳାନ୍ତ
ଏବଂ ହାଇମାରୁଥାଉଁ ନିଦବାଉଳାରେ ।

ଅବୋଧ ଶିଶୁର ଦରୋଟିରେ
ସେଇ ପ୍ରାଚୀନ ଶବ୍ଦର ଉଦ୍‌ଗମନ
'ସତ୍ୟପଥେ ଧର୍ମପଥେ ଘେନିଯାଅ ମୋତେ'
ବାରମ୍ବାର ଦୋହରାଉ ସଞ୍ଜ ସକାଳରେ
ଯାହ ସଦା ନିରୁତ୍ତାପହୀନ,
ଅଥଚ ପ୍ରତି ମୁହୂର୍ତ୍ତରେ ନିଷ୍ପାପ ଶିଶୁଟିଏ
ହୋଇଯିବାର ଅଦମ୍ୟ ଇଚ୍ଛା ଲୋତକାର୍ଦ୍ର କରେ ।

କେହିଜଣେ ଅପରାଧୀର ଜନ୍ମଗତ କଳାନେଇ
ଆସି ନ ଥାଏ ଜନନୀ ଗର୍ଭରୁ
ପରିଚିତ ସାମ୍ରାଜ୍ୟ ଭିତରେ
ଯନ୍ତ୍ରଣାରେ ଲହୁଲୁହାଣ ପ୍ରତିଟି ଆତ୍ମାର ବିଳାପ
ଯେମିତି ଗୋଟିଏ ଗୋଟିଏ ଅସପୂର୍ଣ୍ଣ କବିତା
ନୀରବତାର ବେଦଧ୍ୱନି ପରି ।

ତମ ସହ ସାକ୍ଷାତ୍‌କାର ବେଳେ
ଲାଗେ ଯେମିତି ଆମଠୁ ଛଡ଼େଇ ନିଆଯାଇଛି
ଆମର ବହୁ ସଞ୍ଚିତ ଖୁସିର ମୁହୂର୍ତ୍ତ ସବୁ
ଫାଟକ ବାହାରକୁ ଏବଂ ଆମକୁ ଝୁଣିଝୁଣି ବଞ୍ଚିଛି
ବାହାରର କୁତ୍ସିତ ସଭ୍ୟତା ।

ବେଶିକିଛି ପଚାରନି ।
ବରଂ ଆମେ ଏଠି ଖୁସିରେ ଅଛୁ
ବେଶ୍ ଶାନ୍ତିରେ ରହିଛୁ
ଶୃଙ୍ଖଳିତ ବସୁଦେବ ପରି ॥

■

ରଚନାକାଳ : ୧୯୮୫

ଝଡ଼ିପୋକ

ଝଡ଼ର ପୂର୍ବାଭାସରେ
ମୁଁ ଉନ୍ମତ୍ତ
ହିତାହିତ ଜ୍ଞାନଶୂନ୍ୟ
ନୃତ୍ୟେ ନିମଜ୍ଜିତ।

ବର୍ଷାର ଉଷ୍ମ ବନ୍ଧନୀରେ
ସ୍ନାୟୁ ସବୁ ଥରଥର
ଶବ୍ଦର ଝଙ୍କାରରେ
ସଦା ରୋମାଞ୍ଚିତ।
ହୁଙ୍କାଭିତରେ ହୁଣ୍ଡାପଣର ସାମ୍ରାଜ୍ୟ
ବାହାରେ ନିରୁତ୍ତାପ ଦହନର ଜ୍ୱାଳା
ଶକ୍ତ କାର୍ମୁକର।

ଛୋଟଛୋଟ ଦୁଇଟି ଡେଣାର ସାମନାରେ
ଆଦିଗନ୍ତ ରଙ୍ଗୀନ ଆକାଶ
ଖେଳ ପଡ଼ିଆର ମହିମ୍ନତାରେ।

ହୁଙ୍କା ଭିତରେ
ଅଗଣନ ଡେଣାହୀନ ସହୋଦର
ଜନ୍ଦା ଓ ପିମ୍ପୁଡ଼ିଙ୍କ ଅତ୍ୟାଚାରରେ
ଭାଙ୍ଗିଯାଏ ମେରୁହାଡ଼।

ବରଂ ଭଲ ଏମିତି ଉଡ଼ିବା
ଏବଂ ଝଡ଼ରେ ଝଡ଼ିବା
ପ୍ରଥମ ବର୍ଷାବିନ୍ଦୁରେ ନିଜକୁ ତିନ୍ତେଇଦେବା ।

ଝଡ଼ର ପୂର୍ବାଭାସରେ
ମୁଁ ଅନ୍ଧ, ମୋର ସୂର୍ଯ୍ୟୋଦୟ,
ଝଡ଼ର ସମାପ୍ତିରେ ମୁଁ କନ୍ଧ, ଭୀମ ଭୋଇ ॥

■
ରଚନାକାଳ : ୧୯୮୩

ତୁ ଓ ମୁଁ

ତୁ:
ଅନ୍ଧଗଳିର ଦ୍ୱାରଦେଶରେ
ଏକ ଜ୍ୟୋତ୍ସ୍ନାୟିତ ରାତି
ପ୍ରସବ ଯନ୍ତ୍ରଣାରେ ଜର୍ଜରିତା
ଏକ ବନ୍ଦୀଶାଳ;
ଏକ ଅବ୍ୟକ୍ତ ସ୍ୱର
ଭାବକୁ ଅଭାବ
ଅଭାବକୁ ଦୂର ତୋ'ର ବ୍ୟାପ୍ତି
ଅନ୍ତଃହୀନ ସମୁଦ୍ରକୁ ପାରିହେବା ପାଇଁ
ତୁ ହିଁ ଏକୋଇ ଅକ୍ଷର।

ତୁ:
ଏକ ନାଭିକେନ୍ଦ୍ର
ପୁଷ୍ପିତ ବୃତ୍ତର
ଯେତେ ଲଗ୍ନ ଓ ଉଲଗ୍ନ
ସ୍ୱେଦିତ ମୁହୂର୍ତ୍ତର
ନିର୍ବିକଳ୍ପ ଶିଖରୀର ରତ୍ନ ସିଂହାସନେ
ମୂର୍ତ୍ତିମାନ ସହଜ ସୁନ୍ଦରୀ
ଜନ୍ମ ଜନ୍ମାନ୍ତରର ଅଦୃଶ୍ୟ ବିହ୍ୱଳତା
ସ୍ଥୁଳ ଓ ସୂକ୍ଷ୍ମର ଗୋପ୍ୟ ଯାଦୁକରୀ।

ତୁ:
ଯୁଦ୍ଧକ୍ଷେତ୍ରେ
ମୁକ୍ତକେଶୀ ବିବସନା ନାରୀ
ଏକ ହସ୍ତେ 'ଅସ୍ତୁ'ର ଅଭୟ ମୁଦ୍ରା
ଅନ୍ୟ ହସ୍ତେ ଖଣ୍ଡା ଓ ଖର୍ପର।

ଦିନବେଳେ ମମତ୍ୱର ଗନ୍ତାଘର
ରାତିବେଳେ ନିଆଁର ଘୁଘୁଡ଼ି
ଏବଂ ମୋର ସଞ୍ଚିତ ଆୟୁଷକୁ
ବିକି ଭାଙ୍ଗି ଖର୍ଚ୍ଚ କରୁଥିବା ନାରୀ,
ବାରବୁଲି, ଛତରୀ ॥

ମୁଁ:
ଏକ ଅବିଚ୍ଛେଦ ଅଙ୍ଗ ସମୟର
ସୂର୍ଯ୍ୟାଙ୍କୁର ଶୁଭ୍ର ସକାଳର।

ବନ୍ଦି:
ତୁମ ନିଃଶବ୍ଦ ପ୍ରେମର ଗାରଦରେ
ମୁହଁପୋତି ଚିରକାଳ।

ପ୍ରତିଦ୍ୱନ୍ଦୀ:
ତୁମ ବିଭତ୍ସ ଘୃଣାର
ମିଳିତ ଶକ୍ତିର।

■
ରଚନାକାଳ : ୧୯୮୩

ତୃତୀୟ ପ୍ରହର

।।ଏକ।।

ଆକାଶରେ ଧୂଳି ଭର୍ତ୍ତି ମେଘର ଇନ୍ଦ୍ରଜାଲ
ଥରେଇ ଦେଉଛି ନିଃସ୍ୱ ମଣିଷର ଚିତ୍ରପଟ।
ହେମମୃଗର ଶୋଣିତ ଇଚ୍ଛାରେ ନିମଜ୍ଜିତ
ଆପାଙ୍‌କ୍ତେୟ ଯନ୍ତ୍ରଣାଟି ଘାରିଯାଉଛି ତମାମ ଦେହ
ଅବ୍ୟକ୍ତ ଶବ୍ଦରେ, ଅପରିମିତ ଶୀଷ୍ଟ ଆବେଗରେ
ଅକୁଣ୍ଠ ସ୍ୱେଦସିକ୍ତ ମୁହୂର୍ତ୍ତର ଧୂମିଳ ନିରବତାରେ:
ଦୁଃଖର ବୀଜଟିଏ ବଢୁଛି ତ ବଢୁଛି
ଅବୁଝା ନିଆଁର ଜିଭ ଚରୁଛି ତ ଚରୁଛି
ଡୁଠ ପାହାଚର ପାଣି ଖସୁଛି ତ ଖସୁଛି
ଗୋଡ଼ ହାତରେ କଂସର ଆଦେଶନାମା ଛନ୍ଦୁଛି ତ ଛନ୍ଦୁଛି।

ପବନର ଉନ୍ମୁଖ ରତିରେ
ବିପର୍ଯ୍ୟସ୍ତ ଆକାଶରୁ ଖସିପଡୁଛି
ବହୁ ଆକାଂକ୍ଷିତ ରତିଏ ଅମୃତ:
ଯେମିତି ଥୁଣ୍ଟା ଗଛ ତଳେ ବଞ୍ଚିବାର ରାହା ଧରି
ଆଞ୍ଜୁଳେ ପାଣି ପାଇଁ ଚିତ୍କାର କରୁଥିବା
ବାଟୋଇ ମୁହଁରେ କୃତଘ୍ନର ଟୋପାଏ ଜହର।

।। ଦୁଇ ।।

ଏଇ କେତେଦିନ ହେଲା ଶୂନ୍‌ଶାନ ଚତୁର୍ଦ୍ଦିଗ
ଚଳମାନ ବସୁଧାରେ ଘଣ୍ଟାର ଦୋଳନ ବନ୍ଦ
ବାରମ୍ବାର ସକାଳ ଓ ସଞ୍ଜରେ ଗର୍ଭପାତ ଇଚ୍ଛାକୃତ
ନିସ୍ତବ୍ଧ ରାତ୍ରିର ଭୋକିଲା ବିଛଣାରେ
ଭୂଇଁ ଶଙ୍ଖଧ୍ୱନିର ଉତ୍ସବ,
ରେରେକାର ନାଦ କରି ଧାଉଁଥିବା

ରାକ୍ଷସଙ୍କ ଗର୍ଜନ ତର୍ଜନରେ
ସୂର୍ଯ୍ୟ ମଳିନ ଓ ତଜ୍ଜନିତ ବିଫଳତା
ଜଡ଼େଇ ଦେଉଛି ନିସ୍ତରଙ୍ଗ ବଞ୍ଚିବାର ତିକ୍ତତା ।

ଧାନଫୁଲରେ ଝଡ଼, ନଈ ସୁଅରେ ବାଡ଼
ମା'ଆ ଛାତିରେ ହାଡ଼, ଶିଶୁ ଓଠରେ ରଡ଼
କଥା ମୁହଁରେ ମାଡ଼, ଚିନ୍ତା ଦେହରେ ଜାଡ଼
ଖଣ୍ଡିଆ ଭୂତର ଦାନ୍ତ କଡ଼ମଡ଼
ଅନ୍ଧାରକୁ ବାଟଛାଡ଼ ।

॥ ତିନି ॥

ଏବେ ପାହାନ୍ତା ହେବାର ବେଳ
ଦେହରେ ସିତ୍‌କାର, ମନରେ ଚିତ୍‌କାର
ଆଲୋକ ଓ ଅନ୍ଧାରର ଲୁଚକାଳି ଖେଳ ।
ଡାହାଣୀ ଆଲୁଅର ଭୟଙ୍କରତାରେ ଜଡ଼ିଭୂତ
ଚେତନାର ବନ୍ଧ୍ୟା ମାଟିର
ସଞ୍ଚିତ ଉତ୍ତାପରୁ ସେକି ହୋଇ
ବାହାରି ଆସୁଛି ସୁବର୍ଣ୍ଣ କେଶର
ନୂଆ ରୂପ, ନୂଆ ଚିନ୍ତା, ନୂଆ ଭାଷାରେ
ସଜାଡ଼ି ଦେବାକୁ ରଙ୍ଗାରୁଅର ଇତିହାସ
ଅବିଶ୍ୱସ୍ତ ସମୟର ଧୂମାଭ ଇଚ୍ଛାରେ
ଟାଣିବାକୁ ଶେଷ ପୂର୍ଣ୍ଣଛେଦ ।

ସବୁ ଗର୍ଭବତୀ ମୁହୂର୍ତ୍ତର ପରିଣତି
ଠିକ୍ ଏଇଆ
ସମ୍ମିଳିତ ଯନ୍ତ୍ରଣାର ଆର୍ତ୍ତି
ଏବଂ ତନ୍ମଧ୍ୟରୁ ଶିଶୁତ୍ୱର ଜନ୍ମ ॥

■

ରଚନାକାଳ : ୧୯୮୩

ତିନିଗୋଟି ପ୍ରେମ ଚିଠି

'ବହୁଦିନୁ ଭାବିଥିଲି
ତିନିଗୋଟି ପ୍ରେମଚିଠି
ପଠେଇବି ତମ ଠିକଣାରେ,
ସମୟ ସାଧିଲା ଦାଉ
ତେଣୁ ଆଜି
ପଠେଇଲି ଛାପା ଅକ୍ଷରରେ।'

ପ୍ରଥମ ଚିଠି:

ସକାଳ, ୧୪.୧୦.୮୩
ନିଦ ଭାଙ୍ଗିଗଲେ ସଜନୀରେ
ଜୀବନର ବିଚିତ୍ର ଝଙ୍କାର
ଆଖି ଖୋଲିଗଲେ ସଜନୀରେ
ପ୍ରାତଃସ୍ମୃତି କ୍ରମଃ ଦୃଶ୍ୟାନ୍ତର।

ଶୀତଦିନ ଖରାପୁହାଁ ଜୁଟେ ନାହିଁ
ସ୍ୱପ୍ନ ଭାଙ୍ଗେ ଦିନ ଆଠଟାରେ
ଆଖିରେ ଆଖିଏ ଛବି ନେଇ
କିପରି ଉଠିପାରନ୍ତି ବାଘୁଆ ଶୀତରେ !

ପାଣିନୋଟା ସ୍ଥିର ସମୁଦ୍ରରେ
କିଏ ଜଣେ ଆଙ୍କିଦିଏ ତୋ'ର ମୁଗ୍ଧ ପ୍ରତିବିମ୍ବ
ମୁଁ ମୂର୍ଚ୍ଛିପାରେନି କେବେ ନଈର ଶୋଷକୁ
ଛାତି ତଳେ ବାଜୁଥାଏ ଦୁଃଖର ମୃଦଙ୍ଗ
ଆକାଶର ବହୁଭାଷୀ ଶବ୍ଦ ସାମ୍ରାଜ୍ୟରେ
ମୁଁ ଯେମିତି ସକାଳର ଉନ୍ମତ୍ତ ବିହଙ୍ଗ।

ଦ୍ୱିତୀୟ ଚିଠି:

ଦ୍ୱିପ୍ରର, ୧୫.୧୦.୮୩
ପାଚିଲା ଧାନ କ୍ଷେତର ହିଡ଼େହିଡ଼େ
ବଗପରି ଚାଲିଥାଏ ଖୁସି ଲୋକଟିଏ
କ୍ଷେତକୁଣା ମାଛ ଚବଚବ ଭାବି
ଚୋଟଦିଏ ତମ୍ପ ସାପଟିଏ।

ଚାରିଆଡ଼େ ନୀଳବର୍ଣ୍ଣ ବିଷ ଚରେ
ବହିଯାଏ ବିଚ୍ଛେଦର ଉତ୍ତପ୍ତ ଗରଳ
କିଏ ଜଣେ ଠିକ୍ ତୋ'ରି ପରି
ନିସ୍ତେଜ ଦେହକୁ ଫୁଙ୍କି, ପାରିଦିଏ କୋଳ।

ଆକାଶରେ ଶଙ୍ଖଚିଲ ଦୁଃଖାନ୍ତ ସଙ୍ଗୀତ।
ଫେରିବାର ପ୍ରତିଶ୍ରୁତି ମନେପଡ଼ିଯାଏ
ଘୁଣଖିଆ ବାହୁଙ୍ଗୀଟି କାନ୍ଧରେ ପକେଇ
ଭାରୁଆଟି ଅଣ୍ଟିସୂତା ଢିଲା କରୁଥାଏ
ବାଟସାରା ଛାଡ଼ି ଆସିଥିବା କୋହ ସବୁ
ଯେମିତି କାହାର ଆଶ୍ରା ମାଗୁଥାଏ।

ତୃତୀୟ ଚିଠି:

ମଧ୍ୟରାତ୍ର, ୧୬.୧୦.୮୩
ଆଜିକାଲି ରାତି ହେଲେ ସଜନୀରେ
ଶୁନ୍‌ଶାନ କୋଠରୀରେ ତୋ' କଥା ବେଶି ମନେପଡ଼େ
ଘରଦ୍ୱାର; ସିଂହାସନ ତୁଚ୍ଛ ଲାଗେ
ନିର୍ଜନ ମୁହୂର୍ତ୍ତ ସବୁ ପାକୁଳିବାବେଳେ।

ଆଜିକାଲି ରାତି ହେଲେ ବିଛଣାରେ ପରିଚିତ
କ୍ଷୁଧିତ ବାଘୁଣୀ ମୋତେ କଲବଲ କରେ
ଅଧା ଖାଇ ଫିଙ୍ଗିଦିଏ ଅମାର ସନ୍ଧିକୁ
ପରଦିନ ଆହାର ନିମନ୍ତେ ।

ଆଜିକାଲି ସବୁ ରାତି ଏକାପରି ଲାଗେ:
ଏନ୍ତୁଡ଼ିଶାଳର ରାତି
ବାସରଶେଯର ରାତି
କୋକେଇ ସଜର ରାତି
ଗୃହସ୍ଥର ରାଉରାଉ ଜୀବନଚର୍ଯ୍ୟାରେ ।

ଆଜିକାଲି ସବୁ ସ୍ୱପ୍ନ ଏକାପରି ଦିଶେ:
ଯଶୋଦା କୋଳରେ ଶିଶୁ
ମେରୀ କୋଳରେ ଯୀଶୁ
ରାଧା କୋଳରେ ବାସୁ
ତୋ'ସହ ମିଳନର ନିଷିଦ୍ଧ କ୍ଷଣରେ ॥

■

ରଚନାକାଳ : ୧୯୮୩

ଦେବୀ

ମଙ୍ଗଳାଚରଣ କି ପାଦ ବନ୍ଦନାର
ଆବଶ୍ୟକତା ନ ଥାଏ ଆପଣାର ଲୋକ ପାଖରେ
ଚିହ୍ନା ବ୍ରାହ୍ମଣର ପଇତା ନ ଥାଏ।

ମୁଁ କାଳିଦାସ ନୁହେଁ ଯେ
ପ୍ରଥମେ ବନ୍ଦିବି ସ୍ତନ ଯୁଗ୍ମରୁ
ଓ ପରାଜୟ ସ୍ୱୀକାରିବି କେଉଟୁଣୀ ଠାରୁ
କିମ୍ବା ମୁଁ କେଉଁ ଭାଟ କବି ନୁହେଁ ଯେ
ପାଦ୍ୟ ଅର୍ଘ୍ୟରେ ତୁଷ୍ଟ କରି
ଶ୍ଳୋକ ଆରମ୍ଭିବି ପାଦରୁ।

କବିର ପରିଚୟ ନ ଥାଏ
ଚିହ୍ନା ବ୍ରାହ୍ମଣର ପଇତା ନ ଥାଏ।

ତେଣୁ ମୁଁ ମନସ୍ଥ କଲି
ସମ୍ବୋଧିବି 'ପ୍ରିୟତମା' ବୋଲି
ଆଦ୍ୟ କବିତାରେ।

ତାଳୁରୁ ତଳିପା ଯାଏ
ନଖରୁ ଶୀଖ ଯାଏ
ଅଣ୍ଡରୁ ବ୍ରହ୍ମାଣ୍ଡ ଯାଏ।
ସବୁଠି ତମରି ସ୍ଥିତି
ମୋର ନଖଦର୍ପଣରେ।

କି ଅଦଭୂତ ଦିଶୁଛି ତୋ'ର ରୂପ।
ହଳଦିଆ ଦେହ, କାମଳ ରୋଗୀର,

କି ବେଢ଼ଙ୍ଗିଆ ଦିଶୁଛି ତୋ'ର ଅବୟବ
ମଡ଼େଲ୍‌ର ନଗ୍ନ ଛବି, ନଗ୍ନ ସଭ୍ୟତାର !

ଜାତି କ'ଣ, ଅଜାତି କ'ଣ
ମୁଁ ଜାଣେନା
କେବଳ ଏତିକି ଜାଣେ ଯେ
ମୁଁ ରକ୍ତ ମାଂସର ମଣିଷଟିଏ
ତୋ ନିଃସୀମ ପ୍ରେମର ଆବର୍ତ୍ତ ଭିତରେ
ସଦା ନଡବଡ ॥

■
ରଚନାକାଳ : ୧୯୮୩

ଦୁର୍ଘଟଣା

ଆସନ୍ତାକାଲିର ପ୍ରତ୍ୟୁଷରେ
ଶୋକସଭା ପାଳନ ହେବ ରାଜରାସ୍ତାରେ
ଗୁଡ଼ାଏ ଅକୃତଜ୍ଞ ଦଳ
ବଖାଣିବେ ମୃତ ଚରିତ୍ରମାନଙ୍କ ଶବ୍ଦ
ଅଶ୍ରୁ ଗଦଗଦ କଣ୍ଠରେ।
ମୁଖ୍ୟ ଅତିଥି ପୁଷ୍ପମାଲ୍ୟ ଅର୍ପଣ କରିବେ
ଫୁଟ୍‌ପାଥ ଉପରେ ମରି ପଡ଼ିଥିବା ଜୀବନ ଉପରେ,
ରାସ୍ତା ଟ୍ରାଫିକ୍ ଜାମ୍ ହେବ
ଅଗଣିତ ଲୋକଙ୍କ ଚଳ ପ୍ରଚଳରେ।

ଅଥଚ ଗଙ୍ଗା ନଦୀର ପବିତ୍ର ଆତ୍ମାପରି
କୋମଳ ଶିଶୁଟି
ଯିଏ କାଲି ମରିଗଲା ରାଜାଙ୍କ ଗାଡ଼ିଚକ ତଳେ
ସେ କଣ ଠିଆ ହୋଇପାରିବ ସିଧାହୋଇ
ପଚାରିପାରିବ ତା'ର ମୃତ୍ୟୁର କାରଣ ?

ମରିଗଲା ଖୁବ୍ ଭଲହେଲା
ନଚେତ ସେ ପଡ଼ିଥା'ନ୍ତା ବିଦେଶକୁ
କଙ୍କାଳ ରପ୍ତାନୀ କରୁଥିବା ବ୍ୟବସାୟୀଙ୍କ ହାତରେ
ସେ ହୁଏତ ଦାସୀ ହୋଇ ରହିଥା'ନ୍ତା
ଆରବ ବାଦଶାହାଙ୍କ ନିଭୃତ କୋଠିରେ
ସେ ହୁଏତ ଦେଖି ଭୋଗିଥା'ନ୍ତା
ବେକାରୀ, ଶୋଷଣ, ଅନ୍ୟାୟ, ବିରୁଦ୍ଧରେ
ସ୍ୱର ଉତ୍ତୋଳନ କରି
କିମ୍ବା ଗୋଟିଏ ବିରାଟ ଗଣତନ୍ତ୍ରର ରାଜଧାନୀରେ

ଟ୍ରାନ୍‌ଜିଷ୍ଟର୍ ବୋମାର ବିସ୍ଫୋରଣରେ
ସେ ହୁଏତ ପାଲଟି ଯାଇଥାନ୍ତା ମେଞ୍ଚାଏ ମାଂସ।

ହତ୍ୟା, ଲୁଣ୍ଠନ ଓ ଧର୍ଷଣ ଭିତରେ ସନ୍ତ୍ରସ୍ତ
ଗୋଟାଏ ଅସହାୟ ମାନଚିତ୍ର
ତା'କୁ କେଉଁ ନିରାପତ୍ତା ଦେଇ ପାରିଥା'ନ୍ତା
ତା'ର କଙ୍କାଳସାର କୋଳରେ ?

■
ରଚନାକାଳ : ୧୯୮୫

ଦର୍ପଣର ମୁହଁ

ମୁଁ, ମୋର
ମୃତ ସ୍ୱପ୍ନମାନଙ୍କୁ
ମୁଖାଗ୍ନି ଦେଇ
ଫେରୁଛି କବିତାର ସାମ୍ରାଜ୍ୟକୁ ।

କବିତା,
କରୁଣ ସ୍ୱରରେ
ବନ୍ଧ୍ୟା ଭୂଇଁର ମାଟିତାଡ଼ି
ଅର୍ଗଳି ପରେ ଅର୍ଗଳି ଦେଇ
ଆପଣାଛାଏଁ ମାଡ଼ି ଆସୁଛି
ପ୍ରାଚୀନ ଦୁର୍ଗ ଆଡ଼କୁ ।

ଏବେ ପିଙ୍ଗଳ ଆକାଶ ତଳେ
ଦୀର୍ଘଶ୍ୱାସରେ ଲିଭି ଯାଉଥିବା
ବତୀଖୁଣ୍ଟରେ ଆଲୁଅ ଲଗେଇ
ଭୟରେ ସନ୍ତ୍ରସ୍ତ ମଣିଷମାନଙ୍କୁ
ବଞ୍ଚିବାର ଆଶ୍ୱାସନା ଦେଇ
ପ୍ରତିବାଦହୀନ ଓଠରେ
ଅଗ୍ନି ସ୍ଫୁଲିଙ୍ଗର ପଟୁଆର ନେଇ
କ୍ଷୁଧାର୍ତ୍ତ ସମୟ ସାମ୍ନାରେ
ଠିଆହୋଇଛି ମୁଁ ଏବଂ
ମୋର ଅଣଚାଶଟି ବର୍ଣ୍ଣର
ପୁରୁଷାକାର ।

ଅନେକ ଅନୁଭବର କଥା, ମାଟିର ବ୍ୟଥା
ଜୀବନର ଭାଷା ନେଇ

ମହମହ ଗନ୍ଧରେ ବାସୁଛି ଶବ୍ଦ
ବିଶ୍ୱାସର ଚାରାଟିଏ ଏବେ ଗଜରୁଛି
ନୂଆକରି ଟାଙ୍ଗର ଭୂଇଁରେ
ଯେମିତି ପୋଡ଼ାଜଳାର ଶ୍ମାଶାନରେ
କଙ୍କାଳର ଓଁ କାର ଧ୍ୱନି ।

କଙ୍କାଳ ବି କଥା କହେ ବେଳେବେଳେ
ଯେତେବେଳେ ଦୁର୍ବୋଧ ହୋଇଯାଏ ଜୀବନ
ବେସୁରା ହୋଇଯାଏ ରାଗରାଗିଣୀ
ଆଉ, ଦର୍ପଣର ମୁହଁମାନେ
ଓଲଟା ଦେଖାଯା'ନ୍ତି
ଇତିହାସର କଳା ପଞ୍ଜୁରୀରେ ॥

■
ରଚନାକାଳ : ୧୯୮୬

ଦୃଶ୍ୟାନ୍ତର

॥ ଏକ ॥

ଭିତରେ ଗୁମ୍‌ସୁମ ଶବ୍ଦର କୋଳାହଳ
ବନ୍ଦ ଝର୍କା ଖୋଲିଦିଅ
ନଚେତ୍ ରେଲିଂରେ ମୁଣ୍ଡପିଟି କାନ୍ଦୁଥିବା
ରକ୍ତାକ୍ତ ସ୍ୱପ୍ନଙ୍କ ଦୃଶ୍ୟ ହୁଏତ ଫେରିଯିବେ
ଅବସନ୍ନ ମନର କ୍ଷୀଣ କଟିରେ,
ହୁଏତ ଦୁଃଖର ଶାଣିତ ବର୍ଚ୍ଛା ଖିନଭିନ କରିଦେବ
ବାହାରର ସବୁଜ ପୃଥ୍ୱୀକୁ;
ଅନ୍ଧାରରେ ହି ହି ହସୁଥିବା
ମାୟାବିନୀର ସଂହାର ମୁଦ୍ରାରେ
ନିମଜ୍ଜିତ ଶେଷ ଇଚ୍ଛାରେ ଅର୍ଥ ଅନର୍ଥରେ ବଦଳି ଯାଇ
ଯୋଡ଼ିଦେବ ଅକିଞ୍ଚନର ନିଃସ୍ୱ ମୁହୂର୍ତ୍ତ।

ଛାତିରେ ଆଉଜେଇ ନିଅ ଥଣ୍ଡା ପବନ
କାମାର୍ତ୍ତ ଶୋକର ପିଠିରେ ହାତ ଥାପୁଡ଼େଇ
ବୁଝେଇଦିଅ ନିପାରିଲାପଣକୁ
ଆଲୁଅକୁ କୋଳେଇନେବାର ବିଶ୍ୱସ୍ତତାରେ
ଧୂଳିଝାଡ଼ି ସଜାଡ଼ିନିଅ ଘରକରଣା,
ହଜିଯାଉଥିବା ପାଣି ଫୋଟକାର ଆତୁର ମୁହଁରୁ ପଢ଼ିନିଅ
ମୁହୂର୍ତ୍ତଙ୍କ ସ୍ୱେଚ୍ଛାକୃତ ଆହରଣ;
କ୍ରମ ଉତ୍ତରଣର ବିଦ୍ୟା ଜନ୍ମ, ମୃତ୍ୟୁର ସ୍ୱାଦ ଚାଖୁଚାଖୁ
ଘୁମେଇ ପଡ଼ିଥିବା ଅଶାନ୍ତ କପୋତର ପ୍ରଶାନ୍ତ ଆଖିରୁ।

॥ ଦୁଇ ॥

କେଉଁ ଦୃଶ୍ୟ ସ୍ତବ୍ଧ କରେ ଅସହାୟ କପୋତକୁ ?
ପୁଣି କେଉଁ ଦୃଶ୍ୟାନ୍ତର ସେକୁଥାଏ
ନିରବତାରେ ସଢୁଥିବା ଅଥୟ ଆତ୍ମାକୁ ? ?

କେଉଁ ମୂକ ଭାଷାର ଇଙ୍ଗିତ
ଗ୍ରନ୍ଥିତ କରେ ପଥରର ଚାହାଣି
ରକ୍ତର ସ୍ୱାଦ ଛୁଇଁ ଛୁଇଁ ଲେସିଦିଏ
ପାଂଶୁଳ ଦେହରେ ସପ୍ତରଙ୍ଗର ଯାଦୁ
ଛାଟିପିଟି ମୁଣ୍ଡଟେକେ ଚିରକାଳ ପଙ୍ଗୁପରି
ବନ୍ଧ୍ୟା ମାଟିର ସୁଷୁପ୍ତ ଭ୍ରୁଣ ।

ବୟସ୍କ ଦୁଃଖଙ୍କ ତୀବ୍ର ଗଞ୍ଜଣାରେ ହନ୍ତସନ୍ତ
ନାରୀତ୍ୱରେ ଫୁଟିଉଠେ ଜୀବନର ଆତୁରତା
କେଉଁ ସାରଥିର ଚାବୁକ ମାଡ଼ରେ ବହିଆସେ କୋମଳତା
ଯୋଜନ ଯୋଜନ ଦୂରରୁ
ଆନ୍ତରିକତାର ହେମାଳ ପବନ ଭିଜେଇ ଦିଏ
ଚିରା ପୋଷାକ ପିନ୍ଧା ଭିକାରିର ଦେହ
ଭରିଦିଏ ଦହି, ଦୁବ ଓ ହଳଦୀର ସ୍ନିଗ୍ଧତାରେ
ମାନବାତ୍ମାର ନିଃସ୍ୱ ପଞ୍ଜର
ଉଦ୍ଧତ ଇଚ୍ଛାରେ ଥରେଇଦିଏ ଲୋମମୂଳ
ଇତସ୍ତତଃ କରିଦିଏ କ୍ଷୁଦ୍ର ଚେତନାକୁ ।

ସମସ୍ତ ସମ୍ଭାବନାକୁ କାନ୍ଧରେ ବସେଇ ଥୋଇଦିଏ
ଅପାରଗତାର ଏରୁଣ୍ଡିବନ୍ଧରେ
ପୁଣି ମଧ୍ୟ ଆତ୍ମହତ୍ୟା କରିଥିବା ଇଚ୍ଛାଟିଏ
ଜୀବନ୍ୟାସ ପାଇଯାଏ ଋତୁଚକ୍ର ବହମାନତାରେ ।

॥ ତିନି ॥

ଥରେ ବିଷ ଅକଟା ଗଦ ଚଳେଇ
ଥକିପଡୁଛି କଥିତ ନାଟୁଆ ।
ସାମ୍ନାରେ ଧାଁ ଦଉଡ଼ କରୁଥିବା ମୂଷା, ବେଙ୍ଗ, ଝିଟିପିଟି,
ଅସରପାମାନଙ୍କର ବୈମାତୃକ ଭାବ,
ପାଦତଳେ ଘୁରୁଥିବା ମାଟି ଏବେ
ନିମଜ୍ଜିତ, ନିଚିପଡ଼ ସହସ୍ର ଦୁଃଖରେ
ଅବିରତ ପବନର ନିଅଁଶିପଣ
ଉଦଭ୍ରାନ୍ତ କରୁଛି ଆକାଶର ଶୃଙ୍ଗାରୀପଣକୁ
ସ୍ଖଳିତ ସ୍ୱର୍ଣ୍ଣରେଣୁ ପୋଛି ଯାଉଛି
ଶୁନ୍‌ଶାନ ଫୁଲବଣ ଛିଟ ପଣତରେ ।

ସବୁ ଦୃଶ୍ୟକୁ ଗାରେଇଦେଲେ ଶୂନ୍ୟତା
ସବୁ ଦୃଶ୍ୟକୁ ମୁଠେଇ ନେଲେ କବିତା
ଅନ୍ଧାରରେ ମନମାରି ଲାଭ କଣ ?
ସବୁ ଅପ୍ରାପ୍ତିର ନୀଳହ୍ରଦରେ ନାଆ ବାହି
ଆଲୋକକୁ ଜଳଜଳ ଚାହିଁଦେଲେ
ହସିଉଠେ ସମୟର କ୍ରୀଡ଼ାନତ ମୁହଁ
ଖୋଲିଯାଏ ଦୃଶ୍ୟର ଅର୍ଗଳି ।

ଯିବା ଓ ଆସିବାର ଅନିଶ୍ଚିତ ମୁହୂର୍ତ୍ତରେ
ଢୁଳେଇଗଲେ କ୍ଷତାକ୍ତ କପୋତ
ସବୁକିଛି ଘଟିଯାଏ ଶବ୍ଦରୁ ଶବ୍ଦରେ
ସବୁ ଦୃଶ୍ୟ ଏକାକାର ହୋଇଯାଏ
ନିଶାର୍ଦ୍ଧରେ ଗର୍ଜୁଥିବା ଅଶାନ୍ତ ଜିଦ୍‌ରେ ॥

■

ରଚନାକାଳ : ୧୯୮୪

ଦୀପ ତଳର ଛାଇ

।।ଏକ।।

ବିଭିନ୍ନ ଦୃଶ୍ୟରେ ବିଚିତ୍ର ସମୟ
ସମୟର ଘୁଣଖିଆ ନିରବତା
ହାଙ୍କିନିଏ ପାଣିଚିଆ ଧୈର୍ଯ୍ୟ,
ଧୈର୍ଯ୍ୟରେ ମିଶ୍ରିତ ବିଷ
ଭଲ ଓ ଭେଲରେ ପରଖ ପାଇଁ
ଶୋକଯୁକ୍ତ ନିଷ୍ଠୁର ଗାମ୍ଭୀର୍ଯ୍ୟ।

ଜୀବନକୁ ନିକିତିରେ ତଉଲୁତଉଲୁ
ସ୍ଥିର ରହେନା କଣ୍ଟା
ପଛରେ ଅନେକ ତାଚ୍ଛଲ୍ୟ ଓ ଗଞ୍ଜଣାର
ରୋଗଯୁକ୍ତ ସ୍ୱାର୍ଥାନ୍ଧ ଶବ୍ଦ
ଆଗରେ ଆଦିଗନ୍ତ ଲମ୍ବାରାସ୍ତା
ଭୀତତ୍ରସ୍ତ, ଅସ୍ଥିର ପାଦର ଛାଇ
ସଳଖିହୁଏନା ସମୟର ଅଣ୍ଟା।

ଆଖି ଖୋଲିଲେ ଆକାଶର ଉଲ୍‌କାପାତ
ବାରମ୍ବାର ବାଦୁଡ଼ିଙ୍କ ସାମ୍ରାଜ୍ୟରେ
ମୁଖା ବଦଳର ପର୍ବ,
ଅକସ୍ମାତ ଲଘୁଚାପର ଆର୍ଦ୍ର ପବନରେ
ମୃତ୍ୟୁର ଶୋଭାଯାତ୍ରା।

ସକାଳର ସୂର୍ଯ୍ୟସ୍ନାତ ଶିଶିର ବିନ୍ଦୁରେ
ବିଗତ ରାତିର ଲୁହର କବିତା
ବିବାକ ସଞ୍ଜର ଖେଳପଡ଼ିଆରେ
ଯୌବନର ବ୍ୟର୍ଥ ଅପଚୟ।

ମେଘ ସଙ୍ଗେ ଗପସପ କରୁଥିବା
ନିଶୁଣିରେ ଅହଙ୍କାରୀ ହସର ଫୁତ୍‌କାର
ରାସ୍ତାକଡ଼ ଝାଟିମାଟି ଘରେ
ଖଣ୍ଡେ କନା, ଗଣ୍ଡେ ଦାନାର ଚିତ୍କାର
ଏବଂ ମୁହଁରେ ଗୋଇଠା ଥୋଇ
ଲୁଟିବାର ହିଂସ୍ର ଆୟୋଜନ
ଇତଃସ୍ତତ ବୃକ୍ଷ, ଲତା, ମାଟି, ପାଣି ଆକାଶ, ପବନ,
ସ୍ୱପ୍ନାତୁର ନିର୍ବାକ ଜୀବନ।

ଆଖି ବୁଜିଲେ ନି'ପାରିଲା ପଣର ଜଉମୁଦ ଚିଠା
ମୁଣ୍ଡାମୁଣ୍ଡା ଅଭାବର ରକ୍ତବାନ୍ତି
ବଞ୍ଚିବାର ଚରମ ନିଃସ୍ୱତା।

ବାପାଙ୍କର ମହାଜନ ଚିନ୍ତା
ମାଆର ଜମିବାଡ଼ି ଚିନ୍ତା
ପତ୍ନୀର ସ୍ୱପ୍ନଭର୍ତ୍ତି ଜାହାଜ ବେପାର
ଛୋଟଛୋଟ ଶାବକଙ୍କ ଭବିଷ୍ୟତ ଚିନ୍ତା
ମୋଡ଼ିଖାଏ କବିତାର ମଥା।

ହାର୍‌ଜିତ୍‌ର ପଶାପାଲିରେ ତମେ ଜିତୁଛ ନା ହାରୁଛ,
ଖଣ୍ଡାଧାରୀ ଆଲୋକର ଅଗ୍ନି ପରୀକ୍ଷାରେ
ତମେ କାନ୍ଦୁଛ ନା ହସୁଛ ?
ଅର୍ଜିଥିବା ଭଲମନ୍ଦର ଭାଗବାଣ୍ଟ ପାଇଁ
କେଉଁ ବଟକରା ସମର୍ଥ ହୋଇଛି ଯେ !

ତମେ ମାଳା ଭଜୁଛ, ଶଙ୍ଖ ତେଜୁଛ
ହାତ ପଜଉଛ, ସ୍ୱପ୍ନ ଖଞ୍ଜଉଛ,
ମନ ରଞ୍ଜଉଛ।
ସମୟର ଭିଡ଼ାଭିଡ଼ି ଟଣା ଓଟରାରେ

ତମେ ବଞ୍ଚିଛ ନା ମରିଛ
ନା ମରି ପୁଣି ବଞ୍ଚିବାର ଛଳନା କରୁଛ ?

॥ ଦୁଇ ॥
ଦିନର ଶପଥ ସବୁ
ରାତିରେ ପାଲଟେ ସ୍ୱପ୍ନ
ସ୍ୱପ୍ନ ପୁଣି ଭଙ୍ଗା ଭଙ୍ଗା
ଖେଳନାରେ ଆଖିଦୃଶ୍ୟ ହୁଏ
ଦୃଶ୍ୟ ସବୁ ଦୃଶ୍ୟାନ୍ତର
ମୌନ ସଙ୍ଗୀତରେ
ସଙ୍ଗୀତର ଉଦାସ ଭାବ
ଆଙ୍କି ହୋଇ ରହେ ।

କଥାଦେଇ ଭଣ୍ଡିବା ଧର୍ତ୍ତବ୍ୟ ଅପରାଧ
ଜାଣିଜାଣି ସମସ୍ତେ ଦିଅନ୍ତି ଭଣ୍ଡି
ହୃଦ ମହରଗ କାଳେ,
ମନ ଫୁଲାଣିଆ ଗୀତ ପଦେ ପାଇଁ
ଧୂଳିଭର୍ତ୍ତି ଆକାଶରୁ ମୁନ୍ଦେ ଜଳ ପାଇଁ
ଚାହିଁଚାହିଁ ଶୁଖିଯାଏ ଗଣ୍ଡି ।

କିଛି ସତ କିଛି ମିଛ ଜ୍ୟୋତ୍ସ୍ନାୟିତ ରାତି
ଯିଏ ଅବା ରଞ୍ଜେ ଯେଉଁପରି
କିଏ ସେ ବୁଝିଛି କହ
ଅସହାୟ ଶିଳ୍ପୀର ଜିଗର
ଦ୍ୱୀପତଳ ଅନ୍ଧକାର ଯୁଗଯୁଗ ଧରି ॥

■
ରଚନାକାଳ : ୧୯୮୩

ଦର୍ପଣ ଓ ପ୍ରତିବିମ୍ବମାନେ

ବଡ଼ ବିଚିତ୍ର ଏ ଦୃଶ୍ୟର ସହର
ଭିକମାଗି ଆସିଥିବା ଗ୍ରାମ୍ୟ ତରୁଣୀର
ଭିକ୍ଷାପାତ୍ର ପୂର୍ଣ୍ଣ କରିବା ଆଳରେ
ବ୍ୟଭିଚାର କରୁଥିବା ବୃଦ୍ଧ ହିଁ
ନରୋତ୍ତମ /ଭାଗ୍ୟ ବିଧାତା।

ହଜାର ହଜାର ନିରନ୍ନ କାଙ୍ଗାଳଙ୍କ
ଶବ ଉପରେ ଚକାମାଡ଼ି, ଛପନ ପଉଟି ଭୋଗ
ଆତ୍ମସାତ କରୁଥିବା ମାଦଳ ହିଁ
ମୋ ଦେଶର ବଡ଼ ଠାକୁର।

ରାମରାଜ୍ୟର ଘୋଷଣାନାମା ଧରି
କୋଟିକୋଟି ନିଷ୍ପାପ. ଅସହାୟ ଲୋକଙ୍କୁ
ଶୋଷଣ କରୁଥିବା ଛଦ୍ମବେଶୀ ହିଁ
ମୋ ଦେଶର ନେତା।

ସ୍ୱାଧୀନତାର ମହାର୍ଘ୍ୟ ଫଳ ଚାଖିବାକୁ
ଆଁ କରି ଶବ ପାଲଟି ଯାଇଥିବା
କଙ୍କାଳସାର ଲୋକଟି-ମୋର ବାପା।

କ୍ଷତ ବିକ୍ଷତ ଦେହ, ଭଗ୍ନ ମନ ନେଇ
ଘୋଡ଼ାଶାଳ ପୋଛୁଥିବା
ତୋଡ଼ିଅଣ୍ଟ ଓ ବାଇଗଣ ବେଣ୍ଟରେ
ଜୀବନ ବିତାଉଥିବା ନାରୀଟି - ମୋର ମାଆ

ଆଉ ନିର୍ବାକ ନିଦର ଚଦର ଘୋଡ଼େଇ
ହଠାତ ଲିଭି ଯାଉଯାଉ
କାଣିଚାଏ ଜୀବନ ମାଗି
ଧୂମାୟ ଦିଗନ୍ତରେ ଉଡ଼ିଯିବାକୁ
ଯିଏ ହଜେ ଡେଣା ମାଗୁଛି
ସେ ମୋର ଉତ୍ତର ଦାୟାଦ ।

ଇତିହାସରେ କେବେ ସୂର୍ଯ୍ୟୋଦୟ ହୋଇଥିଲା
କେବେ ଆମେ ଚେଇଁ ଉଠିଥିଲୁ, ମନେନାହିଁ
କେବେ କର୍ପୁର ବାସ୍ନାରେ ବାସ୍ନାୟିତ କରୁଥିଲା
ସମଗ୍ର ମାଟିକୁ, ଜଣାନାହିଁ
କେବଳ କନା ଖଣ୍ଡିକ ସାଇତି ରଖିବା ବ୍ୟତୀତ ।

ଜନନୀ ଗର୍ଭରେ ଆଡ଼ା ପଡ଼ି
ତମର ମରିଯିବା ଉଚିତ ଥିଲା ମାନବ
କିମ୍ବା ଏକାଦଶ ଅବତାର ହୋଇ
ତମର ଜନ୍ମନେବା ଦର୍କାର ଥିଲା ।
ରଡ଼ ନିଆଁରେ ଚୁଲିଏ ଭୋକ
ଇନ୍ଦ୍ରଧନୁର ଆକାଶେ ସ୍ୱପ୍ନ
ଆଉ ତମକୁ ଅସ୍ୱୀକାର କରୁଥିବା
ଏକ ଉନ୍ମାଦ ସମୟକୁ ନେଇ
ତମେ କେମିତି ବଞ୍ଚିବ ମାନବ,
କେମିତି ବଞ୍ଚିବ !!

କବିତା ଅଟକି ରହିଲା ଏଇଠି
ପ୍ରଶ୍ନ ଛନ୍ଦି ହୋଇଗଲା ଏଇଠି
ତମେ ସେଇ କବିତାର ପଙ୍‌କ୍ତି ଲେଖିବ ମାନବ
ତମେ ଇ କେବଳ ତା'ର ଉତ୍ତର ଦେବ ॥

■

ରଚନାକାଳ : ୧୯୮୪

ଦୁଆର ଖୋଲିଲେ ଯୁଦ୍ଧ

ସମୁଦ୍ରରେ ନିଆଁ
ଦର୍ପଣରେ ନିଆଁ
ଫୁଲରେ ଫୁଲରେ ନିଆଁ
ରିଲିଫ୍ କ୍ୟାମ୍ପରେ ନିଆଁ
କଲମ ମୂନରେ ନିଆଁ
ଅଥଚ ଚିଆଁର ଅଭାବ ବୋଲି
ଲକ୍ଷ୍ୟର ଶୀର୍ଷବିନ୍ଦୁରେ ଅପହଞ୍ଚ।

ମାଆ ଥଣ୍ଟରେ ଆଧାର ଦେଖିଲେ
ଖୁସିହୁଏ ଶାବକ,
ମାଆ ଓଠରେ ଅନ୍ଧାର ଦେଖିଲେ
ଲାଞ୍ଜ ପିଟେ ବାଘ।

ନୃଶଂସ ଛଳନାର ତାରଜାଲିରେ
ଅଣନିଃଶ୍ୱାସୀ ମୁକ୍ତି ସତ୍ତାଟି
କେତେଦିନ ଆଉ ଖୋଜୁଥିବ
ମୁଠାଏ ଖୁଦକଣା, ସରାଏ ପାଣି।

ଅଳସ ଭାଙ୍ଗିଲେ: ମୁକ୍ତିର ସ୍ୱାଦ
ଥଣ୍ଟ ରଡ଼ିଲେ: ଶିକୁଳି ଭାଙ୍ଗିବାର ଶବ୍ଦ।

ଯେଉଁଠି ମୁକ୍ତିର ନିଷ୍ଠୁର ପନ୍ଝା
ସେଇଠି ଜୀବନର ଉଷୁମ ଯନ୍ତ୍ରଣା।

ତେଣୁ, ଯେତେ ପାରୁଛ
ବାନ୍ଧିରଖ ସ୍ୱପ୍ନିଳ ବିଶ୍ୱାସଙ୍କୁ

ନିର୍ଜନତାର ତମ୍ବୁରେ ଏବଂ
ଅଗଣାରେ କୁଆଁକୁଆଁ ଶବ୍ଦ କରୁଥିବା
ଆତ୍ମୀୟ ଧ୍ୱନିଙ୍କୁ ଖଞ୍ଜିଦିଅ
କଲମ ମୂନରେ।

କାରଣ,
ଶକ୍ତିମାନ ଶବ୍ଦଟିଏ କି
ଗତିବାନ ପଙ୍‌କ୍ତିଟିଏ ଯଥେଷ୍ଟ
ଶତାବ୍ଦୀର କ୍ଳାନ୍ତି ବୋହିବାକୁ ॥

■

ରଚନାକାଳ : ୧୯୮୪

ଦେବୀ ପାଇଁ କବିତାଟିଏ

ପରିତ୍ୟକ୍ତ ଜନପଦରେ ଗୀତ ବୋଲେଯିଏ
ସେ କ'ଣ ବଂଶୀ ବାଦକ ?
ପୋଡ଼ା ଜଳାର ମହାଶ୍ମଶାନରେ ରାଜପଣ ଦାବିକରେ ଯିଏ
ସେ କ'ଣ ସମ୍ରାଟ ?

କେଜାଣି, ନଦୀ ସ୍ରୋତରେ ଭାସିଭାସି
କେଉଁ ଅଜଣା ଦ୍ୱୀପରେ ଲାଗିଯାଇଥିବା,
ଚେରେଇ ଯାଇଥିବା ମହା ମହିମ୍ନଙ୍କ
ବଂଶାବଳୀ ତା'ର ସାକ୍ଷୀ ଦେଇପାରେ ।

ଗର୍ବରେ ଅନ୍ଧ ସମ୍ରାଟ କ'ଣ ଜାଣେ ସେ ଦ୍ୱୀପର ଇତିହାସ !
କେବଳ ଏତିକି ଜାଣେ ଯେ
ଅନ୍ତପୁରର ସେଇ ଅଯୌବନା ନାରୀର
ପଣତ ତଳେ ସହବାସ କିଛିକାଳ
ପୁନଶ୍ଚ ଅଜ୍ଞାତବାସ, ଦ୍ୱୀପାନ୍ତର ଦଣ୍ଡ ।

କାହାର ଅଭିଷେକ କରିବ କବି
ସମ୍ରାଟର ଅଭିଷେକ ନା' ପ୍ରେମିକର ରାସ
କବିତାର ପୁଷ୍ପମାସ ନା' ସମ୍ପର୍କର ସର୍ବନାଶ ?

କିଛି କରୁନଥାଏ କବି
କରି ହୋଇଯାଉଥାଏ ଆପେଆପେ ॥

■
ରଚନାକାଳ : ୧୯୮୪

ଦୁଃଖ ଯଦି ସତ୍ୟ ହୋଇ ଝରଣାରେ ବହିଯାଏ

ତା'ପରେ ଆକାଶ ହେବ ଫର୍ଚ୍ଚା
ଛଳନାର ବନ୍ଧବାଡ଼ ଭୁଷୁଡ଼ି ପଡ଼ିବ
ବନ୍ଧନ ମୁକ୍ତ ହେବ ପକ୍ଷ ଦ୍ୱୟ
ମିଳିଯିବ ସମୁଦ୍ରକୁ ପାଇବାର ନକ୍ସା।

ଦୁଃଖ କ'ଣ ଛିଣ୍ଡା ଗୁଡ଼ି ହୋଇଛି ଯେ
ଉଡ଼ିଯିବ ଆକାଶରୁ ଆକାଶକୁ !
ଦୁଃଖ କ'ଣ ପାଣିର ବୁଦ୍‌ବୁଦ୍‌ ହୋଇଛି ଯେ
ମିଳେଇଯିବ ମୁହୂର୍ତ୍ତକରେ।

ଦୁଃଖ ତ ବୟସ୍କ ସ୍ୱପ୍ନ ଅନେକ ରାତିର
ଦୁଃଖ ତ ପୁରୁଣା କ୍ଷତ ଅତୀତ ଦିନର
ଦୁଃଖ ତ ଶୋଷିଲା ଜିଭ ଜଳନ୍ତା ଜୁଇର
ଦୁଃଖ ତ ଅନେକ ସ୍ୱର ଭୋକିଲା ଆତ୍ମାର
ଦୁଃଖ ତ ପୁଷି ବିଲେଇ ଶୀତୁଆ ରାତିର
ଦୁଃଖ ତ ଆଦିମ ଇଚ୍ଛା ନିଷିଦ୍ଧାଞ୍ଚଳର
ଦୁଃଖ ଆମ ଚାରିପାଖେ ଘୂରିବୁଲୁଥିବା ବିଚିତ୍ର ହସର
ଦୁଃଖ ତ ନଈ ମୁହାଣର ଭୋକ
ଅନେକ ଉଦୟ ଅସ୍ତର ରିକ୍ତ ପ୍ରତିରୂପ।

ଅନ୍ଧ ଆଖିରେ ବି ଜ୍ୟୋତି ଥାଏ
ଅନ୍ଧାରରେ ଅଣ୍ଡାଳି ଅଣ୍ଡାଳି
ଠିକଣା ସ୍ଥାନରେ ପହଞ୍ଚିବାର କ୍ଷମତା
ଭିକ୍ଷାପାତ୍ର ଧରି ବୁଲୁଥିବା ଭିକାରିର ବି ଥାଏ
ସିଂହାସନରେ ବସିବାର ସ୍ୱପ୍ନ

ପତ୍ର କୁଡ଼ିଆରେ ଶୋଇରହି
ଗୀତ ବୋଲୁଥିବା ମଣିଷଟି ବି ଖୋଜୁଥାଏ
କେଉଁ ରୂପବତୀର ଆଲିଙ୍ଗନ।

ଥାଏ ବୋଲିତ ଏତେ ଦୁଃଖ
ଏତେ ପତ୍ରଲେଖା, ଏତେ ଦୀର୍ଘଶ୍ୱାସ ସଂଘର୍ଷ ଓ ରକ୍ତପାତ
ବଞ୍ଚିବାର ନିରବ ଉଚ୍ଛ୍ୱାସ
ହଜାର ହଜାର ବର୍ଷଧରି ସରୀସୃପଟିଏ ପରି
ନିଃଶବ୍ଦରେ ଭ୍ରମଣ, ସ୍ମୃତିର ଉତ୍ତରାୟଣ।

କୃତ୍ରିମ ଭୟରେ ଏଠି ଦୂରତ୍ୱର ବ୍ୟବଧାନ
ଦୁର୍ବଳତାର ଜୟଜୟକାରରେ
ଏଠି ସମସ୍ତ ଅଭିଧାନ କେଉଁ ପଥର ତଳେ ଶୋଇରହିଛି ଯେ
ଆକାଶ ଧୂଆଁଛନ୍ନ, ମାଟିବି ରୋରୁଦ୍ୟମାନ
ଉତ୍କଣ୍ଠାରେ ବିତିଯାଏ ଦିନ।

ଏ ତମର କେଉଁ ଉତ୍କଣ୍ଠା ?
ଜାଣେ, ଦିନେ ମିଶେଇଦେବ ଆମର ଦୂରତ୍ୱ
ମୋର କ୍ଷତାକ୍ତ ଛାତିର ଅବଶିଷ୍ଟ କେଇ ଜରିବ ଭୂଇଁକୁ
ଧୋଇଦେବ ଲୁହରେ
କସ୍ତୁରୀ ବାସ୍ନାରେ ମହକେଇଦେବ
ମୋର ଯେତେ ସମ୍ଭାବନା।

ତେଣୁ, ହଜାର ହଜାର ବର୍ଷ ଧରି ବି
ମୁଁ ଅପେକ୍ଷା କରିବି ତମକୁ
ମୋର ଫଟା ଗୋଇଠିର
ପୃଥିବୀ ଉପରେ ॥

■

ରଚନାକାଳ : ୧୯୮୩

ଧର୍ମପଦ

ସମୁଦ୍ର ତା'ର ଅଶାନ୍ତ ଢେଉରେ
ଭସେଇନିଏନି ଯେ
ପହଞ୍ଚେଇଦିଏ ବରୁଣପୁରୀରେ
ରାଜକନ୍ୟା ଶୟନ କକ୍ଷରେ ।

ଢେଉ ଗର୍ଜନ କରେନି ଯେ
ସୁଖର ସନ୍ଦେଶ ପଠେଇଦିଏ
ମୋର ନିରବତାର ସାମ୍ରାଜ୍ୟକୁ,
ଶୀର୍ଷାସନଙ୍କୁ ଉଠି ଅଦୃଶ୍ୟ
ହୋଇଯିବାର ମନ୍ତ୍ର
ଶିଖେଇଦିଏ ଚୁପ୍‌ଚାପ୍ ।

ସର୍ବଦା ମୁଁ ଜାଗତିଆର୍ ।
କେହି ଯେମିତି ପ୍ରଶ୍ନ ନ କରନ୍ତି
ମୋ ବାପକୁ
ବାରଶ କଢ଼େଇର ଦାୟ ନା
ପୁଅର ଦାୟ !

ପ୍ରଭୁ, ଏମିତି ମନ୍ଦିରର ମୁଣ୍ଡି ମାରିବାକୁ
ଅସମର୍ଥ ହେଉଥାନ୍ତୁ ଶିଳ୍ପୀମାନେ
ଏବଂ ମୋର ପୁନର୍ଜନ୍ମ
ହେଉଥାଉ ବାରମ୍ବାର ॥

■

ରଚନାକାଳ : ୧୯୮୫

ନଖଦର୍ପଣ

ପ୍ରତିବିମ୍ବିତ ହୁଏ ମଣିଷ
ସେଇ ନିର୍ଦ୍ଦିଷ୍ଟ ଫୋକସ୍ ଭିତରେ
ଅନ୍ଧାରର ସିଲହଟ ପରି।

ଦର୍ପଣରେ ବାରି ହୁଏନା
ଆତ୍ମୀୟ ଅନାତ୍ମୀୟ ସମ୍ପର୍କର ବୁଝାମଣା
ଚରିତ୍ରମାନଙ୍କ ସଠିକ ଅଭିନୟ:
କ୍ୟାନଭାସ୍ ଉପରେ ସମସ୍ତେ ହାଉହାଉ
ରାଉରାଉ ଶବ୍ଦ, ସଂଳାପ ଓ ଜୀବନର ବର୍ଣ୍ଣମାଳା।

ସହର ହୁଏ ବନସ୍ତ
ବନସ୍ତ ହୁଏ ଜନପଦ କ୍ରମଶଃ କ୍ରମଶଃ
ତଳ ପାହାଚର ଲୋକ ଆଦେଶ ନିଏ ସିଂହାସନରୁ
ହାଁଜୀ ହାଁଜୀ କରୁଥାଏ ଦରବାରର ଶ୍ରେଷ୍ଠ ବୁଦ୍ଧିଜୀବୀ
ଦର୍ପଣରେ ହାଇମାରେ ପରମ୍ପରାର କିମ୍ଭୁତ ମଣିଷ।

ରଡ଼ରଡ଼ ଶବ୍ଦରେ ଭାଙ୍ଗିପଡ଼େ ସଭ୍ୟତାର ଡାଳ
ମଡ଼ମଡ଼ ଶବ୍ଦରେ ମାଡ଼ିଆସେ ମୁର୍ଦ୍ଦାର।

ତା'ପରେ ଦର୍ପଣରେ ଘୋଟିଆସେ ଅନ୍ଧାର
ପ୍ରଚ୍ଛଦପଟ୍ଟରୁ ପ୍ରତିଧ୍ୱନିତ ହେଉଥାଏ ଅସହାୟ ମୃଗୁଣୀର ସ୍ୱର ସବୁ
ଶେଷ ଦୃଶ୍ୟର କରୁଣ ସଙ୍ଗୀତ ପରି ॥

■
ରଚନାକାଳ : ୧୯୮୪

ନବବର୍ଷର ଶୁଭେଚ୍ଛା

ଶବ୍‌ଦରେ ଫୁଲ ଫୁଟୁ
ବୋମାରେ ଛତୁ ଫୁଟୁ
ଧାନଶୀଷାଁ କ୍ଷୀର ଢୋକୁ
ବାଲୁଙ୍ଗାର ଶୀରି ତୁଟୁ
ସକାଳର ସୂର୍ଯ୍ୟ ହସୁ
ସଞ୍ଜହେଲେ ଜହ୍ନ ନାଚୁ
ନିରବତାର ବନ୍ଧ୍ୟା ଭୂଇଁ
ପାଲଟିଯାଉ କୋହାହଳର ଖେଳପଡ଼ିଆ ।

ଦୁଃଖରେ ସୁଖରେ,
ଭଣତିରେ, ଭୟାନକତାରେ
କୋହରେ, ପ୍ରସନ୍ନତାରେ
ସ୍ୱପ୍ନରେ, ଜାଗରଣରେ
ସୁସୁପ୍ତିରେ, ତୁରୀୟରେ
ଖଳଖଳ ହେଉଥାଉ
ଭାବମୟୀ କବିତାର ସତ୍ତା ।

ମୁଁ ସେମିତି ଚିରକାଳ
ଦାନ୍ତରେ ତିରଣ ଦେଇ
ଚାହିଁଥାଏ ତୋ' ପାଦଶବ୍ଦର
ମାହେନ୍ଦ୍ର ଲଗ୍ନକୁ ॥

■

ରଚନାକାଳ : ୧୯୮୫

ନବାଂତୁକର ସ୍ୱର

ଭିଟାମାଟିର ମୋହ ଭୁଲି
ତମେ ଯେଉଁମାନେ
ମହାଶୂନ୍ୟରେ ବସା ବାନ୍ଧୁଛ, ବାନ୍ଧ ।

ଅନ୍ଧାରୀ ରାଜୁଡି ପାଇଁ
ତମେ ଯେଉଁମାନେ
ସ୍ୱପ୍ନାନ୍ଧ ମଣିଷର ସ୍ୱପ୍ନକୁ ରାନ୍ଧୁଛ, ରାନ୍ଧ ।

ମଦମତ୍ତ ଉଲ୍ଲାସରେ
ତମେ ଯେଉଁମାନେ
ଅପୋଡ଼ା ଭୂଇଁକୁ ପୋଡ଼ାଜଳାର ଶ୍ମଶାନକୁ
ପେଲିଦେବା ପାଇଁ ବୁଦ୍ଧି ଫାନ୍ଦୁଛ, ଫାନ୍ଦ ।

ହେଲେ ତମ ପରିତ୍ୟକ୍ତ କଙ୍କାଳଙ୍କ ବଜ୍ର ଆଶିଷରେ
ମୁଁ ବଞ୍ଚିରହିବି ଆଦ୍ୟ ବୀଜ ପରି
ପୁନଶ୍ଚଃ ରଙ୍ଗେଇବାକୁ ତମ ଆଗ୍ନେୟ ଭୂଖଣ୍ଡରେ
ରୂପାନ୍ତରିତ ମାନଚିତ୍ର ଓ
ଆଗନ୍ତୁକର ମୂକ ଓଠରେ
ପୁନଶ୍ଚଃ ପହଁରେଇଦେବାକୁ
ସେଇ ମହିମ୍ନ ସଙ୍ଗୀତର ସୁର
ପରିବର୍ତ୍ତନର ମହାପ୍ରଳୟରୁ ॥

■
ରଚନାକାଳ : ୧୯୮୪

ନିରବତାରୁ ସନ୍ୟାସ

॥ ଏକ ॥

ସହସ୍ର ବର୍ଷର ଉତର ଲାଭାକୁ କୋଳେଇ
ତମେ ମହିମ୍ନ ଆକାଶ ପରି ଚୁପ୍‌ଚାପ।
ଦୋଦୁଲ୍ୟମାନ ପୃଥ୍ୱୀ ବିଛଣାରେ
ଅସହାୟ ଜର୍ଜର ଶିଶୁତ୍ୱକୁ ପ୍ରବୋଧନା ଦେଇ
ରକ୍ତର ଫୁଲରେ, ମାଂସର ତାତିରେ
ଦୈନ୍ୟର ନିଶାରେ, ଇଚ୍ଛାର ଉଗ୍ରତାରେ
ଚିରକାଳ ହନ୍ତସନ୍ତ ମନ୍ୱନ୍ତରୁ ମନ୍ୱନ୍ତର
ଯେଉଁଠି କର୍ମକ୍ଳାନ୍ତ ଦେହ ମୋର
ବେଳେବେଳେ ଶୋଇଯାଏ ନିଘୋଡ଼ ନିଦରେ
ମେଣ୍ଢାରୁ ଭେଣ୍ଡାରେ କି ଭେଣ୍ଡାରୁ ମେଣ୍ଢାରେ
ପରିଣତ ହେବାର ଅଶେଷ ଯନ୍ତ୍ରଣାରେ
କୋମଳ ଇଚ୍ଛାର ବର୍ଦ୍ଧିଷ୍ଣୁ ସତ୍ୟଟି
ହୋଇଯାଏ ଏକକ ସାମର୍ଥ୍ୟ
ଶକ୍ତିମାନ ପତିତ୍ୱର ପାଶୁପତ:
ତୋ'ର ଦୟାର୍ଦ୍ର କୋଳ ହିଁ ତ
ମୋର ଅଭେଦ୍ୟ ଅଭୟାରଣ୍ୟ
ଚେତନାର ଅକ୍ଷୁର୍ଣ୍ଣ ଅକ୍ଷତ।

ନିରବତାର ପ୍ରତିଟି ଛକରେ ଛନ୍ଦା
ଅସରନ୍ତି କିମ୍ବଦନ୍ତୀ ନିରୀହ ପ୍ରେମର
ପ୍ରତିଟି ଦୁଃଖାର୍ତ୍ତ ମୁହୂର୍ତ୍ତର ଗୁଞ୍ଜରଣରେ
ପୁଞ୍ଜିତ ମାଟି, ଗୋଡ଼ି, ସ୍ୱେଦସିକ୍ତ ବିନିଦ୍ର ଇଚ୍ଛାରେ।
ସାତତାଳ ପାଣି ତଳ ସୁନା ଫରୁଆରେ
ସୁପ୍ତ ବିବସ୍ତ୍ର ମୁହୂର୍ତ୍ତଟି ଜଳଜଳ
ତମ ନିଃଶ୍ଳେଷ୍ଟ ବିଚ୍ଛେଦର ମାନପତ୍ରରେ

ଶୀଷ୍ଟ ଆବେଗର ଦୁଃଖ ଓ ଦହନ
କୋମଳାଙ୍ଗୀ ବିଶୁଦ୍ଧ ପ୍ରେମର,
ଅଥଚ ପ୍ରତିଟି ପଲକରେ ଚଳମାନ
ଦୃଶ୍ୟ ପୁଞ୍ଜ ସମୁଜ୍ଜ୍ୱଳ ।

॥ ଦୁଇ ॥
ଯେଉଁ ଅସହିଷ୍ଣୁ ଯାଦୁକରର ମନ୍ତୁରା ଧୂଳି
ଫର୍ଚ୍ଚା କରିଦେଲା ପାହାନ୍ତି ଆକାଶ
ପ୍ରବଳ ଝଡ଼ ଓ ତୋଫାନରେ ଥରେଇ ଦେଲା ବର ଓହଳ
ହିଂସ୍ରତାରେ ଲୁଟିନେଲା ସଞ୍ଚିତ ପ୍ରଣୟ
ଥରେଇଦେଲା ନଈର ଉଦ୍ଦାମ ଗତି, ଉଦାତ୍ତ ମୁହୂର୍ତ୍ତ
ତାକୁ କବର ଦେଇ ସାରିଛି ଶିଆଳି ଲଟାରେ
ଅବ୍ୟକ୍ତ କବିତାର ଆତ୍ମୀକ ଛନ୍ଦରେ
ଅସମାପ୍ତ ଇତିହାସର ରକ୍ତାକ୍ତ ପୃଷ୍ଠାରେ ।

ଆପାତତଃ ଶତ୍ରୁଶୂନ୍ୟ ଭାବେ
ନିଷ୍କଣ୍ଟକ ରାଜ୍ୟ ଭୋଗର ସୁପାରିଶ
ମାଗିନେଇଛି: ଅରଣ୍ୟର ନିଆଁ ପାଖରୁ
'ବର୍ଣ୍ଣବୋଧ'ର ଅରଣା ମଇଁଷି ପାଖରୁ ।

ସମୟର ବାୟା ମୁଣିରେ ହାତ ପୁରେଇ
ସାଉଁଟି ଆଣିଛି କିଛିଟା ବିଶ୍ୱାସ
କିଛି ଅନ୍ଧାର ଓ ଆଲୋକର ଲୁଚକାଳି ଖେଳ
କିଛି ସ୍ୱପ୍ନ, କିଛି ସ୍ମୃତି
ହସିବା ଓ କାନ୍ଦିବାର ବିଚିତ୍ର ଚମକ ।

ସେଇ ବାତ୍ସଲ୍ୟମୟ ହରରଙ୍ଗୀ କଳ୍ପବଟ ମୂଳେ
ଚିର ଦୃଶ୍ୟମୟ ଛାଇଙ୍କ ସାମ୍ରାଜ୍ୟରେ
ନିର୍ଦ୍ଧାରିତ ମୋର ଷଠିଘର, ଗେଣ୍ଡା ଘର ଏବଂ ଜୁଇ ଘର

ପ୍ରାପ୍ତି ଅପ୍ରାପ୍ତିର ଚମତ୍କାର ନାଟକରେ
ନାୟକ ମୁଁ ଧୂଳିଆ ପ୍ରେମର।

ମାତାଲି ଇଚ୍ଛାରେ ବୟସକୁ ବିକି ଭାଙ୍ଗି
ଖର୍ଚ୍ଚ କରିବାର ବଦନାମରୁ ଯାହା ହେଜିଛି:
ଦୁଃଖ ଏକ ପରିପୂର୍ଣ୍ଣ ଋତୁ ନିରୁତା ପ୍ରେମର
ଦୁଃଖ ଏକ ପଥର ପାହାଡ଼ ସନ୍ୟାସୀ ପଣର
ଦୁଃଖ ମୋର ଇହକାଳ ପରକାଳ
ସଞ୍ଜିବନୀ ସନ୍ଦିଗ୍ଧ ମୁହୂର୍ତ୍ତମାନଙ୍କର
ଏବଂ ତୁ ମୋର ଜ୍ଞାନ ଦେଇ ମାଲିଆଣୀ
ଅନୁଭୂତି ସଜଳ ଦୃଶ୍ୟର।
ବଞ୍ଚିବାର ଜଞ୍ଜାଳିତ ବିସ୍ମିତ ବେଙ୍ଗଳାରେ
ମୋର ଅବକ୍ଷୟୀ ଭଲ ପାଇବାର।

■

ରଚନାକାଳ : ୧୯୮୩

ନଈକୂଳରେ ବର୍ତ୍ତମାନ

ରକ୍ତ ନଈ ଉପକୂଳେ ଠିଆହୋଇ
ଭାସମାନ କୁମ୍ଭୀରକୁ ଦେଖି ଡରିଯିବା ଭୀରୁତା:
ସ୍ୱପ୍ନ ଦେଖି ବଞ୍ଚିଥିବା ଆଖିକୁ ଖୋଲିନେବା
ନିରୁତା ପାପ ଓ ରୁଗ୍‌ଣ ଅସହିଷ୍ଣୁତା।

ଫୁଲ ପାଇଁ ଧାଉଁଥିବା ମଣିଷର
ଆଉ କେଉଁ ଚାରା ଥାଏ ଯୁଦ୍ଧ ନିବୃତ୍ତିର,
ଆଲୋକରେ ହସିବାକୁ ଝର୍କା ଖୋଲି ବସିଥିବା ପାଗଳର
କେଉଁ ଆଉ ଦୁଃଖ ଥାଏ ବିଗତ ଦିନର !

ନଈରେ ଭାସୁଛି ଅଣ୍ଟିଆ କୁମ୍ଭୀର
ପିଠିରେ ଶୋଇଛି ଅସହାୟ ଆତ୍ମାର ମୁର୍ଦ୍ଦାର
ନଈକୂଳେ ନିରୁତ୍ସାହୀ ଜନତାର କୋଳାହଳ
ଏକହସ୍ତେ ଫୁଲହାର ଅନ୍ୟହସ୍ତେ ମୃତ୍ୟୁର ଜହର।

ନଈ ବାଙ୍କ ବୁଲିଲେ ବଦଳିଯାଏ ଜୀବନ
ବଦଳିଯାଏ ମଣିଷର ଭେକ,
କୁମ୍ଭୀର ଖରା ପୋଇଁଲେ
ନରମିଯାଏ ଭାଷା, ମଣିଷର ରୂପ।

କେଉଁ ଦୂର ପାହାଡ଼ ପାଟିରେ
ଶବ୍ଦ ସବୁ, ରଙ୍ଗ ସବୁ ହଜିବା ପୂର୍ବରୁ
ଯଦି ପାର ଝାମ୍ପ ଦିଅ ସାମ୍ନା ବିପଦକୁ
ଜୀବନ୍ୟାସ କର ମୃତ ଈଶ୍ୱରଙ୍କୁ
ବାଲିଶେଯରେ ଉଝେଇଁ ଦିଅ
ଅସାମର୍ଥ୍ୟର ପିଣ୍ଡ
ଜହ୍ନ କାନ୍ଥି ଲାଗିବା ପୂର୍ବରୁ
ଦେଖିନିଅ ସବୁତକ ସଞ୍ଚିତ ସ୍ୱପ୍ନଙ୍କୁ ॥

■

ରଚନାକାଳ : ୧୯୮୪

ନ ଗଙ୍ଗଦତ୍ତ ପୁନରପି କୂପମ୍

ବେଳୁଁ ବେଳ
ଏ ସମୟ ହୁଏ ଖଳବଳ
ଆଖିରେ ମାଡ଼ିଯାଏ ପରଳ
ଆକାଶରେ ଘୋଟିଯାଏ ମୃତ୍ୟୁର ବାଦଲ।

ମନେହୁଏ ସତେ ଯେମିତି
ଏଇକ୍ଷଣି ପବନ ହେବ ଅଣଚାଶ
ଗୋଟିଏ ପଡ଼ିଆରେ ମିଳିତ ହେବେ ଚାରିମେଘ
ଧୀରେ ଧୀରେ ଲୁଚିଯିବ ଗ୍ରାମ, ନଗ୍ର, ଜନପଦ
ସମଗ୍ର ଭୂଭାଗ, ଇତିହାସ, ପରମ୍ପରା, ରାଜତ୍ୱ ଓ
କବିର କବିତା।

ହୁଏତ କିଛିକ୍ଷଣ ପରେ
ମୌନ ହୋଇଯିବ ପୃଥିବୀର କୋଳାହଳ
ମାତୃଗର୍ଭର ଶିଶୁ ପାଇପାରିବନି ଆଲୋକର ପ୍ରଥମ ଚୁମ୍ବନ
କବି ଉଚ୍ଚାରଣ କରିପାରିବନି ତା'ର ଶେଷ କବିତାର ମନ୍ତ୍ର
ପୋତିହୋଇ ପଡ଼ିବ ତୁମ ସିମୀତ ସୁରକ୍ଷିତ ସାମ୍ରାଜ୍ୟ।

(ମୂର୍ଖ ମଣ୍ଡୁକ ଦଳ,
ରସାତଳକୁ ଖସିପଡ଼ିବା ମୁହୂର୍ତ୍ତରେ ବି
ତମ ଭିତରେ କୁତ୍ସିତ କନ୍ଦଳ
ଟଣା-ଓଟରାର ଝିମିଟି ଖେଳ!)

ସାମାନ୍ୟ ଫୁଲମାଳ, କରତାଳି, ରାଜାନୁଗ୍ରହ
ଓ ମାନପତ୍ର ପାଇଁ ତମର ପ୍ରତିଦ୍ୱନ୍ଦ୍ୱିତା?
ଧିକ୍‌ଧିକ୍ ତମର ଅମଣିଷ ପଣିଆ!

ନଣ୍ଡାଏ ଛେପ କି ଦୂବଘାସରେ ଆତ୍ମହତ୍ୟା କରିବା
ବରଂ ସବୁଠାରୁ ଭଲ ।

ଗୁମ୍ଫା ବାହାରର ଦୃଶ୍ୟ କେବେ ଦେଖିଛ ?
କୂପ ବାହାରେ ସମୁଦ୍ରଟେ ଅଛି ବୋଲି
କେବେ ଶୁଣିଛ ?
ଶବ୍ଦର ପ୍ରତିଦ୍ୱନ୍ଦ୍ୱିତା ପାଇଁ, ବଳ କଷିବା ପାଇଁ
ଗୋଟାଏ ବିରାଟ ଭୂଖଣ୍ଡ ତମକୁ ତକେଇଛି
କେବେ ଜାଣିଛ ? ?

ଆଙ୍ଗୁଳି ଅଗରେ ଗଣି ହୋଇଯାଉଥିବା
କେତୋଟି ପ୍ରତିଦ୍ୱନ୍ଦ୍ୱୀଙ୍କ ମେଳରେ
କେଇଜରିବ ଭୂଇଁ ଉପରେ
ନିଜର ମାଲିକାନା ସାବ୍ୟସ୍ତ
କି ନିର୍ବୋଧତା ତମମାନଙ୍କର !

କୂପ ବାହାରେ ସମୁଦ୍ର
ବିଶ୍ୱ ବାହାରେ ବିଶ୍ୱ
ଆକାଶ ବାହାରେ ବି ଆକାଶ
ଲମ୍ବିଯାଏ ଅନନ୍ତ ଦିଗରେ
ଧୀରେଧୀରେ ଧୀରେଧୀରେ ଧୀରେଧୀରେ
ଗଙ୍ଗଦତ୍ତ ମାଡ଼ିଚାଲେ ଆଗକୁ ଆଗକୁ
ତୃତୀୟ ବିଶ୍ୱର ଖେଳପଡ଼ିଆରେ ॥

■

ରଚନାକାଳ : ୧୯୮୪

ନିପାରିଲା ଲୋକଟି କ'ଣ ଚାହେଁ

॥ ଏକ ॥

ଅନ୍ଧଗଳିରେ ଠିଆହେଲେ
ହାଡ଼ରେ, ମାଂସରେ ଛନ୍ଦିଯାଏ ସମ୍ପର୍କର ଅତୁଆ ସୂତା
ବର୍ଦ୍ଧିତ ଗଛକୁ ଚେତନାର କୁରାଢ଼ୀରେ
ବାରମ୍ବାର ଆଘାତ କଲେ ବି
ପତ୍ର କଅଁଳେ ନୂତନ ଉଲ୍ଲାସରେ
ଫୁଲ ଓ ଫଳରେ ଭର୍ତ୍ତି ହୋଇଯାଏ
କଙ୍କରିତ ମାଟିର ଯୌବନ।

॥ ଦୁଇ ॥

ଦେବାର ଅଛି ଅନେକ
ନେବାର ହୁଏତ କିଛି ନାହିଁ
ଶେଷ ଅଶ୍ରୁପାତରେ ଶବ୍ଦଟିଏ କି
ଶେଷ ରକ୍ତପାତରେ
ସମୁଦ୍ରଟିଏ ସୃଷ୍ଟି କରିପାରିଲେ
ଶୀତେଇଯାଏ ଅରଣ୍ୟ,
ଦୀର୍ଘଶ୍ୱାସରେ ଲମ୍ବାଚଉଡ଼ା ରାସ୍ତାଟିଏ
ଗଢ଼ିନେଲେ ମେଘଭର୍ତ୍ତି ଆକାଶରେ
ସବୁକିଛି ମିଳିଯାଏ ହାତମୁଠାରେ
ସନ୍ତ୍ରସ୍ତ ବର୍ତ୍ତମାନ କି ଅତୀତର ମଧୁରତା କି
ଭାବି ଜୀବନର କୋଟିକମ ପୂର୍ଣ୍ଣ
ବର୍ଣ୍ଣବୋଧର କବିତା ॥

॥ ତିନି ॥

ପାରିଲା ପଣର ଦ୍ୱାହି ଦେଇ
ଅପାରଗତାର ଛନ୍ଦ ଖୋଲପାରେ
ଲୁଚିଯାଏ ଜୀବନର ଚଉପାଢ଼ୀ
ଜନ୍ମ ଓ ମୃତ୍ୟୁର ଚଉକାଠରେ
ଚିରଦିନ ମୁହଁ ପୋତି ସମୟକୁ ଅଙ୍ଗୀକାର
କରିନେଲେ ଘୁଞ୍ଚିଯାଏ ପଦ୍ମ
ପାଖେଇ ଆସେ ସ୍ୱପ୍ନର ସହର
ଶୁଣାଯାଏ ପୂର୍ଣ୍ଣତାର ବ୍ରହ୍ମନାଦ ।

ଭୂତପ୍ରେତ ଅଧ୍ୟୁଷିତ ଅଞ୍ଚଳରେ
ମୁଠାଏ ମାଟିର ଗନ୍ଧ ଠାରୁ
ଆଉ କେଉଁ କୋମଳତା ଖିନ୍‌ଭିନ କରେ
ପରାସ୍ତ ଆତ୍‌ମାକୁ ! ଆଉ କେଉଁ
ଦୂରନ୍ତ ଝଡ଼ର ସ୍ୱପ୍ନ ହନ୍ତସନ୍ତ କରେ
ଜୀବନକୁ ବାଜିମାରି ବଞ୍ଚୁଥିବା ନିଃସ୍ୱ ମଣିଷକୁ ?

ନିପାରିଲା ଲୋକଟି କ'ଣ ଚାହେଁ
ମୁଠାଏ ସ୍ୱପ୍ନ ଅଥବା ଦି'ମୁଠା ଅଙ୍ଗାର
ନିପାରିଲା ଲୋକଟି କ'ଣ ଚାହେଁ
ପ୍ରାଚୀରକୁ ଲଙ୍ଘିବାର ଇଚ୍ଛା
ଅବା କୋମଳଗାନ୍ଧାର ॥

■

ରଚନାକାଳ : ୧୯୮୨

ନିଦ୍ରାର ଅଚେତ ସହରରେ ପ୍ରଚାରପତ୍ର ବାଣ୍ଟୁଥିବା ଝିଅଟି

ମାର୍କେଟ ଛକର ଜନଗହଳି ଭିତରେ
ଘୂରିଘୂରି ଝିଅଟି ବାଣ୍ଟୁଥିଲା
ଭାରତବନ୍ଦ ପାଳନର ପ୍ରଚାରପତ୍ର
ନିର୍ଲିପ୍ତ ଭାବରେ ବୁଝେଇ ଚାଲିଥିଲା
ତା'ର ଆଭିମୁଖ୍ୟ ସମ୍ପର୍କରେ।

ସଇଁତିରିଶ ବର୍ଷର ସ୍ୱାଧୀନତା, ଅସହାୟ ମଣିଷର ସ୍ୱପ୍ନ
ଚଢ଼ାଦର, କୃତ୍ରିମ ଅଭାବ, ଶୋଷଣ, ଉତ୍‌ପୀଡ଼ନ
ଯୁଦ୍ଧ ଭୟ ଓ ଶାନ୍ତି ଚୁକ୍ତି ସମ୍ପର୍କରେ।

ପନ୍ଦର କି ଷୋହଳ ବର୍ଷର ଝିଅଟି
ଉଦ୍ଧତ ଝରଣା ପରି କଳକଳ
ସ୍ୱପ୍ନଦେଖି ରାତି ପୁହେଇଦେବାର
ସବୁଜ ବୟସରେ ନିଷ୍ଠୁର ବାସ୍ତବତାର ସାମ୍ନାକରି
ଅନର୍ଗଳ ଗପି ଚାଲିଥିଲା
ଲସ୍‌ଏଞ୍ଜେଲସ୍‌ରୁ ଲଛମନଝୋଲା
ଏସ୍‌କନ୍ ସୋସାଇଟ୍‌ର ଧର୍ମପ୍ରଚାର
ଫିଲିପାଇନ୍ସ ସାମରିକ ବିଦ୍ରୋହଠୁଁ
ପଞ୍ଜାବର ସନ୍ତ୍ରାସବାଦ, ସାମ୍ୟବାଦ
ସମାଜବାଦ, ଅସ୍ତିତ୍ୱବାଦଠୁଁ
ଏବର ରାଜନୀତିର କ ଖ ଗ ପର୍ଯ୍ୟନ୍ତ।

ଯେମିତି ପ୍ରତି ମୁହୂର୍ତ୍ତରେ
ମହାଭାରତର ବିବରଣୀ ଦେଉଥିବା
ଦିବ୍ୟଦ୍ରଷ୍ଟା ବିଦୁର ଅଗଣିତ ଧୃତରାଷ୍ଟ୍ରଙ୍କ ସାମ୍ନାରେ ।

ଧୃତରାଷ୍ଟ୍ରମାନେ ସବୁଦିନେ ଏମିତି
ପାଟିଫିଟେଇ ପାରନ୍ତିନି ଅଧର୍ମ ଓ ବ୍ୟଭିଚାର ବିରୁଦ୍ଧରେ
ସବୁଠି ଆଲୋଚନା ଚାଲିଥାଏ
ସେମାନଙ୍କ ଉପରେ ସମୟ ଲଦି ଦେଇଥିବା
ବୋଝ ସମ୍ପର୍କରେ ।
ରାସ୍ତାରେ, ଘାଟରେ, ଗୁଳିଖଟିରେ, ମଦଭାଟିରେ
ସବୁଠି ନିଜକୁ ସାମ୍ନା କରି ନ ପାରିବାର
ଏବଂ ସ୍ପଷ୍ଟଦିବାଲୋକରେ ନିଜ ସାମ୍ନାରେ
ବଳାତ୍କାର ହେଉଥିବା ନିଜ ରକ୍ତର ଶେଷ ବିନ୍ଦୁ
ବିରୁଦ୍ଧରେ ବି ପାଟି ଫିଟେଇ ପାରନ୍ତିନି ।
ଅସହାୟତାର ଦୁର୍ବଳ ରଜ୍ଜୁ ଛିଣ୍ଡେଇ
ସେମାନେ ଆସିପାରନ୍ତିନି ସବୁଜ କ୍ଷେତର ଦିଗନ୍ତକୁ
ସେମିତି ପଡ଼ି ରହିଥା'ନ୍ତି
ଧୂସର ଓ ପୂତିଗନ୍ଧମୟ ଅନ୍ଧାରୀ ଦୁର୍ଗରେ
ଯେମିତି ଗଦଶୁଙ୍ଘା ପୋଷମନା ନେଉଳ
ବିଷଧର ସର୍ପମାନଙ୍କ ସାମ୍ନାରେ ।

ଅଥଚ ପାଟି ଫିଟେଇ ସାରା ଦୁନିଆର
ନିଦ ଭାଙ୍ଗିବାକୁ ଯିଏ ତିଆର
ତାକୁ ପୋତିପକାନ୍ତି ଶାଣିତ ବ୍ୟଙ୍ଗ ଓ ବିଦ୍ରୂପରେ
ବିଶେଷଣଯୁକ୍ତ ଅକଥ୍ୟ ଭାଷାରେ
ଈର୍ଷା ଓ ଅସୂୟାରେ ଜାଳିପକାନ୍ତି
ଅମାନବିକତାର ଦାହିକା ଶକ୍ତିରେ ।

ମନ୍ଦିରକୁ ଟେକା ମାରିଲେ
ମନ୍ଦିରର କିଛି କ୍ଷତି ହୁଏନା ବରଂ
ହାତର ପରାଶ ଓ ବ୍ୟର୍ଥତାର ବୋଝରେ
ଅକୃତ୍ରିମ ଶବ୍ଦ ସବୁ ଫେରିଯା'ନ୍ତି
ନର୍ଦ୍ଦମା ଅଭ୍ୟନ୍ତରକୁ।

ଦୃପ୍ତ କଣ୍ଠରେ ମଶାଲ ଧରି
ଅନ୍ଧାରରେ ଉଦ୍‌ବୋଧନ ଦେଉଥିବା
ମଣିଷର ଭାଷା ପାଖରେ
ନିରବିଯାଏ ଅମଣିଷର ଧ୍ୱନି ପ୍ରତ୍ୟୟ
ଯେମିତି ଶସ୍ତା ଦରରେ ପୋକା ବାଇଗଣ କିଣି
ଘରକୁ ଫେରିଥିବା ଆମ୍ବିଳିଆ ମୁହଁ
ଏବଂ ନିଜର କନ୍ୟା କି ଭଉଣୀର ମୁହଁ ଭିତରେ
ବାରମ୍ବାର ଦୃଶ୍ୟମାନ ସେଇ ଝିଅଟିକୁ
କିଛିକ୍ଷଣ ପୂର୍ବରୁ ବିବସ୍ତ୍ର କରିବାର ପାପବୋଧରେ
ଭାରାକ୍ରାନ୍ତ ମୁଣ୍ଡ। ନିଜର ରକ୍ତ ସମ୍ପର୍କୀୟମାନଙ୍କ ପାଖରେ
ଥଙ୍ଗ୍‌ଥଙ୍ଗେଇ ଯିବାର କାକୁସ୍ଥତା ଭିତରେ
ଏକ ଭୀରୁ ମଣିଷର ଆତ୍ମ ପରାଜୟ।

ପିଙ୍ଗଳ ବର୍ଣ୍ଣର ଆକାଶ ତଳେ
ନର୍ଦ୍ଦମା କଡ଼ର ଦି'ପାଦ ଭୂଇଁରେ
ଅସଂଖ୍ୟ ଅଶ୍ଳୀଳ ଶବ୍ଦ ଓ ଲୋକିଲା ଆଖିର ବୀଭତ୍ସତାକୁ
ହଜମ କରି ଠିଆ ହୋଇଛି ସେଇ ଝିଅଟି
ଯେମିତି ଆଗାମୀ କାଲିର ନିର୍ଭୀକ ପ୍ରତିଶ୍ରୁତି
ଅସଂଖ୍ୟ ମୂର୍ଖ, ଜହ୍ଲାଦଙ୍କ ସାମ୍ନାରେ
ଯେମିତି ମେରୀର ଉଦାତ୍ତ ନାରୀତ୍ୱ।

ମୁଣ୍ଡ ନଇଁଯାଏ ତା'ରି ପାଦତଳେ
ଯିଏ ନିଦ୍ରାର ବେହୋସ ସହରର କେନ୍ଦ୍ରସ୍ଥଳରେ
ଠିଆହୋଇ, ଶୁଣେଇ ଚାଲିଛି ତା'ର ସରମନ
ଅପେକ୍ଷା କରିଛି ତା'ର ଶେଷ ପ୍ରଚାରପତ୍ର ଖଣ୍ଡିକ ବାଣ୍ଟିଦେଇ
ବିଭକ୍ତ ହୋଇଯିବାକୁ ସର୍ବନାମରେ।

'ଭାରତବର୍ଷ ବନ୍ଦ' ଦିବସ ସଫଳ ହୋଇଛି କି ନା
ମୋର ଜାଣିବା ଦରକାର ନାହିଁ
କେବଳ ଦୀପ୍ତିମାନ୍ ଶିଖା ପରି ଅନ୍ଧାରରେ
ଦିକ୍‌ଦିକ୍ ହୋଇ ଜଳୁଥିବା ସେଇ ଝିଅଟିର ମୁହଁ ଓ
ତା'ର ଉଦାତ୍ତ କଣ୍ଠର
ପ୍ରତିବାଦର ସମସ୍ତ ଶବ୍ଦାବଳୀ
ନିସ୍ତେଜ ସହରର ସ୍ନାୟୁମାନଙ୍କୁ
ଆଘାତ କରିପାରିଛି କି ନା
ସେତକ ଜାଣିବା ପାଇଁ ମୋର ଅପେକ୍ଷା ॥

■
ରଚନାକାଳ : ୧୯୮୫

ପ୍ରତିଧ୍ୱନି

ପ୍ରତିଧ୍ୱନିତ ହେଲା ଆକାଶ
ଗଳି, ଗୀର୍ଜା, ଗୁହା ଓ ଗର୍ଭକୋଷ
ତମର ଗୋଟିଏ ଶବ୍ଦର ବିସ୍ଫୋରଣରେ
ମାନବିକତାର ଜେହାଦରେ ।

ଦୂରତ୍ୱ ବାଧା ସୃଷ୍ଟି କରିପାରେନା ଆମ ଭିତରେ ।
ଲୋହିତ ସାଗର ଦେଇ ଭାସି ଆସୁଥିବା
ତମ ଶବ୍ଦପୁଞ୍ଜ ନିମିଷକେ ପହଞ୍ଚିଯାଏ
ଏଠି ମୋର ରୁଦ୍ଧ କୋଠରିରେ
ଏବଂ ମୁଁ ବୁଣିଦିଏ ସେଇ ଅକ୍ଷତକୁ
ମୋର ବହୁ କଷ୍ଟାର୍ଜିତ ଉର୍ବର ମାଟିରେ
ଯେଉଁଠି ବିପ୍ଳବର ପ୍ରଜାପତି
ଡିମ୍ବ ଉଷୁମାଏ ସଜନାଡାଳରେ ।

ଦାସତ୍ୱ ପ୍ରଭାବିତ କରେନା ଆତ୍ମାର ଡାକକୁ
କେହି କେବେ ଅସ୍ୱୀକାର କରେନା ମାନବିକତାକୁ ।
କୃଷ୍ଣ କାର୍ପାସ ମୃତ୍ତିକାର ରଙ୍ଗଠାରୁ
ମଣିଷର ରଙ୍ଗ କ'ଣ ବେଶୀ କୃଷ୍ଣକାୟ !
ଆଉ ସୂର୍ଯ୍ୟର ଉଦାତ୍ତ କୋଳରେ ହସି ଖେଳି ବଞ୍ଚୁଥିବା
ମଣିଷ କ'ଣ ବେଶି ଅସହାୟ ! !

ବର୍ଷବର୍ଷର ଦାସତ୍ୱ, ପିଠିରେ କୋରଡ଼ ମାଡ଼
ପେଟରେ ଭୋକ ଓ ଆତ୍ମାର ହାହାକାର
ଶେଷରେ ପହେଞ୍ଚଇ ଦେଇଛି ରାଜରାସ୍ତାରେ
ବତେଇ ଦେଇଛି ବଞ୍ଚିବାର ଠିକଣା,
ଖଞ୍ଜି ଦେଇଛି ଶୁଷ୍କ ଓଠରେ ପ୍ରତିବାଦର ଝଙ୍କାର ।

ସେତିକି ଆଶ୍ୱାସନା ପାଇଁ, ବିଷାକ୍ତ ସମୟ ଓ
ନିର୍ବେଦ ଶତାବ୍ଦୀ ପାଇଁ
ଆଉ ହସିହସି ଫାଶୀଖୁଣ୍ଟକୁ
ଆଗେଇ ଯାଉଥିବା କବିଟିଏ ପାଇଁ।

ଜେଲ୍‌ଖାନା ଭିତରେ ବରଂ କଟିଯାଉ ସାରା ଜୀବନ
ଅପେକ୍ଷା ଥାଉ ଅଷ୍ଟମ ଗର୍ଭକୁ
ମୁକ୍ତିର ସନନ୍ଦପତ୍ରକୁ।

କାଲି ପ୍ରତ୍ୟୁଷରେ ଅନ୍ଧାରର ଗର୍ଭ ଚିରି
ଯେଉଁ ସୂର୍ଯ୍ୟ ଜନ୍ମନେବ ନୂତନ ରୂପରେ
ତା'ର କୋମଳ ଓଠରେ କାଲି ଶୁଣାହେବ
ଅଗ୍ନିଗର୍ଭା ଶବ୍ଦର କୋଳାହଳ
ଶତଶତ କ୍ରୁର ଶାସକଙ୍କ ସାମ୍ନାରେ
ସେ ଆଗେଇଯିବ ଜୈତ୍ର ବାନା ଧରି
ଅନେକ ସହିଦଙ୍କ କବର ଉପରେ
ମୁକ୍ତିର ସଙ୍ଗୀତ ବୋଲିବାକୁ
ଜୀବନକୁ ସାମ୍ନା କରିବାକୁ।

କାଲି ପ୍ରତ୍ୟୁଷରେ ସେଇ ଅମୃତ ଶିଶୁ
ଠିଆହେବ କୋଇଲା ଓ ହୀରାଖଣିମାନଙ୍କ ଛାତିରେ
ପ୍ରତିଟି ଉପେକ୍ଷିତ ସ୍ଥାନମାନଙ୍କୁ
କରିବ ଆଲୋକମୟ।

ନିଆଁ ଜଳୁଛି ତ ଜଳୁ
ନାଲି ହୋଇଯାଉ ନୀଳନଦୀର ଉପତ୍ୟକା
ଅନ୍ଧାର ଭିତରୁ ଫେରିଆସୁ ଆଲୋକର ଶିଶୁ
ଭିକ୍‌ଟୋରିଆ ପ୍ରପାତ ଶୁଣାଉଥାଉ ବିପ୍ଳବର ସ୍ୱର
ତା'ର ଅସହାୟ ସନ୍ତାନମାନଙ୍କୁ, ଚିରକାଳ।

ସଂଗ୍ରାମୀ ମସ୍ତକ ସେମିତି ଉନ୍ନତ ଥାଉ
ଅକୃତଜ୍ଞ ଶାସକ ସାମ୍ନାରେ
ମୁକ୍ତିର ସଙ୍ଗୀତ ଗାଉଥାଉ ଆକାଶର ପକ୍ଷୀ
ପିଗ୍‌ମି ସକାଳର ॥

(ଦକ୍ଷିଣ ଆଫ୍ରିକାର ବିପ୍ଳବୀ କବି ବେଞ୍ଜାମିନ୍‌
ମୋଲେସଙ୍କୁ । ସେ ଫାଶୀ ପାଇବା ପୂର୍ବରୁ...)

∎
ରଚନାକାଳ : ୧୯୮୬

ପ୍ରିୟତମା

ଗୋଟିଏ ଶବ୍ଦରେ ଯଦି
ଆତ୍ମ-ସମର୍ପଣ
କୋଟିଏ ବୋମା ଫିଙ୍ଗିବା
ଦର୍କାର କ'ଣ
ପ୍ରିୟତମା !

ଏ ପର୍ଯ୍ୟନ୍ତ କେବଳ ଗୁଡ଼ାଏ
ଉଦ୍‌ଗାରିତ ବିଷ, ଲୁହ କି ଶୋଣିତ ଛଡ଼ା
କ'ଣ ଦେଇପାରିଛି ମଣିଷ ମାଟିକୁ
ବରଂ ସବୁବେଳେ ଚାଟିଛି, ଚୋଷିଛି
ଶୋଷିଛି, ରମିଛି
ଇଚ୍ଛାମତେ
ଶତାବ୍ଦୀରୁ... ଶତାବ୍ଦୀ
ଶତାବ୍ଦୀରୁ... ଶତାବ୍ଦୀ
ଶତାବ୍ଦୀରୁ... ଶତାବ୍ଦୀ ।

ଦଣ୍ଡେ କି ମୁହୂର୍ତ୍ତେ
ସ୍ଥିର ହୋଇଗଲେ ଲାଗେ
ଯେମିତି ଜୀବନଟା ବହୁପୃଷ୍ଠା ସମ୍ବଳିତ
ରକ୍ତାକ୍ତ ଇତିହାସ ଏବଂ
ତା' ଭିତରେ କୁହାଟ ମାରୁଥାଏ
ଜୟ ପରାଜୟର ସୁସୁପ୍ତ ପ୍ରୟାସ ।

ଏଠି ସର୍ବଶେଷ ବୋଲି କିଛି ନାହିଁ
ସବୁ ଖାଲି ପୁନରୁତ୍‌ଥାନ
ଘୂରିଘୂରି ସେଇ ଗୋଟିଏ ବିନ୍ଦୁରେ ମହାପ୍ରୟାଣ ।

ପ୍ରାପ୍ତି ବୋଲି କିଛି ନାହିଁ ଏଠି
ନିରାଲମ୍ବ ଶୂନ୍ୟତା ପଛରେ
ଖାଲି ଯାହା ଭ୍ରମଣ... ଭ୍ରମଣ
ରମଣ... ରମଣ।

ସବୁଠି ଅଗ୍ନିପରୀକ୍ଷା ଦେଇଦେଇ
ମୁଁ ଦାଉଦାଉ
ନିରବତାରେ ରାଉରାଉ।

ଏବେ କି ବର ମାଗିବୁ ମାଗ,
ବଚନ ନା' ଜୀବନ!
ନା' ଶତ୍ରୁମୁହାଁ ମୋର ଶାଣିତ କୃପାଣ!!
ଯାହା ତବ ଆଜ୍ଞା
ମମ ଶିରୋଧାର୍ଯ୍ୟ ॥

■
ରଚନାକାଳ : ୧୯୮୩

ପରିବେଷ୍ଟା

।। ଏକ ।।

ସକାଳର ଘାସ, ପତ୍ର ଓ ଫୁଲ ସବୁ
ଯେତେବେଳେ ଶୁଖିଶୁଖି ମରିଯା'ନ୍ତି,
ସମୁଦ୍ରର ଲହଡ଼ି ଯେତେବେଳେ
ଭସେଇନିଏ ଲୁଣକ୍ଷେତ,
ବାରମ୍ବାର ବନ୍ୟା ଓ ମରୁଡ଼ିରେ ଯେତେବେଳେ
ଆତଙ୍କିତ ହୋଇଉଠନ୍ତି ମୋର ପଡ଼ୋଶୀମାନେ
ଆଉ କାଂଶବାଂଶ ନଦୀର ପଚ୍ଚାପୋଲ
ଯେତେବେଳେ ଭାଙ୍ଗିପଡ଼େ ମୋ ଉପରେ
ସେତେବେଳେ ତୋ' କଥା ମନେପଡ଼େ।

ଭିକମାଗି ଯାଇଥିବା ମୋର ବୁଢ଼ୀମା'ର
ଶୂନ୍ୟଥାଳରେ କ୍ରନ୍ଦନ ଶୁଣିଲେ,
ଲୁଣମାରି ଯାଇଥିବା ମୋ ଭଉଣୀର
ଧର୍ଷଣ ଜନିତ ଚିତ୍କାର ଶୁଣିଲେ,
ଗାଁ ଦାଣ୍ଡରେ ଖେଳୁଥିବା ମୋ ସାନଭାଇର
ଅପହରଣ ସମ୍ବାଦ ଶୁଣିଲେ
ଆଉ ମୋ ଗାଁର ନିରନ୍ନ ଶିଶୁର ମୃତଦେହ
ସହିଦ ସ୍ତମ୍ଭ ତଳେ ଦେଖିଲେ,
ତୋ'କଥା ମନେପଡ଼େ, ବେଶି ମନେପଡ଼େ !

।। ଦୁଇ ।।

ସହିଦ ହେବା କ'ଣ ଦର୍କାର ଥିଲା
ନିରିମାଖି ମାଆ ମୋର
କ'ଣ ଦର୍କାର ଥିଲା ମାଙ୍କଡ଼ ହାତରେ
ଶାଳଗ୍ରାମ ଧରେଇଦେବାରେ !

କେତେ ମାଆର ଛାତି ଉପେକ୍ଷା କରିଛି
ତା'ର ସନ୍ତାନକୁ ସ୍ତନ୍ୟ ଦାନ,
କେତେ ବାପାଙ୍କ ଛାତିର ରକ୍ତ ମାଟିରେ ମିଶିଛି
ତା'ର ଉତ୍ତର ଦାୟାଦ ପାଇଁ
ହିସାବ ଦେଇପାରିବ ?

ଗୋଟିଗୋଟି କରି ତା'ର ହିସାବ ନେବି, ମା' ମୋର
ଗୋଟିଗୋଟି କରି ତା'ର ହିସାବ ନେବି ।

ସୁଦୀର୍ଘ ପ୍ରତୀକ୍ଷା ପରେ
ଯେଉଁ ସୂର୍ଯ୍ୟସ୍ନାନ ପାଇଁ ଆମେ ଚାହିଁ ବସିଥିଲୁ
ଏ କ'ଣ ସେଇ ସୂର୍ଯ୍ୟୋଦୟ ?
ଲୁହ ଲହୁର ବଳିବେଦୀର ହାତ ଧରାଧରି ହୋଇ
ଯେଉଁ ସମୟକୁ ସ୍ୱାଗତ କରୁଥିଲୁ
ଏ କ'ଣ ସେଇ ସମୟ ? ?
ଦିଅଁ ଗଢୁଗଢୁ ଗଢ଼ିହୋଇ ଯାଇଥିବା ମାଙ୍କଡ଼ଟିଏ
ତା' ଅତୀତର ପ୍ରେତ
ଯାହା ଭାଗଭାଗ କରେ ଭାଷାକୁ ଭାଷାଠାରୁ
ଦେଶକୁ ଦେଶଠାରୁ, ଧର୍ମକୁ ଧର୍ମଠାରୁ
ରକ୍ତକୁ ରକ୍ତଠାରୁ, ମଣିଷକୁ ମଣିଷର ସର୍ବନିମ୍ନ
ବଞ୍ଚିବାର ଅଧିକାରଠାରୁ ।

ହାତ ଅଗରେ ଗଣି ହୋଇ ଯାଉଥିବା
କେତେବିନ୍ଦୁ ରକ୍ତକୁ ନେଇ
କ'ଣ ସୃଷ୍ଟି ହୁଏ ମହାସ୍ରୋତ ?
କେତୋଟି ଆତ୍ମାର ବଳିଦାନରେ
କ'ଣ ବଞ୍ଚେଇ ହୁଏ ଅଖଣ୍ଡ ସ୍ୱାଧୀନତା ? ?
ଆଉରି ଦର୍କାର
ଆଉରି ଦର୍କାର

ରଡ଼ି ଛାଡ଼େ ସମୟ
ଓଠ ପାତେ ମାଟି ।
ଆଉରି ଦର୍କାର
ଆଉରି ଦର୍କାର
ଚିତ୍କାର କରେ ଅଙ୍କୁରୁଥିବା ବୀଜ
ଖଣ୍ଡିଉଡ଼ା ଦେଉଥିବା ପକ୍ଷୀ ।

॥ ତିନି ॥
ହାତମୁଠାରେ ମୁଠାଏ ସ୍ୱାଧୀନତାର ଦୃଶ୍ୟ
କେଡ଼େ କରୁଣ, ଦୟନୀୟ ମା' ମୋର
କେଡ଼େ ମର୍ମନ୍ତୁଦ ତା'ର ଅପବ୍ୟବହାର ।

ଭାଇ ପଜାଏ ଛୁରୀ
ପଡ଼ୋଶୀ ଭୁଞ୍ଜାଏ ମନ୍ତ୍ରଣା
ଚାରିଆଡ଼େ ବିପର୍ଯ୍ୟୟ
ଘନ ଘୋର ସ୍ୱାର୍ଥର ପାରଣା ।
କୌରବ ଶିବିରେ ଆଜି ବିଜୟର ତୂର୍ଯ୍ୟନାଦ
କୁରୁକ୍ଷେତ୍ରେ ଅନୀତିର ଧୂଆଁ
ଛଟପଟ ବାସ୍ତବ ଦୁନିଆ ।

ଏମିତି କ'ଣ ଚିରକାଳ
ଅତୀତକୁ ଆମର ପୁନର୍ଗମନ !
ନହୁନୁହାଣ ପଥର ତଳେ
ଆମ ନିଷ୍ଠୁର ଭାଗ୍ୟର ସମାବର୍ତ୍ତନ !!

॥ ଚାରି ॥
ହଁ, ତୋର ପ୍ରତ୍ୟାଗମନ ପର୍ଯ୍ୟନ୍ତ
ସୂର୍ଯ୍ୟ ଏମିତି ମଳିନ,
ରଙ୍ଗହୀନ ଦିଶୁଥିବେ ମୁହୂର୍ତ୍ତସବୁ ।

ଅତ୍ୟାଚାର, ଅନାଚାର, ଶୋଷଣ, ଉତ୍ପୀଡ଼ନ
ଓ ବିଭେଦକାରୀର ସଂକ୍ରମିତ ଜୀବାଣୁ
ଘୁରିବୁଲୁଥିବେ ଦେଶସାରା,
କେଇଟଙ୍କା ବିନିମୟରେ ଗୁପ୍ତ ଦଲିଲ୍ ସବୁ
ବିକ୍ରି କରୁଥିବେ ଦେଶଦ୍ରୋହୀଗଣ।

ଭୀରୁ, ସେମାନେ କ'ଣ ଜାଣନ୍ତି ଦେଶପ୍ରେମ!
ମୂର୍ଖମାନଙ୍କ ହାତରେ ମୁଁ କେମିତି
ଟେକିଦେଇପାରିବି ମୋର ବେଦ, ମୋର ସୃଷ୍ଟି
ମୋ ରାଜ୍ୟର ଅହଙ୍କାରକୁ!

କ୍ରୋଧରେ, ଘୃଣାରେ
ଜର୍ଜରିତ ମୋର ହୃଦୟ, ମୋର ଦିଗ୍‌ବଳୟ।

ଦେଖ,
ଅସହାୟ ମଣିଷର ଧାଁ ଦୌଡ଼ରେ
କେମିତି ଥରୁଛି ପୃଥ୍ୱୀର ଆତ୍ମା
ଅସଂଲଗ୍ନ ଶବ୍ଦରେ କେମିତି କମ୍ପୁଛି
କବିର କଲମ ଆଉ
ଜିଇଁବାର ଦାବି ନେଇ କେମିତି
ଚିତ୍କାର କରୁଛି ଅପୋଗଣ୍ଡ ଶିଶୁ।

ଏବେ ବି ସମୟ ଅଛି
ପୁଣି ତୋତେ ଆସିବାକୁ ହେବ
ପୋତିଦେବାକୁ ହେବ ଶାନ୍ତିର ବୀଜ
ଗାଇଦେବାକୁ ହେବ ମୁକ୍ତିର ସଙ୍ଗୀତ
ଜଳେଇଦେବାକୁ ହେବ ମଶାଲ
ଏବଂ ଦିଅଁଖାଇ, ଖଟୁଲି ଖାଇ
ନିଦ୍ରା ଯାଇଥିବା ତୋ'ର ମୂର୍ଖ ସନ୍ତାନମାନଙ୍କୁ

ପୁଣି ତତେଇବାକୁ ହେବ
ଆହତ ସ୍ୱପ୍ନର ସ୍ମୃତି ଉପରେ
ଅନନ୍ତ ଉତ୍ସର୍ଗର ରାଜିନାମାରେ ॥

■

ରଚନାକାଳ : ୧୯୮୪

(ପରିବେଷ୍ଟା, ୧୯୪୨ ମସିହାରେ ବାଲେଶ୍ୱର ଜିଲ୍ଲା ବାସୁଦେବପୁର ଥାନାର 'ଇରମ'ଠାରେ ହୋଇଥିବା ଗୁଳିକାଣ୍ଡରେ ପ୍ରାଣ ହରେଇଥିବା ନାରୀ ସହିଦ। ତେଣୁ ତାଙ୍କରି ସ୍ମୃତିରେ ଉକ୍ତ କବିତାଟି ଉତ୍ସର୍ଗୀକୃତ)

ପହରାଦାର

ଘୋର କଳିକାଳ
ଏଠି ସବୁବେଳେ ରାତି
ତୃତୀୟ ପ୍ରହର।

ଚୋର କହେ ଭୋଭୋ
ଚୌକିଆ କହେ ଭୋଭୋ
ରାଜା କହେ ଭୋଭୋ
ପ୍ରଜା କହେ ଭୋଭୋ
କୁକୁର କହେ ଭୋଭୋ
ନିଦ୍ରାରେ ଅଚେତ ମଣିଷ ବି କହେ ଭୋଭୋ।

ଭୋଭୋ ଘୋଘୋ ଭିତରେ
ବେଶ୍ ସରଗରମ୍ ରାତି
ମଣିଷର ସ୍ୱପ୍ନ, ଭାଗ୍ୟ।

ସକାଳର ସ୍ୱପ୍ନ ଏଠି ଅନ୍ଧ ମୁହାଁଣି।
କେବେ ମୋର ପ୍ରାଚୀନ ଭୂଖଣ୍ଡ
ସୂର୍ଯ୍ୟସ୍ନାନ କରିଛି ବୋଲି ମନେହୁଏନା
କେବେ ଏ ଦେଶର କବି ରକ୍ତ ନଦୀରେ ସନ୍ତରଣ କରି
କୁମ୍ଭୀର ପିଠିରେ ବସି
କବିତାଟିଏ ଲେଖିଛି ବୋଲି ମନେ ପଡ଼େନା।

କେବଳ ସକାଳ ପାଇଁ
ଗୁଡ଼ାଏ ସ୍ଲୋଗାନ ଲେଖିଲେଖି, ଛାପିଛାପି
ଗାଇଗାଇ ଅଣନିଶ୍ୱାସୀ କବି
ସେଇ ନିର୍ଦ୍ଦିଷ୍ଟ ଦୂରତାରେ ପହରାଦାର୍‌।

ପହରାଦାର କବି,
କେବେ ତୁମ ପହରାର ଶେଷ ?
କେବେ ପୁଣି ସକାଳ ? ?

∎
ରଚନାକାଳ : ୧୯୮୪

ପ୍ରିୟ ସହୋଦର

ମୋର ପ୍ରତିସ୍ପର୍ଦ୍ଧୀ ତମେ ନୁହଁ
ଖଣ୍ଡେ ଦୂରରେ ଠିଆ ହୋଇଥିବା ସେଇ ଈଶ୍ୱର।
ଯିଏ ତମରି ବେକରେ ପିନ୍ଧେଇ ଦେଇଛି ବିଜୟର ମାଳା
ଛଡ଼େଇନେଇଛି ମୋର ପ୍ରିୟତମାର ଗୋପନ ଇଚ୍ଛାକୁ
ମାଗିନେଇଛି ମୋର ପୌରୁଷ
ତମର ପ୍ରତିଟି ଅସହାୟ ମୁହୂର୍ତ୍ତମାନଙ୍କରେ।

ସବୁ ଉପେକ୍ଷିତା ନାରୀଙ୍କୁ ମୁଁ କରିଛି ପ୍ରେମମୟ
ସବୁ ଉପେକ୍ଷିତ ମଣିଷଙ୍କୁ ମୁଁ କରିଛି ଦୀପ୍ତିମୟ
ପ୍ରତିଟି ଜୀବନ ଯୁଦ୍ଧରେ ମୁଁ ଲଢ଼ିଛି ବୀରପରି
ଅନ୍ୟାୟ ଭାବରେ ହତ ହୋଇ
ପୁଣି ଜିଇଁ ଉଠିଛି ତମରି ସ୍ମୃତିମାନଙ୍କରେ ବାରମ୍ବାର ମହା ସ୍ମୃତି ପରି।

ଯେଉଁ ମାଟିରେ ମୁଁ ପାଦ ଥାପିଛି
ସେ ମାଟି ମୋର
ଯେଉଁ ନାରୀର ଛାତିରେ ମୁଁ ଲେଖିଦେଇଛି
ପ୍ରେମର ଆଦ୍ୟବର୍ଣ୍ଣ ସେ ନାରୀ ମୋର
ଏବଂ ମୋର ଅସ୍ତିତ୍ୱକୁ ଅସ୍ୱୀକାର କରିବାର
ସାହସ କାହାର ନାହିଁ।

ନିରବତାର ସାମ୍ରାଜ୍ୟ ଭିତରେ ବଞ୍ଚି ରହିବା କ'ଣ ନିର୍ବାସନ?
ନଗର ଆଉ ଅରଣ୍ୟ ଭିତରେ କେତେବା ତଫାତ୍?
ମୁଁ ଯେପରି, ଯେଉଁଠି ଥିଲି ଠିକ୍ ସେଇପରି ଅଛି ସମୟର ଅବର୍ତ୍ତମାନରେ
ଠିକ୍ ସେଇମିତି ଜନ୍ମରୁ ଭାସିଚାଲିଛି
ମୋର କଳ୍ପିତ ସ୍ୱର୍ଗର ବାଇଶ ପାହାଚ ଆଡ଼କୁ।

ତମର ଅନ୍ତରଙ୍ଗ ସଖା ନା
ସୁପରିକଳ୍ପିତ ଶ୍ରେଷ୍ଠତ୍ୱର ଆୟୋଜନ
କିଏ ତମକୁ ପହଞ୍ଚାଇ ପାରିଲା କେନ୍ଦ୍ରବିନ୍ଦୁରେ !
ପଚାର : ସମୟର ଭାଷ୍ୟକାରକୁ
ପଚାର, ପ୍ରତ୍ୟହ ଅଗ୍ନିସ୍ନାନ କରୁଥିବା ନାରୀକୁ
ପଚାର, ତମ ଅନ୍ତରଙ୍ଗ ସଖାର
ମୃତ୍ୟୁକାଳୀନ ଶେଷ ଜମାନବନ୍ଦିକୁ
ପଚାର, ନିରବତାର ବିମୁକ୍ତ ଅଗଣାରେ
ମଥାନତ କରି ନିଜକୁ ଧିକ୍କାର କରୁଥିବା ତମର ପୌରୁଷକୁ ।

କେହି ସ୍ୱୀକାର କରନ୍ତି ତମର ଶ୍ରେଷ୍ଠତ୍ୱ ?
ପରାଂଗପୁଷ୍ଟ ଜୀବ ପରି ନଟେଇ ହୋଇ ଜୀଇଁବାର
କ'ଣ ବା ପୌରୁଷ ଥାଏ ? ?

ନିଜ ଶିଙ୍ଗରେ ଯେତିକି ମାଟି ଖୋଳିଛି
ଯେତିକି ମଣିଷଙ୍କୁ ଆପଣାର କରିଛି
ଅନ୍ଧାରକୁ ଗର୍ଭସ୍ଥକରି ଯେତିକି ଆଲୋକ ମୁଁ ଉଦ୍‌ଗାରିଛି
ସେତକ ମୋପାଇଁ ଯଥେଷ୍ଟ
ନିଜର ଶକ୍ତି ବଳରେ ଯେତୋଟି ପାହାଚ ମୁଁ ଚଢ଼ିଛି
ସେତକ ଯଥେଷ୍ଟ
ଅବଶିଷ୍ଟ ବାକିରହିଲା ମୋର ପୁନର୍ଜନ୍ମ ପାଇଁ ।

ପ୍ରତି ଜନ୍ମରେ ଏମିତି ଭେଟୁଥାଏ ମୋର ପ୍ରିୟତମ ପ୍ରତିଦ୍ୱନ୍ଦ୍ୱୀମାନଙ୍କୁ
କିଛି ରକ୍ତ କ୍ଷରଣ ହେଉଥାଉ ମାଟିର ତୃଷ୍ଣା ପାଇଁ
କିଛି ତେଜ ବିକିରଣ ହେଉଥାଉ ଅନ୍ଧାର ନିର୍ବାପନ ପାଇଁ
ମୋର ଶେଷ ସ୍ୱୀକୃତି ପର୍ଯ୍ୟନ୍ତ ॥

■
ରଚନାକାଳ : ୧୯୮୫

ପ୍ରତିଶ୍ରୁତ ସକାଳ

ଏଇ କେତେଦିନ ହେଲା
ଖୁବ୍ ଅନ୍ୟମନସ୍କ ହୋଇଯାଇଛି ସମୟ
ବିକ୍ଷିପ୍ତ ହୋଇପଡ଼ିଛି ଶବ୍ଦ
ସ୍ଥିର ହୋଇଯାଇଛି ଆତ୍ମ ପ୍ରକାଶନ
ଉତ୍ଶୃଙ୍ଖଳ ହୋଇପଡ଼ିଛି ଆକାଶର ପକ୍ଷୀ ।

ଦୁର୍ଦ୍ଦିନର ଟଣାଓଟରାରେ
ଭାନୁମତି ପେଡ଼ିକୁ ମୁଣ୍ଡେଇନେଲେ ତ ପାଗଳ,
ଦାସତ୍ୱର ବନ୍ଦିଶାଳରେ ସଢ଼ୁଥାଏ ଛାଗଳ
ଚାରିଆଡ଼େ ଆଲୋକର ମହୋତ୍ସବ
ଦୀପ ତଳ ଅନ୍ଧାର ।

ଆଜିକାଲି ଗୁଡ଼ାଏ ଦୁଃସ୍ୱପ୍ନଙ୍କୁ
ଗଳାମାଳି କରି ବିତିଯାଏ ମୁହୂର୍ତ୍ତର ନିରବ ଶୃଙ୍ଗାର
ଅଖଣ୍ଡ ଆଲୋକ ଭାବି ଗୋଡ଼େଇଯାଏ ଯେ
ଭୂଆଁ ବୁଲେଇଦିଏ ଡାହାଣୀ ଆଲୁଅ
କଣ୍ଟା, ଝଟା, ଅରମା, ଖମାଣ, ମାଟି କାଦୁଅରେ
ପଡ଼ିଉଠି ଧଇଁସଇଁ ହୋଇ ଫେରିବା ବେଳକୁ
ଲୁଚିଯାଏ କୁଆଁତାରା, ଆତ୍ମାର ଭଙ୍ଗା ଖପରାକୁ
ପହରା ଦେଉଥାଏ ରହଣିଆ ଖରା ।

ପାଞ୍ଚ ଫୁଟ ଚାରି ଇଞ୍ଚ ଉଚ୍ଚତା
ଚଉରାଳିଶି କେଜି ଓଜନ
ବତିଶ ଇଞ୍ଚ ଛାତିର ଚଉଡ଼ା ବିଶିଷ୍ଟ
ନିଆରା ମଣିଷଟିଏ ମୁଁ
ଗୋଟାପଣି ଉତ୍ସର୍ଗ କରିଦେଇଛି ନିଜକୁ ।

ଦକ୍ଷିଣ ହସ୍ତ କାଟି ଦେଇଛି ଗୁରୁ ଦକ୍ଷିଣାରେ
ବାମହସ୍ତ ଦେଇଛି ପିତୃବ୍ୟଙ୍କ ଋଣ ସୁଝିବାରେ
ଗୋଡ଼ ଦୁଇଟି ପୋତି ଦେଇଛି ଖୁଣ୍ଟପରି
ନଈଗଣ୍ଡରେ, ଅନୁଜମାନଙ୍କୁ ପାରିକରିବାରେ
ଏବଂ ମୋର ଅବଶିଷ୍ଟ ଦୁର୍ବଳ ଛାତିର
ସବଳ କଲିଜାକୁ ସଞ୍ଚି ରଖିଛି
ମୋର ବିଶ୍ୱାସଘାତକିନୀ ମିତଣୀ ପ୍ରିତ୍ୟର୍ଥେ।

କବିତାରେ ସଢ଼ୁଥିବା କବିଟିର
ଆତ୍ମୀୟ ସତ୍ୟକୁ, ଶୁଣିବାକୁ କେହି
ପ୍ରସ୍ତୁତ ନ ଥା'ନ୍ତି କେତେବେଳେ,
ଖଡ୍‌ଗ ହସ୍ତେ ସମସ୍ତେ ଜାଗତିଆର ଥା'ନ୍ତି
ଗୋଟିଏ ଗୈରିକ ସ୍ୱପ୍ନରେ ମସ୍‌ଗୁଲ ମଣିଷକୁ
କ୍ରୁଶ କାଠରେ ଭିଡ଼ିଦେବାକୁ ଏବଂ
କବର ଉପରେ ପିନ୍ଧେଇଦେବାକୁ
ଦେବତ୍ୱର କୃତ୍ରିମ ପରିଚ୍ଛେଦ।

ମୁଁ ଅସ୍ୱୀକାର କରେ ସେଇ ଭଣ୍ଡ ଦେବତ୍ୱକୁ।
ମଣିଷ ମଣିଷ ମଝିରେ ବାଡ଼ବତା ଦେଇ
ଛୋଟ କରି ଦେଇଥିବା ସେଇ ଆଦିମ ଖଡ଼ିଦାଗକୁ
ଆତ୍ମପ୍ରତ୍ୟୟହୀନ ଶବ୍ଦକୁ ଗନ୍ଧଯୁକ୍ତ କରି
ମେଣ୍ଢାଶାଳକୁ ଅଡ଼େଇ ନେଉଥିବା ମେଷପାଳକକୁ
ଗୋଟିଏ ରଙ୍ଗଛଡ଼ା ମାନଚିତ୍ରକୁ ପରିତ୍ୟାଗ କରି
ଅନ୍ୟ ଏକ ନକ୍ସା ଆଙ୍କୁଥିବା ଧୂର୍ତ୍ତ ଈଶ୍ୱରକୁ।

ତେଣୁ ତ, ଅବବୋଧର ବଢ଼ଦାଣ୍ଡରେ
ନିତି କବିଟିଏ ପରଖୁଥାଏ, ଦାରୁବ୍ରହ୍ମର ପଲଖକୁ
ଠକ୍‌ଠକ୍ ଆୱାଜ ସଫଳ ପ୍ରତିଶ୍ରୁତି ଚାଲିଥାଏ
ବାହାରର ଉଦ୍‌ବେଳିତ ମୋହକୁ ॥

■

ରଚନାକାଳ : ୧୯୮୩

ପାଞ୍ଚୋଟି ମିନି କବିତା

ବିଶେଷ କଥନ:

ଯେଉଁ ଦୁଆର ଓ ଝର୍କାମାନଙ୍କରେ
ମୁଁ ଥରୁଟିଏ ବି ଖଟ୍‌ଖଟ କରିନାହିଁ
ତାହା ଆପଣାଛାଏ ଖୋଲାଅଛି
ସଞ୍ଜ ପହରରୁ।

ଯେଉଁ ଦୁଆର ଓ ଝର୍କାମାନଙ୍କରେ
ମୁଁ ଖଟ୍‌ଖଟ କରିଆସୁଛି ଦୀର୍ଘ ସମୟ ଧରି
ତାହା ବନ୍ଦ ଅଛି ସଭ୍ୟତାର
ରୁଗ୍‌ଣ ଆତଙ୍କରୁ।

ଦୁନିଆଁର ସମସ୍ତ ଦୁଆର ଓ ଝର୍କାମାନଙ୍କୁ
ମୁଁ ଏମିତି ଖଟ୍‌ଖଟ କରୁଥିବି
ଯେ ପର୍ଯ୍ୟନ୍ତ ମୋର ଶବ୍ଦର ପ୍ରତିଶବ୍ଦ
ମୁଁ ଫେରି ନ ପାଇଛି ଆତ୍ମୀୟତାର ଏରୁଣ୍ଡିବନ୍ଧରୁ
ଭିତରର ମଣିଷ ଯେ ପର୍ଯ୍ୟନ୍ତ
ମୋତେ କୋଳେଇ ନ ନେଇଛି
ବାହାରର କ୍ଳାନ୍ତ ଅଗଣାରେ ॥

ମୁହୂର୍ତ୍ତର ସ୍ୱପ୍ନ:

ନାଟକର ପ୍ରଥମ ଦୃଶ୍ୟରେ
ଆକାଶରୁ ପୁଷ୍ପ ବୃଷ୍ଟି ହେଉ କି
ଅଗ୍ନି ବୃଷ୍ଟି ହେଉ
କିଛି ଯାଏ ଆସେ ନା'।
ହେଲେ, ପ୍ରତିଟି ଖସିବା ମୁହୂର୍ତ୍ତରେ
ଉତୁରିପଡୁଥିବା ସ୍ୱରଟିକୁ
କେନ୍ଦରାରେ ଖଞ୍ଜି ଦେବା, ତୋ'କାମ।

ଖଞ୍ଜୁଥିବା ଲୋକଟି ଅକସ୍ମାତ
ତଳେ ପୋତି ହୋଇ ଗଲେ ବି
କଞ୍ଚନ ଫୁଲର ହସଟିଏ
ଲାଖିରହିଥାଏ ଚାରିଆଡ଼େ
ଚଢ଼ା ଉତରାର ନିର୍ବାକ ଦୃଶ୍ୟରେ
ତା'ର ହାତ ପୁରିରହିଥାଏ
ଅଦୃଶ୍ୟ ଶିଳ୍ପୀର ଯାଦୁପରି ॥

ସ୍ୱପ୍ନର ସଙ୍ଗୀତ:
ନଈକୁ ଅନେକ ଘାଟ
ଘାଟକୁ ଅନେକ ବାଟ
ବାଟରେ ଅନେକ କଣ୍ଟା
କଣ୍ଟାରେ ଅନେକ ଫୁଲ
ଫୁଲରେ ଭରପୁର ବଞ୍ଚିବାର ନିଶା ।
ଫୁଲ ତୋଳିବୁ ତ
ଆ, ହାତ ମିଳା
ଜୟ ପରାଜୟ କି ମାନ ଅଭିମାନ
ମୂର୍ଚ୍ଛି ଦେ ତାଳିପକା ଅନ୍ଧାର କାନିକୁ
ଯେଉଁ ହୋସରେ ପାଦ ଟେକିଛୁ
ସେଇ ଯୋଶ୍‌ରେ ପାଦ ପକା ॥

ସାମାନ୍ୟ କଥନ:
ତୋତେ ମୁଁ ମୁକ୍ତ କଲି
ଉତପ୍ତ ଶୋଣିତ ବହ୍ନିରୁ,
ତୋତେ ମୁଁ ଯୁକ୍ତ କଲି
ଆକର୍ଣ୍ଣ ଧନୁଷ୍ଟଙ୍କରରରୁ;
ଜ୍ୱଳନ୍ତ ଇଚ୍ଛାର ଲଙ୍ଗଳ ମୂନରେ
କର୍ଷି ଯା ଜଳ, ସ୍ଥଳ, ଗଗନ, ପବନ
କ୍ଳାନ୍ତ ଡେଣା, ଅବସନ୍ନ ମନ ନେଇ

ଫେରୁଥିବା ଚଢ଼େଇ ଥଣ୍ଟରୁ
ଖୁଣ୍ଟିଆଣ ଶବ୍ଦଟିଏ, ବୀଜଟିଏ
ଆଗନ୍ତୁକର ସମ୍ଭାବନାମୟ ପାଦଚିହ୍ନକୁ
ଅନିଷା କର ଜଳା କବାଟରୁ।

ହୁଏତ ସେ ଆଣିପାରେ
ଅନ୍ଧାରରେ କଲବଲ ଦିନ ପାଇଁ
ସକାଳର ନୂଆ ମନ୍ତ୍ରଟିଏ ॥

ନିଶାରେ ବେହୋସ ଦିନ:

ସବୁଠି, ସବୁ ମୁହୂର୍ତ୍ତରେ
ନାଟକ ଚାଲିଛି ଅବିରତ,
ଆଦିଗନ୍ତ ଶୁଭୁଛି
ଅନ୍ଧାରର କନ୍‌ସାର୍ଟ।

ନିଶାଗ୍ରସ୍ତ ମଣିଷର ମୁଣ୍ଡ ଉପରେ
ଟଙ୍ଗାହୋଇଛି
ସହସ୍ର ବର୍ଷର କଳାତମ୍ବୁ
ପ୍ରତିଟି ମଣିଷର ହାତରେ
ଦୁଃଖ ଓ ଦହନର
ଠୁଙ୍ଗାଭର୍ତ୍ତି ବାଦାମ କି ଚଣାଚୁର
ଏବଂ ପୋଲା ସମ୍ପର୍କକୁ
ଯୋଡ଼ିଯାଡ଼ି ଚାଲିଛି
ବାନ୍ଧିରଖିବାର ଗୋଟିପୁଅ ନାଚ।

ଯାତ୍ରା ନିଶାରେ କିଏ ପଚାରୁଛି କାହାକୁ!
ଜଣେ ଆଡ଼େଇଯାଇ
ରାସ୍ତା ଛାଡ଼ିଦେଉଛି ତ

ଜଣେ ଦଳିମକଚି
ଆଗେଇଯାଉଛି ବୀରପରି,
କି ରୋଗୀ କି ଭୋଗୀ
କି ପାପୀ କି ତାପୀ
କି ସାଧୁ କି ଭଣ୍ଡ
ସମସ୍ତେ ଧାଇଁଛନ୍ତି
ଅମୃତାୟନରେ
ଧାଉଁଥିବେ ସକାଳ ପର୍ଯ୍ୟନ୍ତ ॥

■

ରଚନାକାଳ : ୧୯୮୫

ପ୍ରାଣର କପୋତୀ ମୋର

କୁଳୁକୁଳୁ ବହୁଥିବା ନଦୀର ଛାତିରେ
କି' କଥା ଲେଖିବି କୁହ
କେଉଁ ରଙ୍ଗେ ରଙ୍ଗେଇବି
ଭଙ୍ଗାଭଙ୍ଗା ଜୀବନର ଋତୁ
କିପରି ବା ସଙ୍ଗୁପ୍ତ ବ୍ୟଥାଟିକୁ
ଖଞ୍ଜିଦେବି ହା ହୁତାଶମୟ କବିତାରେ
କିପରି ଶବ୍ଦରେ ରଞ୍ଜେଇବି
ଏକିଭୂତ ଆତ୍ମାର ଆବେଗ
ବ୍ୟାକୁଳିତ ସ୍ତବ୍ଧ ମୁହୂର୍ତ୍ତରେ ।

ତମର ତ ମନେଥିବ ସବୁକିଛି
ଯେଉଁଦିନ ତମ ଦାଣ୍ଡ ଅଗଣାରେ
ବାଜା ଓ ରୋଷଣିର ଚମକ ଲାଗିଲା
ହୁଲସ୍ଥୁଲ ହେଲା ନଗ୍ର ଚଉଦ ଭୁବନ
ବାରମ୍ବାର ନିଜକୁ ସଜାଡ଼ିନେବା ମୁହୂର୍ତ୍ତରେ
ଅଚାନକ କାଳିସୀ ଲାଗିଲା
ପବନରେ ମନଛୁଆଁ ସଙ୍ଗୀତର ସୁର
ସମୁଦ୍ରରେ ଅଶାନ୍ତ ଲହର
ଆକାଶରେ ଝଡ଼ ଓ ତୋଫାନ
ମୋତେ ଅସ୍ତବ୍ୟସ୍ତ କଲା ।

ସେଇଦିନ ଲୋକ ଗହଳିରୁ ପ୍ରାଣମୂର୍ଚ୍ଛା ଦୌଡ଼ି
ପହଞ୍ଚିଲି କେଉଁ ଏକ ଅପରିଚିତ ବନ୍ଦରରେ
ଯେଉଁଠି ସମସ୍ତେ ନିଦ୍ରାରେ ଅଚେତ
ଛାତି ଉପରେ ଝୁଲି ରହିଥିଲା
ଆକସ୍ମିକ ବିପଦର ପରୱାନା
ଏବଂ ଶୁଭୁଥିଲା ବୋମା ଖସିବାର ଶବ୍ଦ ।

ହାତ ବଢ଼େଇଲି ସ୍ୱର୍ଗକୁ
ହାତ ଛନ୍ଦିଗଲା ଡାଳରେ
ପାଦ ବଢ଼େଇଲି ସମୁଦ୍ରକୁ
ପାଦ ଅଟକିଲା ଢେଉରେ ।

ଯେଉଁଦିନ ରାତି ବାର୍ ପରେ
ଦୀପଟିଏ ଧରି ତମ ଦେଉଳେ ପଶିଲି
ଛାତି ଫଟାଫଟା, ଓଠ ଅଠାଅଠା
କଲମ ଥରୁଥିଲା ପ୍ରଚଣ୍ଡ ଶୀତରେ
କିପରି ଆରମ୍ଭିବି, ଆଦ୍ୟରୁ ନା' ପ୍ରାନ୍ତରୁ
ଜାଣିବା ଆଗରୁ ମୁଁ ଦେଖିଲି
ତମ ମୁହଁ ପ୍ରଚଣ୍ଡ ଜ୍ୟୋତିରେ:
ତମ ପାଦତଳେ ମୁଁ
ନାଭି ଗର୍ଭରେ ମୁଁ
ସ୍ତନାଗ୍ରରେ ମୁଁ
କେଶାଗ୍ରରେ ମୁଁ
ସ୍ପର୍ଶରେ ମୁଁ
ଶବ୍ଦରେ ମୁଁ
ତୋ'ର ଆଦିଗନ୍ତ ଅଭୟ ମୁଦ୍ରାରେ ବି ମୁଁ ।

ଅନ୍ଧାରରେ ହଜିଗଲି
ବେଗମତୀ ନଦୀ ମୁହାଣରେ
ମୁଁ ଜାଣେନା କେଉଁ ବଇଁଶୀର ସୁର
ଉଦ୍‌ଭ୍ରାନ୍ତ କଲା ମୋତେ ରାତି ଅଧଟାରେ ।
ସନ୍ତର୍ପଣେ ପାଦ ଟିପିଟିପି
ଫେରୁଫେରୁ ମୁଁ ଦେଖିଲି ମଶାଣିରେ
କେଉଁ ଏକ ଭୟଙ୍କର ରୂପ ନେଇ
ତମେ ମୋର ଲୁହ, ରକ୍ତ, ହାଡ଼, ମାଂସ
ଚୋବେଇ ଖାଉଥିଲ ମହା ଉଲ୍ଲାସରେ
ମୁଁ ପୁଣି ଚେତା ହରେଇଲି
ଅଗ୍ନାଅଗ୍ନି ବନସ୍ତର କାଉଁରୀ ମାଟିରେ ।

ରାତି ଫର୍ଚ୍ଚା ହେବା ବେଳେ
ମୁଁ ଚାହିଁଲି ଆଖି ଖୋଲି
କି ଆଶ୍ଚର୍ଯ୍ୟ !
ମେରୀଙ୍କ କୋଳରେ ମୁଁ
ଯଶୋଦା କୋଳରେ ମୁଁ
ଅବୋଧ ଶିଶୁ ଭଳି ଶୋଇଅଛି
ଦାରିଦ୍ର୍ୟର କ୍ଲିଷ୍ଟ ଆତଙ୍କରେ ।

ସବୁ ଦୃଶ୍ୟ ଦୃଶ୍ୟାନ୍ତର ବଦଳିଲା
ପିଲାଦିନ ନଟୁଖେଳ ପରି
ଆଲୁକୁଚି ମାଲୁକୁଚି ନଡ଼ିଆ ଷଢ଼େଇ ପରି
ଗଡୁଥିଲେ ଶବ୍ଦ ମାଳମାଳ ।

ତମ ମୁହେଁ ଆସମୁଦ୍ର ସଲଜ୍ଜତା ସତ୍ତ୍ୱେ
ତମ କାଖତଳ ଛିଣ୍ଡା ବ୍ଲାଉଜରେ
ମୁଁ ଦେଖୁଥିଲି ମୋର ଆହତ ପୌରୁଷ
ଏବଂ ତେଲଛିଟା ଲାଗିଥିବା ମୋର ପଞ୍ଜାବୀରେ
ତମେ ଖୋଜୁଥିଲ ତମ ରକ୍ତାକ୍ତ ନାରୀତ୍ୱ ।

ତମେ ମୋତେ କିଛି କହିଲନି
ମୁଁ ଅଧମ ଶୋଇଶୋଇ ଭାବୁଥିଲି
ସମୁଦ୍ର ରହସ୍ୟ,
ତମ ହାତ କୋଟିକମେ ପରିମଳ ଦିଶୁଥିଲା
ଚାରିକାନ୍ଥ, କିଛି ଫଟା, ତାଳିପକା ଆମର ଗାର୍ହସ୍ଥ୍ୟ ।
ସବୁ ସତ୍ୟ ଖୋଲିଗଲେ ବନ୍ଧନ ଶିଥିଳ
ସବୁ ମିଥ୍ୟା ଜୁଟିଗଲେ ଫାଟିଲା କପାଳ
କିଛି ସତ୍ୟ, କିଛି ମିଛ, ମିଛିମିଛି ଅନ୍ଧାରରେ
ତମେ ଗଲ ସମୁଦ୍ରକୁ ସିପ ଓ ଶାମୁକା ଖୋଜି
ପାଦଚିହ୍ନ ଅନୁମାନ କରିପାରୁଥିଲି ସିଂହଦୁଆରରୁ ।

ଦିନ ଯାଇ ରାତି ହେଲା
ରାତି ଯାଇ ପୁଣି ଦିନ ହେଲା
ଦିନ, ମାସ, ବର୍ଷ ସବୁ ଅତିକ୍ରମ କଲା
ମୋର ଶୂନ୍ୟ କୋଠରିକୁ,
ଅଥଚ ନା' ଫେରିଲ ତମେ କର୍ମବ୍ୟସ୍ତ ଗହଳି ରାସ୍ତାରୁ
ନା ମୁଁ କେନ୍ଦରା ଥୋଇପାରିଲି
ମୃତ୍ୟୁର ଉଦାତ୍ତ ସ୍ରୋତରେ !

ତମ ପାଇଁ କ'ଣ ବା ଲେଖିବି
ନିଅଣ୍ଟିଆ ନିର୍ଜୀବ ଶବ୍ଦରେ !
ଥରେ ତମ ଓଠ ଥରିଗଲେ
ଶୂନ୍ୟରୁ ଝରିପଡ଼େ ଅସଂଖ୍ୟ କବିତା
ଥରେ ତମ ଘୁଙ୍ଗୁର ବାଜିଲେ
ବିକ୍ଷିପ୍ତ ହୋଇଯାଏ ସାନ୍ଦ୍ର ନିରବତା ।

ଆଉ କେଉଁ ଉଚ୍ଚକିତ ଧ୍ୱନି ସମ୍ଭାରରେ
ପୂର୍ଣ୍ଣେଇ ପାରିବ ଦୀନ ଅକିଞ୍ଚନ କବି
ତୋ'ର ଆକଳନ ସତ୍ତା ।

ରେ ଅଲୋଡ଼ା ପ୍ରାଣର ଗୋପ୍ୟ ବିହ୍ୱଳତା
ସେମିତି ଆସୁଥା, ଯାଉଥା
ଯାଉଥା, ଆସୁଥା
ତୋ'ର ପରିଚିତ ଟାଙ୍ଗର ଭୂଇଁକୁ,
ମୁଁ ସେମିତି ଦାନ୍ତରେ ତିରଣ ଦେଇ
ବସିଥାଏ ଚିରକାଳ ତୋ'ର ପ୍ରତୀକ୍ଷାରେ
ଗଣିଗଣି ତୋ'ପାଦ ଶବ୍ଦକୁ ॥

■

ରଚନାକାଳ : ୧୯୮୩

ପ୍ରିୟତମା ଓ ପ୍ରିୟତମ ସହର

॥ ୧ ॥

ଝର୍କା ଖୋଲିଲେ
ଅନ୍ଧାରରେ ବୁଢ଼ୀ ଅସୁରୁଣୀର ଆଖିପରି
ସହସ୍ର ଜୁଇର ଭୟାନକତାରେ
ଜଳୁଛି ମୋର ପ୍ରିୟତମ ସହର
ଆଉ ତା'ରି ଭିତରେ ଝାଟିମାଟିର ଚାଳଘରୁ
କାଉ ଥଣ୍ଟରେ ଆଧାର ଦେଇ
ମୋର ପ୍ରତ୍ୟାଗମନକୁ ଚାହିଁ ବସିଛି
ଦାରିଦ୍ର୍ୟର ରାଜଜେମା, ମୋର ପ୍ରିୟତମା।

ଲକ୍ଷ୍ମଣ ବୁଲୁଛି ବନେ
ହା ରାମ, ହା ରାମ ଧ୍ୱନି
କୁହାଟୁଛି ଗଗନ ପବନ
ମଢ଼ିଆରେ ପ୍ରାର୍ଥନୁଛି ଏକାକିନୀ ନାରୀ
ମାୟାମୃଗ ଘେନିଯାଏ ମୋତେ
ଏ ବନୁ ସେ ବନ।

ପ୍ରତି ମୁହୂର୍ତ୍ତରେ ପ୍ରଚଣ୍ଡ ସ୍ପର୍ଦ୍ଧାରେ
ମୁଁ ମନ୍ତ୍ରଯୁକ୍ତ କରେ ମୋର ଶବ୍ଦ
ଅଥଚ, ସ୍କନ୍ଧାସୀନ ଧୂର୍ତ୍ତ ବେତାଳଟି
ଭୂଆଁ ବୁଲେଇଦିଏ ବିଶ୍ୱସ୍ତ ସ୍ୱପ୍ନଙ୍କୁ
ପଛରେ ହସୁଥାଏ ଭଣ୍ଡ କାପାଳିକ
ଆଗରେ ଡାକୁଥାଏ ବୈତାଳିକ।

ପ୍ରିୟତମାର ଦୀର୍ଘଶ୍ୱାସ ତୋଫାନ ପରି
ଯୋଜନ ଯୋଜନ ପଥ ଅତିକ୍ରମି

ସ୍ଥିର ହୋଇଯାଏ ମାୟାମୃଗର ସୁବର୍ଣ୍ଣ ଜ୍ୟୋତିରେ
ଏବଂ ମୁଁ ଆଉଜିପଡ଼େ ସ୍ୱପ୍ନଙ୍କ ଛାତିରେ
ଭୁଲିଯାଏ ଆପଣାର ଲୋକଟିର
ଅଳି ଓ ଅର୍ଦ୍ଦଳି ଯେତେ କବନ୍ଧ ନୃତ୍ୟରେ ।

ଏମିତି ରାତିଦିନ ପ୍ରତି ମୁହୂର୍ତ୍ତରେ
ଜଣେ ଚାହିଁଥାଏ ଅପରର ଆଗମନକୁ ତ
ଅପରଜଣକ ବଢ଼େଇ ଦେଉଥାଏ
ପୁଷ୍ପଭାର ଶୂନ୍ୟ ଅଞ୍ଜଳିକୁ ।

ପାହାନ୍ତି ସ୍ୱପ୍ନରେ ପ୍ରିୟତମା
ଆହା କହି ଆଉଁସି ଦେଉଥାଏ
ସମୁଦ୍ରକୁ ପଶିବାର ପାଦଚିହ୍ନକୁ,
ମୁଁ ସେମିତି ପାଦଚିହ୍ନ ଛାଡ଼ିଛାଡ଼ି ଯାଉଥାଏ
ସମୁଦ୍ରର ତଳକୁ ତଳକୁ ।
ଫେରିବାର କିଛି ସ୍ଥିରତା ନ ଥାଏ ।
ଜୀବନ ଇ ଗୋଟିଏ ପରୀକ୍ଷା
ଆଗମନ ଓ ପ୍ରତ୍ୟାଗମନର
ନିଆଁ ଓ ପାଣିର ଝକ୍‌ମାରି ଖେଳର
ଠିକ୍ ଆମ ଅଭିନ୍ନ ଆତ୍ମାର
ସମଝଦାର ମୌଳିକତା ପରି ।

ତେଣୁ ତୋତେ କହିରଖୁଛିରେ ପ୍ରିୟତମା
କୌଣସି ଦ୍ୱିତୀୟାର ଅନୁପ୍ରବେଶ
ହୋଇ ନ ପାରେ ଆମ ସମ୍ପର୍କପରି ସରଳ
କୌଣସି ପ୍ରଚାରଧର୍ମୀ ଶବ୍ଦର ଭିଡ଼
ହୋଇ ନ ପାରେ ଆମ କବିତାପରି ତରଳ
ତେଣୁ ତୋତେ ଛାତି ଭିତରେ
ସାଇତିବାର ଯୁଦ୍ଧରେ

ମୁଁ ବିପନ୍ନ ବାରମ୍ବାର
ସବୁଠି, ସବୁ ମୁହୂର୍ତ୍ତରେ ।

॥ ୨ ॥
ଆଜିକାଲି ଦିନ ବଡ଼ ଦୁଃସମୟ
କଥାଟିଏ ଚମକିଲେ
ଉହ୍ଲୁଁକି ଆସେ ଶହଶହ ନଥାର ଗଦା ପ୍ରହାର
ଆଜିକାଲି ପୋଡ଼ାଜଳାର ଗନ୍ଧରେ
ତମାମ ସହର ହୁଲସ୍ଥୁଲ:
ଗନ୍ଧ ଭୁଲିଗଲାଣି ଫୁଲ
ଛନ୍ଦ ଭୁଲିଗଲାଣି କୋଳାହଳ
ରାତ୍ରି ଭୁଲିଗଲାଣି ଶୃଙ୍ଗାର
ଚାରିଆଡ଼େ ଗୁମ୍‌ସୁମ ନିରବତା ଓ
ଛୁରୀ ଅଗରେ ଟିକ୍‌ଟିକ କରେ
ଆମ ନିଷ୍ଠୁର ଆୟୁଷ ।

ଏବେ ପ୍ରତିଟି ଭୂଖଣ୍ଡ ରକ୍ତର କ୍ଷୁଧାରେ
ପ୍ରତିଟି ସମ୍ପର୍କ ସ୍ୱାର୍ଥର୍ୟ କର୍ତ୍ତବ୍ୟନାମାରେ
ପ୍ରତିଟି କୋମଳ ଶିଶୁ ମୃତ୍ୟୁ ଅପେକ୍ଷାରେ
ପ୍ରତିଟି ନାରୀ ଆକସ୍ମିକ ଗର୍ଭପାତ
ବିବର୍ଣ୍ଣ ଦୁଃଖରେ ।

ଏଠି ଆମ ପରି କୋମଳ ହୃଦୟଟିଏ ଖୋଜୁଥିବା
ସ୍ୱପ୍ନାନ୍ଧ ମଣିଷଙ୍କ ପାଇଁ
ଦି'ପାଦ ଜାଗାର ସମ୍ଭାବନା କାହିଁ ?
କୁଢ଼କୁଢ଼ ଦୁଃଖର ନର୍କରୁ
ଅନାଗତ ସକାଳର ସୂର୍ଯ୍ୟସ୍ନାନ ପାଇଁ
ଛାତିଟିଏ କାହିଁ ?

କିପରି ବଞ୍ଚିବ କବି
ସ୍ନେହ ଓ ମମତାର ଦୁଷ୍ପ୍ରାପ୍ୟ ସହରେ
ଯେଉଁଠି ଶାମ୍ପ ପେଟରେ ବଢୁଥାଏ
ଅପସଂସ୍କୃତିର ମୂଷଳ,
ଯେଉଁଠି ରାତ୍ରିର ସୁନ୍ଦରୀମାନେ
ଚାଲାଣ ହୁଅନ୍ତି ଅନ୍ୟ ସହରକୁ
ଏବଂ ମୋର ପ୍ରିୟତମା ଝୁରି ମରୁଥାଏ
ନିତି ମହାପ୍ରଳୟକୁ ॥

■

ରଚନାକାଳ : ୧୯୮୫

ପୁନଶ୍ଚ ପ୍ରତ୍ୟାବର୍ତ୍ତନ ଓ ଅନ୍ୟାନ୍ୟ କବିତା

ନୀଳହ୍ରଦର ଆବର୍ତ୍ତରୁ
ପ୍ରାଣମୂର୍ଚ୍ଛା ପହଁରିପହଁରି
ମୁଁ ପୁନଶ୍ଚ ଫେରିଆସିଛି ଭାଇମାନେ,
ଅଯତ୍ନ ବର୍ଦ୍ଧିତ ମଞ୍ଜୁଆତି ଗଛପରି
ତମ ଶିଠୁଆ ହାତମାନଙ୍କରେ
ଚିତା କୁଟେଇବାକୁ
ଫୁଲ ଫୁଟେଇବାକୁ।

ଯେଉଁମାନେ ଦିହର ମଳି ଭାବି
ଫିଙ୍ଗି ଦେଇଥିଲେ ବାଘ ମୁହଁକୁ
ସେଇ ବାଘକୁ ଫାଘର ଚେହେରା ଦେଖେଇ
ମୁଁ ଫେରିଆସିଛି ଘନଘୋର ଅରଣ୍ୟରୁ
ତମ ଆଶ୍ଚର୍ଯ୍ୟ ଚକିତ ଏରୁଣ୍ଡିବନ୍ଧକୁ।

ମାଆ ଆଖିର ଲୁହ ବଡ଼ ଭୟଙ୍କର
ସେଇ ଦୁଃଖିନୀ ମା'ର ଟୋପାଏ ଲୁହ ମୁଁ
ପୁନଶ୍ଚ ଫେରିଆସିଛି ଉଚ୍ଛୃଙ୍ଖଳ ସମୁଦ୍ର ପରି
ସେମାନଙ୍କ ସିମେଣ୍ଟ କଙ୍କ୍ରିଟିଦିଆ ନିଅଁ ତାଡ଼ିବାକୁ
କୋଳାହଳରେ କମ୍ପେଇଦେବାକୁ
ଉପକୂଳର ନିର୍ମୋକ ସାମ୍ରାଜ୍ୟ।

ରାସ୍ତାସାରା ମୋର ରକ୍ତାକ୍ତ ପାଦଚିହ୍ନ
ପାଲଟିଯାଇଛି ଶ୍ରୀକୃଷ୍ଣର ପାଦ,
ସୋରିଷଫୁଲର ଶୋଭାବନ୍ତ ଦୃଶ୍ୟ

ମୁଁ ଦେଖିପାରୁଛି ନୀଳାଚଳରୁ ନୀଳକନ୍ଦର ଯାଏ
ସମସ୍ତଙ୍କ ମୁହଁରେ
ସମସ୍ତଙ୍କ ପୂର୍ଣ୍ଣ ଅଞ୍ଜଳିରେ
ମୁଁ ଫେରିଆସିଛି ଭାଇମାନେ,
ନୀଳହ୍ରଦରୁ ମୁଁ ଫେରିଆସିଛି ॥

ଶୋଭାଯାତ୍ରାର ଶବ୍ଦ:

କି ଆଶ୍ଚର୍ଯ୍ୟ !
ମୋର ଆଗମନ ସମ୍ବାଦରେ:
ଯନ୍ତ୍ରସ୍ଥ ହୋଇଯାଉଛି ଶବ୍ଦ
ଗର୍ଭସ୍ଥ ହୋଇଯାଉଛି ଭ୍ରୂଣ
ଯୁକ୍ତ ହୋଇଯାଉଛି ବର୍ଣ୍ଣ
ମୁକ୍ତ ହୋଇଯାଉଛି ସ୍ୱପ୍ନ
ଘର୍ମାକ୍ତ ହୋଇଯାଉଛି ଶତ୍ରୁ
ପ୍ରେମାର୍ଦ୍ର ହୋଇଯାଉଛି ନାରୀ।
ଦେଖ, ଦେଖ, କି ଆଶ୍ଚର୍ଯ୍ୟ,
ରାସ୍ତାରେ ସ୍ଲୋଗାନ ଦେଉଥିବା ପଟୁଆର ଉପରେ
ତାଥେଇ ତାଥେଇ ନାଚୁଛି ବର୍ଷା
ଟାଙ୍ଗର ମାଟିର ହାଡୁଆ ଦେହରେ
କଅଁଳି ଉଠୁଛି ନବ ଦୁର୍ବାଦଳ ଏବଂ
ପିଲାଦିନେ ମୁହଁଟେକି ଚାହିଁ ଦେଇଥିଲି ବୋଲି
ଚାଟଶାଳୀର ମାଷ୍ଟରଙ୍କ ଠାରୁ ମାଡ଼ ଖୋଇଥିବା
ରାଜାଝିଅ କେମିତି ଆଶ୍ଳେଷି ନେଉଛି
ତା'ର ବାହୁବେଷ୍ଟନକୁ।

ସତ କହୁଛି,
ମୁଁ ଯାଦୁକର ନୁହେଁ
ଶବ୍ଦର ସାମ୍ରାଜ୍ୟରେ ମୁଁ ଝଲକାଏ ଅଗ୍ନି

ପ୍ରତିଟି ଅସହାୟ ଈଶ୍ୱରଙ୍କ ଛାତି ଉପରେ
ମୁଁ ପ୍ରେମାସ୍ପଦ ଶ୍ରୀବସ୍ତ୍ର ଦାସ
ପ୍ରେମର ସମ୍ରାଟ।

ପଛଧାଡ଼ିର ମଣିଷ:

ତାମସା ଚାଲିଛି, ତାମସା
ଅଣ୍ଟିରେ ପଶୁଛି ଚୋରା ପଇସା
ହୋ, ଭଗତେ !
ଦେବ ତ ଦିଅ
ନ ହେଲେ ସେମିତି ବାସନ୍ଦ ଥାଅ।

ତାମସା ଚାଲିଛି, ତାମସା।
ଚୁପ୍‌ଚାପ୍ ସବୁ ଦେଖୁଛ, ଦେଖ
କାହିଁକି ଲାଗିଛି ବଚସା
ହୋ, ଜନତେ !
ସବୁ ଦେଖୁ ଥା, ସବୁ ଶୁଣୁ ଥା
ସକାଳ ପର୍ଯ୍ୟନ୍ତ କାନ ଡେରି ଥା।

ପଛଧାଡ଼ିର ମଣିଷଟିଏ ମୁଁ
ସବୁ ଦେଖୁଛି, ସବୁ ଶୁଣୁଛି
ଦରମଲା ପରି ଦିନ ଗଣୁଛି।

ହୋ, ଘୋଷକେ !
ମାଇକ୍‌ରେ ଟିକେ କହିଦେବ କି
ତାମସା ଦେଖୁଛ, ଦେଖ
ଘର ବୁଡ଼ି ପାଣି ଆଣ୍ଠୁଏ ହେଲାଣି
ଦିହରେ ଅଛି ତ ରକ୍ତ ? ?

ଦୃଶ୍ୟାନ୍ତରର ଦୃଶ୍ୟ:

ଇତିହାସର ମୋଡ଼ ବଦଳୁଛି ସୁଧିଜନେ !
ଦୃଶ୍ୟାନ୍ତରର ଦୃଶ୍ୟ ବଦଳୁଛି
ପୁନଃପୌନିକ ଘଟଣା ପ୍ରବାହରେ
ଶବ୍ଦକାରର କଲମ ମୁନରେ ।

ରକ୍ତାକ୍ତ ପୃଷ୍ଠାର କରଣୀ ଅକ୍ଷରରୁ
ତାମ୍ରପତ୍ରର ଜଙ୍କ୍‌ଲଗା ଆତ୍ମବଡ଼ିମାରୁ
ଶିଳାନ୍ୟାସର ଛଦ୍ମ ଖୋଳପାରୁ
ଉତୁରି ଆସୁଛି ତଣ୍ଟିଚିପା ଶବ୍ଦର କାରୁଣ୍ୟ ।

ଏବେ ମୋର ଶବ୍ଦଭର୍ତ୍ତି କୋଠରିରେ
ଚଳଚଞ୍ଚଳ ଦୃଶ୍ୟମାନଙ୍କ କୋଳାହଳରେ
ଫାଟିପଡୁଛି ହାଡ଼, ମାଂସର ଶରୀର ।

ପ୍ରଥମ ଦୃଶ୍ୟରେ:

ଫାଶିଖୁଣ୍ଟରେ ଝୁଲୁଥିବା ସତ୍ୟାଗ୍ରହୀର
ବଂଶଧର ଖଞ୍ଜଣି ଧରି ଭଜନ ବୋଲୁଛି
ଏବଂ ତା'ର ରୁଗ୍‌ଣା ମାଆର ସ୍ତନ
ଝୁଣିପକଉଛି ବୁଲାକୁକୁର ॥

ଦ୍ୱିତୀୟ ଦୃଶ୍ୟରେ:

ପରିପୂର୍ଣ୍ଣ ସ୍ୱପ୍ନରେ ବିଭୋର
ଏକ ବର୍ଷିୟାନ୍ ବୃଦ୍ଧ
ଆଣ୍ଠୁରେ ଲୁଚେଇ ମୁହଁ, ବସିପଡ଼ିଛି
ରାଜଧାନୀ ଫାଟକ ସାମ୍ନାରେ

ଏବଂ ତା'ର ଆଖି ସାମ୍ନାରେ
ଉଦ୍‌ଭ୍ରାନ୍ତ ଯୁବକ କେତୋଟି
ବୋମା ଧରି ଧାଇଁ ଯାଉଛନ୍ତି
ଫୁଲ ବଗିଚାରେ ନାଟ କରିବାକୁ ।

ତୃତୀୟ ଦୃଶ୍ୟରେ:

କିଚକର ବାହୁତଳେ
ବିରାଟର ରାଜପଣ
ଡେଣା ଝାଡ଼ି ଉଡ଼ିଯାଉଛି
ଯୋଜନାର କ୍ଷୁଧାର୍ତ୍ତ ଇଗଲ୍
ଏବଂ ତଳେ ପ୍ରତି ସେକେଣ୍ଡରେ
ତିରିଶଟି ଅନ୍ନକ୍ଲିଷ୍ଟ ଶିଶୁ
ବୁହା ହେଉଛନ୍ତି ମଶାଣିକୁ
ମାଆମାନଙ୍କ ଅସହାୟ କୋକେଇରେ ।

ମୋର କପାଳରେ ଶର୍ମ ଝାଳ
ଆଖିରେ ରକ୍ତର ଚାଉଳ
ମୁଁ ଦେଖିପାରୁଛି ସେଇ ଚଳନ୍ତି ଈଶ୍ୱରକୁ
ଏବଂ ତା'ର ଅଗଣିତ ସୈନ୍ୟସାମନ୍ତଙ୍କୁ ।

ଆଦେଶିଲେ
ମୁଁ ତାଣ୍ଡବ
ନିଷେଧିଲେ
ମୁଁ ବେଲାଲସେନର କଟାମୁଣ୍ଡ ।

ଶେଷ ପ୍ରହରର ସ୍ୱପ୍ନ:

ଚାରିଆଡ଼େ କଡ଼୍କଡ ମଡ଼୍ମଡ
ଶବ୍ଦର ଜୁଲୁସ
ବାଟହୁଡ଼େ ଆକାଶର ପକ୍ଷୀ
ଗୋଟିଏ ଭୟାର୍ତ୍ତ ସ୍ୱର ଶୁଣାଯାଏ
ଏଠି, ସେଠି, ସବୁଠି ।

ଶୋଭିଏତ୍ ଦେଶରେ, ମାର୍କିନ ଶିଶୁ ଦରୋଟରେ
ଲୋବାନନ ଯୁଦ୍ଧରେ, ପାକିସ୍ତାନର ରଣ ହୁଙ୍କାରରେ,
ବାଂଲାଦେଶର ଗଣ ବିକ୍ଷୋଭରେ,
ପଞ୍ଜାବର ସାମ୍ପ୍ରଦାୟିକତାରେ, ଆସାମର ରକ୍ତ ସ୍ରୋତରେ,
ରାଜଧାନୀର ଚଉଡ଼ା ରାସ୍ତାରେ ଏବଂ
ମୋ ଗାଁର ପ୍ରତିଟି ଅର୍ଦ୍ଧଭୁକ୍
କଙ୍କାଳ ମୁହଁରେ ।

ସବୁଠି, ସବୁ ମୁହୂର୍ତ୍ତରେ ଶୁଣାଯାଏ
ପ୍ରିୟତମ ଗ୍ରହର ନିରବ କାନ୍ଦଣା
ଏବଂ ଅସ୍ପଷ୍ଟ ଧ୍ୱନିରେ
କେଉଁ ଅବତାରୀର ବନ୍ଦନା ।

ରଥ ଠିକ୍ କର ସାରଥି
ଶଂଖନାଦ କର କୂଳବଧୂ
କଲମ ଠିକ୍ କର କବି !
କାଳରାତି ପାହୁଛି, ପାହୁଛି
ସିଂହଦ୍ୱାର ଭାଙ୍ଗୁଛି, ଭାଙ୍ଗୁଛି
ବଳିଷ୍ଠ ଚେତନାର ସ୍ୱରଟିଏ
ସ୍ଫୁରୁଛି, ସ୍ଫୁରୁଛି ॥

■

ରଚନାକାଳ : ୧୯୮୪

ଫୁଲମୟ

ସ୍ୱର୍ଗେ ଲାଗୁ ଡାଳ ଅବା
ମର୍ତ୍ତେ ଲାଗୁ ଡ଼ାଳ
ଚାରିଆଡ଼େ ଫୁଲମୟ, ବାସ୍ନାମୟ
ଜଳ, ସ୍ଥଳ ଆକାଶ ମଣ୍ଡଳ ।

ବଗିଚାର ମାଳୀ, ମଧୁରଙ୍କା ମଧୁପ
    ବୁଝେ ଫୁଲର ମହକ
ରସିକ, ପ୍ରେମିକ, ଚିହ୍ନରା ଗ୍ରାହକ
ଅନୁଭବେ ଫୁଲର ଯୌବନ
ସକାଳର ଶିଶୁ ଖୋଜେ, ଲୋଡ଼େ
କୋମଳ ହାତର ସ୍ପର୍ଶ, ଅଜସ୍ର ଚୁମ୍ବନ ।

ଯିଏ କେବେ ଥରେ ବି ଦି' ଆଞ୍ଜୁଳା ଫୁଲ
ଟେକିଦେଇନି ଆତ୍ମୀୟତାର ଚଉହଦୀକୁ
ପ୍ରିୟତମାର ପ୍ରଶସ୍ତ କୋଳକୁ,
ଯିଏ କେବେ ବି ଥରେ ତିନ୍ତିନି ମୂଷଳ ବର୍ଷାରେ
ସିଝିନି ନିରବତାର ଶାନ୍ତ ଉହ୍ମେଇରେ
ହଜିନି ଆକାଶର ବର୍ଣ୍ଣିଳ କାୟାରେ
ବୁଡ଼ିନି ସମୁଦ୍ରର ଅଶାନ୍ତ ଢେଉରେ;
ସେ କ'ଣ ପ୍ରତିଶ୍ରୁତି ଦେବ
ରାତ୍ରିର ବାଟବଣା କ୍ଳାନ୍ତ ଚଢ଼େଇକୁ
ସେ କିପରି ସଙ୍ଖୋଳିବ
ଘୋଡ଼ାଶାଳେ ବଞ୍ଚିଥିବା କନିଷ୍ଠା ରାଣୀକୁ
ଆସନ୍ତାକାଲିର ଉତ୍ତରାଧିକାରୀକୁ ? ?

ଛୁରୀ ଧରିଥିବା ଲୋକ କେବେ
ଦେଖିପାରେନି ନାଭିକମଳକୁ
ଛୁରୀ ଧରିଥିବା ଲୋକ କେବେ
ପଢ଼ିପାରେନି କମଳ ବନକୁ
ଛୁରୀ ଧରିଥିବା ଲୋକ କେବେ
ଜିଣିପାରେନି ନାରୀର ହୃଦକୁ
ଛୁରୀ ଧରିଥିବା ଲୋକ କେବେ
ଛୁଇଁପାରେନି ଶବ୍ଦର ସୀମାକୁ ।

ମଦମତ୍ତ ଉଲ୍ଲାସରେ ନିଶାଗ୍ରସ୍ତ ଆର୍ମେନୀୟ ରାଜପୁତ୍ର
କେବେ ପାଇପାରେନି 'ସୁବର୍ଣ୍ଣ ଗୋଲାପ'
ଫୁଲ ଘୁଞ୍ଚିଯାଏ ଦୂରକୁ ଦୂରକୁ ।

ଫୁଲ ବଗିଚାରେ ଘର କରିବ ତ
ଆସ, ପାଦ ବଢ଼େଇ ଦିଅ ପଙ୍କକୁ
ହାତ ବଢ଼େଇ ଦିଅ ସୂର୍ଯ୍ୟକୁ
ଛାତି ବଢ଼େଇଦିଅ
ଫୁଲମତୀର ଆଲିଙ୍ଗନକୁ ।

ଦେଖିବ:
ଫୁଲ ଶଙ୍ଖରେ ତମେ
ଫୁଲ ଚକ୍ରରେ ତମେ
ଫୁଲ ଗଦାରେ ତମେ
ମୁଦାପତ୍ରର ଅନ୍ତଃପୁରରେ ବି ତମେ ଓ
ତମର ଉଦ୍‌ଭାସିତ ବିଶ୍ୱରୂପ ॥

■

ରଚନାକାଳ : ୧୯୮୩

ଫୁଲ ଖସୁ କି ଖଡ୍‌ଗ ଖସୁ

।। ଏକ ।।

ଅଗଣିତ ଦର୍ଶକଙ୍କ ଭିଡ଼ ଡେଇଁ
ଚିହ୍ନିହୁଏ ସ୍ମିତହାସୀ ଦେବୀଟିର
ଓଠ ଥରଥର ।
ବହୁଦିନୁ ନିଦ୍ରାୟିତ ସ୍ୱପ୍ନଟି
ଘୂରିଆସେ କଅଁଳ ଡେଣାରେ
ଆଖି ଅବୁଜା ମୂର୍ତ୍ତିଟିର ସମ୍ଭାଷଣେ ମୁଦିଆସେ ଆଖିପତା
ଆମ୍ଭ ମୁକୁଳରେ କଣ୍ଟିଆସେ ବିନ୍ଦୁବିନ୍ଦୁ ବର୍ଷା ।

ଗର୍ଭବତୀ ନାରୀର ଶ୍ୱେତା ଓଠ ପରି
ମେଦିନୀ ମେଦରେ ଏବେ ନୀଳାଭ ସୂର୍ଯ୍ୟାଙ୍କୁର
ଘାସେଇଯାଏ ମାଟିମୟ ପୁଷ୍ପେଇଯାଏ ବୃକ୍ଷମୟ
ନୀରେଇଯାଏ ନଦୀମୟ ।

କଟା ଯୁଣ କିଆରୀରେ ପାଦ ରକ୍ତ ଥୋପିଥୋପି
ଭିଜିଯାଏ ସାଧବାଣୀ
ପାଦ ତା'ର ଚୁପେଇଯାଏ
ନିରବୀଯାଏ
ଚୁପେଇଯାଏ ।

ଯେଉଁମାନେ ଦେବୀକୁ ମୂର୍ତ୍ତି
ମୂର୍ତ୍ତିକୁ ଛାଞ୍ଚ
ଛାଞ୍ଚକୁ ମନ୍ତ୍ର
ମନ୍ତ୍ରକୁ ଶବ୍ଦ
ଶବ୍ଦକୁ ନୀତି
ନୀତିକୁ ଭୋଗ
ଭୋଗରେ ବନ୍ଦନା ଥାପି

ତୋତେ କଲେ ବନ୍ଦି
ସର୍ବାୟିତ ମାଟି ଉଷ୍ଣତାକୁ
ଜମି ଚକବନ୍ଦୀ:
ରତାମ୍ବରୀ
ଫୁଲ ଖସୁ କି ଖଡ୍‌ଗ ଖସୁ
ଆଞ୍ଜୁଳା ପାତିଛି, ମୁଣ୍ଡ ମୁଁ ନଇଁଛି ॥

॥ ଦୁଇ ॥
ଏକ ପାଦ ମୋର ଏବେ ତିନିଗାର ପରେ
ପ୍ରେମରେ ଯାହା ଅପହଞ୍ଚ
ତାହା ଶେଷହୁଏ ରାବଣର ପୁଷ୍ପକ ଯାନରେ।
ତେଣୁ, ଦୁଧଦାନ୍ତ ପଡ଼ି ନ ଥିବା
ଅଗଣିତଙ୍କ ମେଳରେ ଏକମାତ୍ର ଯୋଗ୍ୟ ମୁଁ
ତମର ଯେତେସବୁ ଯୋଗ୍ୟତମ ମୁହୂର୍ତ୍ତର।

ଅନ୍ଧାରୀ ବର୍ଚ୍ଛା ମାଡ଼ରେ ବରଂ କ୍ଷତାକ୍ତ କର ମୋତେ
ଜାଳିଦିଅ ତୁମ ତୃତୀୟ ନୟନାଗ୍ନିରେ
ନିଃଶେଷ କର ମୋତେ ସ୍ତନ୍ୟପାନ ଦେଇ
ପ୍ରଳୟରୁ ପ୍ରଳୟାନ୍ତର ଯାଏ
ମୋର କଟାମୁଣ୍ଡକୁ ପ୍ରୀତି କର ପଛେ
କିଛି ଦିଅ, କିଛି ଦିଅ ଏ ମନୁପୁତ୍ରକୁ!

ତୁମ ହାତରୁ ଫୁଲ ଖସୁ କି ଖଡ୍‌ଗ ଖସୁ
ମୁଁ ପାତିଛି ମସ୍ତକ
ଆଗୋ ରତାମ୍ବରୀ!
ମୁଁ ପହଞ୍ଚିବି ମୂର୍ତ୍ତି ଭାଙ୍ଗି
ମୁକୁଳା ଦେବୀର ବ୍ରହ୍ମିଳ-ଗର୍ଭରେ ॥
■
ରଚନାକାଳ : ୧୯୮୩

ବାପା

ମଣିଷ ଆଖିରୁ
ଟୋପାଏ ଲୁହ ଗଡ଼ିବାର ଦୃଶ୍ୟ
କେଡ଼େ କରୁଣ
କେଡ଼େ ଦୟନୀୟ ସତେ !

ତମ ଆଖିର ଟୋପାଏ ଲୁହ
ସମଗ୍ର ବିଶ୍ୱକୁ ଭସେଇଦେଇ ପାରେ
ଆଉ ମୋ ଆଖିର
ଝଲକାଏ ସ୍ଫୁଲିଙ୍ଗ ସାରା ଭୋକିଲା ଜନତାଙ୍କୁ
ତତେଇ ଦେଇପାରେ।

ତମ ଓଠରେ ଚେନାଏ ହସ ପାଇଁ
ସାରା ବିଶ୍ୱର ନିଷ୍ଠୁରତାକୁ
ମୁଁ ଖାତିର କରେନା ବାପା
ଖାତିର କରେନା ଧରାବନ୍ଧା ନିୟମ କାନୁନ୍‌କୁ,
ଫାଶିଖୁଣ୍ଟକୁ।

ବାପା,
ତମ ଆଖିର ଲୁହକୁ
ଭୋକିଲା ମାଟିର ଓଠରୁ ତ
ଆଉ ଫେରେଇ ଆଣି ପାରିବିନି
ହେଲେ ତମପାଇଁ ଏତିକି ସାନ୍ତ୍ୱନା ଯେ
ତମ କୁଳାଙ୍ଗାର ପୁଅ ଏବେ
ଦାରିଦ୍ର୍ୟର କବାଟ ଭାଙ୍ଗୁଛି
ପ୍ରଚଣ୍ଡ ସ୍ପର୍ଦ୍ଧାରେ।

ସେମିତି ପେଟ ଭୋକିଲା
ପିଠି ଲଙ୍ଗଳା କରି
ଅପେକ୍ଷାକର ବାପା
ମୁଁ ଫେରୁଛି ॥

■

ରଚନାକାଳ : ୧୯୮୫

ବିସ୍ଫୋରକ

ହୁଙ୍କା ଫଟେଇ ବାହାରକୁ
ଝଡ଼ପରି ବାହାରିବା ବେଳକୁ
ତମାମ ସହର ନିଦରେ।

ସବୁ ଦୁଆର, ଝର୍କା ବନ୍ଦ।
କ୍ଷେତରେ ଚଡ଼କ, ଦିଗନ୍ତରେ ମଡ଼କ
ନଦୀ ଦେହ କୃଶ, ନାରୀର ସ୍ତନରେ ଗର୍ତ୍ତ
ଖେଳପଡ଼ିଆ ଫାଟକରେ ତାଲା
ଛାପାଖାନାରେ ଧର୍ମଘଟ
ସମ୍ବାଦପତ୍ରର ସମ୍ପାଦକୀୟ ମୂକ
ସମସ୍ତ ସହର ଓ ଜନପଦ
କର୍ଫ୍ୟୁ ଅଞ୍ଚଳ ପରି ନିସ୍ତରଙ୍ଗ, ଶୂନ୍‌ଶାନ।

ଏଇ ଶୂନ୍‌ଶାନ ରାସ୍ତାର ଛାତିରେ
ଅସଂଖ୍ୟ ପଲଟଣଙ୍କ ଭାରିବୁଟ୍ ଶବ୍ଦ ଭିତରେ ବି
ବୋମାଟିଏ ଫୁଟିଯାଇପାରେ।
ଆତଙ୍କ ବଳୟର ପଙ୍କ ପୋଖରୀରେ
ଢଳଢଳ ଦୃଶ୍ୟମାନ ପଦ୍ମଟି ବି ଯୋଡ଼ିଦେଇପାରେ
ଯେତେ ସବୁ ଅହେତୁ ସମ୍ପର୍କ।
ଯୁଦ୍ଧକ୍ଷେତ୍ର ସବୁବେଳେ ଘୋ' ଘୋ
ରକ୍ତର ନିଶାରେ ଚୁଲ୍‌ଚୁଲ
ଧର୍ମରେ ଅବା ଅଧର୍ମରେ
କିଛି ଗୋଟେ ପରିଣତି ଖୋଜୁଥାଏ, ରକ୍ତ ମାଗୁଥାଏ।

ଏବେ ରାସ୍ତା ଉପରେ ମୋର
ଦୁଇଟି ରକ୍ତସ୍ନାତ ପାଦଚିହ୍ନ:
ଫାୟାର କର, ଜହ୍ଲାଦ ଫାୟାର କର,
ପାଦଚିହ୍ନ ଉପରେ ମୋର ସ୍ୱପ୍ନଗର୍ଭା ଶତଦଳ
ଧର୍ଷଣ କର ଧର୍ଷକ, ଧର୍ଷଣ କର।

ଏମିତି କେତେ ପାଦଚିହ୍ନ
କେତେ କୋମଳତାର ଶରୀର
ଫାୟାର, ଶୋଷଣ ଓ ଧର୍ଷଣରେ
ସର୍ବଦା ଲହୁଲୁହାଣ,
ଲହୁଲୁହାଣ ଓ ପଦ୍ମଯୋନି
ଚିତ୍ରିତ ଅନୁଭୂତିର ସାମ୍ରାଜ୍ୟ।
ଶୀତଳ ହେବା ପର୍ଯ୍ୟନ୍ତ ଏମିତି ଉତ୍ତେଜନା
ପାଉଁଶ ହେବା ପର୍ଯ୍ୟନ୍ତ ଏମିତି ଜ୍ୱଳନ
ସପ୍ତରଥୀଙ୍କ କ୍ରୁରଦୃଷ୍ଟି ସାମ୍ନାରେ ବି
ମୁଁ ଉଦଣ୍ଡ ନୃତ୍ୟରେ ଭୀଷଣ
ଚୁମୁଥାଏ ଜୀବନ।
ସପ୍ତରଥୀଙ୍କ ବ୍ୟୁହ ଭିତରେ ରହସ୍ୟମୟ ଅନ୍ଧାର
କିନ୍ତୁ ମୋ ଭିତରେ ସମାହିତ ନୂତନର ସୂର୍ଯ୍ୟୋଦୟ।

ପ୍ରତିଟି ଶବ୍ଦର ଗର୍ଭଯୋଗ, ଶାପମୁକ୍ତି
ପୁଣି ପ୍ରତିଟି ଉଚ୍ଚାରଣ ମନ୍ତ୍ରମୟ ହୋଇ
ତୃତୀୟ ବିଶ୍ୱକୁ ଫେରିଆସିବା ପର୍ଯ୍ୟନ୍ତ ॥

■
ରଚନାକାଳ : ୧୯୮୪

ବ୍ୟବଚ୍ଛେଦ

ଶିଶୁଟିଏ ଜନ୍ମନେଲେ
ତାକୁ ଘେରିଯାଏ ସମାଜ
କହେ, ପିଲାଟି ଅମୁକପରି ସମୁକପରି
ମୂର୍ଖ ଜ୍ୟୋତିଷ ତାଳପତ୍ରରେ ଲେଖିଦିଏ ତା'ର ଭାଗ୍ୟ
ପିଲାଟି ବଢ଼େ ସେଇ ତାଳପତ୍ର ଚାଖଣ୍ଡେର
ନିର୍ଦ୍ଦେଶକୁ ଡରିମରି
ତା'ର ବ୍ୟକ୍ତିଗତ ଇଚ୍ଛା ବିରୁଦ୍ଧରେ।

ସେମିତି, କବିତାଟିଏ ଜନ୍ମନେଲେ
ତାକୁ ଘେରିଯା'ନ୍ତି ପୁରାଣପଣ୍ଡାମାନେ
କହନ୍ତି, ଏ ପେବ୍ଲୋ ନେରୁଦାର ସ୍ୱର
ଏ ମାର୍କସ୍‌ର ଚିନ୍ତାଧାରା ଇତ୍ୟାଦି ଇତ୍ୟାଦି
ବ୍ୟବଚ୍ଛେଦ କରିପକାନ୍ତି ତା'ର ଶରୀରକୁ
ଅଗ ଟୁଙ୍ଗିଦିଅନ୍ତି ଗୋଟିଏ ଉଦାତ୍ତ କଣ୍ଠର।

ନା, ଏ କବିତା ମାର୍କସର ପ୍ରତିଧ୍ୱନି ନୁହେଁ
ନୁହେଁ ପେବ୍ଲୋ ନେରୁଦାର
ଏ ସ୍ୱର ନା' ନଜରୁଲ୍‌ର ନା ବେଞ୍ଜାମିନ୍ ମୋଲେସ୍‌ର
ନା' ରବି ସିଂର!

ଏ ସ୍ୱର ଖାସ୍ ବସନ୍ତ ମୁଦୁଲିର
ଅଭିଶପ୍ତ ମାଟି ପାଇଁ ଧ୍ୟାନସ୍ଥ ଦଧିଚୀର
ଏକବିଂଶ ଶତାବ୍ଦୀ ପାଇଁ ପେଡ଼ିପୁଟୁଳା ବାନ୍ଧି
ସଜବାଜ ହେଉଥିବା ମଣିଷର ଗଣ୍ଠୁଲି ଭିତରେ
ଅଣନିଃଶ୍ୱାସୀ ମୁକ୍ତି ଆଶାୟୀ ଏକ ତରୁଣ କବିର।

ମୋର କବିତାକୁ ନେଇଯାଅନି
ତମ କୁତ୍ସିତ ଇଚ୍ଛାର ପୋଷ୍ଟମର୍ଟମ କୋଠରୀକୁ
ନା, ମୋତେ ବାନ୍ଧିଦିଅନି ହରିକାଠରେ
ମୁଁ ମୋର କବିତା ପରି
ଗୋଟିଏ ମୁକ୍ତ ବିଶ୍ୱ ହୋଇଯିବାକୁ ଚାହେଁ ॥

■

ରଚନାକାଳ : ୧୯୮୫

ବିଶେଷ ଘୋଷଣା

ସାରାରାତି କପଟି ନଗ୍ରରେ
ଜୀବନ ମରଣ ଯୁଝିଯୁଝି
ପାପ ପୂଣ୍ୟର ନିଦ୍ରିତ ବନ୍ଦିଶାଳରୁ
ମୁଁ ମୁକୁଳି ଆସିଛି ମୋର
ସ୍ୱପ୍ନଭର୍ତ୍ତି ଖେଳପଡ଼ିଆକୁ
ବହୁ ଆକାଂକ୍ଷିତ କଦମ୍ବବନକୁ।

ଅନ୍ଧାରୀ ନାଟକର ମଧ୍ୟାନ୍ତରରେ
ଅଗଣିତ ଶତ୍ରୁଙ୍କର ନଜରବନ୍ଦିରେ ବି
କହିବାର ଅଛି ଅନେକ ତମକୁ।

କୋଠରି ଚାରିପଟେ ଲାଲ୍‌ବତୀ
ମୃତ୍ୟୁ ପରୱାନାର ସଙ୍କେତ,
ତଥାପି ମୋତେ ଅସ୍ତ୍ର ବିହୀନଭାବେ
ଆତ୍ମପ୍ରତ୍ୟୟର ମଇଦାନରେ
ସ୍ଲୋଗାନ୍ ଦେବାକୁ ହେବ
ଯେମିତି ମୋର କୌଣସି ସନ୍ଦେଶ
ପସନ୍ତି ନ ଯାଏ ଖରା, ବର୍ଷା, ଶୀତ, ହେମାଳରେ।

ଅଗଣିତ ଶବ୍‌ଦଙ୍କ ପଟୁଆରରେ
ମୁଁ ଖୋଲିଦେଇଛି ଦୁଆର,
ଦୁଃଖ ଓ ଯନ୍ତ୍ରଣାର ବର୍ଚ୍ଛାମାଡ଼ରେ ବି
ମୋର ଅସ୍ତ୍ର ଅତୁଟ।

ଶିରାଳ ହାତରେ ମୋର
ଦିକ୍‌ଦିକ ଜଳନ୍ତା ନିଆଁର ଦାଉ

ରକ୍ତ ମାଂସେ ଖୁନ୍ଦାଖୁନ୍ଦି
ବଞ୍ଚିବାର ନିଶା ଟଳମଳ ।

ନିଭୃତ ଗୁମ୍ଫାରେ ରକ୍ତମଖା
ସମ୍ରାଟ ଓ ପାରିଷଦମାନଙ୍କର
ଗୋପନ ଅଭିସାରର ଚିଠାକୁ
ମୁଁ ଉଦ୍‌ଗାରି ଦେଉଛି ଗୋଟିଗୋଟିକରି ।

ନିଅ,
ହାତ ପାହାନ୍ତାରେ ଝୁଲୁଥିବା,
ଜକ୍‌ଜକ କରୁଥିବା ସୁବର୍ଣ୍ଣ ସତ୍ୟଟିକୁ
ଆଶ୍ରାକରି ମାଡ଼ିଚାଲ
ମୃତ୍ୟୁ ଗହ୍ବରକୁ !

ଲକ୍ଷେଭାର ପଦ୍ମଫୁଲ
ଦହି ଦୁଧ, ସର ଓ ଲବଣି ନେଇ
ତମେ ଆସ ବସନ୍ତ ଉତ୍ସବ ଦେଖି
ମୋର ପଛେପଛେ ଦଳବଳ ଘେନି
ମୁଁ ଚାଲିଛି ଆଗେଆଗେ
ଜ୍ୱଳନ୍ତ ମଶାଲ ଓ ଶବ୍ଦ ବ୍ରହ୍ମେ
ସମ୍ରାଟଙ୍କ ବ୍ୟୂହ ଭେଦିବାକୁ ॥

■
ରଚନାକାଳ : ୧୯୮୫

ବିଶ୍ୱାସ ରଖ, ହୃଷୀକେଶ

ସୂର୍ଯ୍ୟାସ୍ତ ପରେ
ସୂର୍ଯ୍ୟୋଦୟ ଆସେ ବୋଲି ଯଦି ଜଣାଅଛି
ତେବେ ନିଜ ଉପରେ ଭରସା ରଖ ହୃଷୀକେଶ !
ବିଶ୍ୱାସ ରଖ ନିଜ ହାତମୁଠା ଉପରେ ।

ନିଜ ଶିଙ୍ଗରେ ଖୋଳିଥିବା ମାଟି ହିଁ ନିଜର
ହେଉପଛେ ଟାଙ୍ଗର ଅବା ଉର୍ବର
ଫଳିବାର ପ୍ରଚୁର ସମ୍ଭାବନା ଥାଏ ଅମୁହାଁ ବୀଜର ।

ଉଠାଅ ତମର ପୁରୁଷାକାର ଊର୍ଦ୍ଧ୍ୱକୁ
ପ୍ରେମାର୍ତ୍ତ ନାରୀଙ୍କ ନିବିବନ୍ଧଠୁଁ ଉପରକୁ
ଉଚ୍ଚତମ ଶୃଙ୍ଗଠାରୁ ଉପରକୁ
ଆକାଶ ଠୁଁ ଆଉରି ଉପରକୁ ।
ସମ୍ପର୍କମାନେ ବି ଉଷୁମ ଶୋଷ ସମୁଦ୍ରର
ଯେଉଁଠି ମଣିଷଟିଏ ଅସହାୟ ଜଳବିନ୍ଦୁ
ନିବିଡ଼ ଆଲିଙ୍ଗନର ।

ଅର୍ଥହୀନ ରାତିଟିଏ ଜିଇଁବାର କିଛି ମାନେ ହୁଏନା
ଶ୍ଲେଷ୍ମଜଡ଼ିତ କଣ୍ଠରେ ପ୍ରେମର ଗଜଲ ବୋଲିଲେ
ବରଫ ଆଉରି ନିଦା ହୁଏ, ମୁହୂର୍ତ୍ତମାନେ କ୍ଷତାକ୍ତ ହୁଅନ୍ତି
ଦୁର୍ଘଟଣାଗ୍ରସ୍ତ ମାଲବାହୀ ଟ୍ରକ୍‌ମାନଙ୍କ ପରି ।

କାହା ବିରୁଦ୍ଧରେ ତମର ଅଭିଯୋଗ ହୃଷୀକେଶ !
ନିଃଶ୍ଚେଷ୍ଟ, ନିଶାଗ୍ରସ୍ତ, ସମ୍ମୋହିତ
ଏକ ଧ୍ୱଂସମୁଖୀ ସମାଜ ବିରୁଦ୍ଧରେ ?
ଯିଏ ନର୍କର ଦ୍ୱାରଦେଶରେ ଠିଆହୋଇ

ତ୍ରାହିତ୍ରାହି ଚିତ୍କାର କରୁଛି ମୁକ୍ତି ପାଇଁ
ମୁଣ୍ଡ ଉପରେ ଶାଗୁଣାର ଛାୟା ।

କିଏ ଜାଣେ, ନର୍କ ଯେ ଦିନେ ସ୍ୱର୍ଗ ନ ହେବ !

କ୍ଷତରେ ପଟି ବାନ୍ଧି, ଦାନ୍ତରେ ତିରଣ ଦେଇ
ଅନ୍ଧାର ଆଖିରେ ସଫେଦ ଜହ୍ନପରି ପୁଅଡୋଳାଟିଏ
ଆଙ୍କିଦେଇ ପାରିବ ହୃଷୀକେଶ !
ଯଦି ପାରିବ, ପୃଥ୍ୱୀକୁ ତୋଳିଧର
ଆରମ୍ଭ କରିଦିଅ ନର୍କରେ ଚହଲ
ସମୁଦ୍ରକୁ ଚୁମା ଦିଅ, ପୂର୍ଣ୍ଣକର ଶାମୁକାର ଗର୍ଭ
ଆଉ, ବେଳାଭୂଇଁରେ ଲେଖିଦେଇଯାଅ
ଦି'ପଦ ଜୀବନର ସୁଖ-ଦୁଃଖ ।
ନଚେତ୍ ଦିନ ବି ଅନ୍ଧ ହୋଇଯିବ
ରାତି ବି ମୂର୍ଚ୍ଛାଯିବ ଶାଙ୍କୁଚମାଡ଼ରେ
ସ୍ମୃତିର ସହର ସବୁ ଧୂଆଁ ହେବେ
ଗୋପୀମାନେ ବ୍ୟଭିଚାରୀ ହେବେ
ଯମୁନାରେ ବହିବ ଗରଳର ସ୍ରୋତ
କାଦମ୍ବରୀ ପାନକରି ଯାଦବ ଉନ୍ମତ୍ତ ହେବେ
ଦ୍ୱାରକା ବି ଜଳମଗ୍ନ ହେବ ।

ଦେଖ, ଦେଖ ହୃଷୀକେଶ !
ବର୍ତ୍ତମାନ ମୁଣ୍ଡଫଟା ଖରା
ହରିଣ ନ ଦିଏ ଧରା
ଶହର ଗର୍ଭ ହାଇମାରେ ବିଦ୍ୟୁତ ଫୁଆରା ॥

■

ରଚନାକାଳ : ୧୯୮୪

ବ୍ୟବଧାନ:

ମୋ ଗାଁ: ୧୯୭୪-୮୪

ମୋ ଗାଁ: ୧୯୭୪

ଆକାଶର ହରରଙ୍ଗୀ ଫୁଲର ବାଗାନ ତଳେ
ସବୁ ସୁଖ ଦୁଃଖକୁ ଆପଣେଇନେବାର ମହିମ୍ନତାରେ
ନିର୍ଭର ପ୍ରତିଶ୍ରୁତିର ବାସର ଶେଯରେ
ବସିଛି ମୋ ଗାଁ
ସଦା ଶବ୍ଦମୟ, ଫୁଲମୟ
ଦୃଶ୍ୟମୟ ପୁଣି ସ୍ମୃତିମୟ ।

(ପେଟପିଠିର ବାଘବକ୍ରି ଖେଳ ଭିତରେ ବି
ଚନ୍ଦ୍ରର ଇଙ୍ଗିତ ବୁଝିହୁଏ ଏଇଠି)

ଚୁନଖସା କାନ୍ଥମାନଙ୍କରେ ପୁନଶ୍ଚ ଝୋଟିର କୋଟିକମ
ଫେରେଇଆଣେ ସ୍ୱପ୍ନମୟ ଚଳଚଞ୍ଚଳତା
ଅନ୍ଧାର ଓ ଆଲୋକର ପ୍ରତିଦ୍ୱନ୍ଦ୍ୱିତାରେ ମଧ୍ୟସ୍ଥି କରେ
ଜୀବନ-ସମସ୍ୟାର ଦୀପ୍ତିମନ୍ତ ଛବି
ଏଇଠି, ଏଇଠି ।

ଏଠି ହଳଦୀ-କାଠୁଆ ବାସି ପଡ଼େନି
ପ୍ରେମର ଗଜରା ଫିଟିପଡ଼େନି
ଭଣଜା ବସାକୁ ବାଘ ଆସେନି
କକବାୟାର ପାଦ ପଡ଼େନି
ନାନାବାୟା ଗୀତ ସୁର ଛିଡ଼େନି
ମାଟି ଓ ମଣିଷର ଅନାବିଳ ସମ୍ପର୍କରେ
ମାଟିମୟ ବାଲୁତ ଶିଶୁର ଆଁ ଭିତରେ
ନିରିମାଖି ଯଶୋଦା ଦେଖିପାରେ ବିଶ୍ୱ ମାଳମାଳ ।

ଏଠି ସୂର୍ଯ୍ୟ ଉଏଁ
କହିଦିଏ ଜୀବନ ଯନ୍ତ୍ରଣା,
ଜହ୍ନ ଉଏଁ
ଭେଟିଦିଏ ସ୍ୱପ୍ନର ଦୋଳଣା,
ଶଙ୍ଖଚିଲର ପକ୍ଷ ବିସ୍ତାରରେ
ଶୁଭ ଖବର ବିଞ୍ଚି ହୋଇପଡ଼େ ଗାଁ ସାରା
ଉନ୍ମତ୍ତ ହୋଇଉଠେ ଗାଁର ଆଖଡ଼ା
ଋତୁରେଋତୁରେ ବଦଳୁଥାଏ ଜୀବନ।

ବିସ୍ତୀର୍ଣ୍ଣ କିଆ ଓ କେତକୀର ଅଭେଦ୍ୟ ପ୍ରାଚୀର ଡେଇଁ
ସହର ଡାହାଣୀ ପଶିପାରେନି
ମୋ ଗାଁର ଖେଳପଡ଼ିଆକୁ,
ଅଗଣିତ ଅଝଟିଆ ପିଲାଙ୍କ ଖେଳ କୌତୁକରେ
ଉଚ୍ଛୁଳିପଡ଼େ ଗୋପପୁର, ସ୍ୱପ୍ନର ସହର।
ଅକ୍ରୁର ଫେରିଯାଏ ମଥୁରାକୁ
ଭୁଲେଇ ନେଇପାରେନି ରାମକୃଷ୍ଣ
ଶୀତତାପ ନିୟନ୍ତ୍ରିତ ରଙ୍ଗମହଲକୁ
କଂସ କିନ୍ତୁ ବାରମ୍ବାର ଖସି ମରେ
ମଞ୍ଚାରୁ ତଳକୁ ॥

ମୋ ଗାଁ: ୧୯୮୪

ଅନେକ ଲୋତକାର୍ଦ୍ର ଶିଶୁଙ୍କ
ଥମ୍‌ଥମ ମୁହଁ ସାମନାରେ
ପକ୍ଷାଘାତ ରୋଗିଣୀଟି ପରି
ରୋଗରେ ସଢ଼ୁଛି ମୋର ପ୍ରିୟତମ ଗାଁ।

କୁରୁପତିର ରଙ୍ଗସଭାରେ
ପଞ୍ଚପତିଙ୍କ କାତର ଦୃଷ୍ଟିପାତ ସାମ୍‌ନାରେ

ବାରମ୍ବାର ଉଲଗ୍ନ କରୁଛି ଦୁଃଶାସନ
ଏବଂ ଅସହାୟତାର ଲମ୍ବା ହାତ
ଲମ୍ବିଯାଉଛି ମାଟିରୁ ମହାଶୂନ୍ୟକୁ।

ଏବେ ସକାଳ ହେଲେ
ମନ୍ଦିରରୁ ପ୍ରାର୍ଥନା ଶୁଭୁନି
ଶୁଭୁଛି ମୃତ୍ୟୁର ନିରବ ଝଙ୍କାର,
ସଞ୍ଜହେଲେ ଅନୂଢ଼ା କିଶୋରୀର ଖଳଖଳ ହସ
ପ୍ରତିଧ୍ୱନିତ ସୃଷ୍ଟି କରେନି ନଈତୁଠରେ
ଶୁଭୁଛି ଧର୍ଷଣ ଜନିତ କରୁଣ ଚିତ୍କାର;
ମଧ୍ୟାହ୍ନରେ ଅନ୍ଧକାରର ଆତଙ୍କରାଜ
ଏବଂ ଶସ୍ତା ରାଜନୀତିର ଲଙ୍କାଧୂଆଁରେ
ମୂର୍ଚ୍ଛାଯାଉଛି ଭାରତବର୍ଷର ଉତ୍ତର ଦାୟାଦ।

ରାତିହେଲେ ମୋ ଗାଁର ଆଖଡ଼ାଶାଳରୁ
ରାମଲୀଳା, ରାସଲୀଳା, କଂସବଧ କି ଭୂତକୋଠିର
ଗୀତ ଓ ସଂଳାପ ଚୋରି ହୋଇଯାଉଛି
ଆତ୍ମୀୟମାରଣ ନାଟକ ପୃଷ୍ଠାକୁ
ଏବଂ ଯୁଦ୍ଧବିଧ୍ୱସ୍ତ ପରିତ୍ୟକ୍ତ ଅଞ୍ଚଳଟି ପରି
ଶ୍ରୀହୀନ ହୋଇପଡ଼ିଛି ମୋ ଦେଶର ହୃତ୍‌ପିଣ୍ଡ।

ଦଶଟି ଗ୍ରୀଷ୍ମର ଖର ନିଃଶ୍ୱାସରେ
ସ୍ଥିର ହୋଇଯାଇଛି ମୋ ଗାଁର ଭାଗ୍ୟ
କେଉଁ ଇନ୍ଦ୍ରର ଛଳନାରେ ରକ୍ତ-ମାଂସର ଅହଲ୍ୟା
ପାଲଟିଯାଇଛି ନିର୍ଜୀବ ପଥର।

ସବୁ ବଦଳିଯାଇଛି ବିରୋଧାଭାସରେ
ବଦଳିଯାଇଛି ଗୋଡ଼ି, ମାଟି, ପାଣି, ପବନ
ରାତି ଦିନ ଓ ଇତିହାସର ବର୍ଣ୍ଣମାଳା।

ଆଖିରୁ ଚଷମା ଉତାରିଦେଲେ
ଚିହ୍ନିହେଉନି ମୋ'ର ପ୍ରିୟତମ ମା'କୁ
ସତେଯେମିତି, ସଚ୍ଚିବାଳୟର ଦ୍ୱାରଦେଶରେ
ମୋ ମାଆର ଅବସନ୍ନ ଶରୀରକୁ
ଟାକିବସିଛନ୍ତି ଧେଡ଼ି କୁତିପଲ୍ଲ।
ମୋ ଦେଶର ସ୍ୱାଧୀନତା ନିଲାମ ହେଉଛି
ଏ ହାତରୁ ସେ ହାତ, ଶାଗ ମାଛ ମୂଲରେ
ଏବଂ କାଉ ଓ ଶାଗୁଣାଙ୍କ ତୀକ୍ଷ୍ଣ ଚଞ୍ଚୁରେ
ମୋ ମାଆର ଛତିଶ ବର୍ଷ ତଳର ସ୍ୱପ୍ନ ସବୁ
ପେଣ୍ଡୁ ହୋଇ ରାଜଧାନୀ ରାସ୍ତାରେ ଗଡୁଛି ॥

■

ରଚନାକାଳ : ୧୯୮୩

ବଞ୍ଚିବାର ସ୍ଲୋଗାନ ଦେଉଥିବା ଜଣେ କବି ସମ୍ପର୍କରେ

।।ଏକ।।

ଜୀବନର ବହୁ ମୂଲ୍ୟବାନ
ଦୀର୍ଘ ତିରିଶ ବର୍ଷ ତମର କଟିଗଲା
ପେଟ ଓ ପିଠିର ଚିନ୍ତାରେ
ଆକାଶ କୁସୁମ ତୋଳି
ଘାସଫୁଲ ସହ ଯୋଡ଼ିଦେବାରେ
ସୁଖୀ ମଣିଷଟିର ସ୍ୱପ୍ନ ଦେଖିଦେଖି
ଆପଣାକୁ ବହଲେଇବାରେ ।

କେବେ କ'ଣ ଫେରିଆସିଲା
ସେଇ ଆକାଂକ୍ଷିତ ସୁଦିନ
କେବେ କ'ଣ ଘୁଞ୍ଚିଗଲା
ସେଇ ବା'ଷଠି ବର୍ଷିୟାନ ବୃଦ୍ଧ ବାପର ଦୁଃଖ
କେବେ କ'ଣ ଫୁଟି ଉଠିଲା
ସେଇ ରୋଗାକ୍ରାନ୍ତ ମାଆର ମୁହଁରେ
ବିମଳ ହସର ସ୍ରୋତଟିଏ
କେବେ କ'ଣ ଛୋଟଛୋଟ ଭାଇ ଓ ଭଉଣୀମାନେ
ଖୁସିରେ ଗୀତ ବୋଲି
କମ୍ପେଇପାରିଲେ ଆପଣାର ଆକାଶ
କେବେ କ'ଣ ମାନସିକ ବ୍ୟାଧିଗ୍ରସ୍ତା
ପତ୍ନୀର ହୃଦୟରେ ଆଙ୍କିହୋଇ ପାରିଲା
ତୋ'ର ପୌରୁଷର ଛାପ !

ଆଜିକାଲି କେହି କ'ଣ
ହାଡ଼ଭଙ୍ଗା ମେହନତ କରି
ଫେରେଇ ଆଣିପାରିଛି ତା'ର ଭାଗ୍ୟ
ଦୁର୍ନୀତି, କଳାବଜାରୀ ଓ ରାଜନୀତି ବିନା!!

।।ଦୁଇ।।
'ବାପା, ଭୋକ!
ଶୋଇପଡ଼ ପୁଅ
ଗାଁ ସାରା ପଡ଼ିଛି କବାଟ
ରାତିପାହୁ ଆଣିଦେବି କ୍ଷୀର ଓ ନବାତ'।

କୁଆଡ଼େ ଗଲା ସେ ଦିନ
ବାପାଙ୍କର ଆଗ୍ନେୟ ଶପଥ
ଯୁଝିଯୁଝି ଥକ୍କିଗଲେ ମିଳିଲାନି ଦୁଇମୁଠା ଭାତ।

ସେଇ ପେଟ
ଆଜି ଦିଏ ରକ୍ତର କୁହାଟ
ବାପାରୁ ବାପାଙ୍କୁ; ଉତ୍ତରାଧିକାରୀ ସୂତ୍ରରେ।
ଆଜି ସେଇ ଆକାଶ ଭୋକିଲା
ସୂର୍ଯ୍ୟ ଭୋକିଲା, ମାଟି ଭୋକିଲା
ମଣିଷ ଭୋକିଲ, ଶବ୍ଦ ବି ଭୋକିଲା
ଭୋକିଲା ସଚରାଚର,
ଭୋକରେ ମଳିନ ହୋଇଯାଉଛି
କଲମର ମୂନ, ଶବ୍ଦର ଓଜନ
ଆଗ୍ନେଗିରିରିର ଲାଭା ସବୁ
ବରଫ ପାଲଟିଯାଇଚି ଜ୍ୱାଳାମୁଖରେ
ବିକ୍ଷିପ୍ତ ହୋଇପଡ଼ିଛି ଚେତନାର ପରମାଣୁ ସବୁ
ରୁଦ୍ଧ କୋଠରିରେ।

ତୋତେ ସେଇ କ୍ଷୀର ଓ ନବାତର ପ୍ରତିଶ୍ରୁତି ନେଇ
ଆଗେଇଯିବାକୁ ହେବ
ଚରିଯିବାକୁ ହେବ ଦିଗ୍‌ବିଦିଗ
ନିଜକୁ ଆହୁରି ଶାଣ ଦେବାକୁ ହେବ
ପୂର୍ବାପେକ୍ଷା ।

କାଗଜ ବାଘର ମୁହଁରୁ ଆହାର ଛଡ଼େଇବା
ଏତେ ସହଜ ନୁହେଁ ଦୋସ୍ତ, ସହଜ ନୁହେଁ!
ଭୋକରେ ମରିବା ଅପେକ୍ଷା
ଯା' ସମାବିଷ୍ଟ ହୋଇ ଯା'
ନଚେତ ଫୁଲରେ, ଫଳରେ ବଜ୍ରକୀଟ ପରି
ସହିଦ ହୋଇ ଯା' ।
ତମାମ ବିଶ୍ୱରେ ଓହ୍ଲେଇଆସୁ
ସମ୍ଭାବନାର ସକାଳଟିଏ
ଧୀରେଧୀରେ ତୋ'ର ଶବ୍ଦ ଉପରେ
ଶବ ଉପରେ ॥

■
ରଚନାକାଳ : ୧୯୮୫

ଭାରତବର୍ଷ

ଆଃ, କେତେ ଶୋଷରେ
ମୂର୍ଚ୍ଛା ଯାଇଛି ମୋର ପ୍ରିୟତମ ଦେଶ,
କେତେ ନଖ ଓ ଦାନ୍ତର ଅତ୍ୟାଚାରରେ
ବିଭତ୍ସ ଦିଶୁଛି ମୋ ମା'ର ମୁହଁ।

ଆଃ..., ସ୍ଲୋଗାନ୍, ପୋଷ୍ଟର, ଧର୍ମଘଟ, କଳାପତାକା
ଅବରୋଧ, ବନ୍ଦ ଦିବସ ଓ ପୋଡ଼ାଜଳାରେ
ଭର୍ତ୍ତି ହୋଇଗଲାଣି ମୋ ଦେଶର ପ୍ରତି ବର୍ଗ ଇଞ୍ଚ।
ମେଘମୁକ୍ତ ଆକାଶରେ ଶାଗୁଣା ଉଡୁଛି
ତଳେ ବଞ୍ଚିବାର ସର୍ବନିମ୍ନ ରାହା ଧରି
ସଦ୍ୟଜାତ ଶିଶୁ ଚିହିଡ଼ା ଛାଡୁଛି।

ଦିନବେଳା ଗାନ୍ଧିବୁଢ଼ା, ନେତାଜୀ ଓ ଗୋପବନ୍ଧୁଙ୍କ
ମାର୍ବଲ ମୂର୍ତ୍ତି ତଳେ ନେତା ଆଜି ଭୋଟ୍ କିଣୁଛି
ରାତିହେଲେ ମଦ୍ୟ ଓ ମାଂସର ଉତ୍ତଳା ଢେଉରେ
ବାରନାରୀ ଶୁଣ୍ଢିପିଣ୍ଡା ଉଠୁଛି ପଡୁଛି।

ଗାନ୍ଧିବୁଢ଼ା ହାୟ ହାୟ...
ରାମରାଜ୍ୟ ହାୟ ହାୟ...
    ପଦ୍ମଫୁଲ ଘୁଞ୍ଚୁଛି, ଘୁଞ୍ଚୁଛି।

■
ରଚନାକାଳ : ୧୯୮୩

ଭିନ୍ନ ମଣିଷ

ଏବେ ରାତି ସାରା ଭିନ୍ନ ମଣିଷଟେ
ଚାଲ୍‌ବୁଲ୍ କରେ ମୋ ଭିତରେ
ଆତତାୟୀ ସମୟ ଛୁରୀ ପଜଉଥାଏ
ଦୀର୍ଘଶ୍ୱାସର ପ୍ରଚ୍ଛଦପଟ୍ଟରେ ।

ଏବେ ଅନ୍ଧାରି ବିଜେ ରାଜାଙ୍କ ପାଖରେ
ଶବ୍ଦର ଧମକ କାଟୁକରେନି
ଆନ୍ଦୋଳନ ସ୍ତବ୍ଧ ହୋଇଯାଏ
ହୋ ହାଲ୍ଲା କରୁଥିବା ମଣିଷର ଶୂନ୍ୟପକେଟରେ ।

ମେଣ୍ଟାଶାଳରୁ କୁଶକାଠ ପାଖକୁ ଲମ୍ବିଥିବା
ଧୂସର ରାସ୍ତାରେ ଜଳିଉଠେ
ଛଳନାର ଦିହୁଡ଼ି ଆଲୋକ
ଏବଂ ଯୋଗାବିଷ୍ଟ ଈଶ୍ୱରଙ୍କୁ
ନର୍ଦ୍ଦମାରେ ଫିଙ୍ଗି ଗଢ଼ାଯାଏ ମନ୍ଦିରରେ
ସ୍ନାନ ଶୌଚାଳୟ ।

ଏବେ ଦୀର୍ଘଶ୍ୱାସର ହୃତସ୍ପନ୍ଦନ,
ସ୍ପନ୍ଦନରୁ ସମୁଦ୍ର ମନ୍ଥନ
ମନ୍ଥନରୁ ଢୋକେ ପିଇ ଦଣ୍ଡେ ଜୀଇବାର
ଯୁକ୍ତିହୀନ ଭାବପ୍ରବଣତା
ଲୁଚକାଳି ଖେଳୁଥାଏ ଏ ହାତରୁ ସେ ହାତ
ଶୂନ୍‌ଶାନ କୋଠରି ଭିତରେ ॥

ଏବେ ରାତିସାରା ମୋର
କରୁଣ ଦୁଃସ୍ଥିତି ଭିତରେ

କୁଆଁକୁଆଁ ଶବ୍ଦରେ ଝାଳନାଳ
ଆତ୍ମୀୟ କବିତାଟେ ଥାଏ
ଥାଏ, ଦିନର ହଟଚମଟକୁ
ଭୁଲେଇନେବାର ।
ସ୍ୱୟଂ ସଂପୂର୍ଣ୍ଣ କାବ୍ୟିକ ଉଚ୍ଛ୍ୱାସ
ଥାଏ ଭୟାବହତାର ସର୍ପବନ୍ଧନୀରୁ
ମୁକୁଳିଯିବାର ଅଦମ୍ୟ ସାହସ ।

ଏବେ ରାତି ସାରା ଭିନ୍ନ ମଣିଷଟେ
ଚାଲବୁଲ କରେ ମୋ ଭିତରେ
ବନ୍ଦୀଶାଳର ଦୁଆର ମୁକୁଳା କରି
ରାସ୍ତା କଢ଼େଇନିଏ ମଥୁରାରୁ ଗୋପପୁର
ଏବଂ ମୋ ମୁଣ୍ଡରେ
ଶୋଇଥିବା ଶିଶୁପୁତ୍ର ଆଖିମଳି ଦେଖୁଥାଏ
ପୃଥିବୀକୁ ନୂତନ ରୂପରେ ॥

■
ରଚନାକାଳ : ୧୯୮୪

ଭଗୀରଥ ଉବାଚ

ଅନ୍ଧାରରୁ ଶିଖର
ଶିଖରରୁ ସମୁଦ୍ରକୁ ମୋର ଗତାଗତ
ଶାୟିତ ଶାମୁକା ଗର୍ଭରୁ ମୁକ୍ତା ଖୋଜିବା
ଅବ୍ୟବହୃତ ଫୁଲକୁ ବାସ୍ନାଯୁକ୍ତ କରିବା
ଉଷ୍ମାକୁ ଉଷ୍ମାଙ୍କୁରରେ ପରିଣତ କରିବା
ଓ ଖେଳ ପଡ଼ିଆରେ ଆତ୍ମଘାତୀ ଶବ୍‌ଦଙ୍କୁ
'ତଳକଣ୍ଟା ଉପର କଣ୍ଟା' ଦେବା
ମୋର ମାତୃଗର୍ଭର ଶପଥ।

ରହଣିଆ ବିଶ୍ୱାସର ଯଉଘରେ
ମୁଁ ଏକ ସମ୍ଭାବନାର ଅର୍ପିତ ଅଗ୍ନିଶିଖା
ଶିରରେ ଅଷ୍ଟବକ୍ର ଋଷିଙ୍କର ଆଶୀର୍ବାଦ
ଏବଂ ସାମ୍ନାରେ ମୋ ଜଳୁଥିବା
ଆତ୍ମୀୟମାନଙ୍କୁ ଉଦ୍ଧରିବା ନକ୍‌ସା।

କେଉଁ ଚାଟୁକାରର ଚାଟୁକ୍ତି
ତମକୁ ଉଲ୍ଲସିତ କରେ,
ତମ ଛଳଛଳ ଯୌବନ ସାମ୍ନାରେ
କେଉଁ ମଦମତ୍ତ ହସ୍ତୀ
ନିର୍ଲଜଙ୍କ ପରି ରତିଭିକ୍ଷା କରେ ଯେ
ଅକସ୍ମାତ ବଜ୍ରପାତ ହୁଏ
ମେଘଶୂନ୍ୟ ନୀରବ ପ୍ରାନ୍ତରେ।
ଅମୃତର ଧାର ବନ୍ଦ ହୋଇଯାଏ
ରୋଗୀଣା ମା'ର ମେଦରେ
ଅସୀମ ଶୋଷରେ ଆଉଟୁ ପାଉଟୁ
ବିଯୁକ୍ତ ଶିଶୁଦ୍ୱ ରାହାଛାଡ଼ି
ଶୋଇପଡ଼େ ଭୋକ ଉପାସରେ।

ସେହି ଅସହାୟ ଶିଶୁ ଦରୋଟିରୁ
ତମେ କେବେ ଶୁଣିଛ: ଭବିଷ୍ୟର ବର୍ଣ୍ଣମାଳା
କେବେ ପଢ଼ିଛ: ବଞ୍ଚିବାର ରକ୍ତାକ୍ତ ପାଣ୍ଡୁଲିପି
ଯେଉଁଠି ପ୍ରତି ମୁହୂର୍ତ୍ତରେ
ଚିତ୍ରାୟିତ ହେଉଥାଏ ଦୁଃଖର ଉପତ୍ୟକା
ଝଡ଼ ତୋଫାନର କାଳରାତି ଓ
ପୁନଶ୍ଚ ସକାଳର ସ୍ତବ୍ଧ ଦୃଶ୍ୟବଳୀ
କେମିତି ବୋଝବୋଝ ଯନ୍ତ୍ରଣାର ମାଲ୍ ବୋହି
କବିଟିଏ ଆଖିଖୋଲେ ମୁଗ୍ଧ ନିରବରେ
ପାଦପକାଏ ଆଗକୁ ଆଗକୁ।

ଅସଂଖ୍ୟ ଜଳ ଭଉଁରୀର ଦର୍ଜା ଖୋଲି
ତମେ ଆସ ମୋର ହୃଦୟର ପ୍ରାଣ ପ୍ରବାହକୁ
ମୁଁ ତମର ଆଗେଆଗେ
ଶୁଭଶଙ୍ଖ ଫୁଙ୍କିଫୁଙ୍କି ଚାଲିଯାଏ
ଛୁଇଁଛୁଇଁ ତମ ତରଳ ସତ୍ତାକୁ।

ବର୍ଷବର୍ଷର ଅଗ୍ନିଦଗ୍ଧ ମୁହଁମାନଙ୍କରେ
କିଏ ଜାଣେ କେତେବେଳେ
ଫିଟିପଡ଼ିବ କେରାକେରା ହସ
ଫୁଲିଉଠିବ ପ୍ରତିଟି ବନ୍ଧ୍ୟା ନାରୀର ଗର୍ଭାଶୟ
ନିରବ, ନିଶ୍ଚଳ ଶେଯ କମ୍ପି ଉଠିବ
ଅଗ୍ନିଗର୍ଭା ଶିଶୁଙ୍କର ଖେଳ କୌତୁକରେ।

ଯୁଗଯୁଗର ଘନଘୋର ଅନ୍ଧାର ଭିତରେ
ଉଇଁଆସେ ଅନ୍ତରଙ୍ଗ ଜହ୍ନରାତିଟିଏ
ସ୍ମୃତି-ବିସ୍ମୃତିର ନଖଦର୍ପଣରେ
ବାରମ୍ବାର ବିଘଟିତ ହୁଏ
ସେଇ ପ୍ରସ୍ତୁତିର ନାଟ ଓ ତାମସା।

ଏବେ କେମିତି କହିବି
ଛାତି ପାଖକୁ ଧାଇଁ ଆସୁଥିବା
ଆତ୍ମୀୟମାନଙ୍କୁ ପର ବୋଲି !
କେମିତି କହିବି
ଅସୀମ ଅନୁଭବର ରୋମାଞ୍ଚିତ ମୁହୂର୍ତ୍ତକୁ
ଚିତ୍ରିତ ସ୍ୱପ୍ନକୁ, ଲୀଳାୟିତ ସମୟକୁ,
ବିନିଦ୍ର ଇଚ୍ଛାର କ୍ରମ ଉତ୍ତରଣକୁ
ମୋର ନୁହେଁ ବୋଲି
ହଁ, ମୋର ନୁହେଁ ବୋଲି ॥

■

ରଚନାକାଳ : ୧୯୮୩

ମୁହଁ

ଆଣ୍ଠୁଏ ପାଣିରେ ହେଲିଯେ:
ବାପାଙ୍କ ମୁହଁ ଦିଶୁଥିଲା ଥମ୍‌ଥମ
ମାଟି ଉପରକୁ ଝୁଲି ପଡ଼ିଥିବା ମେଘଖଣ୍ଡ ପରି ।

ଜଂଘେ ପାଣିରେ ହେଲି ଯେ:
ମା'ର ମୁହଁ ଦିଶୁଥିଲା ମଲାମାଛ ଆଖିପରି
କାନ କାଟିଦେଲେ ରାହା ନ ଥିବା ପିଲାର
ଚେତାଶୂନ୍ୟ ପରିଣତି ପରି ।

ଛାତିଏ ପାଣିରେ ହେଲି ଯେ:
ସମ୍ପର୍କୀୟମାନଙ୍କ ମୁହଁ ଦିଶୁଥିଲା
ଦେଣା ଓ ପାଉଣାର ନଥିପତ୍ର ଖୋଲି
ସୁଧ କଷୁଥିବା ହିସାବୀ ମହାଜନ ପରି ।

ବେକେ ପାଣିରେ ହେଲିଯେ
ସମସ୍ତ ଦୃଶ୍ୟ ଦୃଶ୍ୟାନ୍ତର ପଡ଼ିରହିଥିଲା
ସମୁଦ୍ରକୁ ଅଣଲେଉଟା ପାଦଚିହ୍ନ ପରି
ଏବଂ ମୋରି ଭିତରେ ମୁଁ ଦେଖି ପାରୁଥିଲି
ମୋର ନିର୍ଲିପ୍ତ ମୁଖ ମଣ୍ଡଳ
କେଉଁ ପ୍ରଶାନ୍ତିରେ ଭରପୁର
ତୋ'ର ଅଦ୍ଭୁତ ଆଲିଙ୍ଗନରେ ଚୁକ୍ତିବନ୍ଧ
ମାତାଲି ନିଶାରେ ଟୁଲ୍‌ଟୁଲ ।

ଆଗ କ'ଣ ପଛ କ'ଣ ମୁଁ ଜାଣେନି,
କେବଳ ଏତିକି ଜାଣେଯେ
ତୋ ମୁହଁ ଉପରେ ମୁହଁ ଥାପିଦେଲେ
ବାଜିଉଠେ ପ୍ରାପ୍ତିର ଚିଗୁଲ୍ ॥

■

ରଚନାକାଳ : ୧୯୮୪

ମୋ କବିତା

ଦୁଃଖ କହିବି ନା ସୁଖ କହିବି
ନା' ଅଙ୍ଗେ ନିଭେଇଥିବା କଥା କହିବି !

ମୂର୍ଖ ରାଇଜରେ ଘର କରି
କାହାକୁ କହିବି କଥା ମୋହରି !
ଗୀତ ଗାଉନି କି ଗପ କହୁନି
ଲହୁଲୁହର କଥା କହୁଛି ।

ଅଗଣିତ ନିଃସ୍ୱ ଶବ୍ଦଙ୍କ ମେଳରେ
କସରତ କରୁଥିବା ମୁହୂର୍ତ୍ତରେ
ଖୁଣ୍ଟିଆଣେ ଶବ୍ଦ ପୁଞ୍ଜ
ଅଗଣିତ ନିଃସ୍ୱ ହୃଦୟରୁ, ଭୋକିଲା ଶିଶୁର ଦରୋଟିରୁ
ବିଧବା ନାରୀର ପ୍ରଶସ୍ତ କପାଳରୁ
ଯନ୍ତ୍ରଣାରେ କିଲ୍‌ବିଲ ହେଉଥିବା ମୁମୂର୍ଷୁ ପାଟିରୁ
ଅରଣ୍ୟ ରୋଦନ କରୁଥିବା
ପରିତ୍ୟକ୍ତାର ଅବିନ୍ୟସ୍ତ କେଶରୁ
ଖତଗଦାର ଚାକୁଣ୍ଡା ବଣରୁ ।

କବିତା ହେଉ କି ନ ହେଉ
ଲେଖିଯାଏ ଅପୂର୍ବ ଭାବାବେଶରେ
ଗ୍ରହଣ କର କି ନ କର
ମୋର ଯାଏ ଆସେ ନାହିଁ ।
ମୁଁ ଲେଖୁଛି ମୋ ପାଇଁ
ମୋ ପରି ନିଃସ୍ୱ ମଣିଷ ପାଇଁ
ଯିଏ କାନ୍ଦେ ଆଉ ହସେ ରାତିଦିନ
ଉବୁଟୁବୁ ହେଉଥାଏ ତିନିଗାର ଅନ୍ଧ ଅର୍ଗଳୀରେ

ଖୋଜୁଥାଏ ଶାନ୍ତିର ଗୋଚର
ରକ୍ତ ଝରିଲେ ବି
କଣ୍ଟା ଚୋବାଉଥାଏ ଓଟପରି
ସାଉଣ୍ଟୁଥାଏ ସ୍ମୃତିର ବାଘନଖି ଫଳ
ଭଳିଯାଏ ହରଗୌରା ଫୁଟିବା ମୁହୂର୍ତ୍ତରେ ।

ତମେ ଭଲ ଭାବ କି ଖରାପ ଭାବ
ମୁଁ ସେଇ ମଣିଷ, ସେଇ ଗୋଷ୍ଠୀର
ଯିଏ ସାଲିସ କରେନି, ଏକାକୀ ରହିଯାଏ
ମରିଯାଏନି, ମରି ପୁଣି ଜିଉଥାଏ
ବାରମ୍ବାର
ଅଜସ୍ର ରୂପରେ
ରକ୍ତବୀର୍ଯ୍ୟ ପରି ॥

■
ରଚନାକାଳ : ୧୯୮୪

ମାହେନ୍ଦ୍ରବେଳା

ନା' ଶୁଭଲଗ୍ନରେ ଠିକନା,
ବାହାର କଥାରେ ଠକନା।
ପୂର୍ଣ୍ଣକୁମ୍ଭର ଦିଗବାରେଣୀରେ ଲାଭ କ୍ଷତିର ହିସାବ କଷନା।

ଶୂନ୍ୟ ଆଞ୍ଜୁଳା ପୂରେନା, ଚାହିଁଲେ କିଛି ମିଳେନା।
ଚପଳମତି ଶାମ୍ବ ଗର୍ଭରେ ବଢୁଥାଏ
ନାଟକ ପରିସମାପ୍ତିର ମୂଷଳ,
ମାଟି ଚାଖୁଥିବା ଅବୁଝା ପିଲାର
ପାଟିରେ ଥାଏ ଚଉଦ ବ୍ରହ୍ମାଣ୍ଡର କୁଶଳ;
ଯୁଦ୍ଧକ୍ଷେତ୍ରରେ ପଶିବା ପୂର୍ବରୁ
ସଳଖିନିଅ ପାଦ, ପରଖିନିଅ ଶବ୍ଦ।

ସବୁ ଅପ୍ରାପ୍ତି ଭିତରେ ପ୍ରାପ୍ତିର ଭ୍ରୂଣଟିଏ ସଲସଲ ହେଉଥାଏ
ଧାନଟି ଭିତରେ ଚାଉଳଟି ପରି
ଝୁଲ ଭିତରେ ନିଆଁ ଟିକେ ପରି
ନାହିଁନାହିଁର ଡେର୍ଛା ଆଲୋକରେ
ଆତ୍ମସମର୍ପଣର ନିରବ ଇଙ୍ଗିତ ପରି।

ଛଦାମ କଥା ପଛକୁ ପକା
କଦମ ପରେ କଦମ ପକା।
ଆଗରେ ଦିଶୁଛି ଜଙ୍ଗଲ ଟିଏ
ଜଙ୍ଗଲ ଭିତରେ ପୋଖରୀଟିଏ
ପୋଖରୀ ଭିତରେ ନଅରଟିଏ
ନଅର ଭିତରେ କୋଠରୀଟିଏ
କୋଠରୀ ଭିତରେ ସିନ୍ଦୁକଟିଏ

ସିନ୍ଦୁକ ଭିତରେ ଫରୁଆଟିଏ
ଫରୁଆ ଭିତରେ ଜୀବନଟିଏ ।

ଜୀବନ ପରି ଜୀବନଟିଏ ପାଇବାପାଇଁ
ସପ୍ତଦ୍ୱୀପ କ୍ଷେପି ଯା'
କବିତା ପରି କବିତାଟିଏ ଲେଖିବା ପାଇଁ
ହୃଦୟ ସବୁ ଘାଣ୍ଟି ଯା'
ପଛରେ ଯେତେ ଗଡୁଛି ଶବ ବଞ୍ଚିବା ପାଇଁ ହେଣ୍ଟି ଯା'
ଅକାତକାତ ନଈସୁଅରେ ଆହୁଲା ମାରି ପଶି ଯା'॥

■
ରଚନାକାଳ : ୧୯୮୩

ମୁକୁଳା ଦୁଆର

ଦୁଆର ମୁକୁଳା ଥିଲା
ମୁକୁଳା ଅଛି ଓ ମୁକୁଳା ଥିବ
ସବୁଠି, ସବୁ ମୁହୂର୍ତ୍ତରେ।

ଯେତେଥର ପାଦ କାଢ଼ିଛି ପଦାକୁ
ସବୁଥର ଏରୁଣ୍ଡିବନ୍ଧରେ
ନାଲି ଟକ୍‌ମକ ନିଆଁର ଚିଆଁ
ମୋତେ କାକୁସ୍ଥ କରିଛି ବାରମ୍ବାର।

କାଗଜ ଟୁକୁରାର କୋଠରି ଭିତରେ
ତୁ' ସ୍ୱପ୍ନଟିଏ ଥିଲୁ, ଭଲଥିଲୁ
ପ୍ରତିଦିନ ସଞ୍ଜବେଳେ ମା' କୋଳରୁ
ହାତବଢ଼େଇ ତୋତେ ଝାମ୍ପି ଆଣୁଥିଲି
ସଙ୍ଗୋପନେ, ଅଦୃଶ୍ୟଭାବରେ।

ତୁ ମୋର ଦିନାନ୍ତର ସ୍ୱପ୍ନ ଥିଲୁ ଖୁବ୍ ଆପଣାର
ବାରମ୍ବାର ହୁଡ଼ିଯାଉଥିବା ସ୍ୱରପରି
ଯାହାକୁ ମୁଁ ଦୋହରେଇ ହେଉଥିଲି
ସବୁଠି, ସବୁ ମୁହୂର୍ତ୍ତରେ ଶୀର୍ଷଗମନ ପାଇଁ।

ମୁଁ ଜାଣିଥିଲି ଯେ
ଦିନେ ସେମାନେ ମୋତେ ଉଠେଇନେବେ ନିଦରୁ,
ଯେତେ ସଫେଇ ଦେଲେ ବି ହାତ ଗୋଡ଼ରେ ଜଞ୍ଜିର ବାନ୍ଧି
ମୋ ବେକରେ ଝୁଲେଇଦେବେ ହଡ଼ିକାଠ।

ଆଉ ତୋ'ରି ସାମ୍ନାରେ
ପାଗବାନ୍ଧି, ନିଶରେ ହାତମାରି
ଖଣ୍ଡାର ଧାର ପରଖିନେବେ ସେମାନେ।

ଏମିତି ଘଟଣାଟେ ଘଟିଯିବାକୁ
ନା' ଚାହୁଁଥିଲୁ ତୁ ନା' ମୁଁ
ଅଥଚ ଦୁର୍ଦ୍ଦାନ୍ତ ଆତତାୟୀର
ରଥଚକ ଗଡ଼ିଚାଲିଛି ଆପେଆପେ।

ସ୍ୱପ୍ନ ଦେଖିବା ମନା ନୁହେଁ ବୋଲି ତ
ମୃତ୍ୟୁକୁ ବି ବେଳେବେଳେ ଦେଖେଇଦେଇ ହୁଏ
ନିଭୃତ କାରଖାନାର କାରସାଦୀ।
ନିଦ ବାଉଳାରେ ବି
ଶବଦ ଖସିଯାଏ ଓଠରୁ:
ମୁଁ ସ୍ୱର୍ଗ ଚାହେଁନି
ଆଲୁଅ ଅନ୍ଧାର ଭର୍ତ୍ତି
ଏ ମାଟିର ଚଉଦପା' ମଣିଷଟିଏ ହୋଇ
ରହିବାକୁ ଚାହେଁ, ତୋ'ରି ସାମ୍ନାରେ।

ଏବେ ମଧ୍ୟ ଯେତେବେଳେ
ଘନଘନ ବିଦ୍ୟୁତ ସ୍ଫୁରଣରେ
ସେମାନେ ସଜାଗ ହୋଇ ଅଣ୍ଡାଳୁଥା'ନ୍ତି ପରିଚୟ
ମୁଁ ସେତେବେଳେ ଦଶମାସିଆ ଛୁଆଟିଏ ପରି
ହାତ ବଢ଼େଇ ଦିଏ ତୋ'ରି କୋଳକୁ ॥

■

ରଚନାକାଳ : ୧୯୮୪

ମଧ୍ୟାହ୍ନର ସ୍ୱର

॥ ଏକ ॥

ସବୁ ପରିଚିତ ମୁହଁମାନଙ୍କ ସହ ସାକ୍ଷାତ ହେବାବେଳେ
ଲାଗେ, ଯେମିତି କେହି ଲେଖିଦେଇଛି କ୍ରୁର ସନ୍ଦେଶ
ସେମାନଙ୍କ ମୁହଁ ମାନଙ୍କରେ,
ବନ୍ଦ କରିଦେଇଛି ଶବ୍ଦର ଝଙ୍କାର
ତଣ୍ଟିଚିପା ଶବ୍ଦର କାରୁଣ୍ୟ ସବୁ ଘୁମନ୍ତ କାପ୍ତାର
ଘଡ଼ଘଡ଼ ସଭ୍ୟତାର କଣ୍ଠନଳୀ ପରି ରୋଗାକ୍ରାନ୍ତ
ଏବଂ ପ୍ରତିବାଦର ସ୍ୱର ସବୁ ଯନ୍ତଘରେ ବନ୍ଦି।

ଯେଉଁ ମୁହୂର୍ତ୍ତରେ ମୁଁ ଆରମ୍ଭ କରୁଛି
ମୋର କବିତାର ପ୍ରଥମ ଉଚ୍ଚାରଣ
ସେଇ ମୁହୂର୍ତ୍ତରେ ମୋର ପରିଚିତ ଅଗଣା ବାହାରେ
ଘଟିଯାଉଛି ଲୁଣ୍ଠନ, ହତ୍ୟା, ଅତ୍ୟାଚାର
ପ୍ରେମାପ୍ଳୁତ ପଡ଼ୋଶିନୀଙ୍କ ଆକାଶ କମ୍ପିଉଠୁଛି
ସନ୍ତ୍ରାସବାଦର ବିଭୀଷିକାରେ
ଏବଂ ଶାନ୍ତି ନାମରେ ବାଗଦାଦ ସହର ଉପରେ
ବର୍ଷିଯାଉଛି ତୁହାକୁତୁହା ବୋମା।

ମାଟିର ଅଖଣ୍ଡ ସ୍ୱପ୍ନ ମଳିନ ହୋଇଆସୁଛି
ଅସଂଖ୍ୟ ଘୋଷଣାନାମାର ରକ୍ତପାରଣାରେ
ସ୍କୁଲ ଯାଉଥିବା ମୋ ସାନଭାଇର ଶବ
ଫେରିଆସୁଛି ମୋର ଛାତି ପାଖକୁ
ଆତଙ୍କବାଦୀଙ୍କ ମାରଣ ଯଜ୍ଞର ପୂର୍ଣ୍ଣାହୁତି ହୋଇ।
ମୋର ଜିପ୍‌ସୀ ମନ ପାଗଳ ଘୋଡ଼ାପରି
କେବଳ ହିନ୍‌ହିନେଇ ହୁଏ ପ୍ରଚଣ୍ଡ ସ୍ପର୍ଦ୍ଧାରେ।
ସମସ୍ତ ମୂକ ଚିତ୍କାର ଭିତରେ

ବ୍ୟକ୍ତିଗତ ସ୍ୱାର୍ଥମୁକ୍ତ ମୋର ହୃଦୟ ମାଗେ
କବିତାକୁ ବଞ୍ଚିବାର ହକ୍ ଦାବି
ମଣିଷ ଓ ପଶୁଙ୍କର ଅଣନିଶ୍ୱାସୀ ଦୌଡ଼ ଭିତରେ ।

॥ ଦୁଇ ॥
କୌଣସି ବନ୍ଧନ ପ୍ରତିହତ କରିପାରେନା
ମୋର ଉଦ୍ଦାମ ଗତି ପ୍ରବାହକୁ,
କେଉଁ ମୂର୍ଖ ସଇତାନ୍‌ର ଶୃଙ୍ଖଳ
ଶୃଙ୍ଖଳିତ କରିପାରେନା ମୋର ଶବ୍ଦକୁ ।

ମଣିଷର ସ୍ରୋତ ଆରମ୍ଭ ହେବା ଦିନୁଁ
ସବୁ ଆଦିମ ଭୟଙ୍କରତାକୁ ମୁଁ ଜାଣେ,
ଗତାନୁଗତିକ ଶବ୍ଦଙ୍କର ଅନାତ୍ମୀୟତାକୁ ମୁଁ ବୁଝେ
ଏବଂ ଅନ୍ଧାରରେ ଚଳପ୍ରଚଳ ହେଉଥିବା
ହିଂସ୍ର ବ୍ୟାଘ୍ରମାନଙ୍କୁ ମୁଁ ଚିହ୍ନେ ମୋର
ତୃତୀୟ ଚକ୍ଷୁରେ ।
ପ୍ରତି ମୁହୂର୍ତ୍ତରେ ମୋର ଛାତି ଭିତରେ
ରକ୍ତର ଲାଲ୍ ସ୍ରୋତଟିଏ ବହିଯାଏ ଗଙ୍ଗାପରି
ସମସ୍ତ ଅନୁର୍ବର ଟାଙ୍ଗରମାଟିକୁ ବିନ୍ଦୁଦାନ କରିକରି
ଏବଂ ମୋର ଆତ୍ମା ମାଟିର ଆତ୍ମାପରି
ଗଭୀର ହୋଇଯାଏ କ୍ରମଶଃ
ଯେମିତି ମୁଁ ନିଜେଇ ଏକ ବିଶ୍ୱ
ମୋର ପରିଚିତ ଦିଗନ୍ତରେ ।

ମୋର ରକ୍ତାକ୍ତ ଛାତି ଉପରେ
ସୂର୍ଯ୍ୟୋଦୟର ବହୁରଙ୍ଗୀ ଦୃଶ୍ୟ ସହ
ପ୍ରଜାପତି ଓ ହଳଦୀବସନ୍ତର ଲୁଚକାଳି ଖେଳ,
ପ୍ରତ୍ୟେକ ପ୍ରତିଶ୍ରୁତି ସମ୍ଭାବନାମୟ
ଆମ ଅଜ୍ଞତାର ଭସ୍ମାସୁରମାନଙ୍କ ସମାଧି ଉପରେ ।

॥ ତିନି ॥

ଆକାଶ ଭାଙ୍ଗିପଡ଼େନା କାହାର ଇଙ୍ଗିତରେ
ମାଟି ଫାଟିଯାଏନା କାହାର ଦୁଃଖରେ
କ୍ଷତବିକ୍ଷତ ଜୀବନର ନିରବ ପ୍ରତୀକ୍ଷା
ଉହୁଁକି ଉଠେ ପ୍ରତିଟି ପଲକପାତରେ
ବିସ୍ତୀର୍ଣ୍ଣ ମରୁଭୂମିରେ ବର୍ଷାବିନ୍ଦୁପରି
ଜିଇବାର ମଧୁବୃଷ୍ଟି ଅଜାଡ଼ିପଡ଼େ
ବିପର୍ଯ୍ୟସ୍ତ ସାମ୍ରାଜ୍ୟର ଶୂନ୍ୟସ୍ଥାନରେ
କମନୀୟ ସୁବର୍ଣ୍ଣ ସଙ୍ଗୀତର ସ୍ୱର
ପ୍ରତିଟି ହୃଦୟତନ୍ତ୍ରୀର ଗୋପ୍ୟ କୋଠରିରେ ।

ସାମ୍ନାରେ ନିରବ ସହର
ବ୍ୟାଧିଗ୍ରସ୍ତ ମାଟିର ଶରୀର
ଅନ୍ତରଙ୍ଗ ପ୍ରଶ୍ନ, ଦିଗନ୍ତରେ
ସିଲହଟ ପରି ଦୃଶ୍ୟମାନ ଏକ୍‌ଲା ଗଛଟିଏ
ଏବଂ ଦକ୍ଷିଣମୁହାଁ ପକ୍ଷୀଙ୍କ କାକଳି ଭିତରେ
ମହା ଦିଗନ୍ତକୁ ରାସ୍ତା ଖୋଜି ଶୌ ଧାଉଁଥିବା କବି
କେବେ କ'ଣ ଭୟ କରେ ବାଘର ମୁଖାକୁ ?
କେବେ କ'ଣ ଆଦରିନେଇପାରେ
ଅବିଶ୍ୱାସ ଶବ୍ଦର ଦାସତ୍ୱ ? ?
ଜିଇଥିବା ଯାଏ ମଣିଷ କ'ଣ କେବେ
ମଣିଷଠୁଁ ଦୂରେଇଯାଇ ପାରିଛି
ନା ତା'ର କବିତା ! !

ସମୟର ଶାଣିତ ଦାଢ଼ରେ ଠିଆହୋଇ
କେବେ କ'ଣ ସେ ଭୁଲିପାରିଛି
ନିଜ ହୃଦୟର ପ୍ରେମ, ପ୍ରଣୟ ଓ
ଶେଷ ଶ୍ରାବଣର ଉତ୍ତୀର୍ଣ୍ଣ ସନ୍ଧ୍ୟାକୁ ।

ଶୂନ୍ୟ ମନ୍ଦିରର ହାହାକାର ଭିତରେ
ନିଜକୁ ଈଶ୍ୱର ବୋଲାଉଥିବା ଯୁବକ
ହସିହସି କ୍ରୁଶକାଠକୁ ଚଢ଼ି ଯାଇପାରେ
କେବେ ଫେରିପାରେନା ଅସତ୍ୟ ସହରକୁ,
ଅସଂଖ୍ୟ ମୂର୍ଖଙ୍କ ପରି ସ୍ତୋତ୍ର ଘୋଷିଘୋଷି
ରକ୍ତପାରଣା ଭଙ୍ଗୀରେ ଠିଆ ହୋଇଥିବା
କେତେଜଣ ଦୁର୍ଦ୍ଦାନ୍ତ କାପାଳିକଙ୍କ ଅଟ୍ଟହାସ୍ୟରେ
କେବେ ଡରିଯାଏନା ଅମୃତର ଶିଶୁ;
କବି ବଞ୍ଚେ ତ ନିଜର ସ୍ପର୍ଦ୍ଧିତ ପ୍ରେମରେ
ଆତ୍ମା ଓ ହୃଦୟକୁ ସିଝେଇ ସିଝେଇ ।

ଦିଅ ତମର ଲୁହ
ଯୋଡ଼ିଦେବି ଓଠରେ
ଦିଅ ତମର ରକ୍ତ
ବୁହେଇଦେବି କବିତାରେ
ଦିଅ ତମର ଘୃଣା
ବଦଳେଇଦେବି ପ୍ରେମରେ
ଦିଅ ତମର ଅସ୍ଥି
ବଦଳେଇଦେବି ବଜ୍ରରେ ।

ତା'ପରେ ଆଖିରୁ, ଓଠରୁ
ଅଙ୍ଗରୁ, ଉପାଙ୍ଗରୁ, ହୃଦୟରୁ, ହୃତ୍‌କମ୍ପରୁ
ନିଗିଡ଼ି ଆସୁଥିବା ପ୍ରେମର ସ୍ରୋତଟି ହିଁ ଜୀବନ
ମହୁଲି ନିଶାରେ ରଙ୍ଗମୟ ॥

■
ରଚନାକାଳ : ୧୯୮୫

ମୋର ପ୍ରତିବିନ୍ଦୁ

ଏଇ କଥା ପଦକ କହିବା ପାଇଁ
ମୁଁ ଅପେକ୍ଷା କରିଥିଲି ଏତେକାଳ
ମନ୍ତ୍ରସ୍ଥ କରୁଥିଲି ମୋର ଶବ୍ଦମାନଙ୍କୁ
ନୂତନ ବେଶ ପୋଷାକରେ
ଭାବରେ, ଶୈଳୀରେ।

ନିରବତାର କୋଠରିରେ ଶୋଇରହି
ଶକ୍ତି ସଞ୍ଚୟ କରୁଥିଲି ଏତେକାଳ
ଯେତେବେଳେ ଭୟଙ୍କର ସମୟ
ମୋର ପ୍ରିୟ ପୃଥିବୀକୁ ନଷ୍ଟ କରିବାକୁ
ଷଡ଼ଯନ୍ତ୍ର କରୁଥିଲା ସହର ତଳିରେ
ଏବଂ ତା'ର ଗୁପ୍ତ ସହଚରମାନେ
ବୁଣିହୋଇ ଯାଉଥିଲେ ମାନଚିତ୍ର ସାରା।

ଏବେ ବିଶ୍ୱାସ ହୁଏନା କାହାକୁ
ଏପରି କି ବେକରେ ଝୁଲିପଡ଼ି
ଚୁମା ଦେଉଥିବା ପ୍ରିୟତମା ନାରୀଟିକୁ ବି
ବୁଝି ହୁଏନା
ଆଉ ସବୁ ବୁଝିସାରିବାବେଳକୁ
ଅସାଡ଼ ଦେହ ଢଳି ପଡ଼ିଥାଏ ମାଟିରେ
ପ୍ରତିଧ୍ୱନିତ ହେଉଥାଏ ମାୟାବତୀର ଅଟ୍ଟହାସ୍ୟ
ଗଗନ ପବନରେ।
ଉନ୍ମତ୍ତ ହସ ଭିତରେ ପୋତିହୋଇ ପଡ଼େ
କରୁଣ ଆର୍ତ୍ତନାଦ ସବୁ।
ସୂର୍ଯ୍ୟ ଯେମିତି ଲୁଚିରହିଥାଏ ମେଘ ଉହାଡରେ
ଆଉ ସବୁଜ ରଙ୍ଗର ଦୃଶ୍ୟ ସବୁ

ଦେଖାଯା'ନ୍ତି ରକ୍ତମୟ ।
ମୋତେ ଆଶ୍ଚର୍ଯ୍ୟ ଲାଗେ,
ବଞ୍ଚିବାର ସ୍ୱପ୍ନ ନେଇ ମାଟିରେ ଗୋଳିହେବାକୁ
ଆସିଥିବା ଶିଶୁମାନେ ଶବ ପାଲଟିଯାଉଥିବା ବେଳେ
କରନ୍ତି କ'ଣ ନିର୍ବୀଯ୍ୟ ପିତାମାନେ !
ଭଣ୍ଡ କପାଳିକଙ୍କ ନରମେଧ ଯଜ୍ଞରେ ଆହୂତି ହେବାକୁ
ଅଣାଯାଉଥିବା ଶିଶୁଟି
ଯୁପକାଷ୍ଠରେ ପ୍ରାର୍ଥନା କରୁଥିବା ବେଳେ
କ'ଣ ବା କରୁଥାଏ ଭଗବାନ ?
କେଉଁଠି ଥାଏ ତା'ର ସୁଦର୍ଶନ ? ?

ସବୁ ପ୍ରତିଶ୍ରୁତି ନିଷ୍ଫଳା ଏକାଦଶୀରେ
ପରିଣତ ହେବାବେଳେ ମୋତେ ଲାଗେ
ଈଶ୍ୱରମାନେ ଯେମିତି
ଇତିହାସର ଜଣେଜଣେ ଜାଲିଆତ ଚରିତ୍ର
ଠିକ୍ ଭୋକ, ଶୋଷ, ବେକାରୀ, ଧର୍ମ, ସମାଜ ଓ
ଦର୍ଶନ ଉପରେ ଲମ୍ବା ଚଉଡ଼ା ଭାଷଣ ଦେଉଥିବା
ନେତାମାନଙ୍କ ପରି, ଯେଉଁମାନେ
ଅସହାୟ ମଣିଷଙ୍କୁ ଧରେଇ ଦିଅନ୍ତି
ଆତତାୟୀମାନଙ୍କ ହାତରେ ଏବଂ ପରମୁହୂର୍ତ୍ତରେ
ରଙ୍ଗମଞ୍ଚ ଉପରେ ଠିଆହୋଇଯା'ନ୍ତି ଅଭୟ ମୁଦ୍ରାରେ ।

ତେଣୁ, ବ୍ୟକ୍ତିତ୍ୱହୀନ ଗୁଡ଼ାଏ ମରଣପୋଷୀ
କ୍ରୀତଦାସମାନଙ୍କଠୁଁ କିଛି ପ୍ରତ୍ୟାଶା ନ ରଖି
ଆଗେଇଯିବାକୁ ହେବ, ନୂତନ ସ୍ୱପ୍ନର ବଡ଼ଦାଣ୍ଡକୁ,
ମଧ୍ୟାହ୍ନରେ ଢୁଳେଇପଡ଼ିଥିବା ସୂର୍ଯ୍ୟକୁ
ପୁଣି ଚିମୁଟିଦେଇ ଘୂରେଇନେବାକୁ ହେବ
ଆମର ପରିଚିତ ଭୂଖଣ୍ଡକୁ ନଟୁପରି,
ମହାଶୂନ୍ୟରେ ବଞ୍ଚିବାର ସ୍ଲୋଗାନ ଦେଉଥିବା

ଶିଶୁଟିକୁ ଆଗେଇନେବାକୁ ହେବ
ନବ ଦିଗନ୍ତର ଶୀର୍ଷାସନକୁ ଏବଂ
ପ୍ରତିଟି ରକ୍ତବିନ୍ଦୁ ଦାନରେ
ସୃଷ୍ଟି କରିବାକୁ ହେବ କମଳର ବନ
ଆଉ ମୋର ଶେଷ ପ୍ରାର୍ଥନାର ସୁର ଭିତରେ
ଫେରିଆସୁ ପ୍ରତିଟି ଅସହାୟ ମଣିଷର ପତ୍ୟୁତ୍ତର
ସକାଳର ମେଘମୁକ୍ତ ଆକାଶରୁ ।

ବିଷାକ୍ତ ବୀଜାଣୁର ସହର ଭିତରୁ
ନିବର୍ତ୍ତିଯିବାକୁ ଯଦି
ମୋର ରକ୍ତ, ମାଂସ ପୂର୍ଣ୍ଣାହୂତି ପାଇଁ
ଦରକାର ହୁଏ
ତେବେ ମୋର ଶେଷ ରକ୍ତବିନ୍ଦୁ ସମର୍ପିତ ହେଉ
ସେମାନଙ୍କ ବାଟ ଚାଲିବାର ମୂଳଧନ ପରି
ବଞ୍ଚିବାର ନିତ୍ୟ ସାଧନାରେ ॥

■

ରଚନାକାଳ:୧୯୮୪

ମନ୍ତ୍ରୀ ଆସିଥିଲେ

କାଲି ମନ୍ତ୍ରୀ ଆସିଥିଲେ।
ଆସିବାର ସମ୍ବାଦ
ଘୁଣିହୋଇ ପଡ଼ିଥିଲା ଚାରିଆଡ଼େ
କୌତୁହଳପୂର୍ଣ୍ଣ ଯୋଡ଼ାଯୋଡ଼ା ଆଖି
ଚାହିଁରହିଥିଲା ପରସ୍ପରକୁ।

କାନ୍ଥରେ, ବାଡ଼ରେ ଚାରିଆଡ଼େ
ଅଭୟ ମୁଦ୍ରାର ସ୍ଥିର ହସ୍ତଦ୍ୱୟ
ଚାରିଆଡ଼େ ତୋରଣ ଓ ପୂର୍ଣ୍ଣକୁମ୍ଭ
ଗାଁ ଗଣ୍ଡା ପୁରିଉଠୁଥିଲା
ଅସଂଖ୍ୟ ଗାଡ଼ି ଘୋଡ଼ାଙ୍କ ଚିତ୍କାରରେ।

ଯୋଡ଼ହସ୍ତେ ଅଗଣିତ ଲୋକଙ୍କ ସାମ୍ନାରେ
ମୁଁ ଚାହିଁ ରହିଥିଲି ସତୃଷ୍ଣ ନୟନରେ
ମାଗିଲି ମୁଠାଏ ଭାତ
ମନ୍ତ୍ରୀ ମୋତେ ମାଗିଥିଲେ ଭୋଟ।

କାନିପାତି ବଞ୍ଚିବାର ଦାବି ମାଗୁମାଗୁ
ପୂର୍ଣ୍ଣ ହୋଇଗଲା ମୋର ଅଞ୍ଜୁଳା
ଗୁଡ଼ାଏ ଶସ୍ତା ପ୍ରତିଶ୍ରୁତିରେ
ସିଝୁ ନ ଥିବା ବୁଟଡାଲି ପରି।

ମନ୍ତ୍ରୀଙ୍କର ବାୟବୀୟ ଯାନର ପକ୍ଷତଳେ
ହଜିଗଲା ମୋର କାୟା
ଏବଂ ମୋର ଦେହଭର୍ତ୍ତି ଧୂଳି
ଅପସାରିତ ହେଲା ଶାନ୍ତିରକ୍ଷା ବାହିନୀଙ୍କ

ବେତବାଡ଼ି ଆଘାତରେ
(ସେମାନଙ୍କୁ ଧନ୍ୟବାଦ
ନଚେତ କିଣିବାକୁ ହୋଇଥା'ନ୍ତା ମୋତେ ସାବୁନ ଖଣ୍ଡିଏ।)
ମନ୍ତ୍ରୀଙ୍କର ପ୍ରତିଶ୍ରୁତି ଚୋବେଇ ଚୋବେଇ
ମୁଁ ଫେରିଲି ପଛମୁହାଁ ହୋଇ ମୋର ପ୍ରାଚୀନ ଦୁର୍ଗକୁ।

ମନ୍ତ୍ରୀମାନେ ଏଇମତି ଧୂରନ୍ଧର ବାକ୍‌ଚାତୁରୀରେ।
ଭୋଟବେଳେ ପ୍ରତିଶ୍ରୁତି ଦେବା
ସେମାନଙ୍କ ପାଇଁ ନୂଆ ନୁହେଁ
ଯଦିଓ କାଙ୍ଗାଳମାନେ ଧାଇଁଥାନ୍ତି ନୂଆ କିଛି ପ୍ରତିଶ୍ରୁତି ପାଇଁ।

ମୁଁ ଫେରିଲି ସଭା ମଣ୍ଡପରୁ
କିଛି ଧୂଳି, କିଛି ହାଉହାଉ ଶବ୍ଦଙ୍କୁ ପାକୁଳି ପାକୁଳି।
ଦୁଃଖ ମୋର ରହିଗଲା
କେତେ ବର୍ଷ ତଳୁ ପେଡ଼ିରେ ସାଇତା ମୋର
ଲୁଗାଖଣ୍ଡି ଯାହା ଚିରିଗଲା ଧସ୍ତାଧସ୍ତି ଟଣାଓଟରାରେ
ଏବଂ ଅଣ୍ଟିର ଗାଞ୍ଜିଆ ମୋର ଗାଏବ ହେଲା
କେଉଁ ଏକ ଧୂର୍ତ୍ତ ଚୋରର ଦୃଷ୍ଟିରେ।

ମନ୍ତ୍ରୀ ଆସିଥିଲେ ଆଉ ଉଡ଼ିଗଲେ ଆକାଶ ମାର୍ଗକୁ
ଫେରିଲି ମୋ ମନର ଭାଷାକୁ ହଜେଇ
ଦେହକୁ କ୍ଷତାକ୍ତ ଓ ଭାରାକ୍ରାନ୍ତ କରି।

ମନ୍ତ୍ରୀମାନେ ଏମିତି
ଲୋକମାନେ ଯାହା ବୁଝି ବି ଅବୁଝା ॥

■
ରଚନାକାଳ : ୧୯୮୪

ମୁଁ ଚାଲିଛି ଏକାଏକା

ନିରବତାର ଜତୁଗୃହରୁ
ନର୍କର ତପକୁଣ୍ଡରୁ
ନିରାଲମ୍ବ ଶୂନ୍ୟତାର ହାହାକାରରୁ
ନିଃସ୍ୱ ଆତ୍ମାର ରେରେକାରରୁ
ନିଃସୀମ ଶୋଷର ପ୍ରଚଣ୍ଡ ଉଷ୍ମାରୁ
ନୀଳହ୍ରଦର ଆବର୍ତ୍ତରୁ ନିର୍ଭର ପ୍ରତିଶ୍ରୁତି ନେଇ
ମୁଁ ଆସିଛି ରଙ୍ଗର ଖେଳପଡ଼ିଆକୁ
ଶବ୍ଦର ସାମ୍ରାଜ୍ୟକୁ, ହୃଦୟର ଆଖଡ଼ାଶାଳକୁ,
ମୁଠାଏ ଅକ୍ଷତର ଜୋର ନେଇ ତମ
ଶିଠୁଆ ହାତମାନଙ୍କରେ
ଚିତା କୁଟେଇବାକୁ, ଫୁଲ ଫୁଟେଇବାକୁ।

ବାଘର ଧମକରେ କି କକବାୟାର ମନଗଢ଼ା ଗପ କହି
ଅଝଟ ଶିଶୁକୁ ନିଃଶ୍ଚେଷ୍ଟ କରି ପକଉଥିବା ମାଆମାନେ,
ଧର୍ମର ଦ୍ୱାହି ଦେଇ ନାଗଫାଶ ବନ୍ଧନରେ
ନୂତନ ସୂର୍ଯ୍ୟକୁ ବାନ୍ଧି ରଖିଥିବା ପିତୃବ୍ୟମାନେ,
ମୁହଁରେ କୋଲପ ଦେଇ
ଭବିଷ୍ୟତ ପଚାରୁଥିବା ଅଗ୍ରଜମାନେ,
ଆଉ ଧଳାଫୁଲ ଶୁଙ୍ଘେଇ ଯୁଆନ ଟୋକାମାନଙ୍କୁ
ମେଣ୍ଢାବନେଇ ରଖିଥିବା ମାଲ୍ୟାଣୀମାନେ;
ହୁସିଆର, ଏବେ ପାଗ ବଦଳିଯିବାର ବେଳ,
ଚେଇଁ ଉଠିବାର ବେଳ, ଫୁଲ ଫୁଟିବାର ବେଳ
ମୁକ୍ତ ଅଶ୍ୱକୁ ପୋଷ ମନେଇ ପାରେନା
କେଉଁ କାଳ, ମହାକାଳ।

ଶୁଣ, କେହିଜଣେ କାନ୍ଦୁଛି ନିଶାର୍ଦ୍ଧରେ
ସବୁଠି ତା'ର ପ୍ରତିସ୍ୱର
ନଦୀରେ, ନାଦରେ, ବୀଜରେ, ବ୍ରହ୍ମରେ
ଗଗନରେ, ପବନରେ, ମନ୍ଦିରରେ, ମସଜିଦ୍‌ରେ
ଅଣୁରେ, ପରମାଣୁରେ, ଜାଗ୍ରତରେ, ତୁରୀୟରେ
ସବୁଠି କାହାର ଚାପା କ୍ରନ୍ଦନ ମନ୍ଥି ପକଉଛି ହୃଦୟକୁ
ଅଟକି ଯାଉଛି ପାଦ ରକ୍ତାକ୍ତ ସେ ଏରୁଣ୍ଡିବନ୍ଧରେ।
ସେମାନଙ୍କ ପାଖକୁ ମୋତେ ଯିବାକୁ ହେବ
ଛାତି ଭିତରେ ସାଇତା ବର୍ଷ ବର୍ଷର ଦୁଃଖାନ୍ତ ପଦାବଳୀ
ପଢ଼ିବାକୁ ହେବ, କ୍ୟାନ୍‌ସର ପରି ମାଡ଼ିଯାଉଥିବା
ଘା'ମାନଙ୍କରେ ମହୌଷଧି ବୋଳିଦେବାକୁ ହେବ;
ସେମାନଙ୍କ ଦେହ ଓ ମୁହଁମାନଙ୍କରୁ ଜମାଟବନ୍ଧା
ବହଳ ଅନ୍ଧାର ଝାଡ଼ିଦେବାକୁ ହେବ ଏବଂ
ପହଁରେଇ ଦେବାକୁ ହେବ ହସର ଫସଲ
ସେମାନଙ୍କ ରୁଗ୍‌ଣ ମୁହଁମାନଙ୍କରେ।
ସେଇଥିପାଇଁ ତ ନିଶାର୍ଦ୍ଧରେ ବିଛଣା ଛାଡ଼ି
ମୁଁ ଏକାଏକା ଠିଆହୋଇଛି ମଝିଦାଣ୍ଡରେ,
ହୁଙ୍କାର ଦେଉଛି ପ୍ରତିଦ୍ୱନ୍ଦ୍ୱୀଙ୍କୁ:
ଆସ, ସାମ୍‌ନା କରିବାକୁ ମୁଁ ତିଆର
ଦୁଆର ଭାଙ୍ଗିବାକୁ ମୁଁ ତିଆର
ଶବ୍ଦର ରଙ୍ଗ ଭାଙ୍ଗିବାକୁ ମୁଁ ତିଆର।

ଜୀଅନ୍ତା କୁମ୍ଭୀର ପିଠିରେ ସବାର ହୋଇ
ମୁଁ ଆସିଛି ନିଷିଦ୍ଧାଞ୍ଚଳରୁ ଫୁଲ ତୋଳିବାକୁ
ସେମାନଙ୍କ ମଜବୁତ ନିଅଁ ତାଡ଼ିବାକୁ, ମୁଖା ଖୋଲିବାକୁ
କୋଳାହଳରେ କମ୍ପେଇ ଦେବାକୁ
ଉପକୂଳ ନିର୍ମୋକ ସାମ୍ରାଜ୍ୟ।

(ଅମଣିଷ ହୋଇ ବଞ୍ଚିବାର ଲଜ୍ଜା
ମୋତେ ବେଶୀ ଘାରେ, ବେଶୀ ଦୁଃଖ ଦିଏ।)

ରାସ୍ତା ସାରା ମୋର ରକ୍ତାକ୍ତ ପାଦଚିହ୍ନ
ପାଲଟିଯାଇଛି ଶ୍ରୀକୃଷ୍ଣର ପାଦ
ସୋରିଷ ଫୁଲର ଶୋଭାବନ୍ତ ଦୃଶ୍ୟ
ମୁଁ ଦେଖିପାରୁଛି ନୀଳାଚଳରୁ ନୀଳକନ୍ଦର ଯାଏ
ସବୁଠି, ସମସ୍ତଙ୍କ ମୁହଁରେ, ସମସ୍ତଙ୍କ ପୂର୍ଣ୍ଣ ଅଞ୍ଜଳିରେ।
ତମ ଶୂନ୍ୟ ମଣ୍ଡପର କେନ୍ଦ୍ରବିନ୍ଦୁରେ
ମୁଁ ସଜେଇ ଦେଇଛି ପଦ୍ମବନ
ପ୍ରତିଟି ପଦ୍ମ କୋରକରେ ଲେଖିଦେଇଛି
ମୋର ପ୍ରତିଶ୍ରୁତି, ପ୍ରେମର ହସ୍ତାକ୍ଷର
ଏବେ ସବୁଠି 'ମତେ ଛୁଁ, ମତେ ଛୁଁ' ଖେଳ
ସବୁଠି ଫୁଲଫୁଟା ବେଳ।

ଯିଏ ଯେଉଁଠି ଯେପରି ଅବସ୍ଥାରେ ଅଛ:
ମୋର ମାଆମାନେ, ବାପାମାନେ, ଭାଇ ଓ ଭଉଣୀମାନେ
ପ୍ରିୟ ସହୋଦର, ସମଧର୍ମା, ପ୍ରେମିକାମାନେ
ସମସ୍ତେ ଜାଗ୍ରତ ଥାଅ, ସ୍ୱପ୍ନ ଦେଖୁଥାଅ
ମୁଁ ଯାଉଛି ଏକାଏକା ଅଗ୍ନାଅଗ୍ନି ବନସ୍ତକୁ
ରାସ୍ତା ଖୋଜିଖୋଜି ଏଇ ଅଗ୍ନିବଳୟରୁ
ଖୋଜିଆଣିବାକୁ ସୁନାଶାରୀ ଏବଂ
ସୁନା ଫରୁଆରେ ଶୋଇଥିବା
ତମମାନଙ୍କର ନିଷ୍ଠୁର ଭାଗ୍ୟକୁ ॥

■

ରଚନାକାଳ : ୧୯୮୩

ମୋର ଅନୁଜମାନଙ୍କୁ

ନିଆଁ ଭାଡ଼ିରେ ଠୋଠୋ
ଫୁଟୁଥିବା ସନ୍ତୁଳା ଦୁଃଖରୁ ଛୁଟେ ଯେଉଁ ଲୁହର କବିତା
ଚୁଲି କନ୍ଧା ତଳେ ଶୋଇ ବକଟେ ଝୁଲରେ ହାଇମାରେ
ଯେଉଁ ଗୋପନ ତାମସା,
ରଙ୍ଗ ବେରଙ୍ଗୀ ଆଲୁଅର ଏରୁଣ୍ଡି ବନ୍ଧରେ ପାଦଦେଲେ
ଗୋଳା ହେଉଥିବା ରଙ୍ଗଟିକେ ମୁହଁରେ ଲାଗିଲେ
ଝୁଙ୍କ ଦିଏ ଯେଉଁ ନାଟକର ନିଶା
ତାକୁ କେହି ହେଣ୍ଟିଛି ନା' ହେଣ୍ଟିବ।

ତମେ ଯେଉଁମାନେ କୁନିକୁନି ପାଦରେ,
ଚୁନି ଚୁନି ଶବ୍ଦରେ ଫୁଟିବ ଫୁଟିବ ହେଉଛ
ମନେରଖ,
ଝୁଣ୍ଟି ପଡୁଥିବା ଲୋକକୁ
କୋଳେଇନେବାର ମୋହବତରେ
ଚିରକାଳ କବି,
ଥକି ପଡୁଥିବା ମଣିଷର ହାତଧରି
ଆଗେଇନେବାର ନହବତରେ
ଚିରକାଳ କବିତା ॥

■
ରଚନାକାଳ : ୧୯୮୩

ମୋର ପ୍ରିୟ ଚଢ଼େଇକୁ

ନୀଳ ଆକାଶର ରଙ୍ଗୀନ ବିଛଣାରେ
ଥାକଥାକ ସାଇତା ସ୍ୱପ୍ନଙ୍କ ମେଳରେ
ଫଡ୍‌ଫାଡ ଉଡୁଥିବା ଚଢ଼େଇଟି
ମନ୍ଥନ କରି ଚାଲିଛି ଅହରହ ମୋର ଅସ୍ଥିର ସମୁଦ୍ର,
ପ୍ରତି ମୁହୂର୍ତ୍ତରେ ଜୀବନର ବାଲୁଆଳି ନାଚରୁ ନିବର୍ତ୍ତି
ତାକୁ ସାମ୍‌ନା କରିବାର ଅଦମ୍ୟ ସାହସ
ସଞ୍ଚି ରଖିଛି ତିକ୍ତ ଅନୁଭୂତିର ଅମାର ଘରୁ,
ନିଦାଘୀ ମନର ଉପଶମ ପାଇଁ
ଦୁଆର ଝର୍କା ଖୋଲି ଚାହିଁରଛି
ଅପରାହ୍ନର ସେଇ ଆକାଂକ୍ଷିତ ମୁହୂର୍ତ୍ତକୁ।

ଦୁଇହାତ ଯୋଡ଼ିଗଲେ ସୃଷ୍ଟି ହୁଏ ତାଳି
ଦୁଇ ଓଠ ଯୋଡ଼ିଗଲେ ବାଜଇ ମୁରଲୀ।

ବାଜିବା ଯାହାର କର୍ମ
ଜନ୍ମରେ ଅବା ମୃତ୍ୟୁରେ
ସେ କାହିଁକି ଘୋଷା ହେବ
ଅସମ୍ପୂର୍ଣ୍ଣ ବ୍ୟର୍ଥ କବିତାରେ
ବ୍ୟର୍ଥତାର ହାତୁଡ଼ିରେ ଶବ୍‌ଦ ପ୍ରହାରିବ
ଶୂନ୍‌ଶାନ ନିର୍ମୋକ ରାତିରେ।

ମୁକ୍ତ ଆକାଶର ଆଗଣାରେ
ଚୁପ୍‌ଚାପ ବସିଥିବା, ଖରା ପୋଉଁଥିବା
ଅବେଳରେ ଗୀତ ପଦେ ଯୋଡ଼ିଦେଇ
ନିଦ ଭାଙ୍ଗୁଥିବା, ମନ ମୋହୁଥିବା
ଚଢ଼େଇକୁ ବାନ୍ଧି ରଖିବାପାଇଁ
ତିଆରି ରଖିଛି ଶବ୍‌ଦର ପଞ୍ଜୁରୀ
ଏବଂ ତା'ର ସ୍ପର୍ଶ ଟିକେ ପାଇବାକୁ
ତପସ୍ୟା କରୁଛି ମାତୃ ଗର୍ଭରୁ ଏଯାବତ।

ଶବ୍‌ଦଙ୍କର ସାମ୍ରାଜ୍ୟରେ
ହରରଙ୍ଗୀ କବିତାର ସୁରମ୍ୟ ପଞ୍ଜୁରୀ,
ପଞ୍ଜୁରୀରେ କବିଟିର ରଙ୍ଗ ଘର
ଭଙ୍ଗାଗଢ଼ା ମୁହୂର୍ତ୍ତର ରାଗ, ରୋଷ, ମାନ, ଅଭିମାନ
ପ୍ରୀତିଘେନା ବଣିଜ ବେପାର।

ନେ, ନେ,
ଶବ୍‌ଦ ନେ, ସ୍ମୃତି ନେ, ସ୍ୱପ୍ନ ନେ,
ମନ ନେ, ଧନ ନେ, ହୃଦ ନେ,
ଆୟୁ ନେ, ପରମାୟୁ ନେ, ସବୁ ନେ।
ନେ, ନେ ବୋଲି କାହାର ଆଜ୍ଞା
କେନ୍ଦରାରେ ସୁର ଯୋଖି, ରାଗ ଚୋଖି
ଜୀବନର ଅଙ୍ଗେଲିଭା ଉପାଖ୍ୟାନ
ବୋଲୁଥିବା ରଙ୍କଣା କବିର
କୋଟିକୋଟି ଆଜ୍ଞା।

ଶବ୍‌ଦରେ ପୁହେଇ ରାତି
ସୁରରେ ହଜେଇ ଭୀତି
ମୋହରେ ତିନ୍ତେଇ ମାଟି
କବିତାରେ ନିଆଁ ଯୋଖି
ଆ, ଆରେ ନୀଳପକ୍ଷୀ
ଅକୃତ୍ରିମ ଶବ୍‌ଦର ଗର୍ଭରୁ
ମୋର ଶୂନ୍ୟ ହାତ ପାପୁଲିକୁ।

ତୋତେ ପାଇ ଅପରୂପା ଆଲୋକରେ
କବିତାର ଶେଯ ପାରିଦେବି
ନୀରବରେ ସଢୁଥିବା ଶତଶତ ମୁହୂର୍ତ୍ତଙ୍କୁ
ଗର୍ଭବତୀ କରି ଶ୍ମଶାନରେ ପୁଣି ଏକ ସୃଷ୍ଟି ସରଜିବି ॥

■

ରଚନାକାଳ : ୧୯୮୩

ମୋର ସର୍ବଶେଷ ବୁଦ୍ଧତ୍ୱ

॥ ଏକ ॥

"କାମ୍ୟ ମୋର ସାମାଜିକ ଅଙ୍ଗୀକାର
ମୋର ପ୍ରଥମ ବିନ୍ଦୁ ପତନରେ
ଏବଂ ମୋର ଶେଷ ରକ୍ତ ତର୍ପଣରେ।"

ଆକାଶ ଦୂରକୁ ଦୂରକୁ ଘୁଞ୍ଚିଯିବା ବେଳେ
ମାଟି ଅତଳ ଗହ୍ୱରକୁ ଧସିଯିବା ବେଳେ
ଦୃଷ୍ଟି ସ୍ଥିର ହୁଏ ନିଜର ପାଦ ଉପରେ
ବନ୍ଦ ଝର୍କା ସାମ୍ନାରେ ଛିଡ଼ାହୁଏ ପୌରୁଷତ୍ୱ, ରେରେକାର,
ଆକସ୍ମିକ ଭାବେ ବଦଳିଯାଏ ଚେହେରା
ମାଟି, ଗୋଡ଼ି, ଆକାଶ ଓ ପାଣିପବନର ରଙ୍ଗ
ସମ୍ପର୍କ ବିହୀନ ଏଇ ପ୍ରତାରିତ ସମୟର ଖେଳ ପଡ଼ିଆରେ
ଜନ୍ମନିଏ ପ୍ରତିଶ୍ରୁତିର କୁଆଁକୁଆଁ
ସକାଳରୁ ସଞ୍ଜ, ପୁଣି ସଞ୍ଜରୁ ସକାଳ ଯାଏ
ଖାଲି ଯାନ୍ତ୍ରିକ ମଣିଷର କର୍ମ ଚଞ୍ଚଳତା
ଅଦ୍ଭୁତ ସମ୍ପର୍କର କୋଳାହଳ ଓ ସଙ୍ଗତିହୀନ
ସଙ୍ଗୀତର ସୁର ପରି ବିକ୍ଷିପ୍ତ ଜୀବନ।

ବୁଝିହୁଏନା, ଆଗ୍ନେୟ ପାହାଡ଼ର ଜ୍ୱାଳା ନେଇ
ସଢୁଥିବା ଅନ୍ଧାର ରାତିରେ ପ୍ରଦୀପ ଜାଳି
କେହି କ'ଣ ଅପେକ୍ଷା କରିଛି ତା'ର ଆଗମନକୁ ?
ଜାଗର ଜାଳି ବସିଥିବା ଉପବାସୀ ମଣିଷମାନଙ୍କ ପାଇଁ
ଏ ରାତି ଅପେକ୍ଷାର ରାତି
ପ୍ରତିଶ୍ରୁତିର ନିର୍ଭର ପାହାନ୍ତି ॥

॥ ଦୁଇ ॥

ଦୁଆର ଖୋଲିଲେ ଶୁଭେ କୁମ୍ଭାଟୁଆର ସଙ୍ଗୀତ
ଆଖିରେ ଝୁଲିପଡ଼ନ୍ତି ସ୍ୱପ୍ନର ବାଦୁଡ଼ିମାନେ
ହାତ ଧରାଧରି ହୋଇ ଚାଲିଥା'ନ୍ତି
ମୋର ପ୍ରିୟତମ ଅଭିଳାଷମାନେ ବଧ୍ୟଭୂମିକୁ।

ବଧ୍ୟଭୂମିରେ ସାମ୍ନା ହୁଅନ୍ତି ପିତୃବ୍ୟମାନେ
ଦୁର୍ଦ୍ଦାନ୍ତ ଘାତକ ପରି; ଉଦାସ ଈଶ୍ୱର ପରି
ହାତରେ ଝଲସି ଉଠେ ସ୍ନେହର ଶାଣିତ ଖଡ଼୍‌ଗ
ଏବଂ ମୋର ବନ୍ଧୁ, ସାଥୀ ସହୋଦରମାନେ
ଲୋତକାର୍ଦ୍ର ନୟନରେ ଚାହିଁ ରହିଥା'ନ୍ତି
ମୋର ଶେଷ ଶବ୍ଦକୁ।

ପ୍ରଚଣ୍ଡ ସ୍ପର୍ଦ୍ଧାରେ
ମୁଁ ବିସ୍ଫୋରିତ ହୁଏ ବୋମାପରି
ସବୁଥର ପ୍ରେମରେ ଧୀରେଧୀରେ ମୁଁ ଠିଆହୁଏ
ଅନେକ ପ୍ରାର୍ଥନାର ଏରୁଣ୍ଡିବନ୍ଧରେ
ଏବଂ ଶତାବ୍ଦୀର ବନ୍ଧ୍ୟାତ୍ୱ ପାଇଁ ମୁଁ ରତିମଗ୍ନ ହୁଏ।

ଏବେ ବି ମୋ ମୁଣ୍ଡ ଉପରେ ଝୁଲୁଛି
ସୂକ୍ଷ୍ମତନ୍ତ୍ରରେ ଜ୍ୱଳନ୍ତ ଖଡ଼୍‌ଗର ହାହାକାର
ଏବେ ବି ମୋ ଚାରିକଡ଼ରେ ଘୂରି ବୁଲୁଛନ୍ତି
ପୃଥିବୀର ଅସମାହିତ ପ୍ରଶ୍ନସବୁ;
ଏବେ ବି ଭୋକ, ଶୋଷ, ଦୁଃଖ, ଯନ୍ତ୍ରଣା
ଯୁଦ୍ଧ ବିଭୀଷିକା, ଅଧର୍ମ ଓ ଅନୀତି ନେଇ
ଧାଉଁଥିବା ସନ୍ତ୍ରସ୍ତ ମଣିଷମାନେ
ଚାହିଁ ରହିଛନ୍ତି ମୋର ବୁଦ୍ଧତ୍ୱ।

ପ୍ରତିଟି ରତିମଗ୍ନ ଇଚ୍ଛାର ଅଭିଳାଷରୁ
ଜନ୍ମନେବ ସ୍ୱପ୍ନର ପୁରୁଷଟିଏ ମୁଁ ଜାଣେ
ଯିଏ ଦିନେ ଭୁଲେଇଦେବ ସମସ୍ତ ସମ୍ପର୍କର
ଗୁଣିଗାରେଡ଼ିଗ୍ରସ୍ତ ଦୁର୍ବଳ ଚେତନାକୁ,
ଯିଏ ଦିନେ ସମସ୍ତ ଅବିଶ୍ୱାସକୁ ଆତ୍ମସ୍ଥ କରି
ଠିଆହେବ ବଡ଼ଦାଣ୍ଡରେ, ନିର୍ଭର ପ୍ରତିଶ୍ରୁତିରେ
ବଧ୍ୟଭୂମିର ନିଷ୍ଠୁରତାରେ ଯିଏ ଭଗିରଥ ହୋଇ
ଜନ୍ମନେବ, ତା'ପାଇଁ ଯେତେ ରକ୍ତ
ଯେତେ ମେଦ, ଯେତେ ହାଡ଼ ଦରକାର
ମୁଁ ଦେବାକୁ ତିଆର୍
ଏବଂ ସହସ୍ର କଣ୍ଠର କରୁଣ ଆର୍ତ୍ତିରୁ
ଜନ୍ମ ନେଉଥିବା ସଇତାନ ପାଇଁ
ମୁଁ ଧ୍ୟାନସ୍ଥ ହେବାକୁ ଚୁକ୍ତିବଦ୍ଧ ।

ଦୁଃଖର ଶରଶଯ୍ୟାରେ
ମୃତ୍ୟୁ ମୋର କାମ୍ୟ ନୁହେଁ
କାମ୍ୟ ମୋର ସାମାଜିକ ଅଙ୍ଗୀକାର
ମୋର ପ୍ରଥମ ବିନ୍ଦୁ ପତନରେ
ଏବଂ ମୋର ଶେଷ ରକ୍ତ ତର୍ପଣରେ ॥

■

ରଚନାକାଳ : ୧୯୮୫

ମୁଠାଏ ମାଟିର ମୋହ

ବର୍ଷିୟାନ ଦୁଃଖରେ, ମ୍ରିୟମାଣ ମାଟିରେ
ଏବେ ବି ଅଛୁଆଁ ରହିଛି ବୀଜଟିଏ
ଯାହାର ପ୍ରଥମ ଛୁଆଁରେ ଆଲୋକିତ ହେବ
ନାରକୀୟ ଦୃଶ୍ୟର ସହର
ଯାହାର ପ୍ରଥମ ନାଦରେ ପ୍ରତିଧ୍ୱନିତ ହେବ
ବିଷାକ୍ତ ଧୂଆଁରେ ଆଚ୍ଛନ୍ନ ସଚରାଚର ।

ମୁଁ ବଧ୍ୟ ନୁହେଁ କୌଣସି ମୁହୂର୍ତ୍ତରେ ।
ମୃତ୍ୟୁର ଏକ୍ତୁଡ଼ିଶାଳରେ ମୁଁ ଜନ୍ମନିଏ ସର୍ବନାମରେ
ମୋ ରକ୍ତର ପ୍ରତିଟି କଣିକା
ନିଷ୍ଠୁର ଆତତାୟୀର ହାତମୁଠାରୁ ବହିଯାଏ ଗଙ୍ଗାହୋଇ
ଅନେକ ତୃଷାର୍ତ୍ତ ମଣିଷଙ୍କ ଓଠକୁ
ଏବଂ ସେମାନଙ୍କ ନିଷ୍ପନ୍ଦ ଶରୀର ଭିତରେ
ପ୍ରଚଣ୍ଡ ଅଗ୍ନିଦାହ ହେଉଥାଏ
ମୋର ପରବର୍ତ୍ତୀ ଅଙ୍କୁରୋଦଗମ ପର୍ଯ୍ୟନ୍ତ ।

ଲୁହରେ ପଖାଳିଦେବାଠୁଁ
ରକ୍ତରେ ଶଙ୍ଖୋଳିନିଅ ଶବ୍ଦକୁ,
ପିଠିରେ କୋରଡ଼ାମାଡ଼ ଖାଇବାଠୁଁ
ପେଟ ଦେଖେଇଦିଅ ପ୍ରତିବାଦର
ଘୋଷଣାନାମାକୁ, ତା'ପରେ
ବଞ୍ଚିବାର ଖୋରାକ ସୁରାକ ହୋଇ
ନଇଁ ଆସିବ ସାମନାକୁ
ଅନ୍ଧାରରେ ବି ବାରି ହୋଇପଡ଼ିବ ରାସ୍ତା ।

ମୁଠାଏ ମାଟିର ମୋହରେ ଯଦି ଜୀବନ,
ଆସ, ଆପଣା ଦୁଃଖରେ ଆମେ
ସନ୍ତୁଳିବା ଆମର ସ୍ୱପ୍ନଙ୍କୁ
ରକ୍ତରେ ବିଜୟଟିକା ପିନ୍ଧି
ସାମ୍ନା କରିବା ଅସତ୍ୟର ଇତିହାସକୁ
ଦୂରେଇ ଯାଉଥିବା ଜୀବନର ଅଭିମାନୀ ଶବ୍ଦଙ୍କୁ
ଧଳାକାଗଜ ଉପରେ ମଡ଼େଇଦେଇ
ଆମେ ଭେଟିବା ଆମର ଅନିଶ୍ଚିତ ଭାଗ୍ୟକୁ।

ଏବେ ବାରୁଦରେ ଭର୍ତ୍ତି ହୋଇଯାଇଛି
ମୋର ବହୁ ସ୍ୱପ୍ନର ଆକାଶ,
ମାଟିରେ ଶୋଇରହିଛି ସ୍ୱାଧୀନତାର ମୁର୍ଦ୍ଦାର ଏବଂ
ରକ୍ତକଣିକାରେ ଟଣକି ଉଠୁଛି ବିପ୍ଳବ।

ଆସ ବନ୍ଧୁଗଣ,
ବାରୁଦ ଗଦା ଉପରେ ବୁନ୍ଦାଏ ରକ୍ତ ଦେଇ
ଅଫଳନ୍ତି ସ୍ୱପ୍ନର ମଞ୍ଜି ପୋତିବା ଆସ
ଦେଣା-ପାଉଣାର ହିସାବ ନିକାଶ ହେବ ପରେ
ସମସ୍ତଙ୍କ କଣ୍ଠରୁ ଯେତେବେଳେ
ଉତ୍ତୁରି ଉଠିବ ମାଟିର ଜୟଜୟକାର ॥

■
ରଚନାକାଳ : ୧୯୮୬

ମମି ପାଇଁ ଗୋଟିଏ କବିତା

ଅବାଟରେ ବାଟଭଙ୍ଗି
ଚାଲିଯାଅନି ପ୍ରିୟତମା
ଥରେ ଶୁଣିଯାଅ ବାଟୋଇ ସଙ୍ଗୀତ।

ଜୀବନ ଅଦରକାରୀ
ଟୁକୁରା କାଗଜ ନୁହେଁ ଯେ
ଯୁଆଡ଼େ ଇଚ୍ଛା ଫିଙ୍ଗିଦେଇ ହେବ
ପବନର ଅନୁକୂଳ ପ୍ରବାହରେ।

ଅମଣ ଘୋଡ଼ାର ଜିନଧରି
ମଣ କରିବା ପରି ପଣ କରିବା ଶିଖ
ବାଜି ଲଗାଅ, ଆଗେଇଯାଅ
ଆଗରେ ଲମ୍ବା ରାସ୍ତା
ଅନେଇ ରହିଛି ତମର ପାଦଚିହ୍ନକୁ।

ଖୋଜ ଚିହ୍ନକୁ ବାରିବାରି
ଆଗେଇଯାଏ ଶିକାରୀ
ଜୀବନର ସ୍ୱାଦୁ ଚାଖିଚାଖି
ଆଗେଇଯାଏ ସଂସାରୀ
ପାଣିର ରଙ୍ଗ ଦେଖିଦେଖି
ଆଗେଇଯାଏ ନାଉରୀ।

ରାସ୍ତା ସରିଯାଏ ସଙ୍ଗୀତର ମୂର୍ଚ୍ଛନାରେ
ପୁଲକିତ ହେଉଥାଏ ଜୀବନର ଜହ୍ନରାତି
ତେଣୁ, ଜୀବନ ଉପରେ ମାରିଦିଅ
ରକ୍ତାକ୍ତ ମୋହର।

ଦେଖ, କେମିତି ଉଜ୍ଜ୍ୱଳ ଦିଶୁଛି
ତମ ମୁହଁ, ପ୍ରାଚୀ ଦିଗ୍‌ବଳୟ ॥

■

ରଚନାକାଳ : ୧୯୮୬

ମୁଁ କଲମଧରିଛି ତମେ ବଲମ ଧର

ବନ୍ଦକର ଶୋଭାଯାତ୍ରା
ବନ୍ଦକର ତୂର୍ଯ୍ୟନାଦ ମିଥ୍ୟା ଦିଗ୍‌ବଳୟର,
ପାଂଶୁଳ ଦୁଃଖରେ କ୍ରୁଶବିଦ୍ଧ ଭଣ୍ଡ ଈଶ୍ୱରର ।

ଘୋଷଣା କର:
ନୂତନ ପ୍ରସ୍ତୁତି ପାଇଁ ଆଗାମୀ କାଲିର,
ରସାପ୍ଳୁତ ଗୋଲାପି ଶେଯର ଆଲୋକର ବିଞ୍ଚଣାରେ
ଫୁଲଫୁଟା ସକାଳରେ ଶୁଭ୍ର ଚେତନାର
ହର୍ଷୋତ୍‌ଫୁଲ୍ଲ ମୁହୂର୍ତ୍ତଙ୍କ ଆତ୍ମରତି ପରେ
କର୍ମକ୍ଳାନ୍ତ ଦେବତାଙ୍କ ପାଇଁ ଅମୃତଭାଣ୍ଡର ।

ଭିଜାମାଟିର ଇତିହାସ ବନ୍ଦଥାଉ
ବଇଠାରେ ଶୋଇଥା'ନ୍ତୁ ଅସହାୟ କଙ୍କାଳର ଆତ୍ମା
ଦିଗ୍‌ବଳୟେ ହଜିଯାଉଥିବା ମୁକ୍ତ ବିହଙ୍ଗର ଅଣ୍ଟରେ
ଶୋଇଥାଉ ଆକାଶର ବିଷର୍ଣ୍ଣତା ।

ସ୍ୱପ୍ନର ଚଷମା ଖୋଲି ଯଦି ପାର ସାମ୍ନା କର ନିଜକୁ
ଧୂଷର ମାନଚିତ୍ରକୁ ଲିତା ବିଲିତାରେ
ପରିବର୍ତ୍ତିତ ଯନ୍ତ୍ରଣାକୁ
ପାଦତଳେ ଜଳୁଥିବା ନିଆଁ ଉହ୍ଲେଇକୁ
ମୁଣ୍ଡଉପରେ ବ୍ୟାଧିଗସ୍ତ ଆକାଶକୁ ।

ରାତି ପାହିଲେ ଓଲଟି ଯିବ ରମ୍ଭାବୃକ୍ଷର ଠାଣି,
ବହିଯିବ କୃଶ ଝରଣାର ତନୁ ତନିମାରେ ଉତ୍ତେଜନାର ଝଡ଼;
କେଉଁ ଦୁଷ୍ଟଗ୍ରହରୁ ଓହ୍ଲେଇ ଆସିବେ
ଭୂତ ପ୍ରେତ / ବର୍ମଧାରୀ ଉତ୍‌ଶୃଂଖଳ ସୈନ୍ୟ ଓ ସାମନ୍ତ

ହାଡ଼େ ହାଡ଼େ, ମାଂସରେ ମାଂସରେ
ରକ୍ତରେ, ମଜ୍ଜାରେ, ବୀର୍ଯ୍ୟତରୁ, ଶକ୍ତିରେ
ହାହାକାର ମୁଦ୍ରାନେଇ ଓଲଟି ଯିବ ମାନଚିତ୍ର
ରିଲିଫ୍ ପାଇଁ ଯାଇଥିବା ପୁଅର ଅଣ୍ଟାରେ
ବନ୍ଧାହେବ ଜଞ୍ଜିର ଓ ପ୍ରତିବାଦର ନିଷ୍ଠୁର ସତ୍ୟରେ
ପୁରସ୍କୃତ ହେବ ବୁଲେଟର ମାଡ଼ ।

ନିର୍ଜନତାର ଘମାଘୋଟ ଲଢ଼େଇରେ
ପାଦେ ଭୂଇଁରେ ଠିଆହୋଇ
ମୁଁ କଲମ ଧରିଛି, ତମେ ବଲମ ଧର
ବିତର୍କିତ ସମୟର ଖାପଚାରେ
କାଲି ସକାଳର ହସନ୍ତ ସୂର୍ଯ୍ୟରେ
ଶିଶିର ବିନ୍ଦୁଟି ହସିବା ପୂର୍ବରୁ
ଫୁଲଟିଏ ଫୁଟିବା ପୂର୍ବରୁ
ନଦୀଟିଏ ବହିବା ପୂର୍ବରୁ
ଆମେ ନୂତନ ଖସଡ଼ାର ସମ୍ବିଧାନରେ
ଭରି ଦେଇଥିବା ରକ୍ତର ସ୍ୱାକ୍ଷର
ଶିରିଶିରି ପବନରେ ହସୁଥିବ ଘାସଫୁଲ
କୋଳାହଳରେ ଫାଟିପଡୁଥିବ
ଅନ୍ତଃହୀନ ସ୍ୱପ୍ନର ପ୍ରତିକ୍ଷୀତ ଗର୍ଭିଣୀ ସଂକ୍ରାନ୍ତି ॥

■

ରଚନାକାଳ : ୧୯୮୨

ମୋର ପ୍ରିୟତମ ଶତ୍ରୁ କି ପ୍ରିୟତମ ପ୍ରେମିକା ପାଇଁ ଗୋଟିଏ କବିତା

ଶବ୍ଦର ଜ୍ୱାଳାରେ ମୋତେ
ଦଂଶନ କରହେ ଶତ୍ରୁମାନେ,
ପ୍ରେମର ଆଲିଙ୍ଗନରେ ମୋତେ
ବାନ୍ଧିରଖ ହେ ପ୍ରେମିକାମାନେ;
ସକାଳ ହେଉ କି ସଞ୍ଜ ହେଉ
ରାତି ହେଉ କି ଦିନ ହେଉ
ଜଳ ହେଉ କି ସ୍ଥଳ ହେଉ
କିଛି ଯାଏ ଆସେନା
ଯେକୌଣସି ସ୍ଥାନରେ, ଯେକୌଣସି ମୁହୂର୍ତ୍ତରେ
ମୋତେ କୋରିବିଦାରି ରାମ୍ପିପକାଅ
ତମ ଶାଣିତ ନଖର ନିଷ୍ଠୁର ପଞ୍ଝାରେ
ପ୍ରେମରେ ଅବା ଯୁଦ୍ଧରେ ।

ପ୍ରେମରେ ଅମୃତ ବର୍ଷେ
ଘୃଣାରେ ବି ବର୍ଷେ
ବର୍ଷାର ମଧୁର ଧ୍ୱନି
ଶବ୍ଦକୁ ଉଚ୍ଚାଟେ
ସପତ ବରଷ ପୁଅ
ମନ୍ଦରକୁ ଟେକେ
ଶବ୍ଦ ଝୁଣ୍ଟେ, ସୁର ଖୁଣ୍ଟେ
ଭାବ ଅଭାବର ଖୁଦକଣା ବାଣ୍ଟେ ।

ଶତ୍ରୁ ନାହିଁ ତ
ସେ'କି ରାଜତ୍ୱ

ପ୍ରେମିକା ନାହିଁ ତ
ସେ' କି ଜୀବନ।
ଜୀବନ ଜୀବିକା ଚାଲେ
ପ୍ରେମ ଓ ଘୃଣାର ଦେଣାପାଉଣାରେ
ତେଣୁ ତ ଶ୍ରୀକୃଷ୍ଣ ବନ୍ଦେ
ଶ୍ରୀରାଧା ଚରଣ।

ଆଜିକାଲି ଗାଣ୍ଡିବ ଟେକିଲେ
ଶତ୍ରୁ ମନେହୁଏ ଚନ୍ଦ୍ରସେଣା,
ଆଜିକାଲି ବଇଁଶୀ ଫୁଙ୍କିଲେ
ପ୍ରେମିକା ମନେହୁଏ ସୂପର୍ଣଖା।
ରଙ୍ଗଭୂଇଁ ମନେହୁଏ ଯୁଦ୍ଧକ୍ଷେତ୍ର
ଯୁଦ୍ଧକ୍ଷେତ୍ର ନପୁଂସକର ଖେଳପଡ଼ିଆ।
ଯେମିତି, ପଦାକୁ ଗୋଡ଼ କାଢ଼ିଲେ ମନ ଦକା
ଗୋଡ଼ ନ କାଢ଼ିଲେ ପଶେ ରକା
ବାଡ଼ ଡେଇଁଲେ ପୁରୁଷ ପୁଙ୍ଗବ
ନ ଡେଇଁ ପାରିଲେ ନିର୍ଘାତ ମାଇଚିଆ।

ରକା ପଶିଚି କି
ହେ ଗୋପୀମାନେ,
ଥକ୍କା ଲାଗୁଚି କି
ହେ ଶତ୍ରୁମାନେ !

ଆସ,
ତମମାନଙ୍କ ଛାତିରେ
ଜମିଥିବା ସମୟର ଦୂଷିତ ବାୟୁକୁ
ମୁଁ ଝାଡ଼ିଦେବି ମୋର କଲମରେ,
ତମ ବର୍ଷବର୍ଷର ନିର୍ମାୟା ସ୍ୱପ୍ନଙ୍କୁ
ଗର୍ଭାଧାନ କରି ମୁଁ ଫେରେଇଦେବି

ତମ କଳ୍ପିତ ସ୍ୱର୍ଗର ସିଂହାସନ,
ନିଃସୀମ ଶୋଷର ତୃଷିତ ବିଶ୍ୱକୁ
ମୁଁ ଚୁପ୍ କରିଦେଇ ପାରିବି
ମୋର ଛାତି ଭିତରେ;
ମୋ'ରି ଭିତରେ ମୁଁ ଦେଖେଇଦେଇ ପାରିବି
ତମ ଜ୍ୱଳନ୍ତ ପୃଥ୍ୱୀର ବିଶ୍ୱରୂପ।

ଶୀତାର୍ତ୍ତ ରାତିରେ
ଫୁଟ୍‌ପାଥ ଉପରକୁ ଫୋପାଡ଼ି ଦେଇଥିବା
ତମ ପରିତ୍ୟକ୍ତ ବିଶ୍ୱାସମାନଙ୍କୁ
ମୁଁ ଅଢ଼େଇନେବି କଦମ୍ବବନକୁ
ଯେଉଁଠି ଜଡ଼େଇଯାଏ
ସାପପରି ଜୀବନର ଆଦିମ ରୋମାଞ୍ଚ
ଆତ୍ମ ସମର୍ପଣର ଇତିହାସ ଯେଉଁଠି
ପରିବର୍ତ୍ତିତ ହେଉଥାଏ ରାସ ପଞ୍ଚାଧ୍ୟାୟରେ।

ମୁଁ ଶିଶିର ନୁହେଁ ଯେ
ସତ୍ତା ହରେଇବି ତମ ତୃଷିତ ଓଠରେ,
ମୁଁ ନିଆଁ ନୁହେଁ ଯେ
ନିଭିଯିବି ତମ କାଉଁରୀ ସ୍ପର୍ଶରେ।
ମୁଁ ତ ପ୍ରେମର ଅପୋଡ଼ା ବ୍ରହ୍ମ
ପ୍ରତି ମୁହୂର୍ତ୍ତରେ କଅଁଳୁଥାଏ, କଅଁଳଉ ଥାଏ
ମୋର ଆତ୍ମସ୍ଥ ଉପଲବ୍ଧିର ବୀଜକୁ
କବିତାର ସାମ୍ରାଜ୍ୟରେ।
କେତେବେଳେ ହିରଣ୍ୟକଶ୍ୟିପୁର ହୁଙ୍କାରରେ ତ
କେତେବେଳେ ରାଧାମୟ ଶବ୍ଦର କୋଳରେ ॥

■

ରଚନାକାଳ : ୧୯୮୪

ଯନ୍ତ୍ରଣାର ରଙ୍ଗ

ଖୁସିର ମୁହୂର୍ତ୍ତଟିଏ
ଚୋବେଇବା ବେଳେ
ମନେପଡ଼ିଯାଏ ଦୁଃଖର ବର୍ଷ, ମାସ।
ସ୍ୱପ୍ନର ଦିହୁଡ଼ି ଜାଳି ଦିଗନ୍ତକୁ ଲମ୍ବି ଯାଇଥିବା
ରାସ୍ତାରେ କେତେ ରକ୍ତାକ୍ତ ବିସ୍ମୃତି।

ଆଃ,
ତମକୁ ମନେ ପକାଉଥିବା ମୁହୂର୍ତ୍ତରେ
ମୋର ମୃତ୍ୟୁ ହୋଇ ଯାଆନ୍ତା କି!
ଅନ୍ତତଃ ପୁନର୍ଜନ୍ମ ନେବାର
ଆବଶ୍ୟକତା କେବେ ପଡ଼ନ୍ତାନି
ଶବ୍ଦର ଦୈନ୍ୟରେ।

ବହୁବାର କହିଛି
ପ୍ରଚଣ୍ଡ ଖରାରେ ଧକେଇ ହେଉଥିବା
ଏକ ପ୍ରଲୋଭିତ ବେଳାଭୂମି ସହ
ଜମା ମୋର ଆନ୍ତରିକତା ନାହିଁ
କାରଣ ପ୍ରତିଟି ଢେଉର ଛାତିରୁ
ମୁଁ ପଢ଼ିପାରିଛି ଦୁଃଖର କାହାଣୀ
ଝାଉଁବଣର ଅବିରତ ଛାଇ ଆଲୁଅରେ।

ସୂର୍ଯ୍ୟାସ୍ତର ରଙ୍ଗପରି
ଜୀବନର ରଙ୍ଗ ଯଦି ବଦଳିଯାଇ ପାରନ୍ତା
ଥୁଣ୍ଟା ଗଛର ଡାଳରେ ଯଦି କୋଇଲି ଢ଼ାଳିଦିଅନ୍ତା
ତା'ର ଶେଷ ଝଙ୍କାର ଧୂଆଁମୟ ଆକାଶ,
ବାରୁଦୀୟ ମାଟି

ଓ ହତ୍ୟାକାରୀ ସମୟ ଯଦି
ନିମିଷେ ଆଖି ବୁଜିଦିଅନ୍ତା
ମୃତ ନଈର ଜଳାଧାର ଯଦି
ଅନ୍ତଃସଲିଳା ଫଲ୍‌ଗୁ ପାଲଟି ଯାଆନ୍ତା
ଆଉ କବିତାର ଶବ୍ଦ ସବୁ ଯଦି
ପାହାଡ଼ି ନିର୍ଝରିଣୀ ପରି ଡେଇଁ ଡେଇଁ
ମାଡ଼ିଚାଲନ୍ତେ ସମୁଦ୍ର ଆଡ଼କୁ,
ତେବେ ମୋର କହିବାର କିଛି ନ ଥିଲା
କି ଅଭିସାରର ପ୍ରଶ୍ନ ଉଠୁ ନ ଥିଲା କେବେ ।

ମୋର ମୁହୂର୍ତ୍ତଟିକୁ
ରଙ୍ଗମୟ କରିବାର ତପସ୍ୟାରେ
ଏତେକାଳ
ଏବଂ
ଲୁହ ଓ ରକ୍ତର କ୍ରନ୍ଦନ ଭିତରେ
ବଞ୍ଚିବାର ଏକ ମିଥ୍ୟା କଳରୋଳ ନେଇ
ମୋର ନୈଶ ଅଭିସାର ତମରି ଦିଗକୁ,
ପୂର୍ବ ଦିର୍ଦ୍ଧାରିତ ମୋର ଭାଗ୍ୟ ପରି ॥

■
ରଚନାକାଳ : ୧୯୮୧

ଯୁଦ୍ଧକ୍ଷେତ୍ର ପାଇଁ ପ୍ରସ୍ତୁତ ହେଉଥିବା ସଦ୍ୟଜାତ ଶିଶୁଟି ଉଦ୍ଦେଶ୍ୟରେ

॥ ଏକ ॥

ତମେ 'ହଁ' କଲେ
ଦିଗ୍‌ବିଜୟ
ତମେ 'ନା' କଲେ
ପରାଜୟ ।

ଅବ୍ୟକ୍ତ ଭାଷାର
ଦ୍ୱୈତ ଭୂମିକାରେ
ସମୟ ଅପେକ୍ଷାରତ,
ମୁହୂର୍ତ୍ତ ହିରଣ୍ମୟ ।

ଶବ୍ଦ ଫୁଟିଲେ
ଗଡ଼ ଜିଣିହୁଏ
ଭୁଲିହୁଏ ପ୍ରସବ ଯନ୍ତ୍ରଣା,
ଶବ୍ଦ ହୁଡ଼ିଲେ
ଆତ୍ମହତ୍ୟା କଲାଭଳି ଲାଗେ
ଗଳିଯାଏ ଦେହସାରା
ସଉତୁଣୀ ଅଯଥା ଗଞ୍ଜଣା ।

ଯେଉଁଠି ପାଦ ଥୋଇଲେ
ଭୋକିଲା ମାଟିର ଦନ୍ତାଘାତ,
ସେଠି ଟିପ ଛୁଇଁଲେ
ରଇଜଳା ଆଖିର ସଂଘାତ ।

ଗାଣ୍ଡିବ ଧରିଲେ
ଶବ୍ଦର ହୁଙ୍କାର,
ଗାଣ୍ଡିବ ତେଜିଲେ
ମୃତ୍ୟୁର ଫୁତ୍କାର ।

ମଇଦାନରେ ଠିଆହେଲେ
ବଞ୍ଚିବା ଓ ମରିବା
କି ଶହେ ଆଠଥର ପୃଥ୍ୱୀ
ନିକ୍ଷେତ୍ରୀ କରିବା, ସବୁ ଏକାକଥା ।

॥ ଦୁଇ ॥
ଉନ୍ନତ ଖଡ୍ଗର ପ୍ରତିଟି ଚୋଟରେ
ଲାଲ୍ ପ୍ରାଚୀ ଦିଗ୍‌ବଳୟ
ଉତ୍ତେଜିତ ଶବ୍ଦର ପ୍ରତିଟି ହିକ୍କାରେ
ନୂତନ ସୂର୍ଯ୍ୟୋଦୟ ।

ପ୍ରତିଟି ଚୋଟରେ ଗର୍ଭାଧାନ
ପ୍ରତିଟି ଚୋଟରେ ଜକ୍‌ଜକ ସ୍ୱର୍ଣ୍ଣ ସିଂହାସନ
ପ୍ରତିଟି ଚୋଟରେ ଅଗ୍ନି ସଂସ୍ଥାପନ
ପ୍ରତିଟି ଚୋଟରେ ଶୁଭେ ବଂଶୀସ୍ୱନ ।

ତେଣୁ,
ପ୍ରତିଟି ଚୋଟରୁ
କ୍ଷାନ୍ତ ହୁଅନି କବି !
ଯେତେ ପାରୁଛ ଚୋଟ ମାରି ଯା,
ଶବ୍ଦକୁ ଶବ୍ଦରେ
ଆତ୍ମାକୁ ଆତ୍ମାରେ
ଶେଷପର୍ଯ୍ୟନ୍ତ
ଯେତେ ପାରୁଛ:

ଚୋଟେଇ ଯା, ଛାଟେଇ ଯା
ମାଟିକୁ, ଆକାଶକୁ;
କଲମରେ, ବଲମରେ ।

କାରଣ:
ପ୍ରତିଟି ଆସନ୍ତାକାଲି ହିଁ
ସମ୍ଭାବନାମୟ,
ପ୍ରତିଟି ଶିଶୁର ମୁଖମଣ୍ଡଳ ହିଁ
ଇନ୍ଦ୍ରଧନୁମୟ ॥

■

ରଚନାକାଳ : ୧୯୮୨

ରାଜଧାନୀ

।। ଏକ ।।

ଅମାନବିକତାର ଅନ୍ଧାରରେ
ଅସତ୍ୟର ଜୟଗାନ କରି
ତୁ ଠିଆ ହୋଇଛୁ ମୁକସାକ୍ଷୀ ପରି
ଅଥଚ ହିଂସ୍ର ଆତଙ୍କରେ କମ୍ପି ଉଠୁଛି ତୋ'ର ଧମନୀ।
କାହାର ଶାଣିତ ତରବାରିର ଝଣତ୍କାରରେ
ତୁ ଥରଥର ପାଦରେ ନାଚୁଛୁ ରାଜଧାନୀ
ନା କେଉଁ ଦୁର୍ଦ୍ଧାନ୍ତ ପ୍ରେମିକର ଆଗମନ ଅପେକ୍ଷାରେ
ତୋ'ର ଏ ମୌନ ଆଗମନୀ !

ହଜାରବାର ତୋ'ର ଦ୍ୱାରସ୍ଥ ହୋଇଛି ମୁଁ
ଦାଣ୍ଡରେ ଠିଆହୋଇ ଡାକିଛି ଆପଣାର ପରି
ଲୁହରେ ପଖାଳି ଦେଇଛି ଏରୁଣ୍ଡିବନ୍ଧ
ରକ୍ତରେ ଭିଜେଇ ଦେଇଛି ତୋ'ର ସିନ୍ଥି
ଶବ୍ଦରେ ପ୍ରକମ୍ପିତ କରିଛି ଆକାଶ।

ହେଲେ ସବୁଥର ଶବ୍ଦ ସବୁ ପ୍ରତିଧ୍ୱନି ହୋଇ
ଫେରି ଆସିଛି ମୋର ଶୂନ୍ୟ ଅଞ୍ଜଳିକୁ
କେହିକେବେ ବନ୍ଦ ଦୁଆର ଓ ଝର୍କା ଖୋଲି
ଶୁଣିନି ମୋର ମୁକ୍ତିର ସଙ୍ଗୀତ
କିମ୍ବା ଆହା ବୋଲି ପଦେ ଉଚ୍ଚରିନି କାହାରି ତୁଣ୍ଡରୁ।

ଗୋଲାମ ସହରର ଗୋଲାମ
କେବେ କ'ଣ ସହ୍ୟକରିବ ମୋର ଉପସ୍ଥିତି
କେବେ କ'ଣ ହଜମ କରିପାରିବ
ମୋ ଶବ୍ଦର ନିଆଁକୁ

ତା'ର ଚେରହୀନ ଗଣ୍ଡିରେ
ଚେତନା ରହିତ ଦୁର୍ବଳ ଚିନ୍ତାରେ !!

।। ଦୁଇ ।।
ଆଖିରୁ ମୋର ଛଡ଼ାଇ ନିଆ ଯାଇଛି ସ୍ୱପ୍ନ
ମାଟିରୁ ଛଡ଼ାଇ ନିଆଯାଇଛି ଦାନା
କଲମରୁ ଛଡ଼ାଇ ନିଆଯାଇଛି ସୃଜନୀ
କବିତାରୁ ଛନ୍ଦ, ହୃଦୟରୁ ପ୍ରେମ।
ମୋର ବିଶ୍ୱାସମାନଙ୍କୁ ଭାଙ୍ଗି ରୁଜି
ଚୋଷି, ଶୋଷି ଫିଙ୍ଗି ଦିଆଯାଇଛି ନର୍ଦ୍ଦମାକୁ
ଯେମିତି ମାଦଳ ଜଗନ୍ନାଥ।

ହେଲେ ମୋର ପ୍ରତିବାଦର ସ୍ୱରକୁ
ତୁ ବନ୍ଦ କରି ପାରିନୁ ଏଯାବତ।
ଆଉ ସେଇ ଶବ୍ଦର ଯୋର ନେଇ
ମୁଁ ତୋତେ ଫିଙ୍ଗିଦେଇ ପାରିବି ମହାଶୂନ୍ୟକୁ
ଗୋଟିଗୋଟି ହିସାବ କରିନେବି ଦେଣା-ପାଉଣା
ଆଉ ତୋ'ର ଗୁପ୍ତ ଭଣ୍ଡାରର ଲୁଣ୍ଠିତ ଧନକୁ
ମୁଁ ବାଣ୍ଟିଦେବି ସେମାନଙ୍କ ଭିତରେ
ଯେଉଁମାନଙ୍କ ହାଡ଼, ମାଂସର ମେହନତି ଉପରେ
ଠିଆହୋଇଛି ତୋ'ର ଅହଙ୍କାରୀ ପ୍ରାଚୀର।

ସବୁଥର ପରି ଏଥର କିନ୍ତୁ ମୁଁ ଆସିନି
ଫେରିଯିବାକୁ ଶୂନ୍ୟହସ୍ତରେ
ଭଳିଯିବା ପାଇଁ ଆସିନି ତୋ'ର ମୋହିନୀ ରୂପରେ
ଡରିଯିବା ପାଇଁ ଆସିନି
ତୋ'ର ବାନ୍ଧାମାନଙ୍କ ନାଲିଆଖିରେ
ମେଣ୍ଢା ବନିଯିବାର କିମ୍ବା ତୋ'ର ମୃତ୍ୟୁ ଦଣ୍ଡାଦେଶରେ।

ଏଥର କିନ୍ତୁ ମୁଁ ଆସିଛି ଆହତ ସିଂହ ବିକ୍ରମରେ
ତୋତେ ସାମନା କରିବାକୁ
ଛଡ଼େଇ ନେବାକୁ ମୋର ସ୍ୱପ୍ନ, ମୋର ଭାଗ୍ୟ
ଅଗଣିତ ଅସହାୟ ମଣିଷର
ନ୍ୟାଯ୍ୟ ଅଧିକାର
ମୁଁ ଆସିଛି ତୋତେ ବ୍ୟବଚ୍ଛେଦ କରିବାକୁ
ମୋର କଲମରେ, ପ୍ରେମରେ ଅବା ଯୁଦ୍ଧରେ।

॥ ତିନି ॥
ପିଚୁ ରାସ୍ତା ପରି
ତୋର କଦାକାର ଚେହେରା ଉପରେ
ଧଳା ରଙ୍ଗର ବାର୍ଣ୍ଣିସ ମାରି ଯେତେ ସଜେଇ ହେଲେ ବି
ତୋ'ର ଅସଲ ରୂପକୁ
ମୁଁ ଜାଣେ ରାଜଧାନୀ, ମୁଁ ଜାଣେ।

ଅପ ସଂସ୍କୃତିର ଭେଜାଲ ରଙ୍ଗରେ
ପାଲିସ କରା ତୋ'ର ବିଭତ୍ସ ରୂପର
ଗରାଖ ମୁଁ ନୁହେଁ,
କିମ୍ବା ତୋ'ର ବସ୍ତି ତଳି ଅନ୍ଧାରରେ
ଦେହ ଦରଜକୁ ଶସ୍ତା ଦାମରେ
ଶାନ୍ତ କରୁଥିବା ଈଶ୍ୱର ବି ମୁଁ ନୁହେଁ।

ମୁଁ ଏକ ଜ୍ୱଳନ୍ତ ଅଗ୍ନିପିଣ୍ଡ
ଜଳିଯିବି ଅବା ଜାଳିଦେଇ ପାରିବି
ତୋର ହିଂସ୍ର ଅନ୍ଧାରକୁ, ମୋର ସାମାନ୍ୟ ସ୍ଫୁରଣରେ।

ତୋ'ର ପ୍ରତି ବର୍ଗଇଞ୍ଚ ଦେହରେ ଦେଖ
କେମିତି ଲେଖାହୋଇ ରହିଛି
ତୋ'ର ଅଭୟ, ଆଶ୍ରୟରେ ବଞ୍ଚି ରହିଥିବା

ରକ୍ତପାୟୀ ଅମଣିଷଙ୍କ ଦ୍ୱାରା
ଅଗଣିତ ମଣିଷଙ୍କ ଶୋଷଣର ଇତିହାସ।
କୁଆଁକୁଆଁ କରୁଥିବା ଶିଶୁ ଦରୋଟିରୁ
ମଶାଣିକୁ ବୁହାହେଉଥିବା ଶବର ଓଠରୁ
ଶୁଣ୍, ତୋ'ର ଗୋଲାମମାନଙ୍କ ଉପରେ
କେମିତି ଅଗ୍ନିବର୍ଷୀ ଅଭିଶାପ।
ଆତ୍ମାର ଅଭିଶାପ
କେବେ ନିଷ୍ଫଳା ହୁଏନି ରାଜଧାନୀ
ବିଦ୍ରୋହର ନିଆଁକେବେ ଫୁର୍ସିଯାଏନି
କେତୋଟି କବିଙ୍କ ମୃତ୍ୟୁରେ।

ମନେରଖ,
ଏଇ ଅଭିଶାପରୁ
ଶାମ୍ବର ଗର୍ଭ ସଞ୍ଚାର
ଯଦୁବଂଶର ପୂର୍ଣ୍ଣଚ୍ଛେଦ।

॥ ଚାରି ॥

ତୋ'ର ବର୍ବରୋଚିତ ଆକ୍ରମଣକୁ
ମୁଁ ଖାତିର କରେନା ରାଜଧାନୀ
ଜମା ଖାତିର କରେନା ସିଂହାସନକୁ
ଯେତେବେଳଯାଏ କଣ୍ଠରେ ମୋର
ଭଙ୍ଗା ଥାଳର ଜୟଜୟକାର।

ଏବେ ଏଇ ରାଜଧାନୀର
ରାଜରାସ୍ତା ଉପରେ ଠିଆହୋଇ
ସଦର୍ପେ ମୁଁ ଘୋଷଣା କରୁଛି ନିଜକୁ
ଧିକ୍କାର କରୁଛି ତୋ'ର ପଚା ମେଦକୁ କାମୁଡ଼ି
ପଡ଼ି ରହିଥିବା ନର ଖାଦକମାନଙ୍କୁ।

ସାହସ ଅଛି ତ
ସାମନା କର ମୋର ଶବ୍ଦକୁ
ସହିଦ କରିଦିଅ ମୋର ବିଦ୍ରୋହୀ ପୁରୁଷାକାରକୁ ।

ଟାଙ୍ଗର ପାହାଡ଼ରେ ମାଟି ନ ଥାଏ
ନ ଥାଏ ହୃଦୟର ଉଷ୍ମତା
ଆଉ ଫୁଲାଏ ମଲା ସ୍ୱପ୍ନ ଓ ପଚା ଶବଙ୍କ ଉପରେ
ଗଢ଼ିଉଠିଥିବା ତୋ'ର ସାମ୍ରାଜ୍ୟରେ
ହୃଦୟଟିଏ ମିଳିବ କେଉଁଠୁ ?
ହୃଦୟ ଦେଖିବୁ ତ ଆ,
ଦେଖ, ମୋର ବତିଶି ଇଞ୍ଚ ଚଉଡ଼ା ଛାତିରେ
କେମିତି ସମାବିଷ୍ଟ
ତିନିକୋଟି ଅସହାୟ ମଣିଷର ହୃଦୟ ।
ମୁଷ୍ଟିମେୟ ବିଶ୍ୱାସ ଘାତକ
ତୋ'ର ଦ୍ୱାରପାଳ,
ଏବଂ ମୋ ପଛରେ
ଅଗଣିତ ମଣିଷର ପଟୁଆର ।

ଗୋଟିଏ ଶବ୍ଦର ତାତିରେ
ମୁଁ ତୋତେ ଜାଳି ଦେଇପାରିବି ରାଜଧାନୀ,
ଗୋଟିଏ ବିନ୍ଦୁ ରକ୍ତରେ
ମୁଁ ପୁଣି ତିଆରି କରିଦେଇ ପାରିବି
ରକ୍ତର ମହା ପ୍ଲାବନ ।

।। ପାଞ୍ଚ ।।

ଇତିହାସ ବଦଳାଇଦେବାର କୌଶଳ
ମୋତେ ଜଣାଅଛି ରାଜଧାନୀ,
ବିବର୍ଣ୍ଣ ମାନଚିତ୍ରକୁ ରଙ୍ଗେଇ ଦେବାର
କ୍ଷମତା ମୋର ଅଛି ।

ତ୍ରିରଙ୍ଗୀ ପତାକା ତଳେ
କୁଢ଼କୁଢ଼ ଶବର ଫସିଲକୁ ଆଢ଼େଇ ଦେଇ
ସତ୍ୟର ବିହନ ମୁଠି ବୁଣିଦେବାର
ଓ ହାଡୁଆ ମୁହଁରେ ହସର ଝଲକ
ଖେଳେଇ ଦେବାର
ପାଗଳ ବିସ୍ଫୋରଣ ବି ମୋର ଅଛି ।

ତେଣୁ ତ କହୁଛି, ସମୟ ଅଛି
ଆ, ମୁକୁଳି ଆ, ଦାନବର ଇନ୍ଦ୍ରଜାଲରୁ
ଅଗଣିତ ନିରନ୍ନ ମଣିଷର ବାହୁବେଷ୍ଟନୀକୁ
ଅପସଂସ୍କୃତିର ନାଗଫାଶରୁ
ହୃଦୟର ଉଷ୍ମ ପ୍ରସ୍ରବଣକୁ
ଆ, ମୁକୁଳି ଆ,
କାଗଜବାଘର ମୁହଁରୁ ରାଜରାସ୍ତାକୁ
ଭିକାରିର ଶୂନ୍ୟଥାଳକୁ ।

ମେଘ ହୋଇ ମୁଁ
ମେଣ୍ଟେଇ ଦେବି ତୋ'ର ତୃଷା
ସ୍ୱପ୍ନ ହୋଇ ମୁଁ ହରିନେବି ତୋ'ର କ୍ଳାନ୍ତି
ଝଡ଼ ହୋଇ ମୁଁ ଉଡ଼େଇ ନେବୀ
ତୋ'ର ବର୍ବରତାର ଚିହ୍ନ ବର୍ଣ୍ଣ
ଆଉ ଯଦି ଦରକାର ହୁଏ
ଗଙ୍ଗାକୁ ବୁହାଇ ନେବି ତୋ'ର ଚାରିପାଖେ
ଶଙ୍ଖ ଫୁଙ୍କିଫୁଙ୍କି ।

ତୋ'ର ଅହଙ୍କାରୀ ଗୁମ୍ଫା ଉପରେ
ସ୍ଥିର ହୋଇ ଯାଇଥିବା
ମଖମଲି ଜାତୀୟ ପତାକାଠାରୁ

ମୋ ହାତରେ
ଶସ୍ତା କନାର ଜାତୀୟ ପତାକା
କେମିତି ଫର୍‌ଫର ହୋଇ ଉଡୁଛି
ଦେଖ ରାଜଧାନୀ,
ଦେଖ କେମିତି ଶୁଣେଇ ଚାଲିଛି
ପରମ୍ପରାର ସାମ୍ୟବାଣୀ
ତା'ର ସନ୍ତାନ ମାନଙ୍କୁ
ଆଉ ଦେଖ୍,
ଶବର କଟାମୁଣ୍ଡରେ ହସୁଛି ସକାଳ
ତୋ'ର ବିଭତ୍ସତା ଓ କ୍ରୂରତାକୁ
ଖାତିର ନ କରି ॥

■

ରଚନାକାଳ : ୧୯୮୬

ରାଧା ନାନୀ

ସଞ୍ଜ ଯେତେବେଳେ ସଜେଇଦିଏ
ରାଧାନାନୀର ଅବିନ୍ୟସ୍ତ ଚେହେରାକୁ
ପାଦରେ ଅଳତା, ମଥାରେ ଶସ୍ତା ବାସନାର ତେଲ
ନାଲି ରିବନ୍ ଓ ମୁହଁରେ ଡୁପ୍ଲିକେଟ ଇମାମି' ସ୍ନୋ ର
ବହଳ ପ୍ରଲେପରେ ଲିଭେଇ ଦିଏ ପୂର୍ବ ଦିନର ସମସ୍ତ କ୍ଷତ ଚିହ୍ନ।

ମାଇସଞ୍ଜର ଅନ୍ଧାରରେ
ରାଧାନାନୀ ବାହାରି ଆସେ
ଅଭିଶପ୍ତା ଦେବଦାସୀ ପରି ଦୁଆର ବନ୍ଧକୁ
ରାସ୍ତାକୁ ଚାହିଁରହେ ଅପଲକ ନୟନରେ।

ତା'ର ବଞ୍ଚିବା ଦରକାର
ଖାଦ୍ୟ ଦରକାର, ବସ୍ତ୍ର ଦରକାର
ତେଣୁ ତା'ର ଗରାଖ ଦରକାର।

ଏବେ ବଜାରରେ ବୁଢ଼ିଛେଳିର ମାଂସ
ଚଢ଼ାଦରରେ ବିକ୍ରି ହେଉଥିବା ବେଳେ
ତା' ଦେହର କଞ୍ଚାମାଂସକୁ ରାଧାନାନୀ
ମୂଲେଇକରି ବିକ୍ରିକରେ ସର୍ବନିମ୍ନ ପାଞ୍ଚ ଟଙ୍କାରେ।

ଏତେ ଶସ୍ତାରେ ମିଳୁଥିବା ଉପଭୋଗ୍ୟ ପଦାର୍ଥର
ଗରାଖ ବି ଅଭାବ ନାହାନ୍ତି ଆଜିକାଲି।
ରାଧାନାନୀର ମନ ଦରଜ, ଦେହ ଦରଜ ବେଳକୁ
ଅଣ୍ଟିର ଗାଞ୍ଜିଆ ଭର୍ତ୍ତି ହେଇଯାଏ
ରାସ୍ତାଘାଟ ଶୂନ୍‌ଶାନ୍ ହୋଇଯାଏ
ଯେମିତି କିଛି ବି ଦୁର୍ଘଟଣା ଘଟିନାହିଁ ପୃଥିବୀରେ
କେବଳ କିଛି ଯନ୍ତ୍ରଣାର ବୟସ ବଢ଼ିବା ବ୍ୟତୀତ।

ରାଧାନାନୀ ଗୋଟିଗୋଟି ଗଣେ ତା'ର ପୁଞ୍ଜିକୁ ।
ଦଲାଲର ଭାଗ,
ନାଇଟ୍‌ସିଫ୍‌ଟ କନେଷ୍ଟବଲର ପ୍ରାପ୍ୟ
ଓ ନିଜର ପ୍ରାପ୍ୟ ପରେ ବଳକା କିଛି
ଥୋଇଦିଏ ଜଉମୁଦା କାଠବାକ୍ସରେ
ବିଦ୍ରୋହର ସଭ୍ୟଚାନ୍ଦା ।
ରାଧାନାନୀର ଆଖିରେ ଆଖିଏ ସ୍ୱପ୍ନ
ସବୁ ଜଉମୁଦା ବନ୍ଦ କୋଠରିର ଦୁଃଖପରି ।
ଲୁହର ଗଙ୍ଗା ହୋଇ ବହିଯାଏ
ସହରର ବସ୍ତି ଅଞ୍ଚଳରେ ।

ରାଧାନାନୀ ଚାହିଁରହେ ଦିଗନ୍ତକୁ
କେବେ ପୂର୍ଣ୍ଣହେବ ତା'ର ଜଉମୁଦା ବାକ୍ସ
କେବେ ଖୋଲିବ ତା'ର ବନ୍ଦ ଦୁଆର
କେବେ ସୂର୍ଯ୍ୟ କୋମଳ ଶିଶୁଟିଏ ପରି
ହାତରେ ମଶାଲ୍ ଧରି ଠିଆହେବ
ତା'ର ଝାଟି ମାଟିର ଅପନ୍ତରା ଭୂଇଁରେ ।

ସେଇ ସ୍ୱପ୍ନରେ ସେ ଭୁଲିଯାଏ
ତା'ର ଦୁଃଖ, ତା'ର ଯନ୍ତ୍ରଣା ।
ଯେମିତି ଅଭିଶପ୍ତ ପଥର ଖଣ୍ଡେ
ଚାହିଁରହିଛି କାହାର ପଦରେଣୁକୁ ॥

■
ରଚନାକାଳ : ୧୯୮୩

ରାମୁଲୁର ଚର୍ଯ୍ୟାଗୀତି

ଚଉଦ ବର୍ଷର ପିଲାଟିଏ ରାମୁଲୁ।
କଳା ମୁଗୁନି ପଥର ପରି ଦେହ
ଆଖିରେ ଆଖିଏ ବଞ୍ଚିବାର ସ୍ୱପ୍ନ
ଦାରିଦ୍ର୍ୟର କୋରଡ଼ା ମାଡ଼ରେ ବ୍ୟତିବ୍ୟସ୍ତ।

ସିନେମା ହଲ୍ ପାଖ ଚା' ଦୋକାନରେ
କାମକରେ। ଗରାଖଙ୍କ ମନ ମୋହିପାରେ
ତା'ର ଆଖି ଇସାରାରେ।

ନିଦ ଭର୍ତ୍ତି ଆଖିରେ ପରୀମାନେ ଯେତେବେଳେ
ଡେଣା ଝାଡ଼ି ଉଡ଼ିବୁଲନ୍ତି ତା'ର ଚାରିପାଖେ
ସେ ବିସ୍ମୃତ ହୁଏ, ତା'ର କର୍ତ୍ତବ୍ୟ ମାଡ଼ଖାଏ।
ପାଖ ମନୋହରୀ ଦୋକାନରୁ
କେଉଁ ଅଝଟ ପୁଅକୁ ତା'ର ବାପା
ଉଡ଼ାଜାହାଜଟିଏ କିଣି ଦେଉଥିବା ବେଳେ
ନିଜର ଭାଗ୍ୟ ପରଖେ।

ଭଗବାନ ମୃତ ବୋଲି
ସେ ଘୋଷଣା କରେ ତା'ର ସାଙ୍ଗ ମାନଙ୍କ ଭିତରେ
ଏବଂ ବହୁ ପ୍ରଚାରିତ କେଉଁ ପ୍ରତ୍ୟକ୍ଷ ଠାକୁରାଣୀଙ୍କ
ଉଦ୍ଦେଶ୍ୟରେ ଠୁଳହୋଇଥିବା ନଡ଼ିଆକୁ
ଭାଙ୍ଗିଖାଏ, ପଇସାକୁ ଅଣ୍ଟିରେ ଖୋସେ।
ସହର ସାରା ଧଣ୍ଟା ଓ ତୁଳସୀ ପତ୍ର ଧରି
ଘୂରି ବୁଲୁଥିବା ପଞ୍ଚାଏ ବ୍ରାହ୍ମଣ
ଯେତେବେଳେ ତା'ରି ଦୁଃଖରେ
ଉଖାରି ଦିଅନ୍ତି ଭାଗବତରୁ ଦି'ପଦ।

ରାମୁଲୁ ହସେ ଏବଂ କହେ
ଧେତ୍, ଭଗବାନ ତ ମୋ'ରିପରି ଜଣେ ନିଆଶ୍ରା ହୃଦୟ,
ପଡ଼ିରହିଥା'ନ୍ତି ମାଡ଼ ଗାଳି ସହି, ବର୍ଷବର୍ଷ ଧରି
ଗୁଡ଼ାଏ ଧର୍ମାନ୍ଧଙ୍କ ଭଣତି ମଧ୍ୟରେ ।

ରାମୁଲୁ ଏବେ ଚା' ଦୋକାନ ଛାଡ଼ି ବଞ୍ଚିବାର ରାହା ଧରିଛି
ଜଗନ୍ନାଥଙ୍କ ଷ୍ଟିକର୍ ବିକୁଛି
ଦଶ ପଇସାରେ, ଖାସ୍ ଦଶ ପଇସାରେ ॥

■
ରଚନାକାଳ : ୧୯୮୨

ରକ୍ତରେ ବାଜୁଛି ଶଙ୍ଖ

ଦୀର୍ଘଦିନ ଧରି
ଜୀବନକୁ ବିକିଭାଙ୍ଗି
ସଞ୍ଚି ରଖିଥିଲି ଯେଉଁ ଶକ୍ତି ଟିକକ
ପାଦେ ଭୂଇଁରେ ଠିଆହୋଇ
ନିଃସର୍ତ୍ତଭାବରେ ଯାଚୁଛି
ନିଅ, ଶୁଭଲଗ୍ନ ଉଚ୍ଛୁର ହେଉଛି ।

ଭୂତ-ପ୍ରେତ ଅଧ୍ୟୁଷିତ ଅଞ୍ଚଳରେ
ଦଗାଦିଆ ମୁହୂର୍ତ୍ତଙ୍କୁ ହାଡ଼େ ହାଡ଼େ ଜଗି
କିଛି ଦୁଃଖ ସୁଖ, ସ୍ୱପ୍ନ ସ୍ମୃତି
ବିଶ୍ୱସ୍ତ ଅବିଶ୍ୱସ୍ତ ଦିନଙ୍କ ପାପ ପୁଣ୍ୟକୁ ଚିମୁଟି
ସଞ୍ଚିରଖିଛି ଯେଉଁ ରସ ଚେନେ,
ରଙ୍ଗ ଟିକେ, ନିଆଁ ବକଟେ
ନିଅ, ପ୍ରାପ୍ତି ସ୍ୱୀକାର କର ।

କଥା ଦେଇଥିଲି ପ୍ରତିଦ୍ୱନ୍ଦ୍ୱୀଙ୍କୁ
ଆଖଡ଼ା ଘର, ଶବରବାଳୀର ଫୁଟନ୍ତା ଇଚ୍ଛାକୁ
ପାଣିକୁ, ପବନକୁ, ମାଟିର ଶୋକାର୍ତ୍ତ ମୁହଁକୁ
ଭୟଶୂନ୍ୟ, ଶତ୍ରୁଶୂନ୍ୟ, ଅହଂଶୂନ୍ୟ କରିବି ବିପୁଳାଚ ପୃଥ୍ୱୀ
କିନ୍ତୁ ତମ ଲୋତକାର୍ଦ୍ର ଶୀର୍ଣ୍ଣ ଆବେଗର
ଫଳପ୍ରସୂ ଅସହାୟ ମୁହୂର୍ତ୍ତର ଜୀବନ୍ୟାସ ପାଇଁ
ଯୁଦ୍ଧକ୍ଷେତ୍ରେ ସବୁ ତେଜ୍ଜା କଲି
ହଁ, ସବୁ ତେଜ୍ଜା କଲି ।

ଥରୁଟିଏ ଆଖି ଖୋଲିଥିଲେ
ଆକାଶ ହୋଇଥା'ନ୍ତା ଦୃଶ୍ୟମୟ,

ଥରୁଟିଏ ଶବ୍ଦ ଫୁଟିଥିଲେ
ମାଟି ହୋଇଥା'ନ୍ତା ଧ୍ୱନିମୟ;
ଥରୁଟିଏ ଛୁଇଁଦେଇଥିଲେ
ନିମକାଠ ହୋଇଥା'ନ୍ତା ବାସ୍ନାମମୟ।

ଅଥଚ ପେଟପାଟଣାର ତିନିଗାର ପରେ
ଧନ୍ଦିହୋଇ ତମେ ଚିରକାଳ ରହିଗଲ ପେଟର ଦାସତ୍ୱବହି
ମାଟିତଳେ ସଢୁଥିବା ବୀଜଟି
ରହିଗଲା ଚିର ଉପେକ୍ଷିତ।

ଆଜନ୍ମ ପାଳିତ ମୁଁ ଘୃଣାଭର୍ତ୍ତି ସାମ୍ରାଜ୍ୟରେ
ଶତ୍ରୁମାନଙ୍କ ନଜରବନ୍ଦିରେ,
କପଟି ଶବ୍ଦଙ୍କ ମୋହିନୀ ମନ୍ତ୍ରରେ
ଲାଭାଭର୍ତ୍ତି ବନ୍ଦ କୋଠରିରେ।
ମୋର ରକ୍ତ ମାଂସକୁ ଧୋଇଦେଇ
ଅନିର୍ବାପିତ ଜଠର ଅଗ୍ନିକୁ, ସ୍ୱପ୍ନକୁ ବନ୍ଧା ପକେଇ
କର୍ତ୍ତବ୍ୟର ମହାଜନ ଠାରେ
କେବେ ବି ପାଦ ଲାଖିନି ପଙ୍କରେ
ଦୃଷ୍ଟି ଅଟକିନି ଅର୍ଦ୍ଧ ଉଲଗ୍ନ
ଚିତ୍ରତାରକାର ଛାତିରେ, ଜାନୁରେ
ବ୍ୟର୍ଥତାରେ ଫୋପାଡ଼ି ଦେଇନି'
ଧନୁ ମୋର ସମୁଦ୍ରରେ,
ଗଳାମାଳି କରିନେଇନି ଅସାମର୍ଥ୍ୟର ବୁନିଆଦିକୁ
ଡରିଯାଇନି ନିଘଞ୍ଚ ଜଙ୍ଗଲର
ଶବ୍ଦହୀନତାରେ, ଶାର୍ଦ୍ଦୁଳର ଉଗ୍ର ହେଷ୍ଟାଳରେ
କୃଷ୍ଣସାର ପଛେ ଧାଇଁଧାଇଁ ବାଟବଣା ହୋଇ
ବିଚ୍ୟୁତ ହୋଇନି' ସାଧନାରୁ।

ପରୀକ୍ଷାର ତତଲା ବାଲିରେ ଆଣ୍ଠୁମାଡ଼ି
ପରିତ୍ୟାଗ କରୁଛି ମୋର ସାଞ୍ଜୁ,
ପୋଷାକ, ତୁଣୀର ଓ ଧନୁ
ସ୍ୱୀକାର କରୁଛି ତମ କୁଟିଳ ଇଙ୍ଗିତର ଶବ୍ଦାବଳୀକୁ
ବନ୍ଦି କରୁଛି ମୋର ନିମନ୍ତ୍ରିତ ଆବେଗକୁ
ରକ୍ତହୀନ ଶୂନ୍ୟ କୋଠରିରେ ।

ଅନାଗତ ଭବିଷ୍ୟତ କ୍ରାନ୍ତି ପାଇଁ
ସାନୁନୟେ ଭେଟି ଦେଉଛି
ମୋର ସମସ୍ତ ସଞ୍ଚିତ ଶକ୍ତି ।

ଦେଖ,
ମୋହାଚ୍ଛନ୍ନ ପାହାନ୍ତାର ଗର୍ଭଚିରି
ଉଜ୍ଜ୍ୱଳି ଉଠୁଛି ସ୍ୱର୍ଣ୍ଣାଭ ସକାଳ
ଆଲୋକରେ ପହଁରୁଛି ତମ ପାଦତଳ ଘାସ
ଏବଂ ନିଥରୀୟ ମୁହୂର୍ତ୍ତର ଶୃଙ୍ଖଳା ଗଣ୍ଠିରେ
ସଞ୍ଚରି ଯାଉଛି ଚେତନାର ଦୁର୍ବାର ଜୁଆର
ଜୁଆରରେ ଲିପିବଦ୍ଧ ସ୍ୱାଗତ ସଙ୍ଗୀତ ॥

■

ରଚନାକାଳ : ୧୯୮୬

ରାଜଧାନୀରେ ଗୋଟିଏ ରାତି

ଆଃ...,
କେତେ ଶୋଷରେ ଆଁ କରିଛି
ମୋର ପ୍ରିୟତମ ସହର।

ଆଃ...,
କେତେ ନଖ ଓ ଦାନ୍ତର ଅତ୍ୟାଚାରରେ
ବିଭତ୍ସ ଦିଶୁଛି ମୋ ମା'ର ମୁହଁ।

ଇଚ୍ଛାହେଉଛି ଆଖି ବୁଜିଦେବାକୁ
ପୁନଶ୍ଚ ଲେଉଟିଯିବାକୁ
ମାତୃଗର୍ଭର ଅମୃତ ଅନ୍ଧାରକୁ।

ଗୋଟିଏ ପ୍ରବଞ୍ଚିତ ସହରକୁ ରଙ୍ଗର ଖେଳପଡ଼ିଆ ଭାବି
ମୁଁ ଧାଇଁ ଆସିଥିଲି ଉପକୂଳର ଲୁଣି ଅଞ୍ଚଳରୁ
ଲୁଣଖିଆ ବିଶ୍ୱାସକୁ ଗଜେଇବା ପାଇଁ।

ଗୋଟିଏ ସୁନ୍ଦର ଦୃଶ୍ୟ ଦେଖିବା ମୋହରେ
ଗୋଟିଏ ହୃଦୟୀ ବନ୍ଧୁ ଖୋଜିବା ଆଶାରେ
ଗୋଟିଏ ସଫଳ ସ୍ୱପ୍ନକୁ ବିନ୍ଧିବା ଆଶାରେ
ଗୋଟିଏ ଛିନ୍ନ ବେହେଲାର ସୁର ଯୋଡ଼ିବା ଆଶାରେ
ମୁଁ ଧାଇଁ ଆସିଥିଲି ରାତାରାତି କୀଟଦ୍ରଷ୍ଟ ଗ୍ରାମ୍ୟଜୀବନରୁ
ରାଜପଥର ସ୍ୱର୍ଣ୍ଣ ଆଲୋକକୁ।

କିନ୍ତୁ ହାୟ, ଗୋଲାମ ନଗରୀରେ ପାଦଥୋଇ
ନିଶାର୍ଦ୍ଧରେ ଫୁଟ୍‌ପାଥ ଉପରେ ଶୋଇଥିବା
ଅସଂଖ୍ୟ ଭିକାରି ଓ କୁକୁରଙ୍କ ମେଳରେ ହଠାତ୍ ମୁଁ ଅନୁଭବ କଲି:

ଏଠି ସୁନ୍ଦର ଫୁଲଟିଏ ଫୁଟେନା
ଅନୁଭବି ସ୍ୱପ୍ନଟିଏ ଫଳେନା
ହୃଦୟୀ ବନ୍ଧୁଟିଏ ମିଳେନା
ସମର୍ପିତ ନାରୀଟିଏ ପ୍ରେମେନା
ଛିନ୍ନ ବେହେଲାର ସୁର ଯୋଡ଼େନା
ଇଚ୍ଛାକୃତ ଶବ୍‌ଦଟିଏ ସ୍ଫୁରେନା ।
ଗୋଟିଏ ଧର୍ଷିତ ଦେହ ଓ ମନକୁ
ଆଲ୍‌ଖାଲାରେ ଢାଙ୍କିଢୁଙ୍କି
ଆଗେଇ ଚାଲିଥାଏ ଛଳନାର ଯାନିଯାତ୍ରା
ଶବ୍ଦ ଅଶବ୍ଦର କୃତ୍ରିମ ନହବତ୍ ।

ପ୍ରଚଣ୍ଡ କ୍ରୋଧରେ ମୁଁ ମୁଠେଇ ଧରିଲି ମୁଠାଏ ମାଟି
(ଯେଉଁଠି ସାପଲୁଡୁର କ୍ଷୁଧାର୍ତ୍ତ ଜିଭରୁ
ବଞ୍ଚିଯାଇଛି କେରାଏ ଦୁବଘାସ)
ମୋର ହାତପାପୁଲି ଦିଶୁଥିଲା
ବାଳାରୁଣର ଆକାଶପରି ରକ୍ତବର୍ଣ୍ଣ
ଏବଂ ଠପ୍‌ଠପ ନିଗିଡ଼ି ଆସୁଥିବା ମୋର ପ୍ରିୟ ମଣିଷଙ୍କ ସ୍ୱପ୍ନଙ୍କୁ
ରାଜଧାନୀର ଜୋକମାନେ ପ୍ରଚଣ୍ଡ ପ୍ରତିଦ୍ୱନ୍ଦ୍ୱୀତାରେ
ଆକଣ୍ଠ ଶୋଷି ନେଉଥିଲେ ଅସହାୟ ପରି ।

ସେମାନଙ୍କୁ କିଛି କହିବା ପୂର୍ବରୁ
ସେମାନେ ଉଭେଇ ଯାଇଥିଲେ ଅନ୍ଧାରରେ
ମୁଁ ସେମିତି ଠିଆ ହୋଇଥିଲି ମୋ'ରି ସାମ୍‌ନାରେ
ଚତୁର୍ଦ୍ଧା ମୂର୍ତ୍ତି ପରି ॥

■
ପ୍ରକାଶ କାଳ: ୧୯୮୪

ଶେଷଇଚ୍ଛା

ଆପାତତଃ
ସକାଳ ପର୍ଯ୍ୟନ୍ତ ମୁଁ ବଞ୍ଚିବାକୁ ଚାହେଁ।

କଳା କିଟିକିଟି ଅନ୍ଧାର ରାତିରେ
ଚକଚକ ବିଶ୍ୱାସର ବିଜୁଳି ଆଲୁଅରେ
ରକ୍ତନଦୀ ସନ୍ତରଣ କରି
ମୁଁ ଅଟକି ଯାଇଛି ସୂର୍ଯ୍ୟସ୍ନାନ ପାଇଁ।

ଅଗ୍ନିଗର୍ଭା ଯୋଦ୍ଧାଙ୍କ
ନିରସ୍ତ୍ରୀକରଣରେ ମୁଁ ବିବ୍ରତ,
ନିଘୋଡ଼ ନିଦରେ ଶୋଇଥିବା
ଅସହାୟ ଶିଶୁଟି ପାଇଁ ମୁଁ ଚିନ୍ତିତ
ଏବଂ ଶରଶଯ୍ୟାରେ ଛଟପଟ ହେଉଥିବା
ବୀର ପୁଙ୍ଗବର ଶେଷ ସ୍ୱପ୍ନକୁ
ଫଳେଇବାକୁ ମୁଁ ଅପେକ୍ଷାରତ।

ପାପ ଗର୍ଭାଶୟରୁ ଜନ୍ମ ନେଉଥିବା
ଅମୃତ ସକାଳର ବନ୍ଦନା ପାଇଁ
ମୁଁ ଗୀତଟିଏ ଲେଖିବି,
ଯା' ଭିତରେ ଢଳଢଳ ହେଉଥିବ
ସସାଗରାପୃଥ୍ୱୀର ଉଦାସ ସଙ୍ଗୀତ
ଶିରିଶିରି ପବନରେ ସ୍ୱପ୍ନଭର୍ତ୍ତି ଫୁଲମାନେ
ଦୋଳୁଥିବେ ଶବ୍ଦରୁ ଶବ୍ଦକୁ।

ମୁଁ ସ୍ୱୀକାର କରେ ଦୁଃଖର ରାତିକୁ
ପୁଣି ମୁଁ ସାଲିସ୍ କରେ
ମେଘମୁକ୍ତ ସକାଳର ମୃତ୍ୟୁ ସହିତ।

ଅନ୍ଧାରରେ ଦୁର୍ବଳ ମୁହୂର୍ତ୍ତକୁ
ଲୁହ ଦେଇ, ରକ୍ତ ଦେଇ
ଆପଣାର କରିବା ଅପେକ୍ଷା
ବରଂ ଭଲ
ଆଲୋକରେ ନିଜ ପାଇଁ କବର ଖୋଳିବା।

ରଣ ପ୍ରାଙ୍ଗଣରେ ଅବତୀର୍ଣ୍ଣ ମୋର ସଖା, ସହୋଦର!
ଦେଖ, ପାହାନ୍ତି ଆକାଶର ବିଦୀର୍ଣ୍ଣ ଅଗଣାରେ
କେମିତି ବାଜୁଛି ଶଙ୍ଖ, ଘଣ୍ଟାଧ୍ୱନି
କେମିତି କଳାପଟାରେ ଆଙ୍କି ହୋଇ ଯାଉଛି
ଅମୃତ ସନ୍ତାନର ନାଲି ପାଦଚିହ୍ନ।

ମନ୍ଦିର ଚଟାଣରେ ବସିଥିବା
ଅସହିଷ୍ଣୁ ପୁରାଣ ପଣ୍ଡାଙ୍କ
ଶତ୍ରୁତା କି ମିତ୍ରତାକୁ ମୋର ଖାତିର୍ ନାହିଁ
କେବଳ ଆଗନ୍ତୁକ ଶିଶୁଟିର
କୁଆଁକୁଆଁ ଓ ମାଟି ଛୁଆଁ ପାଇଁ
ଦୁଇପାଦ ମାଟି ଓ କେତୋଟି ଶବ୍ଦର
ଥଇଥାନ ପାଇଁ ମୁଁ ବଞ୍ଚିବାକୁ ଚାହେଁ
ମହାମିଳନର ସକାଳ ପର୍ଯ୍ୟନ୍ତ
ଉଦ୍ଧତ ସ୍ୱପ୍ନର ଡଆଁର ଭିତରେ॥

■

ରଚନାକାଳ : ୧୯୮୬

ଶବ କହୁଛି

ଦର୍ପଣରେ ଏ କାହାର ଛାଇ ?
ଯାହାର ହାଇରେ ଭୟଙ୍କରତାର
ବିଗୁଲ ବାଜିଉଠୁଛି ନିଃଶବ୍ଦ ପ୍ରହରରେ
ନିଦାଘ ଗ୍ରୀଷ୍ମରେ ବି ଠକ୍‌ଠକ କରୁଛି
ହାଡ଼, ଶୀତଦିନର ନିସ୍ତେଜ ସକାଳ ପରି ।

ସମ୍ପର୍କର ପାନପତ୍ରରେ
ଆତ୍ମୀୟତାର ପଇଡ଼ିମଶିଣାରେ
ଉର୍ବର ମାଟିର ସବୁଜ କ୍ଷେତରେ
ପିଚ୍‌କି ପଡ଼ିଥିବା ଏ ରକ୍ତ କାହାର ?
ସ୍ୱପ୍ନରଙ୍ଗା ଅଗଣିତ ମଣିଷର
ନା କେଉଁ ଖିଆଲି ରାଜାର ? ?

ସମସ୍ତ ଭୟଙ୍କରତା ଭିତରେ ବି
ଫୁଲଟିଏ ଫୁଟୁଛି ବୋମାର ଉଷ୍ମତାରେ
ମାଆକୋଳରେ ଶିଶୁଟି ଥନଛାଡ଼ି
ମାଟି କୋଳ ଖେଳିବାକୁ ରଡ଼ି ଛାଡୁଛି
ଏ କଥା ତମେ କ'ଣ ଜାଣିନ !

ଯଦି ଜାଣିଛ ଯେ
ଆକାଶରୁ ହଟେଇଦିଆଯାଇପାରେ
ଦୁଷ୍ଟଗ୍ରହର କୋପଦୃଷ୍ଟି
ବେଖାତିର କରାଯାଇପାରେ
କାଗଜ ବାଘର ଧମକକୁ ଏବଂ
ନିଆଁ ବଳୟରେ ଘର କରି ବି
ପ୍ରେମର ସଙ୍ଗୀତ ବୋଲାଯାଇ ପାରେ

ତେବେ ଡେରି କାହିଁକି ?
ବନ୍ଦ ଦୁଆର ଖୋଲି ଆଗେଇ ଆସ ରାସ୍ତାକୁ
ସାମ୍‌ନା କର ସେଇ ଉଦ୍ଧତ ଛାଇକୁ ।

●

ବେଳ ଆଖର । ଏବଠୁ ନାକ ସିଧାକର ।
ବେଳ ଆଖର । ଏବଠୁ ପଛକୁ ଚାହଁନା ।
ପାଦତଳେ ଧସିଯାଉଥିବା ମାଟି
ମୁଣ୍ଡ ଉପରେ ଶାଣିତ ତରବାରୀ
ମୁହଁରେ ଶବ୍‌ଦ ଷଣ୍ଢର ବଜାରବୁଲା କ୍ଲାନ୍ତି
ବାରମ୍ବାର ଗୋଲକଧନ୍ଦା ।

●

ଏ, ଅନ୍ଧାର ଆସୁଛି : ଆଖି ଖୋଲ
ଏ, ମାଟି ଦୁଲୁକୁଛି : ପାଦ ଥୟକର ॥

●

ଶୁଣ, ମାଆ କାନ୍ଦୁଛି । ଅଭିଶାପ ।
ଶୁଣ, ମାଟି କାନ୍ଦୁଛି । ପ୍ରତିବାଦ ।
ଠିଆ ହ, ଉନ୍ନତ ହ ।
ତରବାରୀ ସିଧାକର ।

ଗୋଟିଏ କବିତା ପାଇଁ : ଟୋପାଏ ରକ୍ତ
ଟୋପାଏ ରକ୍ତ ପାଇଁ : ଅସଂଖ୍ୟ ଜ୍ୱାଳାମୁଖୀ ।

ନିଃଶ୍ଚେଷ୍ଟ ମାଟି । ମଞ୍ଜି ପୋତିବୁ ଆ ।
ଅଭିଶପ୍ତ ହୃଦୟ । ପ୍ରେମ କରିବୁ ଆ ।
ନିସ୍ତେଜ କବିତା । ଦାଢ଼ ପରଖିବୁ ଆ ।

●

ଆ' ବୋଲି କହିଦେଲେ
ଆସନ ଟଳମଳ
ଯା' ବୋଲି କହିଦେଲେ

ପ୍ରଳୟ
ଶହ ଶହ ଶାସକର ମୁଣ୍ଡ
ତୋ'ର ହାତମୁଠାର ଇତିହାସରେ
ଶହଶହ ପ୍ରତିବାଦର ସ୍ୱର
ତୋ'ର ରକ୍ତକଣିକାରେ।

ଭୁଲିଯାଆନା,
ଅବିଶ୍ୱାସର କଳାମୁଗୁନି ପଥର ଦେହରେ
ହାତୁଡ଼ି ପାହାରରେ ସୃଷ୍ଟିହୁଏ ଯେଉଁ କବିତା
ତା'ର ପ୍ରତିଟି ଲୋକୂପରେ ଲୋହିତ ବିସ୍ଫୋରଣ।

•

କେହି କାହାକୁ ଛଡ଼େଇ ନିଏ ନି' ଯେ
ସମସ୍ତେ ଛଡ଼ାଛଡ଼ି ହୋଇଯା'ନ୍ତି ଅସହାୟତାରେ
ଯେମିତି ବିକ୍ଷିପ୍ତ ପତ୍ର ସବୁ ଝଡ଼ ତୋଫାନରେ।
ସମସ୍ତେ ଫେରିଯା'ନ୍ତି ସ୍ୱର୍ଗଦ୍ୱାରରୁ
ଟାଙ୍ଗର ପାହାଡ଼ର ଯନ୍ତ୍ରଣାକୁ,
ଯେମିତି କେଉଁ ଖିଆଲି ସମ୍ରାଟର
ପଶାପାଲିରେ ଅସହାୟ ଦାନା
ଉଦାତ୍ତ ସୂର୍ଯ୍ୟର ଆଶିଷ ତଳେ
ଗୁଡ଼ାଏ କ୍ଳୀବ ପୁରୁଷାକାର।

ନିଅ, ମୋ ଶବ୍‌ଦରୁ ଧ୍ୱନି ନିଅ
ନିଅ, ମୋ ରକ୍ତରୁ ପ୍ରତିଧ୍ୱନି ନିଅ
ନିଅ, ମୋ ତୁଣୀରରୁ ଅସ୍ତ୍ର ନିଅ
ନିଅ, ମୋ କବିତାରୁ ରସ ଶୋଷି ନିଅ।
ମୁର୍ଦ୍ଦାର ବି କଥାକହେ ବେଳେବେଳେ
ମୃତ୍ୟୁ ବି ଶିଖେଇ ଦିଏ
ଲୁହ ଓ ଲହୁର ନୀରବ ସଙ୍ଗୀତ।

ଏବେ ତୁ ମୁକ୍ତ: ଯେମିତି ବିଶ୍ୱ
ଏବେ ତୁ ଉତପ୍ତ : ଯେମିତି ଆଗ୍ନେୟଗିରି
ଏବେ ତୁ ଆଲୋକିତ : ଯେମିତି ସୂର୍ଯ୍ୟ।

ଯା, ଯା, ଆଗେଇ ଯା'
ପ୍ରତିଟି ଗର୍ଭକୋଷକୁ, ହୃଦୟକୁ
କବିତାର ଆତ୍ମୀକ ସ୍ୱରକୁ।
ତୋତେ ଚାହିଁରହିଛି ସମୟ
ଅପେକ୍ଷା କରିଛି ସୂର୍ଯ୍ୟୋଦୟ।
ଯା, ସ୍ୱପ୍ନର ସାକାର କବିତାଟିଏ ହୋଇ ଯା'
ମାଟି, ଆକାଶ, ପାଣି, ପବନ ସବୁଠି
     ପ୍ରତିଧ୍ୱନିତ ହେଉ ଥା' ॥

∎

ରଚନାକାଳ : ୧୯୮୬

ଶତାବ୍ଦୀର ସ୍ୱର

ଶ୍ରୋତା କମ୍ ସଙ୍ଗୀତଜ୍ଞ ବେଶି ।
ସବୁଠି ଶବ୍ଦର ଭିଡ଼
କୋଳାହଳ, ଯାନ ବାହନର ଶବ୍ଦ
ବୋମା ଗର୍ଜନର ଶବ୍ଦ, ଶସ୍ତା ଭାଷଣର ଶବ୍ଦ
ଦୁର୍ନୀତି, ଅତ୍ୟାଚାର, ଧର୍ଷଣ ଓ ଆତଙ୍କର ଶବ୍ଦ
ସର୍ବୋପରି ସକାଳ ସନ୍ଧ୍ୟାରେ ଶାନ୍ତି ସମାଚାରର ସ୍ତୁତି
ଏହା ବୋଧେ ଆମ ଶତାବ୍ଦୀର ଶେଷ ପରିଣତି !

ତୃତୀୟ ବିଶ୍ୱର ଆଖିରେ ପରଳ ମାଡ଼ିଯାଏ ଦିନକୁଦିନ
କ୍ରମଶଃ ଯକ୍ଷ୍ମାରୋଗୀର କଣ୍ଠନଳୀପରି
ଘଡ଼ଘଡ଼ ଶୁଭେ ପରମ୍ପରାର ଶବ୍ଦ
ମନ୍ଦିରରୁ ଚୋରି ହୋଇଯାଏ ଦିଅଁ
ଅଙ୍ଗନରୁ ଅପହୃତା ହୋଇଯାଏ କୁମାରୀ
ଶତାବ୍ଦୀର ସ୍ୱର ଶୁଭେ
ଯୂପକାଷ୍ଠ ଉପରକୁ ନିଆଯାଉଥିବା
ଛାଗଳର ମେଁମେଁ ପରି, କାନ୍ଦକାନ୍ଦ
ଦୁର୍ବୋଧ୍ୟ ଦୁର୍ବୋଧ୍ୟ ।

ସକାଳର ବନ୍ଦନା ବାରମ୍ବାର ଘୋଷିବା ବ୍ୟତୀତ
ଅନ୍ୟ କିଛି ଚାରା ନ ଥାଏ ନାହିଁ ନାହିଁର ସାମ୍ରାଜ୍ୟରେ
ମିଛ ଆଶ୍ୱାସନାରେ ତରଳିଯିବା ବ୍ୟତୀତ
ବିକଳ୍ପର ଯୁ ନ ଥାଏ କେତେବେଳେ ।

ବାପା ମାଆ, ଭାଇ ବନ୍ଧୁ, କୁଟୁମ୍ବ
ପୁଅ ଝିଅ, ପତ୍ନୀ ଓ ପ୍ରେମିକା
ଗାଁ, ଦେଶ ଓ ମୋର ପୃଥିବୀକୁ କେବଳ

ମୋରମୋର କହି ଛଳିବା ବ୍ୟତୀତ ଝଳିବା ନ ଥାଏ
ଏକାଏକା ହୋଇ ଆସେ ମଣିଷ
ଭଙ୍ଗା ଦେଉଳ ସ୍ତମ୍ଭରେ ଚୁପ୍‌ଚାପ କୁଆଟିଏ ପରି
ଗିଣିଗିଣା ଶୁଭୁଥାଏ ତା'ର ଅନ୍ତଃସ୍ୱର
ପାଟିରେ ପାଣି ଯାଉ ନ ଥିବା ମଣିଷର ଶେଷ ଶବ୍ଦ ପରି ॥

■

ରଚନାକାଳ : ୧୯୮୫

ଶୁଣ ସଭାଜନେ

॥ ଏକ ॥

ଏବେ ପ୍ରତି ମୁହୂର୍ତ୍ତରେ
ନବଜିଆ ଦୃଶ୍ୟଙ୍କ ଶୋଭାଯାତ୍ରାରେ
ସାଙ୍କୁଡ଼ିଯାଏ ରାସ୍ତାର ମଣିଷ
ପୁଣି ଅନ୍ତସ୍ଥଳର ଉଦ୍‌ଗତ ଇଚ୍ଛାରେ
ଏକ ଲମ୍ବା ଦିଗନ୍ତର ଅନ୍ୱେଷଣରେ, ଅନୁଭବରେ
ଉଙ୍କିଳି ଯାଏ ସ୍ୱର୍ଗୀୟ ପୁରୁଷ ।

ଏବେ ମନ୍ଦିରରେ, ମସ୍‌ଜିଦରେ, ଗୀର୍ଜାରେ
ପ୍ରାର୍ଥନାର କୋରସ ଭିତରେ
ପୃଥିବୀର ସନ୍ଦେଶ ଈଶ୍ୱରଙ୍କ ନିକଟକୁ
ପଠାଯାଇ ପାରେନା କି ଆହତ ଆତ୍ମାର ଡାଏରୀରେ
ଶବ୍ଦର ଝଙ୍କାର ତୋଳି ଲେଖିହୁଏନା ପ୍ରେମର ସଙ୍ଗୀତ ।
ତେଣୁ ଏଠି ବଞ୍ଚିବା ଇ ଭାରି କଷ୍ଟ
ପୁଣି ନିରବତାର ହଳାହଳ ପାନ କରି
ନିଜକୁ ବିସ୍ମରି ଯିବାଇ ବେଶୀ କଷ୍ଟକର ।

ଦାରିଦ୍ର୍ୟର ନିର୍ଦ୍ଧୂମ କୋରଡ଼ା ମାଡ଼
ଦପର୍ଣ ସାମ୍ନାରେ ମୁଁ ପ୍ରତ୍ୟକ୍ଷିଛି,
ପରାକ୍ରମି ଶବ୍ଦଙ୍କ ଶେଯରେ
ଆତ୍ମାର ଉଦାସ ମୁହଁକୁ ମୁଁ କାନେଇଛି;
ଛଳନାର ପାଗଳଖାନାରେ
ଉଦ୍ଭଟ ନାଟକକୁ ମୁଁ ଅନୁଭବିଛି,
ବୃକ୍ଷର ଶୀର୍ଷତମ ଡାଳରେ ସୁରକ୍ଷିତ ଫଳଟିକୁ
ତୋଳିବାକୁ ମୁଁ ନାକେଇଛି ।

ଅଥଚ ଅଦେଖା ସ୍ୱପ୍ନ ଅଚାହାଁ ଇଚ୍ଛାର କଳାନାଗ
ବାରମ୍ବାର ଦଂଶିଦେଇଛି ମୋର କୋମଳ ହୃଦୟ
ସାମାନ୍ୟ ଅନୁକମ୍ପାର ଫୁଲ ଫଳର ଉଦ୍ୟାନକୁ
ଉଜାଡ଼ି ଦେଇଛି ଅସହିଷ୍ଣୁ ଝଡ଼
କେତେବେଳେ ନର୍କଦ୍ୱାର ତ କେତେବେଳେ ସ୍ୱର୍ଗଦ୍ୱାର।
ଉନ୍ମୋଚିଛି ମହାବର୍ତ୍ତର ସିଂହଦର୍ଜାରୁ
ସବୁକୁ ଆଦରିନେଇ ମୁହୂର୍ତ୍ତର ଘୋଡ଼ା ଦୌଡ଼ରେ
ମଣିଷ ବଞ୍ଚିଛି ନିରୀହ ଜକିଟିଏ ହୋଇ !
ଜୀବନର ରକ୍ତାକ୍ତ ଖେଳପଡ଼ିଆରେ
ପକ୍ଷ ଓ ପ୍ରତିପକ୍ଷର ପ୍ରବଳ ହୋହଲ୍ଲାରେ
କେବେବି ବିଚଳିତ ହୋଇନି ସାତ୍ୟକି ହୃଦୟ,
ଦୃପ୍ତ ଚେତନାର କଦମତାଲ୍
କେବେବି ଖାତିର୍ କରିନି ଅରଣ୍ୟକୁ
ଅନ୍ଧାରକୁ, ଅସହାୟତାକୁ
ମାୟାମୃଗ ପଛରେ ଦୌଡ଼ିଦୌଡ଼ି
ଚିହ୍ନିଛି ରାମକୁ, ରାବଣକୁ, ରାମା ଗଉଡ଼କୁ
ଏବଂ ହିମ ଶୀତଳ ଶରଶଯ୍ୟାରେ
ପ୍ରାଚୀନ ଛାଇଟି ଭଳି ଯୁଝି ଆସିଛି ଚିରକାଳ
ସମସ୍ତଙ୍କ ପୋଷାକରେ ବେଶ ବଦଳାଇ
ଭଲପାଇ ଶିଖିଛି ନିଜକୁ, ସମୟର ଶାଣିତ ଦାଢ଼କୁ।

॥ ଦୁଇ ॥

କେତେକାଳ ଆଉ ଏଠି ଘୁମେଇବ
ଜୀବନକୁ ପାକୁଳି ପାକୁଳି, ସିଙ୍ଗସିଙ୍ଗ ହୋଇ
କେତେଦିନ ନିରୁଦ୍ଦିଷ୍ଟ ଠିକଣାରୁ
ଆସୁଥିବା ଲଫାଫା ଭିତର
ବୋମାରେ ରକ୍ତାକ୍ତ କରିବ ଘାସ ପଡ଼ିଆକୁ,
କେତେଦିନ ଅବୁଝାମଣା ରଜା ଓ ପାଳବିଣ୍ଡା ମନ୍ତ୍ରୀର
ଅସୂର୍ଯ୍ୟ ଭୂଇଁରେ ଘରକରି ଶୁଣୁଥିବ

ଦାସତ୍ୱର ଅବୋଲକରା କାହାଣୀ;
କେତେଦିନ ଏମିତି ପ୍ରଚଣ୍ଡ ଦୁଃଖରେ
ସଢୁଥିବା କୋମଳ ପୃଥିବୀଟି
ପଡ଼ିଥିବ ଆତ୍ମୀୟତାର ନୂଆ କନା ଖଣ୍ଡେ ପାଇଁ?

ଶୋକାର୍ତ୍ତ ମୁହୂର୍ତ୍ତର
କଫିନ୍ ଉପରେ ଠିଆହୋଇ
ଅଦୃଶ୍ୟ ଆତତାୟୀର ହାତମୁଠାରୁ
ଆଲୋକକୁ ସ୍ୱୀକୃତି ଦେବ ତ ଆସ
ଅସତ୍ୟର ପ୍ଲାବନରେ ହଜିଥିବା ଚାବିନେନ୍ଥା
ଅକ୍ଟୋପାସୀ ନିଷ୍ଠୁର ପଞ୍ଝାରୁ ଖୋଜିବ ତ ଆସ
ଯନ୍ତା ବାହାରେ ନିଧଡକ ବୁଲୁଥିବା ମଣିଷ ବାଘକୁ
ଶିକାର କରିବ ତ ଆସ
ଅନୁଭବର ବେଙ୍ଗଲାରୁ ବିଶୁଦ୍ଧ ଅକ୍ଷତ
ବାୟା ଚଢ଼େଇଙ୍କ କୃଷି ପାଇଁ, କୃଷ୍ଟି ପାଇଁ
ସଞ୍ଚିବ ତ ଆସ।

ହୁଏତ ପାହାନ୍ତି ପାହାନ୍ତି
ଅନ୍ତରଙ୍ଗ ଶବ୍ଦର ଧ୍ୱନିମୟତାରେ
କ୍ଷୀରାବ୍ଧି କୋଳରୁ ଉଠିଆସିବେ ନିଦ୍ରିତ ଈଶ୍ୱର
ହୁଏତ ପ୍ରାପ୍ତିର ଅମୃତ ଲଗ୍ନରେ
ଫୁଲେଇଯିବ ନିଃସ୍ୱ ବର୍ତ୍ତମାନ
ଫଳେଇ ଯିବ ସ୍ୱର୍ଦ୍ଧିତ ବୃକ୍ଷର ଆକାଶ ॥

■

ରଚନାକାଳ : ୧୯୮୩

ଶବ୍ଦରୁ ଅଶବ୍ଦ, ଅଶବ୍ଦରୁ ଶବ୍ଦ

॥ ଏକ ॥

ବୋମାଫୁଟେ ଶବ୍ଦରେ, ଶବ୍ଦ ଫୁଟେ ଅଶବ୍ଦରେ।
ଶବ୍ଦର ମହିମ୍ନତାରେ କମ୍ପୁଥାଏ
ନିରବଧି କବିର କଙ୍କାଳ।

ଆଜିକାଲି ସବୁକିଛି ଓଲଟ ପାଲଟ।
ମୁଣ୍ଡ ତଳକୁ ଏବଂ ଗୋଡ଼ ଉପରକୁ
ଚରାଡାହାଣୀର ଅଭିଶାପ ପରି
ରାତି ଦିନ ମୁହୂର୍ତ୍ତର ନିଷ୍ଫଳ ବେଭାର:
ଆଜିକାଲି ଏକ ପରିପୂର୍ଣ୍ଣ ଜୀବନ ଯାତ୍ରାର
ନିର୍ଭର ପ୍ରତିଶ୍ରୁତି ଦେଇ ପାରେନା ସକାଳ
ଏକ ଚିର ଇପ୍‌ସିତ, ଅଭଙ୍ଗ ସ୍ୱପ୍ନର ଆଶ୍ୱାସନା
ଦେଇ ପାରେନା ସଞ୍ଜ
ବର୍ଷାର ବିଳାପ ପରି ଏକ ଧର୍ଷିତ ପ୍ରବଞ୍ଚନାର
ଅବୈଧ ପ୍ରୀତିରେ ଗଢ଼ିଚାଲେ ସୁଖଦୁଃଖର ଆସର
କେହି ଫେରେଇପାରେନା ଆମ ବିପନ୍ନ ସ୍ୱୀକାର।

କିଛି ପୂର୍ବାପର ସଙ୍ଗତି ନ ଥାଏ ବହମାନ ଘଟଣା କ୍ରମର
ଦୁର୍ବୋଧ୍ୟ ବୋଲି କିଛି ନ ଥାଏ
କବିତାର ମଧୁ ପାର୍ବଣରେ
ହୃଦୟ ଦିଆନିଆର ବୋଇତ ଭସାଣିରେ।

॥ ଦୁଇ ॥

ଶବ୍ଦର ଧଡ଼ରେ ନିଆଁ ଗେଞ୍ଜିଦିଅ
ନଚେତ ନିରବତାର ଖତଗଦାରେ
ସବୁଜ ସାର ପାଲଟିଯାଅ ଚିରକାଳ।

ଇତିହାସର ଅଳନ୍ଧୁ ଭିତରୁ
ଉଙ୍କିଳି ଉଠିବେ ଶବ୍ଦ ମାଳମାଳ
ଜନନୀର ଗର୍ଭକୋଷରେ କୋଷେଇଯିବ
ଅମୃତ ସନ୍ତାନର ଆଦ୍ୟ ହସ୍ତାକ୍ଷର।

ଅବୋଲକରାର ଲିପିକାର ଗଢ଼ିପାରେନା
ଗୋଟିଏ ଉଦାତ୍ତ ପୁରୁଷାକାର
ବରଂ ପ୍ରତି ଲୋମକୂପରେ ଭରିଦିଏ
ସହସ୍ର ବର୍ଷର ସଂକ୍ରାମକ ବ୍ୟାଧି।

ବନ୍ଦିଶାଳର ଚତୁପାର୍ଶ୍ୱରେ
ଧୂଧୂ ଜଳୁଥିବା ଉହ୍ଲେଇରେ ଲଙ୍କା ଥୋଇଦିଅ,
ନିଃଶ୍ଶେଷ ମାନସିକତାର ଭୂତକୋଠିରୁ
ବାହାରି ଆସିବେ ଅଣନିଃଶ୍ୱାସୀ ମଣିଷମାନେ
ସମ୍ରାଟଙ୍କ ଶିଳାନ୍ୟାସ ସ୍ଥାନମାନଙ୍କରେ
ଦେଖାଦେବ କୋଳାକୋଳିର ସବୁଜ ବିପ୍ଳବ।
ଅଧର୍ମ ଯୁଦ୍ଧର ଚମତ୍କାରିତାରେ
ସପ୍ତରଥୀ ବଧିପାରନ୍ତି ଅଭିମନ୍ୟୁ ସିନା
ଉତ୍ତରା ଗର୍ଭକୁ ଉହାଡ଼ି ଥାଏ ସୁଦର୍ଶନ, ଚିରକାଳ।

॥ ତିନି ॥
ଦର୍ଜା ଖୋଲାରଖ ପ୍ରିୟଜନେ,
ପ୍ରିୟତମ ଶତ୍ରୁ କି ପ୍ରିୟତମା ପ୍ରେମିକା
କେହି ହୁଏତ ଫେରିବେ ଘୋର ଅରଣ୍ୟରୁ
ସିନ୍ଦୁରା ଫାଟିବା ପୂର୍ବରୁ।

କେହି ହୁଏତ ଉଭଟ ସ୍ୱପ୍ନର
ଏକତାଲା, ଦିତାଲା, ତିନିତାଲା, ଚାରିତାଲା
ପାଞ୍ଚତାଲା... ତାଲା ପରେ ତାଲା...ର ଶୀର୍ଷଦେଶରୁ

ଅକସ୍ମାତ ଖସିପଡ଼ିବେ ଆମ ବିଶ୍ୱସ୍ତ କୁକୁର ପହ୍ଲାକୁ।
ହୁଏତ ଅନିୟମିତ ଋତୁଙ୍କ ବିବାକ ଆକାଶରୁ
କି ନିଦ୍ରିତ ଈଶ୍ୱରର ବିଳିବିଳେଇବାରୁ
ଉହୁଁକି ଆସିବ ସ୍ୱପ୍ନମୟ ଭାବଟିଏ
ନିକମ୍ମା କବିର ଶୋଷିଲା ଜିଭକୁ।

ଦର୍ଜା ଖୋଲାରଖ ପ୍ରିୟଜନେ,
ହୁଏତ ଗର୍ଭ ଯନ୍ତ୍ରଣାର ସୂର୍ଯ୍ୟସ୍ନାତରେ
ନାଚିଉଠିବ ତାଜୁବ ଶିଶୁର ହସ
ଆତ୍ମସ୍ଥ ଉପଲବ୍ଧିର ମଧୁର ବର୍ଷାରେ
ମଶାଣି ପାଲଟି ଯିବ ଏନ୍ତୁଡ଼ିଶାଳ ॥

■

ରଚନାକାଳ : ୧୯୮୩

ଶୋଇ ପଡ଼ିଥିବା ଲୋକଟି ଏବେ ତମରି ସାମ୍ନାରେ

କହିଥିଲି ନା,
ଦିନେ ସକାଳେ ତମ ସମସ୍ତଙ୍କୁ
ଚମକେଇ ଦେବି ବୋଲି !

ମନ୍ଦିରର ଶଙ୍ଖ ଆଳତୀର ଧ୍ୱନି
ଶୁଭିବା ବେଳକୁ,
ବିଲମୁହାଁ ହଳିଆର ଗୀତ
ଶୁଭିବା ବେଳକୁ,
ବାସିକାମ ସାରି ଘରଣୀମାନେ
ଚଉଁରା ମୂଳରେ ମୁରୁଜ
ପକେଇବାବେଳକୁ
ଆଉ ତମମାନଙ୍କର ପ୍ରତୀକ୍ଷାର ରାତି
ପାହି ଆସିବା ବେଳକୁ
ମୁଁ ଆସି ସାରିଥିବି ବୋଲି ! !

ହେଇ ଦେଖ, ମୁଁ ଆସିଗଲି
ତମମାନଙ୍କ କୋଳାହଳକୁ
କାନ୍ଧରେ କାନ୍ଧ ମିଳେଇ
ଶବ୍ଦରେ ଶବ୍ଦ ମିଳେଇ
ହାତରେ ହାତ ମିଳେଇ
ଦୁନିଆଯାକର ବୋଝ ଉତାରି ଦେବାକୁ
ଚାରିଆଡ଼େ ଜମି ଯାଇଥିବା
ଅଳିଆ ଆବର୍ଜନାକୁ ପହଁରେଇ ଦେବାକୁ ।

ତମେମାନେ ଭାବୁଥିବ
ନଈକୂଳରେ ଡଙ୍ଗା ବାନ୍ଧିଦେଇ
ମୁଁ ଶୋଇ ପଡ଼ିଥିଲି ଏତେବେଳ ଧରି।
ତମକୁ ହୁସିଆର ରୁହ କହିଦେଇ
କେଉଁ ଗ୍ରାମ୍ୟ ତରୁଣୀର ସ୍ନେହାର୍ଦ୍ର କୋଳରେ
ନିଦେଇ ଯାଇଥିଲି ବୋଲି
କିମ୍ବା ତମମାନଙ୍କ ଭାଗ୍ୟ ଓ ଜୀବନର ସ୍ୱପ୍ନକୁ
ଶୋଷଣ କରି ବଞ୍ଚୁଥିବା ମୁଖାପିନ୍ଧା ଭଦ୍ରଲୋକଙ୍କ
କିମିଆଁରେ ଭଳି ଯାଇଥିଲି ବୋଲି।

ନା, ଲୁଣିମାରି ଯାଇଥିବା
ମୋର ଭଙ୍ଗା କୁଡ଼ିଆର କାନ୍ଥପରି
ମୋ ଦେଶର ଭାଗ୍ୟ;
ଛପରର ଘୁଣଖିଆ ବତା ଓ ବାଉଁଶ ପରି
ମୋ ଦେଶର ସ୍ୱପ୍ନ,
ମୂଷାଙ୍କ ଦାଉରେ ମୋର ବିପର୍ଯ୍ୟସ୍ତ କୋଠରି ପରି
କ୍ଷତବିକ୍ଷତ ମୋର ମାନଚିତ୍ର
ଆଉ ମୂଷାମାଂସର ଲୋଭରେ
ଅନୁପ୍ରବେଶକାରୀ ସର୍ପଙ୍କ ପରି
ସନ୍ତ୍ରାସବାଦର ବିଭୀଷିକାରେ
ଥରୁଛି ମୋର ଦେଶର ହୃତ୍‌ପିଣ୍ଡ।

ଏମିତି ମୁହୂର୍ତ୍ତରେ
କେବେ କ'ଣ ଶୋଇହେବ ନିଦରେ!
ପେଟରେ ଓଦାକନା ଦେଇ
ଉପାସି ଆଖିର ଲୁହ ସମୁଦ୍ରରେ
କେବେ କ'ଣ ଜାଳିହେବ କାମନାର ଅଗ୍ନି?

ରକ୍ତରେ ଚାଉଳ ଫୁଟୁଥିବା ବେଳେ
କେବେ କ'ଣ ବନ୍ଦ କରିହେବ
ହାଣ୍ଡି ତଳ ନିଆଁର ହସକୁ ?

ମଣିଷକୁ ଭୂଆଁ ବୁଲେଇ
ନଈବାଲିରେ ଶୁଆଇ ପକେଇବା
ବିଶ୍ୱାସଘାତର କାମଥିଲା
ମୋର ପୂର୍ବସୂରୀମାନଙ୍କର,
ମଝିନଈରେ ଡଙ୍ଗା ଅଟକେଇ
ଅଣ୍ଟିର ପୁଞ୍ଜିକୁ ହାତସଫେଇ କରିନେବାର
ସହଜ ଉପାୟ ବି ଜଣାଥିଲା ସେମାନଙ୍କୁ
ଆଉ ଆତ୍ମୀୟସ୍ୱଜନଙ୍କ ରକ୍ତରେ ହୋରି ଖେଳି
ବାହାବା ନେବାର ସଫଳତା ବି ଥିଲା ସେମାନଙ୍କର ।

ହେଲେ, ପ୍ରତିଶ୍ରୁତିକୁ ଫେରିକରି
ବିକିବା ମୋର ଜାତକରେ ନାହିଁ
କେଇପଇସାର ମାହାସୁଲରେ ଭଳିଯାଏ ନାହିଁ ନାବିକ,
ନଈର ଉଦ୍ଦାମ ସ୍ରୋତ ଓ ଝଡ଼ ତୋଫାନକୁ
ଖାତିର ନ କରି ଆରକୂଳରେ
ମଙ୍ଗ ଭିଡ଼ିବା ହିଁ ତା'ର ବୀରତ୍ୱ
ତା'ର ପ୍ରତିଶ୍ରୁତି ।

କହିଥିଲି ନା,
ନଈକୂଳରେ ରାତି କଟେଇବା
ଭାରି କଷ୍ଟ, ହୁସିଆର ଥିବ
ନହେଲେ ସୁନ୍ଦେରୀ ବଣର ବାଘର ଥାବାରେ
ଚାପି ହୋଇଯିବ ତମ ସମଗ୍ର ଜୀବନ ।

କହିଥିଲି ନା,
ଆଖିପତା ପକେଇବନି',
ଦୀର୍ଘଶ୍ୱାସରେ ଆକାଶ ଚରିଯିବା ବେଳେ
କୁଆଁତାରାଟିଏ ପ୍ରତିବିମ୍ବିତ ହେବ ଜଳରେ
ଆଉ, କୁଆ କା' କା କରିବା ପୂର୍ବରୁ
ମୁଁ ବାହାରି ଆସିଥିବି ବାଲୁତସୂର୍ଯ୍ୟ ପରି ।

ଏବେ ନିଜକୁ
ସଜାଡ଼ିନିଅ ଭାଇମାନେ, ତୂର୍ଯ୍ୟନାଦ କର
ସେଇ ପ୍ରାଚୀନ କୋଦଣ୍ଡକୁ ହାତରେ ଧରି
ମୁଁ ଠିଆହୋଇଛି ତମରି ସାମ୍ନାରେ
ଆଉ କେହି ତମକୁ ଭୁଆଁବୁଲେଇ
ଦିଗଭ୍ରଷ୍ଟ କରିବେନି ନଈ ଏ କୂଳରେ
ସେ ଲୁହର ନଦୀ ହେଉ କି ରକ୍ତର ନଦୀ ହେଉ
ଆର କୂଳରେ ତମକୁ ପହଞ୍ଚେଇଦେଲେ
ମୋର ଛୁଟି, ମୋର ନିର୍ବାଣ ॥

■
ରଚନାକାଳ : ୧୯୮୬

ସର୍ତ୍ତ

ବାରମ୍ବାର ତାଗିଦ କରିଥିଲି:
ଲାଗିବୁ ଯଦି ମାଗିବୁ କିଆଁ
ମାଗିବୁ ଯଦି ଜିଇବୁ କିଆଁ !

ଚାଟଶାଳୀର ଖଇଚା ପିଲାଙ୍କ
ନାକଧରି, କାନଧରି ମାଡ଼ଦେଇ, ଛାଡ଼ଦେଇ
ପଣକିଆ ଘୋଷେଇଲାପରି
ବଣୁଆ ଶୁଆକୁ ମଣ କଲାପରି
ରଟେଇଥିଲି ଜୀବନର ରାମନାମ:
ମାଟିକୁ କହିବୁନି, ଭୂଇଁ ଦେ
ପାଣିକୁ କହିବୁନି, କଇଁ ଦେ
ଦିନକୁ କହିବୁନି, ମେଧା ଦେ
ରାତିକୁ କହିବୁନି, ରାଧା ଦେ ।

ଅଭିମାନରେ ଅବୁଝା ମନଟେପରି
ମନମାରି ଶୋଇବୁନି
ଅସାମର୍ଥ୍ୟର ବାସିଶେଯରେ,
ଲୁହରେ ଭିଜେଇଦେବୁନି ଆପଣାର ଶବ୍ଦ
ଦୁଃଖଭର୍ତ୍ତି ପାରିଲା ସାମ୍ରାଜ୍ୟ;
ନିଜ ହାତ ପାପୁଲିରେ ନିଜ ରକ୍ତ ଦେଖି
ଡରିଯିବୁନି ଶୋକାର୍ତ୍ତ ରାସ୍ତାରେ ।

ଡରିବା ଠାରୁ ମରିବା ଭଲ
ଇତିହାସରୁ ଗୋଟିଏ ଭୀରୁର ବିଯୁକ୍ତ ।

ହାତର ତାକତ, ଛାତିର ହିମ୍ମତ

ଶଗଡର ଇଜ୍ଜତ ନେଇ ବଞ୍ଚିବୁ ତ
ଛଡ଼େଇଆଣ ନ୍ୟାଯ୍ୟ ଦାବି:
ଅରଣା ମଇଁଷି ଶିଙ୍ଗରୁ
ପ୍ରତିଦ୍ୱନ୍ଦ୍ୱୀର କମ୍ପିତ ହସ୍ତରୁ
ସମୟର ଝୁଲାମୁଣିରୁ।

ହାର୍‌ଜିତ୍‌ ଖେଳପଡ଼ିଆରେ
ଅଭିନୀତ ହେଉଥିବା ନାଟକରେ
ଭାଗନେବୁ ତ:
ଖେଳ ବୁଝ
କଥା ସୁଝ
ଅଣ୍ଟା ଯୁଝ
ରକ୍ତ ଭୁଞ୍ଜ
ନିଆଁ ଗୁଞ୍ଜ।

ତିନିଗାର ଡେଇଁବୁ ତ ବୀର
ଅଟକିବୁ ତ କୁଳାଙ୍ଗାର ॥

■
ରଚନାକାଳ : ୧୯୮୩

ସ୍ମୃତି

॥ ଏକ ॥
ବାପାଙ୍କୁ କହିଲି:
ବାପା, ହସୁନ କାହିଁକି
କ'ଣ ତମ କରାଟ ହଜିଛି ?
ବାପା ହସିଲେ, ଓଠ ଚାପିଚାପି
ଯେମିତି ଶବ ହସେ।

॥ ଦୁଇ ॥
ମାଆକୁ କହିଲି:
ମାଆ କାନ୍ଦୁଛୁ କାହିଁକି ?
ମୁଁ ପରା ପାଖେପାଖେ ଅଛି।

ମାଆ ଲୁହ ପୋଛିଲା
ଧକ୍‌କେଇଲା ଓ ଗୁମ୍ ସୁମ୍ ହୋଇଗଲା
ଯେମିତି ମାଟି ପଥର ହୋଇଯାଏ।

॥ ତିନି ॥
ଦିନରାତି ଖଟିଖଟି
ଦାଦା ଫେରନ୍ତି କଲିକତାରୁ
ଆଣିଥା'ନ୍ତି ମୋ ପାଇଁ
ନୂଆ ଜାମା ପେଣ୍ଟ୍
ଜୋତା, ଛୁରୀ ଏବଂ ଅନେକ ଦରବ।

ଗପି ଯାଆନ୍ତି
କଲିଜାକଟା ନଗରୀର
ଦୁଃଖ ସୁଖ
ଯାହା ଅଙ୍ଗେନିଭା।

ପୋଖରୀ ତୁଠ ବାସେ
ରୋଷେଇଶାଳରୁ
ଡାଲି ବଘରା ଛୁଙ୍କେ
ନୂଆ ଖୁଡ଼ୀ ମୋର
ପାଦରେ ଅଳତା ମାଖେ
'ଆଖଡ଼ା ଶାଳରୁ ସଅଳ ଫେରିବ'
ଆକଟେ।

ଦାଦା ନିତି ଫେରୁଥିଲେ
ଶ୍ମଶାନ ଶିବ ପରି
ଚିଲମ ଟାଣିଟାଣି।
ଶତ ପ୍ରତିବାଦ,
ରାଣ ନିୟମ ସତ୍ତ୍ୱେ
ଏବଂ ମରିଗଲେ
ସେଇ ଧୂଆଁ ଶୋଷିଶୋଷି,
ହସିହସି।

କେବେ ପଚାରି ପାରିନି
ଦାଦା, ତମର ଏତେ ଦୁଃଖ
କେଉଁଠି ଥିଲା, କେଉଁ ସିନ୍ଦୁକରେ?

■
ରଚନାକାଳ : ୧୯୮୫

ସ୍ୱର୍ଗଦ୍ୱାର

ବହୁ ଆକାଂକ୍ଷିତ ଫୁଲ ଶେଜଟିଏ
କି ସୁଖ ନିଦ୍ରାଟିଏ
ନ ହେଲା ନାହିଁ।

ବହୁ ସ୍ୱପ୍ନାୟିତ ଚାଳ ଘରଟିଏ
କି ହୁଲି ଡଙ୍ଗାଟିଏ
ନ ହେଲା ନାହିଁ।

ବହୁ ଜ୍ୟୋତ୍ସ୍ନାୟିତ ଘାସ ପଡ଼ିଆଟେ
କି କଦମ୍ବ ବନଟିଏ
ନ ହେଲା ନାହିଁ।

ତମେ ବଢ଼େଇଦିଅ ସ୍ନେହାର୍ଦ୍ର କୋଳ
ମୁଁ ପାରି ଦେଉଛି
ଶବ୍ଦର ଚଦର।

କୁହୁଳୁଥିବା କୋହ କି ମଲା ନଈର ସୁଅ,
ଏକ୍‌ଲା ତାରାର ଲୁହ କି ବେଙ୍ଗୀ ପିଉଳର ମୋହ
ପାଲଟିଯିବେ ଖାସା କବିତା।

ଦୁଇଟି ତୃଷିତ କାୟାର
ସମ୍ମିଳିତ ଓଁକାରରେ
ସମୟ ପାଲଟି ଯିବ
ତ୍ରିଶଙ୍କୁର ସ୍ୱର୍ଗ ॥

■
ରଚନାକାଳ : ୧୯୮୩

ସୂର୍ଯ୍ୟରଙ୍ଗା

ଆକାଶର ବର୍ଷା ଛାତିଫଟା ଦେଲେ
ହୁଡ଼ିରେ ଚିହିଁକୁଥିବା ବିଭସ୍ତ ନିଆଁର ଧାସ
ଚରିଯାଏ: ଦେହ, ମନ, ସମସ୍ତ ଜଙ୍ଗଲ।
ଅଦୃଶ୍ୟ ଶିକାରୀ ଜାଲପାତେ
ତ୍ରାହିତ୍ରାହି ଡାକୁଥାଏ ପକ୍ଷୀ ଥୁଣ୍ଟା ଡାହିପରେ
ମହାକାଳ ଯନ୍ତ୍ରଣା ଜୁଇରେ।

ଅନ୍ଧାର ଜଡ଼ିଗଲେ ଚହଲା ପାଣିରେ
ଅବସନ୍ନ ଅବୟବେ ସ୍ୱସ୍ତିର ଘୁଂଘୁଡ଼ି।
ସଫେଇର ପ୍ରଶ୍ନ କାହିଁ ?
ଫେରିବାକୁ ହୁଏ ସେଇ ଅମଣ୍ଡା ରାସ୍ତାରେ
ବହୁ ପରିଚିତ ଛାଇ, ଗାଁ ଗଣ୍ଡା
ଗଛବୃଛ, ଦଣ୍ଡା ଓ ଗୋହିରୀ
ଡରି ଡରି ଛୁଆଧରା, ଅରଣା ମଇଁଷି
ଭୟଙ୍କର ଖରାବେଳ
ଗାଁ ତୋଟା ଭୂତଙ୍କ ଆସର।
କୋର୍ଟ ଶୁଣାଣୀର ଦିନ ଗଡ଼ିଗଡ଼ି ଯାଏ
ପତ୍ରଝଡ଼ା କ୍ଳାନ୍ତ ଗୋଧୂଳିରେ
ଯୁଦ୍ଧକ୍ଷେତ୍ର ଫାଙ୍କା ହେବାପରେ।

ସମୁଦ୍ରକୁ ପିଠିକଲେ ଖୁନ୍ଦିଯାଏ
ଅନାବନା ଆଖିଏ ଭାଷା
ଅଣଚାଶ ପବନର ବେଗ ବଢ଼ିଯାଏ।
ସବୁ ସ୍ୱପ୍ନ ଦେଖିହୁଏନି,
ଅନ୍ଧକାର ଜରାୟୁରୁ ଜନ୍ମନିଏ କାଲୁଆ ସକାଳ
ହିନିମାନୀ ଶବ୍ଦସବୁ ପହରନ୍ତି

ଗାଈଆଳଙ୍କ ତୁଣ୍ଡରେ, ମନ୍ଦିର ଘଣ୍ଟାରେ ଅବା
ବ୍ୟସ୍ତା ତରୁଣୀର ଚଞ୍ଚଳ ଚୂଡ଼ିରେ ।
ଦିଗନ୍ତକୁ ଚାହିଁରହେ ଉଦାର ମଣିଷଟି
ମୌନ ଭାଷାରେ/ ଜର୍ଜର ଇଚ୍ଛାରେ
ପୂର୍ବାକାଶ ବାଟବରଣରେ ॥

■

ରଚନାକାଳ : ୧୯୮୨

ସୃଜାମ୍ୟହମ୍

॥ ଏକ ॥

ଆସିବା ରାସ୍ତାରେ
ସେମାନେ ବାଟ ଆଗୁଳିଲେ
ବିଭିନ୍ନ ପ୍ରଶ୍ନରେ
ଆଘାତ କଲେ ମୋର ସ୍ନାୟୁକେନ୍ଦ୍ର
ପାଦତଳେ ବିଛେଇ ଦେଲେ
ନିଆଁ ଓ ବାରୁଦର ଆସ୍ତରଣ
ଖୋଲିଦେଲେ ମୋର
ସାଞ୍ଜୁ, ପୋଷାକ ଓ ଶିରସ୍ତ୍ରାଣ
ଟିହାଇଦେଲେ ପାଣି ପବନକୁ
ଉସ୍କେଇ ଦେଲେ ମାୟାବତୀ ନାରୀମାନଙ୍କୁ
ବାରମ୍ବାର ଶିଖେଇଲେ:
ଭାଇ ତଣ୍ଟିରେ ଛୁରୀ ବସା
ସାମ୍ରାଜ୍ୟ ପାଇବୁ
ଧନୀ ବଣିକକୁ ଲୁଣ୍ଠନ୍ କର
ନିର୍ବାଣ ପାଇବୁ।

ମୁର୍ଖଙ୍କ ପ୍ରଳାପ ପରି
ଶବ୍ଦ ସବୁ ପ୍ରତିଧ୍ୱନିତ ହେଉଥିଲେ ଅନ୍ଧାରରେ।
ସେମାନଙ୍କୁ କହିଦେବାକୁ ଇଚ୍ଛା ହେଉଥିଲା
ମୂର୍ଖ, କ'ଣ ଜାଣ ତମେମାନେ ନିଜ ବିଷୟରେ ?
ଖଦଡ଼ ପିନ୍ଧିଲେ କେହି
ନେତା ହୋଇଯାଏନା
ତିଲିଖ ମାଖିଲେ କେହି
ଧାର୍ମିକ ହୋଇ ଯାଏନା
କବିତା ଲେଖିଲେ କେହି

ପ୍ରେମିକ ହୋଇ ଯାଏନା
ଆଉ ବିପ୍ଳବର ଶସ୍ତା ସ୍ଲୋଗାନ୍ ଦେଇ କେହି
ଫେରେଇ ଆଣି ପାରେନା
ତା'ର ସ୍ୱପ୍ନ, ତା'ର ଭାଗ୍ୟ
ଓ ସମୟର ଚଳଚଞ୍ଚଳତା।

॥ ଦୁଇ ॥
କାହିଁ ତମର ସାମ୍ରାଜ୍ୟ, ସମ୍ରାଟ
ମୋର ଗୋଟିଏ ପାଦକୁ ଅକୁଳାଣ।
କାହିଁ ତମର କୁବେର ସମ୍ପଦ
ମୋର ଗୋଟିଏ ପେଟକୁ ନିଅଣ୍ଟ।
କାହିଁ ତମର ଶକ୍ତି
ମୋର ଗୋଟିଏ ଶବ୍ଦକୁ ଅସମର୍ଥ।
ଅହଙ୍କାରର ଧ୍ୱଜା ଧରି
କେହି 'ଶୈଳକକ୍ଷ'ରେ ପହଞ୍ଚି ପାରେନା
କେହି ଭେଦ କରି ପାରେନା
ଜୀବନର ସମସ୍ତ ରହସ୍ୟ।

ପ୍ରେମର ହାତ ଚଢ଼ାଅ
ଓହ୍ଲେଇ ଆସ ମଞ୍ଚାରୁ
ଦେଖିବ, ସାରା ପୃଥିବୀକୁ ଆତ୍ମସ୍ଥ କରି
ପରିବ୍ୟାପ୍ତ ହୋଇ ଯାଉଥିବା ମୋର ହୃଦୟ ବି
ତମର ହୋଇଯିବ, ସାରାଦିନ ପାଇଁ।

॥ ତିନି ॥
ଏବେ ଅନ୍ଧାର ଫିଟେଇ ଦେଉଛି
ଜୀବନକୁ ସରୁ ରାସ୍ତାଟିଏ
ଖୋଲି ଦେଉଛି ପାର୍ଥକ୍ୟ ସବୁ
ଉଠାଣି ଗଡ଼ାଣି ରାସ୍ତାର ବାଙ୍କ ବୁଲି

ପ୍ରସରି ଯାଉଛି ମୁକ୍ତିର ଜଳଧାରଟିଏ
ହତବାକ ମଣିଷ ବହୁଦିନ ଧରି
ଛାଡ଼ି ଆସିଥିବା ରାସ୍ତାଟିଏ ଖୋଜୁଛି
ଶବ୍ଦଟିଏ ମାଗୁଛି ।

ଏବେ ଦୃଷ୍ଟିର ପରିଧିକୁ ପ୍ରସାରିତ କରି
ବାଟ ଚାଲିବାର ବେଳ
ନିଦ୍ରିତ ଧମନୀ ମାନଙ୍କୁ ଚିମୁଟିବାର ବେଳ
ମାଟିତଳେ ମୁଣ୍ଡଜାକି ଶୋଇଥିବା ବୀଜ
ପୋଡ଼ାଜଳାର ଆବର୍ତ୍ତରେ
ପକ୍ଷ ହରାଇଥିବା ପକ୍ଷୀ
ଶୂନ୍ୟ ମନ୍ଦିରର ହାହାକାର ଭିତରେ
ହଜି ଯାଇଥିବା ଦିଅଁ ଓ ସ୍ୱପ୍ନ ଦେଖୁଥିବା
ସ୍ୱପ୍ନାନ୍ଧମାନଙ୍କୁ ଡାକିବାର ବେଳ ।

ସମୟ ଯେତେ ଭୟଙ୍କର
ଓ ଦୁର୍ଭାବନାମୟ ହେଉନା କାହିଁକି
ଆସ, ଆମେ ସଜାଡ଼ି ନେବା
ଆମ ଜୀବନର ଦୈର୍ଘ୍ୟ ପ୍ରସ୍ଥ
ଆମର ରକ୍ତ, ମାଂସ ଓ ବାକି ଆୟୁଷରେ
ଯେମିତି ମୁଁ ଏକୁଟିଆ ବୋହି ଚାଲିଛି
ମୋର ପ୍ରିୟତମ ଭୂଖଣ୍ଡର ମାଦଳ ମୂର୍ତ୍ତିକୁ
ମୋର ମୃଦଙ୍ଗ ଭିତରେ ଗଙ୍ଗାରୁ ଗଳିକୁ
ଏବଂ କ୍ଷମା କରିଦେଇଛି ମୋର ଅତୀତକୁ
ମହୋଦଧିର ଉତ୍ତାଳ ନୃତ୍ୟରେ ॥

■
ରଚନାକାଳ : ୧୯୮୫

ସମୟର ସ୍ୱର

ହାତ ବଢ଼େଇଦିଅ ହାତକୁ
ହୃଦ ବଢ଼େଇଦିଅ କ୍ରୁରତାର ଖାଣ୍ଡବବନରୁ
ଆତ୍ମୀୟତାର ଅନ୍ତଃପୁରକୁ।

ପ୍ରଥମ ଶବ୍ଦର କୁଆଁକୁଆଁଠାରୁ
ମୋର ଶେଷ ଶବ୍ଦଯୋଗ ଯାଏ
ସବୁ ଦୁଃଖ ସୁଖ, ହସ କାନ୍ଦ, ଆଲୁଅ ଅନ୍ଧାର
ଖରା ବର୍ଷା, ଶୀତ ଓ କାକର
ଅହରହ ଦୋହରାଉଥାଏ
କଦମତାଲ, କଦମତାଲ
ଆଗେଇ ଚାଲ ଆଗେଇ ଚାଲ।

ମଥାନ ଉପରେ ଧୂଆଁ, ଛାତି ଭିତରେ ନିଆଁ
ଛିଣ୍ଡା କୁରୁତାରେ ସିଆଁ, କିଛି ମାନେନା।
ଅପହଞ୍ଚ ଦୂରତାର ବନ୍ଧବାଡ଼ ଡେଇଁ
ହାତ ବଢ଼େଇ ଦିଏ ଦୂରକୁ
ଖେଳେଇ ଯିବାକୁ, ମିଳେଇ ଯିବାକୁ
ମହକି ଯିବାକୁ ଅଜଣା ରାସ୍ତାରେ।

ରାସ୍ତାର ଠିକଣା ଠିକ ଆମ ଭକୁଆ ଜୀବନ ପରି
ନିଆଁ କୁଣ୍ଡରେ ଅଟକବନ୍ଦି
ଖୋଜାଲୋଡ଼ାର ବ୍ୟସ୍ତତା ଭିତରେ ଆଗକୁ ଆଗକୁ।

ଆସ, ଶବ୍ଦହୀନତାର କୋଳାହଳକୁ
ସୂର୍ଯ୍ୟାସ୍ତରୁ ସକାଳର ପ୍ରାଣ ପ୍ରବାହକୁ
ଯେ ପର୍ଯ୍ୟନ୍ତ ଫେରି ନ ଆସିଛି ଜୀବନର ଉତ୍‌କୂଳ ପ୍ରତ୍ୟାଶା।

ସଙ୍ଗୀତର ମୌନ ଇଙ୍ଗିତରେ ଦିଗନ୍ତର ଐଶାନ୍ୟ କୋଣରୁ
ସେଇ ସୁଉଚ୍ଚ ପର୍ବତର ଉନ୍ନତ ଚୂଡ଼ାରେ ଶୋଇରହିଛି ଆମର ଭାଗ୍ୟ
ଗଦାଗଦା ବରଫ ଭିତରେ ପୋତିହୋଇ ପଡ଼ିଛି
ଆମର କୋମଳ ହୃଦୟ ।

ସେଇ ପର୍ବତର ଧୂମିଳ ରାସ୍ତାରେ ଆମେ କେବଳ ବାଟ ହୁଡୁଛନ୍ତି
ବିସ୍ମୃତ ହୋଇଛନ୍ତି ଆପଣାର ପରିଚୟ, ଯାତ୍ରାର ଶପଥ
ବିକ୍ଷିପ୍ତ ହୋଇ ପଡ଼ିଛନ୍ତି ମାତ୍ର ପ୍ରବଳ ଝଡ଼ ତୋଫାନରେ ।

ଯେଉଁ ଝଡ଼ ଓ ତୋଫାନ
ଆମକୁ ଫିଙ୍ଗି ଦେଇଛି ଚାରିଆଡ଼େ ଆବର୍ଜନା ପରି
ସେଇ ପୁଣି ଆମକୁ
ପହଞ୍ଚେଇଦେବ କେନ୍ଦ୍ରବିନ୍ଦୁରେ
ସେଇ ପୁଣି ଯୋଡ଼ିଦେବ ସମ୍ପର୍କର ଛିଣ୍ଡା ଗ୍ରନ୍ଥି ସବୁ ।

ଯେଉଁ ନିଥରତା ଆମକୁ ସଜେଇ ଦେଇଛି କ୍ଳାନ୍ତବେଶ
ସେଇ ପୁଣି ସଜେଇଦେବ ଯୋଦ୍ଧା ବେଶରେ
ବାଟ କଢ଼େଇନେବ ଆଗକୁ ଆଗକୁ... ।

ନିଦ୍ରାରେ ଅଚେତ ଭାଗ୍ୟକୁ
ପୁଣି ଫେରେଇ ଆଣିବାକୁ ହେବ,
ବାଟହୁଡ଼ି ଯାଇଥିବା ନଈକୁ
ପୁଣି ଫେରେଇ ଆଣିବାକୁ ହେବ ସମୁଦ୍ରକୁ
ଫେରାର ଦିଅଁଙ୍କୁ ପୁଣି
ଖୋଜିଆଣିବାକୁ ହେବ ଦେଉଳକୁ
ମାନବିକତାର ସ୍ୱରକୁ
ପୁଣି ଫେରାଇ ଆଣିବାକୁହେବ
ପ୍ରତିଟି ହୃଦୟକୁ, ପ୍ରାର୍ଥନାକୁ ॥
■
ରଚନାକାଳ : ୧୯୮୪

ସାମାନ୍ୟ କଥନ

ଆକାଶରୁ ବୃଷ୍ଟିହେଲା ଅଗ୍ନି
ନଈରେ ବହିଲା ଗରଳର ସ୍ରୋତ
ପବନରେ ଅଣଚାଶ ଝଡ଼ ଓ ତୋଫାନ
ଗୁମ୍‌ସୁମ ହେଲା ସମୁଦ୍ର
ଭୂଗର୍ଭରେ କମ୍ପନ ଓ ଅଙ୍ଗରେ
ବେପଥୁ, ପାହାଡ଼ ଶୀର୍ଷରେ ଠିଆହୋଇ
ଦିଗନ୍ତର ଦୃଶ୍ୟ ଦେଖୁଥିବା ନାରୀଟି
ହଠାତ୍ ଗର୍ଭବତୀ ହେଲା
କେଉଁ ଅଦୃଶ୍ୟ ଶବ୍ଦର ବିନ୍ଦୁନାଦରେ ।

ଅନ୍ଧାର ଭିତରେ ଶୁଭିଲା କୁଆଁ କୁଆଁ ।
ରାଜା ସ୍ୱପ୍ନ ଦେଖିଲେ ତାଙ୍କର ପ୍ରତିଦ୍ୱନ୍ଦ୍ୱୀଙ୍କୁ
କୁମାରୀଏ ପ୍ରେମିକଙ୍କୁ, କବିଟିଏ କବିତାକୁ ।

ଶବ୍ଦ ଶୁଭିଲା ମାଟିରେ, ଆକାଶରେ
ଗଗନରେ, ପବନରେ ଚତୁର୍ଦ୍ଦିଗରେ
ରାସ୍ତା ଛାଡ଼, ମୁଁ ଯିବି ଶୈଳକକ୍ଷକୁ ।

ସମ୍ରାଟ ଘୋଷଣାକଲେ ରାଜ୍ୟ ସାରା
ହତ୍ୟାକର କବିମାନଙ୍କୁ, ଶିଶୁମାନଙ୍କୁ... ।

ବହୁଶିଶୁ ହତ ହେଲେ
ସବୁ ଈଶ୍ୱରଙ୍କ ଅଂଶ ।

କେମିତି କେଜାଣି ବଟ ପତ୍ର ତଳେ
ଶୋଇରହି ବଞ୍ଚିଗଲା ସେଇ ଅମୃତ ଶିଶୁଟି

ପରବର୍ତ୍ତୀ ଘୋଷଣାନାମାର ଅପେକ୍ଷାରେ।
ମଦ୍ୟପର ଆଖିପରି
ଲାଲ୍‌ସୂର୍ଯ୍ୟର ନିଷ୍ଠୁର ଆକାଶ ତଳେ
ସମ୍ରାଟଙ୍କୁ ବେଖାତିର କରି
ଦିନେ ଶୁଣାଗଲା ଅଗ୍ନିବର୍ଷି ସ୍ୱର
ନିରବ ନଗ୍ରରେ।

ଓଠ ରଢ଼ିଲା: ଶବ୍ଦ ଦେ,
ପାଟି ଖୋଜିଲା: ଖାଦ୍ୟ ଦେ,
ପାଦ ମାଗିଲା: ଭୂଇଁ ଦେ,
ଆଖି ମାଗିଲା: ସ୍ୱପ୍ନ ଦେ,
ବଞ୍ଚିବାର ସ୍ୱପ୍ନ... ନିରୁତା ସ୍ୱପ୍ନ...।

ନିରୀହା ମା'ର ବିବର୍ଣ୍ଣ ଓଠରୁ
ଶୁଣାଗଲା ଶେଷ ଶବ୍ଦ
ସାରା ପୃଥିବୀ ଅନେଇ ରହିଛି ତୋ' ପାଇଁ
ଯା' ଚରିଯା।

ଯୋଦ୍ଧୃ ବେଶରେ ସଜ୍ଜିତ ଶିଶୁଟି
ଠିଆହେଲା ସପ୍ତରଥୀଙ୍କ ବ୍ୟୁହ ଭିତରେ
ଉଚ୍ଚାରିଲା ଶବ୍ଦ
ଇଙ୍ଗିତ କଲା ଚତୁର୍ଦ୍ଦିଗକୁ।

କ୍ରମଶଃ ଆଲୋକିତ ହେଲା ଦିଗ୍‌ବଳୟ
ସଇତାନର ଛାଇ ହଟିଗଲା ମୁଣ୍ଡ ଉପରୁ
ପାଦତଳେ କଞ୍ଚେଇ ଉଠିଲା ଜୀବନ
ରୋଷେଇଶାଳରୁ ଭାସି ଆସିଲା
ଛୁଙ୍କଦିଆ ଜୀବନର ବାସ୍ନା।

ବର୍ଷବର୍ଷ ଧରି ଅଫିଟା ଦୁଆର ଓ ଝର୍କା
ଖୋଲି ଚାହିଁଲେ ସମସ୍ତେ
କେଉଁଠୁ ଆସୁଛି ଶବ୍ଦ
ବଞ୍ଚିବାର ନୂତନ ଜେହାଦ।

ଉପେକ୍ଷିତ ଅଗଣା ବାହାରେ।
କି ଶତ୍ରୁ କି ମିତ୍ର କି ରୋଗୀ କି ଭୋଗୀ
କି ରାଜା କି ରଙ୍କ
ସମସ୍ତେ କୋଳାକୋଳି ହେଉଥିଲେ
ଆପଣା ଭଙ୍ଗୀରେ।

ଯେଉଁଥିଅନ୍ତେ ଚାହିଁଲି ମୁଁ ବଳିବେଦୀକୁ
ଘାତକ ଉଠେଇଥିଲା ଖଡ୍‌ଗ
ବଳି ମାଗୁଥିଲା ଜୀବନ।
ଦେବୀ ହସୁଥିଲେ ଯେମିତି ହସନ୍ତି ସବୁଦିନେ
ବଡ଼ପଣ୍ଡା ଭେଟି ଦେଉଥିଲା
କେଉଁ ତରୁଣ କବିର ଶ୍ଲୋକ ଦେବୀ ସାନିଧ୍ୟକୁ।

ଅଗଣା ବାହାରେ ଘୋଟି ଆସୁଥିଲା ସ୍ୱପ୍ନର ନହବତ
ଚାରିଆଡ଼େ କବିତାର ଅପୂର୍ବ ଝଙ୍କାର
କବିଟିଏ ମାଗୁଥିଲା ଜୀବନ
କେହିଜଣେ ଉଚ୍ଚାରିଲା: ପ୍ରିୟତମା !!

ଆଃ, ଏଇ କେତୋଟି ଅକ୍ଷର
ନିର୍ଭେଜାଲ୍ ପ୍ରତିଧ୍ୱନି
ମୁଁ ଶୁଣି ନ ଥିଲି ବହୁ ବର୍ଷ ଧରି
ମୋର କୁଚ୍ଛ୍ର ସାଧନାରେ
ଗଙ୍ଗାରୁ ଗଳି ପର୍ଯ୍ୟନ୍ତ ସବୁଠି, ସବୁ ମୁହୂର୍ତ୍ତରେ ॥

■
ରଚନାକାଳ : ୧୯୮୫

ସାନଭାଇର ଦୁଃଖ

ହାତରେ ଗ୍ଲୋବଟି ଧରି
ସାନଭାଇ କାନ୍ଦୁଥିଲା ସକାଳ ପହରୁ
କିଏ ତା'ର ପ୍ରିୟତମ ଖେଳନାକୁ
ଏମିତି କରିଛି।

ଚାରିଆଡ଼େ ବ୍ଲେଡ ଦାଗ, ପଚପଚ ଲହୁ
ଶୋଥ ରୋଗୀ ପରି ମୁହଁ ବିକୃତ ଓ କଦାକାର
ଠାଏଠାଏ କାଳିଦାଗ ଅନ୍ଧକାର ପରି
ଯେମିତି କିଏ ହତଶ୍ରୀ କରି ଦେଇଛି
ତା'ର ନିଷ୍ଠୁର ହାତରେ।

ସାନଭାଇ କାନ୍ଦୁଥିଲା
ମୋରି ସାମ୍ନାରେ, ଧକେଇ ଧକେଇ।
ସମସ୍ତଙ୍କ ଆଶ୍ୱାସନା, କଅଁଳ ଡାକ, ମିଛ ପ୍ରତିଶ୍ରୁତି
ଓ ଲାଞ୍ଚ ଦେବା, କକବାୟା ଡରାଣ
କି ହାତୀ ଦେବି ଘୋଡ଼ା ଦେବି କହି
ଭୁଲେଇବାର ସକଳ ପ୍ରୟାସ ସତ୍ତ୍ୱେ
ରାହାଧରି କାନ୍ଦୁଥିଲା ବିବସ୍ତ୍ର ପିଲାଟି
ଯେମିତି ତା' ମାଆକୁ କେହି ଛଡ଼େଇ ନେଇଛି
ତା'ର ପାଖ ଶେଯରୁ।

ଚୁପ୍‌ଚାପ ତା' ପାଖରେ ଘଡ଼ିଏ ବସିଲି
ଓ ବୁଝେଇଲି ମୋର କରୁଣ କଣ୍ଠରେ
(ବୋଧହୁଏ ମୁଁ କାନ୍ଦୁଥିଲି ଅପ୍ରକାଶ୍ୟ ଭାବେ
ମୋର କ୍ଷତାକ୍ତ ପୃଥ୍ୱୀର କଦାକାର ରୂପ ଦେଖି)
କାନ୍ଦୁଥିଲା ମୋର ଉଦ୍ଭଟ ଶବ୍ଦାବଳୀ
ସେଇ ଜିଦ୍‌ଖୋର ପିଲାଟିର ଅପୂର୍ବ ଜିଦରେ।

ବାବୁ, ସେମାନେ ଦୁଷ୍ଟକୀଟ
ଘୂରି ବୁଲୁଥା'ନ୍ତି ଚାରିଆଡ଼େ
ମଣିଷର କୋମଳ କଲିଜା ପରି ସୁନ୍ଦର ପୃଥ୍ୱୀକୁ
ସେମାନେ କାଟି ଟିକ୍‌ଟିକ କରିଦିଅନ୍ତି ଦାନ୍ତରେ।
ମୂର୍ଖମାନେ ଏମିତି କାଟନ୍ତି ବେକ, ଲୁଟନ୍ତି ଦେଶ
ଶୋଷନ୍ତି ଅନ୍ୟକୁ ଓ ସୁଯୋଗ ପାଇଲେ
ଏମିତି ତୋ'ର ପ୍ରିୟତମ ଖେଳନାକୁ ବି
ଛାଡ଼ନ୍ତି ନାହିଁ ନିଜର ଇର୍ଷୁକ ଆଖିରେ।

କାନ୍ଦ ଟିକେ ଥମିଗଲା।
ଆଖି ଦିଶୁଥିଲା ଲାଲ୍ ଓ ଚିନ୍ତିତ
ବର୍ଷା ପୂର୍ବରୁ ଯେମିତି ଗୁଳୁଗୁଳି
ସଂହାର ପୂର୍ବରୁ ଯେମିତି ଭୟଙ୍କରତା
ସେଇ ନିର୍ଦ୍ଦୟ କୀଟମାନଙ୍କ ବିରୁଦ୍ଧରେ
ଯେମିତି ଓଜନଦାର ଶବ୍ଦଟିଏ
ପହଁରି ଆସୁଛି ତା'ର ଓଠରେ ଏବଂ ଶକ୍ତିମାନ
ଆୟୁଧଟିଏ ଖଞ୍ଜିହୋଇ ଯାଉଛି ତା'ର ହାତରେ।

ମୋ ସାମ୍ନାରେ ଟିକିଟିକି ହୋଇ
ଭାଙ୍ଗି ପଡୁଥିଲା ଦୁଃଖ ଓ ଯନ୍ତ୍ରଣାର ଆକାଶ
ଧସି ଯାଉଥିଲା ପାଦ ତଳର ମାଟି
ଆଉ ତା' ହାତର କଅଁଳ ପାପୁଲି ଉପରେ
ସେଇ ପୁରାତନ କୀଟଦଷ୍ଟ ଗ୍ଲୋବ୍‌ଟି
ଯେମିତି ତା'ର ନିର୍ଦ୍ଦେଶରେ
ପ୍ରସ୍ତୁତ ହେଉଥିଲା ବିପ୍ଳବ ପାଇଁ।

ଚାରିପଟେ ଛିଡ଼ାହୋଇଥିବା
ଆତ୍ମୀୟମାନଙ୍କ ଆଖି ଛଳଛଳ ଦୃଶ୍ୟ,
ପେଟତଳର ଭୋକ ଓ ଅସହାୟ ଶବ୍ଦର

ପୂର୍ଣ୍ଣାହୁତି ଦେଇ
ଆସ୍ତେକରି ତା' କାନରେ କହିଲି
ତୁ ପାରିବୁ, ତୁ ପାରିବୁ ॥

∎

ରଚନାକାଳ : ୧୯୮୫

ସେଇ ସ୍ତ୍ରୀ ଲୋକଟି

ଧୂଳି ମାଟିର ନିର୍ଜନ ରାସ୍ତାରେ
ଅବସନ୍ନ ମନ ଓ କ୍ଲାନ୍ତ ପାଦକୁ ବୋହିବୋହି
ଚୁପ୍‌ଚାପ୍ ଚାଲିଯାଉଛି ସ୍ତ୍ରୀ ଲୋକଟି,
ତା' ଛାତିର ଶୁଷ୍କ ମେଦକୁ କାମୁଡ଼ି
ତ୍ରିଶଙ୍କୁ ଅବସ୍ଥାରେ ଝୁଲି ରହିଛି
ରକ୍ତ ମାଂସର ଶିଶୁଟିଏ, ଠିକ୍ ମୋ'ରି ପରି।

ଚିହ୍ନା ଚିହ୍ନା ଲାଗିଲେ ବି
ଚିହ୍ନିହେଉନି ସ୍ତ୍ରୀ ଲୋକଟିକୁ
ତା'ର ଦେହ, ମନ, ବୟସ ଓ ପୋଷାକ ଉପରେ
ଯେମିତି କେଉଁ ନୃଶଂସ ଆତତାୟୀ
ଲେଖିଦେଇଛି ଯୁଗଯୁଗର ଯନ୍ତ୍ରଣା।

ସମସ୍ତ ଆନନ୍ଦ ଓ ଖୁସିର ମୁହୂର୍ତ୍ତକୁ
ସଂଗୋପିତ କରି ତା'ର ଫୁଙ୍ଗୁଲା ଛାତିରେ
ପ୍ରାଚୀନ ପରମ୍ପରାର କାଦୁଅ ରାସ୍ତାରୁ
ତୃତୀୟ ବିଶ୍ୱର ରକ୍ତାକ୍ତ ରାଜପଥ ଉପରକୁ
ମୁଣ୍ଡପୋତି ଚାଲିଛି ସେଇ ସ୍ତ୍ରୀ ଲୋକଟି।

ଅମୃତ କହି ଜହର ଦେଉଥିବା
ମାୟାବିନୀ ନାରୀର
ବିଛଣାରେ ଶୋଇ
ଭୟଙ୍କର ସ୍ୱପ୍ନ ଦେଖୁଥିବା ପାଗଳଙ୍କୁ ଛାଡ଼ି
ଅଦୃଶ୍ୟ ହୋଇ ଯାଉଛି
ସେଇ ବୃଦ୍ଧାଟି
କେଉଁ ଭିନ୍ନ ଗ୍ରହର ସନ୍ଧାନରେ
ପ୍ରେମର ଅଙ୍କୁରୋଦ୍‌ଗମ ପାଇଁ।

ତା'ର ପାଦଚିହ୍ନ ଉପରେ
ସ୍ପଷ୍ଟ ଦେଖି ହେଉଛି
ଉନ୍ମତ୍ତ ଲୁହର ସମୁଦ୍ର
ଏବଂ ପ୍ରକୃତିର ତାଣ୍ଡବ ନୃତ୍ୟରେ
ମହା ପ୍ରଳୟର
ଶୁଭ ଉଦ୍‌ଘାଟନ ।

ଚିହ୍ନିପାରୁଛ ସେଇ ସ୍ତ୍ରୀ ଲୋକଟିକୁ ?
ମୋ ମା', ମୋ ଗାଁ
ମୋ, ଦେଶର ହୃତ୍‌ପିଣ୍ଡକୁ ??

■

ରଚନାକାଳ : ୧୯୮୩

ସ୍ୱପ୍ନରେ ପାହୁଛି ରାତି

।। ଏକ ।।

ଅନେକ ବିନ୍ଦୁରୁ
ଗୋଟିଏ ବିନ୍ଦୁ ସୃଷ୍ଟିକରେ ସମୁଦ୍ର
ଅନେକ ମଶାଲରୁ
ଗୋଟିଏ ମଶାଲ ନିହତ କରେ ପୂର୍ବାଶା ଅନ୍ଧାର।

ଗୋଟିଏ ଶାଣିତ ତୀର ଭେଦିଯାଏ ତଳକୁ ତଳକୁ
ହଜିଯାଏ ସ୍ୱପ୍ନର ସହର,
ଅନ୍ଧାରରେ ଶଙ୍ଖନାଦ କମ୍ପିଉଠେ ବିକ୍ଷିପ୍ତ ଖବର
ଜଳିଉଠେ ଉନ୍ନିଦ୍ର ପ୍ରହର।

ସବୁ ଦି'ପତ୍ରୀ ବୀଜରେ ଶାୟିତ ଈଶ୍ୱର
ସବୁ ଦିର୍ଘଶ୍ୱାସରେ ସୃଷ୍ଟିର ସମ୍ଭାର।
ଅସରନ୍ତି ପ୍ରତୀକ୍ଷାରେ ହାତ ଗୋଡ଼ ରାସ୍ତା ମାଗେ
ମାଗେ ପୁନର୍ଜନ୍ମର ଶପଥ।

ଅନ୍ଧାରରେ କୁଆଁକୁଆଁ ଶବ୍ଦର ସମ୍ଭାର ପାଇଁ
ଅଟକିଯାଏ ବାଟୋଇର ସ୍ୱପ୍ନ
ଅଣ୍ଟିରେ ଲଟକିଯାଏ
ବନ୍ଧ୍ୟାନାରୀର ଆଣ୍ଟ ଓରିମାନ
ଥମକି ଯାଏ ଆଗନ୍ତୁକର ବନ୍ଦନାରେ
ପାଗଳ କବିର ସ୍ୱାଭିମାନ।

ବୀଜ ଉଠିବ, ପତ୍ର କଅଁଳିବ
ଫୁଲ ଫୁଟିବ, ବାସ ଚହଟିବ।
ଚହଟରେ ମହକିବ କଥା
କଥାରୁ ଝରିବ ମହୁ ଜୀବନର ଅନେକ କବିତା।

ପ୍ରାର୍ଥନାରେ, ପ୍ରତିବାଦରେ,
ପ୍ରେମରେ, ପରାଗ ସଙ୍ଗମରେ
କ୍ଷେତରେ, କ୍ଷାତ୍ର ଧର୍ମରେ, ରୀତିରେ, ରାଜନୀତିରେ
ସବୁଠି ସେଇ ଛଦ୍ମବେଶୀମାନଙ୍କର ମୁହଁ
ଶୋଷଣ ଓ କୋଳାହଳ ଅଟ୍ଟହାସ୍ୟର
ବୁଡ଼ିଯାଏ ଚେତା ଶତାବ୍ଦୀର ।

ଏମିତି ଆଉ କେତେଦିନ ?
ଅଖଞ୍ଜା ସ୍ୱପ୍ନକୁ ନେଇ ପ୍ରଜାପତିର ଅପେକ୍ଷାମାଣ:
ଏବେ ମୋର ଉଡ଼ିବାକୁ ମନ
କାନ୍ଧରେ ବୋହି ମୋର ମାଟିର ଆତ୍ମାକୁ
ଅନ୍ଧାରରୁ କେଉଁ ଏକ ଶୁଭ ସକାଳକୁ ।

ଚନ୍ଦନକାଠ ପରି ଧବଳ ହାଡ଼ରେ
ତିଆରିକର ମୋର କଲମ,
ରକ୍ତର ନିର୍ଭେଜାଲ୍ କାଳିରେ
ରଙ୍ଗେଇଦିଅ ମୋର ଶବ୍ଦମାନଙ୍କୁ
ଆଉ ପ୍ରତିନିୟତ ପ୍ରତିଧ୍ୱନିତ ହେଉଥାଉ
ଅସହାୟ ଆତ୍ମାର ଚିତ୍କାର
ମୋର କବିତାରେ, ପ୍ରାର୍ଥନାରେ ।

ଆଉ ଯଦି ଦର୍କାର ହୁଏ
ମୋ ପାଇଁ ସଜାଡ଼ି ଦିଅ ଯୁପକାଷ୍ଠ
ଉଠାଅ ତମର ଶାଣିତ ଖଡ୍‌ଗ ମୋର ସ୍ପର୍ଦ୍ଧିତ ସ୍କନ୍ଧକୁ,
ଶବ୍ଦ ନିରବି ଯିବା ମୁହୂର୍ତ୍ତରେ ହିଁ ମୋର ମୃତ୍ୟୁ ହେଉ
ଶତାବ୍ଦୀ ଜୀବନ୍ୟାସ ପାଉ ॥

■
ରଚନାକାଳ : ୧୯୮୪

ସୁଦର୍ଶନର ନବବର୍ଷ ଅଭିନନ୍ଦନ

।। ଏକ ।।

ବିନା ଟିକେଟରେ
ଯାତ୍ରା କରୁଥିବା ଯୁବକଟି ପରି
ନିଜର ଠିକଣା ସ୍ଥାନରେ ଚେନ୍ ଟାଣି
ଟ୍ରେନ୍‌ରୁ ଓହ୍ଲେଇ ଆସିଲା ରାତି ଅଧଟାରେ ।

ଯେତେବେଳେ ସୁଦର୍ଶନର ସହର
ଚେତାଶୂନ୍ୟ ହୋଇ ଶୋଇ ରହିଥିଲା
ଦେଶୀ ମଦଭାଟିର ଅପନ୍ତରା ଭୂଇଁରେ
ଏବଂ କେତେଜଣ ଶବ୍ଦଚର ବ୍ୟସ୍ତ ଥିଲେ
ଶେଷ ରାତ୍ରି କବିତା ପାଠୋତ୍ସବରେ
ଡାକବଙ୍ଗଳାର ସେଇ ନିର୍ଜନ କୋଠିରେ ।

ଆଖିରେ ଆଖିଏ ସ୍ୱପ୍ନ
ଓ ପେଟରେ ପେଟେ ଭୋକ ନେଇ
ସୁଦର୍ଶନ ଫେରୁଫେରୁ ରାତି ଦୁଇ ।
ଯେତେବେଳେ ହୋଟେଲ୍ ଦୁଆର ମୁହଁରେ
ଶୋଇଥିଲା ବୁଲା କୁକୁରଟି
ଅଇଁଠା ପତ୍ରରେ ତା'ର ରାତ୍ରି ଭୋଜନ ସାରି
ରତିକ୍ଳାନ୍ତ ସହରର ସଂକୀର୍ଣ୍ଣ ଗଳିରେ ।

ସୁଦର୍ଶନ ସିଟି ମାରିମାରି ଚାଲିଥିଲା
ଶୀତ ରାତିର ନାଇଟ୍ ସିଫ୍ଟ କନେଷ୍ଟବଳ ପରି
ଜଣେଇ ଦେଉଥିଲା ନିଜର
ଅସ୍ତିତ୍ୱ ସାରା ପୃଥିବୀକୁ ଯେ
ମୁଁ ଏବେବି ଜାଗ୍ରତ ଅଛି

ହିମ ଶୀତଳ ଅନ୍ଧାର ଭିତରେ କିଛି ଶବ୍ଦ
କିଛି ଉତ୍ତାପ ବାଣ୍ଟିଦେବାକୁ ।

॥ ଦୁଇ ॥
ସୁଦର୍ଶନର ନିଦଭାଙ୍ଗେ ଦିନ ଆଠଟାରେ
କାରଣ, ସେ କୁଆଡ଼େ
ଜନ୍ମ ହୋଇଥିଲା ସେଇ ସମୟରେ
ତିରିଶ ବର୍ଷ ତଳେ ।
ତିରିଶଟି ନବବର୍ଷ ଆସିଛନ୍ତି ତା' ପାଖକୁ
ତିରିଶଟି ପ୍ରତିମା ପରି
ଶୁଣେଇଛନ୍ତି ଜୀବନର ସୁଖ ଦୁଃଖ
ଏବଂ ଶୁଣିଛି, ଅଙ୍ଗେ ନିଭେଇଛି ସବୁ
ଭୋଜରାଜ ପରି ପ୍ରତି ସକାଳରେ ।
ତା'ପରେ ଅନେକ ମଧୁର ସ୍ମୃତି, ଅନେକ ଯନ୍ତ୍ରଣା
ହା ହୁତାଶ ଜୀବନର ହାହାକାର ମଧ୍ୟେ
ହଁ ହଁ କରୁଥିବା ଏକ ମଧୁର ପ୍ରତିଶ୍ରୁତିର ସ୍ୱପ୍ନରେ
ଆଗେଇ ଚାଲିଛି ଜୀବନ !

ଆଃ, କେଡ଼େ ମଧୁର ସେ ଜୀବନ
କାକ୍‌ଟାସର ସ୍ମୃତି ପରି ରକ୍ତ ଚୋବେଇବା
ଏବଂ ଲୁଣି ରକ୍ତର ସ୍ୱାଦୁରେ
ନିଜକୁ ଭୁଲେଇ ଦେବା ।

॥ ତିନି ॥
'ପପୁନ୍'ର ମୁହଁ ପରି ଗୋଲ୍‌ଗାଲ୍
ନବବର୍ଷର ସକାଳ ।
ଚାରିଆଡ଼େ ବୁଣିଦେଇଛି କୋଳାହଳ
ଅଥଚ ସୁଦର୍ଶନର କୋଠରିରେ
ଗଲାକାଲିର ରହଣିଆ ବାସି ଅନ୍ଧାର ।

ପଡ଼ିଶା ଘରର ରୋଷେଇ ଶାଳରୁ
ଭାସି ଆସୁଛି ଗରମ ପଲାଉ ଓ କଷା ମାଂସର ବାସ୍ନା।
ପବନରେ ଭାସି ଆସୁଛି
ରାସ୍ତାରେ ଚାଲି ଯାଉଥିବା ଉଗ୍ର ତାରୁଣ୍ୟର ଗନ୍ଧ
ସୁଦର୍ଶନର କୋଠରି ଭିତରେ
ପଚିସଡ଼ି ଯାଇଥିବା ଫୁଲକୋବି ତରକାରି ପରି
ସ୍ୱାଦୁହୀନ ଜୀବନ।

ଏବେ ଆକାଶର ମୁଣ୍ଡ ଉପରେ
ସୂର୍ଯ୍ୟର ସିଧାହୋଇ ଠିଆହେବାର ଆହ୍ୱାନ
ସୁଦର୍ଶନର ପେଟରେ ବ୍ଲାଷ୍ଟ୍ ଫର୍ଣ୍ଣେସର ଗର୍ଜନ
ଯଦିଓ ପକେଟ ଶୂନ୍ୟ।

॥ ଚାରି ॥

ନା, ତାକୁ ବଞ୍ଚିବାକୁ ହେବ।
ସେଇ ଗର୍ଜନ ଓ ଆହ୍ୱାନ ଭିତରେ
ଭୋକ, ଶୋଷ, ବେକାରୀ ଓ ଶୋଷଣ
ଉତ୍‌ପୀଡ଼ନ, ରକ୍ତପାତ, ଦୁର୍ଘଟଣା, ଧର୍ଷଣ, ଅତ୍ୟାଚାର
ବିପନ୍ନ ମାନବିକ ମୂଲ୍ୟବୋଧ,
ସନ୍ତ୍ରାସବାଦ ଓ ଯୁଦ୍ଧ ଘୋଷଣା ଭିତରେ
କହି ଦେବାକୁ ହେବ
ଯାହା ସେ କହି ନ ପାରିଛି ଏଯାବତ।

କିଏ ଜାଣେ,
ପରମୁହୂର୍ତ୍ତରେ ଯେ କ'ଣ ନ ଘଟିବ!
ବଦଳି ନ ଯିବ ଆକାଶର ରଙ୍ଗ, ମାଟିର ସ୍ୱପ୍ନ
ଅନେକ ସ୍ୱପ୍ନର ରକ୍ତ ପିଇପିଇ
ଲାଲ୍ ସୂର୍ଯ୍ୟପରି ହସି ନ ଉଠିବ ତା'ର ଅଗଣାରେ।

॥ ପାଞ୍ଚ ॥

କପେ ନିକାର ଚାହାରେ
ସାରା ଶତାବ୍ଦୀର ଭୋକକୁ ଚାପିଦେଇ
ସୁଦର୍ଶନ ପିନ୍ଧି ପକେଇଲା
ଦୁଃଖର ସାତସିଆଁ ଅମ୍ଳାନ ବସ୍ତ୍ର ଖଣ୍ଡିକ
ଗୋଟିଗୋଟି କରି ମନେ ପକେଇଲା
ତା'ର ସେଦିନର ପ୍ରୋଗ୍ରାମ୍ ସମ୍ପର୍କରେ ।

ତା'ପରେ ଦୁଆର ସାମ୍ନାର ମନ୍ଦିର ଉପରେ ବସି
କା' କା' କରୁଥିବା କାଉ ସହିତ
ସ୍ୱର ମିଳେଇ କହିଲା:
ନବବର୍ଷ,
ତୋତେ ମୁଁ ସ୍ୱଗାତ କରେ
ମୋର ଆପଣାର ଲୋକଟିଏ ପରି
ମିତ୍ର ପରି, ଶତ୍ରୁ ପରି, ପ୍ରେମିକା ପରି,
କବିତା ପରି, ଦୁଃଖ ପରି, ସୁଖ ପରି
ମୋର ନିଷ୍କରୁଣ ଭାଗ୍ୟର ବିଡ଼ମ୍ବନା ପରି ।

ଆ, ମୋ ଛାତିରେ ମିଶିଯା'
ଯେମିତି କଦମ୍ବର ରୋମାଞ୍ଚ
ଅବା ଜହରରେ ଘାରି ହେବାର ଯନ୍ତ୍ରଣା !
ସବୁକିଛି ଭଲ ମନ୍ଦକୁ
ହଜମ କରିଦେବା ପାଇଁ ତିଆର୍ ମୁଁ
ମୋର ଭୋକିଲା ଛାତିର ଆଗ୍ନେୟଗିରିରେ
ପରବର୍ତ୍ତୀ ବିସ୍ଫୋରଣ ପୂର୍ବରୁ ॥

■

ରଚନାକାଳ : ୧୯୮୫

ସେଇ ସୁବର୍ଣ୍ଣ ମୁହୂର୍ତ୍ତଟି ଅପେକ୍ଷାରେ

ଆତ୍ମ ସମର୍ପଣର ନିର୍ବାକ ସ୍ଥିତିରେ
ହୃଦୟର ଦୟନୀୟ ବାଲୁବନ୍ତରେ
ତମ ଚକିତ ଦୃଷ୍ଟିର ପୁଲକିତ ଆଲିଙ୍ଗନରୁ
ବିଶ୍ୱାସର ସଙ୍ଗୀତମୟ ମାଲିକାନାରୁ
ଦିଅ, ମୋର ବହୁ ଆକାଂକ୍ଷିତ
ଫଳପ୍ରସୂ ମୁହୂର୍ତ୍ତଟି ମୋତେ ଦେଇଦିଅ ।

ଅଖଣ୍ଡ ନିରବତାର ଗର୍ଭାଶୟରୁ
ଝଟକୁଥିବା ସୁବର୍ଣ୍ଣ ମୁହୂର୍ତ୍ତଟି ଯଥେଷ୍ଟ
ଉନ୍ନିଦ୍ର ଇଚ୍ଛାଙ୍କ ଚୁଲିରେ ସିଝୁଥିବା
ଛନ୍ଦହୀନ ମଣିଷଟି ପାଇଁ ।

କୃତ୍ରିମ ଶବ୍ଦଙ୍କ ଶୋଭାଯାତ୍ରାରେ
ନିରବ ଦର୍ଶକ ସାଜି ବଞ୍ଚିବା ଦୁର୍ବିସହ,
କଷ୍ଟକର ବର୍ଷିୟାନ ସ୍ମୃତିଙ୍କର ଜାଆଁଳଙ୍କୁ
ପରିଶୁଷ୍କ ପୋଖରୀରେ ଜୀଆଇଁ ରଖିବା ।

କେଉଁ ସ୍ୱପ୍ନାବିଷ୍ଟ ମୁହୂର୍ତ୍ତରେ
ମୋ ଦେହରୁ କାଢ଼ିନିଆଯାଇଛି
ସାଞ୍ଜୁ, ପୋଷାକ, ମୁକୁଟ ଓ କରବାଳ
ତେଜ, ବୀର୍ଯ୍ୟ, ସକଳ ଆୟୁଧ
ସ୍ଥାନାନ୍ତରିତ କରାଯାଇଛି ନିର୍ଜନତାର ସାମ୍ରାଜ୍ୟକୁ
କେବଳ ମୁଁ ବଞ୍ଚିଛି ଏଠି
ବଣ୍ୟ ବିଜନତାର ସିକ୍ତ ତନ୍ଦ୍ରାତପ ତଳେ
ମୃତ ପ୍ରତ୍ୟୟଙ୍କ ଶୁଷ୍କ ପତ୍ରଗଦା ଉପରେ ।

ଆଦିମତାର ନିଘଞ୍ଚ ଜଙ୍ଗଲରେ
ଥକ୍କା ମନ ନେଇ ମୁଁ ଚିହ୍ନିପାରୁନି
ମୋର ସଂଜ୍ଞା, ମୋର ପରିଚୟ।
ଅଦିନ କୁହୁଡ଼ିଘେରା ସକାଳରେ
କେଉଁ ପୁରାତନ ଲୋକକଥାର ତନ୍ତି ବାପୁଡ଼ାଟି ପରି
ମୁଁ ଖାଲି ନଈ ପହଁରୁଛି;
ତମ ପ୍ରତିଧ୍ୱନିକୁ କାନେଇ,
ତମ ନିଷ୍କାମ ପ୍ରେମର ଦଣ୍ଡାଦେଶକୁ ଲୋଡେଇ।

ଶବ୍ଦଟିଏ ପ୍ରତିଶବ୍ଦହୀନ
ପ୍ରଶ୍ନଟିଏ ପ୍ରତ୍ୟୁତ୍ତରହୀନ
ନାହିଁ, ନାହିଁ
କାଳକୂଟ ବିଷନାହିଁ-
ସ୍ଥବିର ଆକାଶ ତଳେ
ମୁଁ ଏକ ଅଭିଶପ୍ତ ଧନୁର୍ଦ୍ଧର
ବୁଦ୍ଧିହୀନ, ବଳଶୂନ୍ୟ ନିର୍ଜୀବ ପଥର;
ପାଦ ମୋର ପଙ୍କ ପୋଖରୀରେ
ହାତ ମୋର ଲାଖିଯାଏ ଅବିଶ୍ୱାସର ତୂଣୀରରେ
ସାମ୍ନାରେ ମୋର କପିଳା ଗାଈକୁ
ମହାବଳ ବାଘ
ରକ୍ତାକ୍ତ, ଆହତ କରେ ଅହୋରାତ୍ର।

ଦୂରତମ ଦିଗ୍‌ବଳୟରୁ
ବାଙ୍ମୟ ନେପଥ୍ୟରୁ ଥରେ ମାତ୍ର ଦେଖ,
ମୁଁ ତମର ପ୍ରତିଦ୍ୱନ୍ଦ୍ୱୀ ନୁହେଁ,
ସ୍ୱପ୍ନ ନୁହେଁ, ଅନ୍ଧକାର ନୁହେଁ
ତମ ପବିତ୍ର ଇଚ୍ଛାର କୋଳାହଳରେ
ସୋହାଗ ପ୍ରାର୍ଥୀ ଏକ ଯାଯାବର।

ତମେ ଯେଉଁଠି ଥାଅନା କାହିଁକି
ମୋ ଧ୍ୱନିର ପ୍ରତ୍ୟୁତ୍ତର ଦିଅ।
ଆସନ୍ନ ମୁହୂର୍ତ୍ତର ଶୁଭ୍ରତାରେ
ଆଶ୍ଳେଷ ନିଅ, ପୂର୍ଣ୍ଣେଇ ନିଅ
ସମୁଜ୍ଜ୍ୱଳ ବିନ୍ଦୁରେ, ନାଦରେ,
ଜନ୍ମରେ, ମୃତ୍ୟୁରେ, ଶୋକରେ, ଶାନ୍ତିରେ
ଭୂତରେ, ଭବିଷ୍ୟତରେ,
ଆକର୍ଷଣରେ, କୋମଳ ଇଚ୍ଛାରେ
ଛନ୍ଦହୀନ ନଗ୍ନ ନିମିଷରେ।

ଦେଖ, ସମସ୍ତ ଅସ୍ଥିରତାକୁ
ସଅଁପି ଦେଇଛି ଆବର୍ତ୍ତକୁ
ଦୁଃଖ ଏବଂ ଦହନର ମାଛକାତି
ଛଡ଼େଇଦେଇଛି ବିଶ୍ୱାସର ଚିକ୍କଣ ଧାରରେ
ଗର୍ବୋନ୍ନତ୍ତ ଦୁର୍ଗର ମାୟାଛନ୍ନ କୋଠରିରୁ
ବିସର୍ଜି ଦେଇଛି ଶୀତଳ ମୁହୂର୍ତ୍ତ।

ଦେଖ, ତମ ପ୍ରତିଦାନର ପୂର୍ଣ୍ଣତା ଇଚ୍ଛାରେ
ଭେଟିଦେଉଛି ମୋର ନୟନ କମଳ
ଅନାବୃତ୍ତ ପତ୍ରର ରଙ୍ଗୀନ ସତ୍ୟରେ।

ଦିଅ, ବଢ଼େଇଦିଅ
କୋମଳାର୍ଦ୍ର ଶବ୍ଦଟିଏ ଓଠକୁ,
ଉନ୍ମେଇଦିଅ
ତମ ଟଳମଟଳ ଯୌବନର ପୂଣ୍ୟତୋୟା
ଭଗୀରଥର ଆକାଂକ୍ଷିତ ପରିଧିକୁ,
ଯୋଖିଦିଅ ତମ
ଗୁପ୍ତାସ୍ତ୍ରର ଦ୍ୟୁତିମୟ ଶିଖା
କଳାଚ୍ୟୁତ ଅର୍ଜ୍ଜୁନର ଗାଣ୍ଡିବକୁ।

ବହୁଦିନୁ ଉପେକ୍ଷିତ ଟାଙ୍ଗର ମାଟିରେ
ଅକସ୍ମାତ ବୀଜଟିଏ ମୁଣ୍ଡ ଟେକି ଉଠିଲାପରି
ମୁଁ ପତ୍ରେଇବି, ଫୁଲେଇବି, ଫଳେଇବି
ସମସ୍ତ ଅନୁର୍ବରା ବନ୍ଧ୍ୟା ମୁହୂର୍ତ୍ତକୁ
ଲୁହ ଦେଇ, ରକ୍ତ ଦେଇ, ଶବ୍ଦ ଦେଇ
ତମ କ୍ଷୁଧାର୍ତ୍ତ ଇଚ୍ଛାର ଆଦିଗନ୍ତ
ବ୍ୟାପ୍ତମୟତାରେ ॥

■

ରଚନାକାଳ : ୧୯୮୨

ହସ୍‌ପିଟାଲ

ଏଠି ପାଦ ଦେବା ମାତ୍ରେ ଇ
ଆବୋରିନିଏ ଏକ ବ୍ୟର୍ଥ ଶୂନ୍ୟତା
ଛେପ ଢୋକୁ ଢୋକୁ ଅଟକିଯାଏ ତଣ୍ଟିରେ
ଏବଂ ଜୀବନଯାକର ସୁଖ ଦୁଃଖର ସଙ୍ଗୀତସବୁ
ଉଚ୍ଛୁଳି ପଡ଼ନ୍ତି ଚାରିଆଡ଼େ
ଶେଷ କଥା କେଇପଦ ପରି ।

ନଡ଼ିଆକତାର ଗଦି
ଧୋବ ଫରଫର ବିଛଣା ଚଦର
ମୁଣ୍ଡ ପାଖରେ ଟଙ୍ଗା ହୋଇଥିବା
ଚିକିତ୍ସାର ଟିକିନିଖି ବିବରଣି
ଛୁରୀ, ଛୁଞ୍ଚି, କଇଁଚି, ତୁଳା ଓ ବ୍ୟାଣ୍ଡେଜ୍ ଧରି
ଛାତି ପାଖକୁ ଧାଇଁ ଆସୁଥିବା
ନର୍ସଟି ବେଳେବେଳେ ମନେହୁଏ ପ୍ରେମିକା ପରି
ଆଉ ଫିଙ୍ଗିଦେଇ ଯାଉଥିବା ଦି'ଅଞ୍ଜୁଳା ହସ
ଯେମିତି ପୂର୍ବ ନିର୍ଦ୍ଧାରିତ
କରୁଣାର ପ୍ରତିଫଳ ।

ଜମିଜମା ଗଣ୍ଡଗୋଳ ନେଇ
ନିଜର ଗୋଡ଼ ହରେଇଥିବା ପ୍ରୌଢ଼
ପୁଲିସ୍ ଲାଠିରେ ଆହତ ଛାତ୍ର
ଗାଁ ରାଜନୀତିରେ କମର ଭାଙ୍ଗିଥିବା
ଅର୍ଦ୍ଧ ଶିକ୍ଷିତ ବେକାର ଯୁବକ
ଛାତ୍ରମାନଙ୍କୁ କପି ନ ଯୋଗାଇବାର
ଫଳାଫଳ ଭୋଗୁଥିବା ଶିକ୍ଷକ,
ମାଇସଞ୍ଜରେ ନଈତୁଠରୁ ଫେରୁଥିବା ବେଳେ

ଧର୍ଷିତା ଅନୂଢ଼ା କିଶୋରୀ କି
ଗର୍ଭପାତ କରିବାକୁ ଆସିଥିବା
ଅବିବାହିତା ନାରୀ,
ସମସ୍ତଙ୍କୁ ପଚାରିଲି:
କେମିତି ଲାଗୁଛି ଜୀବନ ?

ସବୁଠି ଗୋଟିଏ ଉତ୍ତର:
ଭଲ ମନ୍ଦର ବିଚାର କଲେ
ରାସ୍ତା ଚାଲିହୁଏନି
ପାପ ପୁଣ୍ୟର ବିଚାର କଲେ
ଜିଇ ହୁଏନି ।

ଜିଇଁବାର
ସରଳ ସୂତ୍ରଟି ହେଉଛି ସବୁକିଛି ଭୁଲିଯିବା
ଯେମିତି ଘରଦ୍ୱାର ,
ବନ୍ଧୁ ବାନ୍ଧବ, ପୁତ୍ର କନ୍ୟା
ସ୍ତ୍ରୀ ଓ ପ୍ରେମିକା ।

ଏଇ ହସପିଟାଲ୍
ସବୁ ଜାଣି ନ ଜାଣିବାର
ଛଳନା କରୁଥାଏ ପ୍ରତି ମୁହୂର୍ତ୍ତରେ
ଅଥଚ ସବୁକିଛି ଲିପିବଦ୍ଧ
ତା'ର ଅଦୃଶ୍ୟ ସିରସ୍ତାର
ଧଳା କାଗଜରେ ॥

■
ରଚନାକାଳ : ୧୯୮୫

BLACK EAGLE BOOKS

www.blackeaglebooks.org
info@blackeaglebooks.org

Black Eagle Books, an independent publisher, was founded as a nonprofit organization in April, 2019. It is our mission to connect and engage the Indian diaspora and the world at large with the best of works of world literature published on a collaborative platform, with special emphasis on foregrounding Contemporary Classics and New Writing.

www.ingramcontent.com/pod-product-compliance
Lightning Source LLC
Chambersburg PA
CBHW020515080526
44583CB00013B/602